UTB 3319

Eine Arbeitsgemeinschaft der Verlage

Böhlau Verlag · Köln · Weimar · Wien
Verlag Barbara Budrich · Opladen · Farmington Hills
facultas.wuv · Wien
Wilhelm Fink · München
A. Francke Verlag · Tübingen und Basel
Haupt Verlag · Bern · Stuttgart · Wien
Julius Klinkhardt Verlagsbuchhandlung · Bad Heilbrunn
Lucius & Lucius Verlagsgesellschaft · Stuttgart
Mohr Siebeck · Tübingen
Orell Füssli Verlag · Zürich
Ernst Reinhardt Verlag · München · Basel
Ferdinand Schöningh · Paderborn · München · Wien · Zürich
Eugen Ulmer Verlag · Stuttgart
UVK Verlagsgesellschaft · Konstanz
Vandenhoeck & Ruprecht · Göttingen
vdf Hochschulverlag AG an der ETH Zürich

Christa Dürscheid

Syntax

Grundlagen und Theorien

Mit einen Beitrag von Martin Businger

5., durchgesehene Auflage

Vandenhoeck & Ruprecht

Dr. Christa Dürscheid ist ordentliche Professorin am Deutschen Seminar der Universität Zürich.

Martin Businger, lic. phil., ist Lehrbeauftragter am Deutschen Seminar der Universität Zürich.

Bibliografische Information der Deutschen Nationalbibliothek
Die Deutsche Nationalbibliothek verzeichnet diese Publikation in der Deutschen Nationalbibliografie; detaillierte bibliografische Daten sind im Internet über http://dnb.d-nb.de abrufbar.

Internet: www.v-r.de
ISBN 978-3-8385-3319-3 (utb-e-book)

Umschlaggestaltung: Atelier Reichert, Stuttgart
Druck und Bindung: CPI – Ebner & Spiegel, Ulm

UTB Bestellnummer
ISBN 978-3-8252-3319-8

Inhalt

Vorwort

Dieses Studienbuch ist aus Vorlesungen und Seminaren hervorgegangen, die ich in den vergangenen Semestern in Köln und Stuttgart gehalten habe. Wie in den Lehrveranstaltungen, so habe ich mich auch bei der Ausarbeitung des Textes bemüht, einen differenzierten, gut verständlichen Überblick über die Syntax zu geben. Mit Hilfe des vorliegenden Buches sollten die Studierenden in der Lage sein, sich selbstständig in die Thematik einzuarbeiten bzw. ihr bereits im Studium erworbenes Syntaxwissen zu rekapitulieren.

Im ersten Teil werden die allgemeinen Grundlagen vermittelt, im zweiten Teil steht die syntaktische Theoriebildung im Mittelpunkt. Vier Forschungsansätze werden hier vorgestellt: das Stellungsfeldermodell, die Valenztheorie, die Generative Grammatik und die Funktionale Grammatik. Kommentierte Literaturhinweise werden zum Abschluss jedes Kapitels gegeben. Am Ende des Buches finden sich Übungsaufgaben, die zur Einübung des Gelernten dienen und zum weiteren Nachdenken anregen sollen. Auch Lösungsvorschläge werden angeboten; diese können sowohl der Selbstkontrolle als auch als Grundlage für die Seminardiskussion dienen. Im Glossar schließlich werden die wichtigsten Begriffe noch einmal knapp erläutert. Ein Sachregister und eine umfassende Bibliographie, die den aktuellen Forschungsstand berücksichtigt, schließen die Arbeit ab.

An dieser Stelle möchte ich die Gelegenheit wahrnehmen und Peter Öhl danken, der einen Großteil der Formatierungsarbeit übernommen und wichtige Hinweise gegeben hat. Peter Schlobinski gilt mein Dank für hilfreiche Kommentare zum gesamten Manuskript; Vilmos Ágel danke ich für Anregungen zum Valenzkapitel.

Stuttgart, im Mai 2000 — Christa Dürscheid

Vorwort zur 2. Auflage

In der zweiten Auflage habe ich die Literaturhinweise aktualisiert und Fehler korrigiert, auf die mich Leserinnen und Leser in den vergangenen zwei Jahren aufmerksam gemacht haben. Wichtige Anmerkungen und Korrekturvorschläge kamen insbesondere von Stephan Elspaß und Barbara Voß. Beiden sei an dieser Stelle herzlich gedankt.

Zürich, im November 2002 — Christa Dürscheid

Vorwort zur 4. Auflage

Nachdem die dritte Auflage dieses Studienbuchs unverändert erschienen war, bot es sich an, den Text für die vierte Auflage kritisch durchzusehen und notwendige Ergänzungen vorzunehmen. Dies ist nun geschehen; im vorliegenden Band finden sich sowohl formale als auch inhaltliche Änderungen. Letztere betreffen v. a. die Kapitel 3 und 6, aber auch die Zusammenfassung in Kapitel 11. Außerdem wurde die neueste Literatur zur Syntax des Deutschen eingearbeitet. Neu ist zudem, dass das Buch um ein Kapitel zur Optimalitätstheorie (OT) ergänzt wurde. Zwar habe ich diesen Forschungsansatz in der vorangehenden Auflage bereits erwähnt, da die OT damals aber noch nicht den Stellenwert hatte, der ihr heute gebührt, blieb es bei einigen wenigen Hinweisen.

Dass dies nun anders ist, verdanke ich Martin Businger, der im Kontext formaler Grammatiktheorien arbeitet und das vorliegende Kapitel zur OT verfasst hat. Danken möchte ich auch den Personen, die mit ihren Nachfragen dazu beigetragen haben, dass ich einzelne Textstellen noch einmal geprüft und korrigiert habe. Namentlich genannt sei hier Elvira Topalović, deren zahlreiche Anmerkungen in die Überarbeitung eingegangen sind. Gedankt sei auch Petrea Bürgin und Nadio Giger, die den überarbeiteten Text Korrektur gelesen haben, vor allem aber Jürgen Spitzmüller, der das neue Layout des Buches gestaltet hat.

Zürich, im September 2006 Christa Dürscheid

Vorwort zur 5. Auflage

Das vorliegende Buch erscheint, bedingt durch die Publikation bei UTB, in einem neuen Gewand. In inhaltlicher Hinsicht wurde aber nur wenig geändert. Dennoch entsprechen wegen der Neugestaltung des Buches die Seitenzahlen nicht mehr der vorangehenden Auflage. Hinzu gekommen sind einige Literaturangaben sowie ein kurzer Abriss zur Konstruktionsgrammatik am Ende von Kap. 7. Außerdem wurde der Text nochmals gründlich auf Tippfehler durchgesehen; hier waren aber nur wenige Änderungen erforderlich. In diesem Zusammenhang möchte ich Martin Businger und Nadio Giger danken, die mich auf einige der nunmehr korrigierten Fehler aufmerksam gemacht haben.

Zürich, im Juni 2009 Christa Dürscheid

0 Einführung

Alle Sprechtätigkeit besteht in der Bildung von Sätzen.

H. Paul (1880:121)

0.1 Gegenstand der Syntax

»Die Syntax ist die Lehre vom Bau des Satzes.« So heißt es in vielen Einführungen zur Sprachwissenschaft. Wer sich mit Syntax befasst, stellt fest, dass diese Definition unvollständig ist. In der Syntax geht es nicht nur um die Analyse von Sätzen, Untersuchungsgegenstand der Syntax sind alle sprachlichen Strukturen, deren gemeinsames Merkmal es ist, dass es sich um Verbindungen oberhalb der Wortebene handelt. Der Satz stellt die obere Einheit dieser Verbindungen dar, das Wort die untere. Analysen, die über die Satzebene hinausgehen, sind nicht mehr Gegenstand der Syntax, sondern anderer Disziplinen (wie zum Beispiel der Textlinguistik).

›Syntax‹ wird sowohl auf die Beschreibung von Struktureigenschaften bezogen als auch auf die Struktureigenschaften selbst. Beide Lesarten von ›Syntax‹ bestimmen auch den Inhalt dieses Studienbuches: Wenn im Folgenden die syntaktischen Strukturen des Deutschen beschrieben werden, dann stehen die Struktureigenschaften im Mittelpunkt. Werden syntaktische Theorien vorgestellt, geht es um Beschreibungsverfahren, mit denen syntaktische Strukturen analysiert werden. Der Leser erhält also einen Einblick in die Syntax des Deutschen *und* in die Theoriebildung zur Syntax des Deutschen.

Was wird nun im Hinblick auf die Syntax des Deutschen untersucht, was ist die Zielsetzung der Syntax(-Theorie)? Ihr Ziel ist, Gesetzmäßigkeiten herauszuarbeiten, nach denen Wörter (z. B. *das, klein, Kind*) zu Wortgefügen (z. B. *das kleine Kind*) und zu einfachen bzw. komplexen Sätzen (z. B. *Das kleine Kind weint. Das kleine Kind weint, weil es Hunger hat.*) zusammengefügt werden. Dies ist der kleinste gemeinsame Nenner aller, die sich mit Syntax befassen. Je nachdem, welcher syntaktischen Theorie man sich verpflichtet fühlt, werden weitere Fragen gestellt. Die einen beschränken sich darauf, oberflächensyntaktisch die lineare Abfolge von sprachlichen Ausdrücken im Satz zu beschreiben und darauf aufbauend Wortstellungsregularitäten zu erarbeiten (Stellungsfeldermodell). Andere betrachten den Satz gewissermaßen von innen heraus, vom Verb aus, und untersuchen, in welcher Beziehung die nicht-verbalen Elemente zum Verb stehen (Valenztheorie). Wieder andere versuchen zu erklären, wie der Mensch in der Lage ist, komplexe Strukturen aufzubauen, und beziehen die erarbeiteten syntaktischen Gesetzmäßigkeiten auf den Spracherwerb (Generative Grammatik) bzw. auf ein Wettbewerbsmodell, das universalen Beschränkungen unterliegt (Optimalitätstheorie). Und schließlich kann man die Meinung vertreten, dass es nicht genüge, die Struktur syntaktisch zu analysieren, sondern dass auch gefragt werden müsse, welche Rolle kommunikative Faktoren beim Aufbau von Strukturen spielen (Funktionale Grammatik). Es sind dies die Theorien, die in Teil II des Buches vorgestellt werden. Dabei handelt es sich nur um eine Auswahl an syntaktischen Forschungsansätzen, aber um eine Auswahl, die bereits einen guten Einblick in die aktuelle syntaktische Theoriebildung vermittelt.

Allen hier behandelten Theorien ist gemein, dass sie die synchronische, nicht die diachronische Untersuchungsmethode in den Vordergrund stellen. Die Unterscheidung in **Synchronie** und **Diachronie** geht auf den Genfer Sprachwissenschaftler Ferdinand de Saussure zurück. In seinem berühmten *Cours de Linguistique générale* von 1916 charakterisiert er die synchronische Analyse als Beschreibung von Sprache zu einer ausgewählten Sprachperiode auf der »Achse der Gleichzeitigkeit« (F. de Saussure 1916, 1967[2]:94). Im Hinblick auf die Syntax heißt dies, dass syntaktische Strukturen beschrieben werden, ohne dass gefragt wird, welche historische Entwicklung sie bis zu diesem Zeitpunkt genommen haben. In einer diachron ausgerichteten Untersuchung würde hingegen untersucht, ob und wie sich syntaktische Strukturen verändert haben. Auf solche Fragen des Sprachwandels resp. des Syntaxwandels werde ich hier nicht eingehen, dazu sei auf die Einführung in die diachrone Sprachwissenschaft von K. Bauer (1992[3]) verwiesen.

0.2 Syntax und Linguistik

Syntaktische Analysen stellen im Spektrum möglicher linguistischer Fragestellungen nur einen kleinen Ausschnitt dar. Sprachliche Ausdrücke können auch daraufhin untersucht werden, was sie bedeuten und wie sich diese Bedeutung herleiten lässt. Diese Fragestellung ist Gegenstand der Wort- bzw. Satzsemantik (vgl. M. Schwarz/J. Chur 2004). Auch die Pragmatik ist mit der Bedeutung sprachlicher Ausdrücke befasst, doch anders als in der Semantik steht hier die Frage im Mittelpunkt, welche Bedeutung sprachliche Äußerungen im Handlungskontext haben (vgl. J. Meibauer 2006). An einem Satz wie *Es regnet* lässt sich zeigen, worin sich syntaktische, semantische und pragmatische Analysen unterscheiden: In der Pragmatik wird untersucht, was der Sprecher mit einer solchen Äußerung meinen kann (z. B. »Nimm den Schirm mit!«). In der Semantik wird der Satz in seine Bedeutungskomponenten zerlegt, es wird gefragt, welche Bedeutung die einzelnen Teile tragen und wie sich daraus die Bedeutung des Ganzen ergibt. In der Syntax wird der Strukturaufbau dieses Satzes analysiert, es kann aber auch die Frage gestellt werden, nach welchen generellen Prinzipien Sätze dieser Art gebildet werden. Damit wird der Blick von der Analyse sprachlicher Ausdrücke auf ihre Genese gelenkt. Eben dies ist Gegenstand der Generativen Grammatik.

Neben der Syntax, Semantik und Pragmatik gehören auch die Phonologie und die Morphologie zu den linguistischen Teildisziplinen. In der Phonologie wird untersucht, wie Laute miteinander kombinierbar sind, welche Funktion sie im Lautsystem einer Sprache haben (vgl. K.H. Ramers 2001, U. Maas 2006). Gegenstand der Morphologie ist die Analyse der internen Wortstruktur. Hier geht es um die Frage, nach welchen Prinzipien die Wortbestandteile, die Morpheme, zu Wörtern zusammengefügt werden. So ist zwar *unfreundlich* eine mögliche Morphemkombination im Deutschen, nicht aber *unnettlich*. Neben den Prinzipien der Wortbildung ist auch die Formenlehre, die Flexion, ein wichtiges Untersuchungsgebiet der Morphologie.

Von der theoretischen Linguistik zu unterscheiden sind die Arbeitsgebiete der angewandten Linguistik. Dies ist ein Sammelbegriff für verschiedene Teildisziplinen, deren gemeinsames Bestreben es ist, die aus der theoretischen Beschäftigung mit Sprache gewonnenen Erkenntnisse praktisch umzusetzen (so zum Beispiel in der Fremdsprachendidaktik). Die Trennung von theoretischer und angewandter Linguistik sollte allerdings nicht im Sinne eines polaren Gegensatzes verstanden werden. In jeder linguistischen Teildisziplin ist es möglich, stärker theorie- oder stärker praxisorientiert zu arbeiten. Dies gilt insbesondere für interdisziplinäre Forschungsgebiete wie Psycholinguistik, Soziolinguistik und Textlinguistik (vgl. zu einem Überblick A. Linke et al. 2004[5]). So kann zum Beispiel in der Psycholinguistik ein Modell der Sprachproduktion ausgearbeitet werden, oder es kann untersucht werden, wie Sprachstörungen zu diagnostizieren und zu therapieren sind. Gerade von diesem Wechselspiel zwischen Theorie und Praxis profitieren beide Seiten.

0.3 Syntax und Grammatik

Syntax (griech. ›syntaxis‹, Zusammenordnung) ist ein fachsprachlicher Terminus, **Grammatik** (griech. ›grammatikos‹, die Buchstaben betreffend) wird fach- und allgemeinsprachlich verwendet. Worin besteht der inhaltliche Unterschied zwischen diesen beiden Termini?

Mit dem Terminus ›Grammatik‹ wurde in der Antike die Wissenschaft bezeichnet, die wir heute, so W. Köller (1988:19), als Philologie bezeichnen würden. Unter Grammatik verstand man »sowohl die Interpretation von Texten […] als auch das Inventar von Kenntnissen, das zur Ausübung dieser Kunst nötig war« (W. Köller 1988:19). Dieser umfassende Grammatikbegriff wurde im Laufe der Wissenschaftsgeschichte auf einen Aspekt, auf die sprachbezogene Analyse von Texten, eingeschränkt. Die Syntax stellt daraus wiederum nur einen Teilbereich dar, daneben gehören auch die Formenlehre und die Lautlehre zu dem, was traditionell unter Grammatik verstanden wird. So findet man in der Dudengrammatik Erläuterungen zur Lautstruktur, zur Wortstruktur und zur Satzstruktur des Deutschen (vgl. Duden 1998, Duden 2005).[1]

1 Vergleicht man die Duden-Auflagen von 1998 und 2005, dann stellt man fest, dass die Auflage von 2005 um ein Kapitel zum Text und zur gesprochenen Sprache erweitert wurde. Der Grammatikbegriff ist in der neuen Auflage also noch weiter gefasst.

Wenn hier einerseits auf die Dudengrammatik hingewiesen wird, andererseits aber von den Bereichen die Rede ist, die zur Grammatik gehören, dann werden zwei Grammatikbegriffe verwendet: Zum einen ist die Grammatik als Lehr- und Nachschlagewerk gemeint, zum anderen ist der Terminus ›Grammatik‹ die Bezeichnung für eine wissenschaftliche Disziplin. Insgesamt werden (mindestens) vier solche Lesarten unterschieden. Diese sind im Folgenden aufgelistet:

Grammatik

- das Wissen des Sprechers um die phonologischen, morphologischen und syntaktischen Regularitäten in seiner Sprache (das Grammatikwissen),
- die theoretische Beschreibung dieser Regularitäten (die Grammatiktheorie),
- die Regularitäten selbst (das grammatische System),
- das Lehrwerk, in dem die Regularitäten aufgeschrieben sind (das Grammatikbuch).

In allen vier Lesarten ist das Pendant zur Grammatik das **Lexikon**. Das Lexikon ist – metaphorisch gesprochen – der Datenspeicher, die Grammatik stellt das Programm zur Verknüpfung der Daten dar. Unterschieden werden lexikalische und grammatische Zeichen. Wörter wie *Kind, Mann, kalt, warm* gehören zu den lexikalischen Zeichen, Flexive wie *-e, -st, -er* (vgl. *ich geh**e**, du geh**st**, die Kind**er***) zu den grammatischen Zeichen. W. Köller (1997:12) beschreibt die unterschiedliche Funktion dieser Zeichen in seinem Buch *Funktionaler Grammatikunterricht* sehr treffend: »Grammatische Zeichen bilden [...] gleichsam den Mörtel zwischen den lexikalischen Bausteinen, weil wir erst mit ihrer Hilfe komplexe Gefüge vom Satzglied über den Satz bis zum Text herstellen können.«

Grammatiker resp. Syntaktiker verfolgen unterschiedliche Interessen und Zielsetzungen. Die Theorienvielfalt spiegelt sich bereits in Bezeichnungen wie Valenzgrammatik, Transformationsgrammatik, Montague-Grammatik, Kasusgrammatik, Kategorialgrammatik, Schulgrammatik und Funktionale Grammatik. Leider wird viel zu selten versucht, Grammatiker unterschiedlicher Richtungen zusammenzubringen, sie zu einer vergleichenden Diskussion ihrer Konzepte und Methoden zu bewegen. Zu Recht ist deshalb auch von »grammatischen Konkurrenzunternehmen« die Rede (vgl. V. Ágel/R. Brdar-Szabó 1995:VII).

Heute gehen die meisten Grammatiken entweder beschreibend oder erklärend vor. Beschreibende (**deskriptive**) Ansätze setzen sich zum Ziel, die Regeln, die den verschiedenen Komplexitätsebenen von Sprache zugrunde liegen, zu erarbeiten – nicht mehr und nicht weniger. In der Regel geschieht dies auf der Basis von Korpusanalysen, d.h. auf der Basis von Sprachdaten, die durch Befragungen, Textstudien etc. gewonnen wurden. Dabei können einzelsprachliche, sprachvergleichende, diachrone oder synchrone Fragen im Vordergrund stehen. Eine solide, umfassende Datenbeschreibung ist die Grundlage jeder Erklärung. Erklärende (**explanative**) Ansätze gehen meist deduktiv vor, als Ausgangspunkt dienen Hypothesen über sprachliche Strukturen, die am Datenmaterial auf ihre Plausibilität hin überprüft werden. Ziel ist, diese Hypothesen so allgemein zu formulieren, dass sie möglichst viele Regularitäten erfassen und im besten Falle die Fakten aus allgemeinen Prinzipien herleiten können.[2]

Neben beschreibenden und erklärenden Grammatiken gibt es auch solche, die vorschreibend, **präskriptiv**, sind. Eine bekannte Grammatik dieser Art stammt aus dem 19. Jahrhundert. Es ist das Buch *Allerlei Sprachdummheiten* von Gustav Wustmann aus dem Jahr 1891, das den Untertitel *Kleine deutsche Grammatik des Zweifelhaften, des Falschen und des Häßlichen* trägt. In diesem Buch möchte der Verfasser »warnen und immer wieder warnen vor all dem Minderwertigen und Schlechten, was sich in unseren Sprachgebrauch eingeschlichen hat« (Wustmann 1891, 1966[14]:1). Wie dieser Textauszug bereits zeigt, sind präskriptive Regeln oft an normativ-wertende Aussagen geknüpft. Peter Eisenberg (2004b:2) betont in diesem Zusammenhang mit Recht, dass jede deskriptive Grammatik auf diese Weise präskriptiv »verwendet werden [kann], u. U. ganz entgegen den Intentionen ihrer Verfasser.«

Präskriptive Aussagen können auf syntaktischer Ebene (z. B. »Verwende im Komparativ die Form *als,* nicht *wie*!«), auf morphologischer Ebene (z. B. »Verwende den Konjunktiv in der indirekten Rede!«) und auf phonologischer Ebene (»Sprich [habn], nicht [ham]«) gemacht werden. In didaktischen Grammatiken für den Fremdsprachenunterricht können solche Regelformulierungen durchaus Sinn machen. Präskriptive Aussagen sind auch sinnvoll zur Verschriftung von Sprache. Als orthographische Regeln gewährleisten sie die Einheitlichkeit der Schreibung, die für ein rasches, sinnentnehmendes Lesen notwendig ist.

Abschließend ist noch eine Anmerkung zur Terminologie erforderlich: Präskriptive Regeln sind Anweisungen für den ›richtigen‹ Sprachgebrauch, Regularitäten hingegen sind Gesetzmäßigkeiten, die sich aus dem Gebrauch ableiten lassen. In deskriptiven Grammatiken steht die Formulierung von Regularitäten im Mittelpunkt, nicht aber das Aufstellen von Regeln. Oft aber ist auch hier von Regeln die Rede – im Sinne von nicht-normativen, sprachbeschreibenden Prinzipien. In diesem Sinne wird auch im vorliegenden Buch der Terminus ›Regel‹ verwendet.

Zur Vertiefung

V. Ágel/R. Brdar-Szabó 1995 (Diskussion von grammatiktheoretischen und grammatikpraktischen Fragen)
W. Köller 1988 (philosophische Überlegungen zum Grammatikbegriff)
A. Linke et al. 2004 (Überblick über alle Teilgebiete der Linguistik)

2 An dieser Stelle ist wichtig anzumerken, dass es bislang noch keiner Grammatik gelungen ist, für alle sprachlichen Phänomene eine befriedigende Erklärung zu bieten. Gäbe es eine solche Grammatik, dann hätte die Linguistik auf diesem Gebiet ihr Soll erfüllt – und sich selbst als Wissenschaft entbehrlich gemacht.

Teil I
Grundlagen

1 Syntaktische Kategorien

Immer wieder hat man sich gefragt, was die Wörter *Wärme, warm* und *erwärmen* gemeinsam haben und worin sie sich eigentlich unterscheiden. Eine Antwort war, daß alle drei Wörter eine gemeinsame Basisbedeutung hätten, die dann nach den Grundkategorien Substanz, Qualität und Prozeß ausgeformt sei.

W. Köller (1988:87)

1.1 Begriffserläuterungen

Eine syntaktische Kategorie umfasst eine Menge von sprachlichen Einheiten, die bestimmte Eigenschaften gemeinsam haben und deren Eigenschaften relevant sind für die Beschreibung syntaktischer Strukturen. Syntaktische Kategorien lassen sich zu Mengen von Kategorien, zu Kategorisierungen, zusammenfassen. In diesem Kapitel werden drei solche Kategorisierungen behandelt: die Klassifikation nach Wortarten, die Flexionskategorisierung und die Konstituenten- bzw. Phrasenkategorisierung. Zuvor aber ist ein Exkurs in die philosophische Kategorienlehre erforderlich, um deutlich zu machen, welche Verbindung zwischen der Klassifikation nach Wortarten und philosophischen Kategorien wie Substanz und Qualität besteht. Dass immer wieder auf eine solche Verbindung hingewiesen wird, zeigt das vorangestellte Zitat von Wilhelm Köller aus dem Buch *Philosophie der Grammatik*. Auf seine Ausführungen stütze ich mich im Folgenden.

Aristoteles unterscheidet in seiner Kategorienlehre zehn Grundeinheiten: Substanz, Qualität, Quantität, Relation, Wo, Wann, Lage, Haben, Wirken und Leiden. Diese Kategorien dienen dazu, »unser Wissen auf seine elementaren Grundformen zu ordnen«, die »Menge unserer Begriffsbildungen typologisch zu klassifizieren« (W. Köller 1988:212). Wie Aristoteles die Kategorien methodisch entwickelt, wie er sie legitimiert, bleibt aber, so W. Köller, unklar. Es stelle sich insbesondere die Frage, ob Aristoteles die Kategorien aus der grammatischen Struktur der griechischen Sprache abgeleitet habe. So lasse sich die Kategorie ›Substanz‹ der Klasse der Substantive zuordnen, die Kategorien ›Qualität‹ und ›Quantität‹ der Klasse der Adjektive und die Kategorien der ›Relation‹, des ›Habens‹, des ›Wirkens‹, des ›Leidens‹ der Klasse der Verben.

In der Tat besteht ein enger Zusammenhang zwischen diesen philosophischen Kategorien (als Kategorien des Seins) und den syntaktischen Kategorien, den Wortarten. Es sei an dieser Stelle aber mit Eisenberg (2004b:13) vor einer Gleichsetzung gewarnt. Die Kategorien liegen auf zwei verschiedenen Ebenen: Die philosophischen Kategorien beschreiben Grundformen des Seins, die syntaktischen Kategorien dienen der grammatischen Beschreibung. Dass beides zu trennen ist, werden wir noch weiter unten im Zusammenhang mit der semantischen Subklassifikation der Wortarten sehen.

Bevor nun aber die Wortartenklassifikation vorgestellt wird, ist noch ein Wort zum Begriff ›Wort‹ erforderlich und zur Unterscheidung in lexikalisches, syntaktisches, phonologisches und flexivisches Wort (vgl. hierzu ausführlich Vater 2002:61–63). Mitnichten ist es so, dass ein Wort mit Bezug auf die Orthographie definiert werden kann (etwa als eine Einheit, die zwischen zwei Leerstellen steht). Das Wort *spazieren gehen* beispielsweise ist weiterhin ein Wort, auch wenn es nach der Neuregelung der deutschen Rechtschreibung nunmehr auch getrennt geschrieben werden kann. Es ist hier zu unterscheiden zwischen dem lexikalischen Wort, das als solches im Wörterbuch zu finden ist, und der Tatsache, dass dieses **lexikalische Wort** an zwei Positionen im Syntagma auftritt, aus zwei **syntaktischen Wörtern** besteht. Die syntaktischen Wörter können wie im Beispiel *spazieren gehen* unmittelbar benachbart sein, sie können aber auch in Distanzstellung treten, wie es bei den trennbaren Verben im Deutschen häufig der Fall ist (vgl. *Er **reiste** heute Morgen in aller Herrgottsfrühe **ab**).*

Werden zwei Wörter zu einer lautlichen Einheit verschmolzen, spricht man von einem **phonologischen Wort.** Im Deutschen wie auch in anderen Sprachen liegen Verschmelzungen in der Verbindung von Artikel und Präposition vor, vgl. dt. *im (in dem), am (an dem), zur (zu der),* frz. *du (de le), au (à le).* Als **flexivisches Wort** wird die jeweilige **Wortform** bezeichnet. Alle Wörter, die konjugierbar und deklinierbar sind, treten als flexivische Wörter auf (vgl. *gehen, gehst, ging; Kind, Kinder, Kindern* etc.), haben aber jeweils nur einen Lexikoneintrag (*gehen, Kind*).

Nachdem nun die wichtigsten Grundbegriffe geklärt sind, soll an dieser Stelle noch kurz die weitere Vorgehensweise skizziert werden: Der Schwerpunkt in diesem Kapitel liegt auf der Wortartenklassifikation (Abschn. 1.2). Folgende Fragen stellen sich: Nach welchen Kriterien können Wörter zu einer Wortart zusammengefasst werden, wie lassen sich die Wortarten voneinander unterscheiden? Im Anschluss daran werden die wichtigsten Flexionskategorien vorgestellt (Abschn. 1.3). Dabei stehen nur solche im Blickpunkt, die für den syntaktischen Aufbau der Sätze relevant sind. Schließlich wird in Abschn. 1.4 ein Verfahren zur Kategorisierung angesprochen, das nicht aus der traditionellen lateinischen Grammatik, sondern aus dem **Strukturalismus** (vgl. hierzu Kap. 3) stammt. Es ist dies die Klassifikation der Satzteile in Konstituenten. In diesem Zusammenhang wird auch der Terminus **Phrase** eingeführt.

1.2 Klassifikation der Wortarten

1.2.1 Grundlagen

Die Bestimmung der Wortarten war und ist ein zentrales, vielleicht aber auch ein zum Scheitern verurteiltes Anliegen in der Syntax. Wo die Probleme liegen, wird weiter unten erläutert. Dass es ein zentrales Anliegen ist, sieht man bereits daran, dass die traditionelle Satzanalyse primär eine Wortartenanalyse war. Sätze wurden analysiert, indem man die Wörter einzelnen Wortklassen zuordnete. So sind die großen Werke der antiken Grammatikschreibung von Dionysios Thrax (1. Jh. v. Chr.) und Apollonios Dyskolos (2. Jh. n. Chr.) nach Wortarten gegliedert. Die Satzgliedbestimmung hingegen ist ein relativ junges Verfahren. Die heute gebräuchlichen Satzgliedbegriffe etablierten sich als grammatische Begriffe erst in der Neuzeit (vgl. den historischen Abriss in P. Gallmann/H. Sitta 1992), und erst im 19. Jahrhundert erlangte die Satzgliedanalyse mit der Arbeit von Karl Ferdinand Becker aus dem Jahr 1827 einen von der Wortartenanalyse unabhängigen Stellenwert. Noch in der Grammatik von Hermann Paul gab es, so stellt C. Knobloch (1986:45) fest, keine »Satzgliedsyntax, die von der Wortartensyntax verschieden wäre«.

Im Folgenden wird die Wortartenbestimmung an dem Satz *Der älteste Sohn meiner Freundin bleibt wegen seiner Erkältung heute zu Hause* vorgeführt. Die Satzgliedanalyse, das komplementäre Verfahren zur grammatischen Beschreibung von Sätzen, wird hier ausgeklammert; sie ist Gegenstand von Kap. 2.

(1)

Artikel	Adjektiv	Substantiv	Possessivpronomen
Der	älteste	Sohn	meiner

Substantiv	Verb	Präposition	Possessivpronomen
Freundin	bleibt	wegen	seiner

Substantiv	Adverb	Präposition	Substantiv
Erkältung	heute	zu	Hause

In (1) wurden Wortartbezeichnungen verwendet, die den meisten aus dem Schulunterricht vertraut sind. Diese Bezeichnungen gehen zurück auf die antike Grammatikschreibung. In der Grammatik von Dionysios Thrax wurden acht Wortarten unterschieden: Nomen, Verb, Partizip, Artikel, Pronomen, Präposition, Adverb und Konjunktion. Wie Thrax die einzelnen Wortarten beschreibt, wird hier am Beispiel von Nomen und Artikel vorgeführt (zitiert nach der deutschen Übersetzung in E. Hentschel/H. Weydt 1995:40):

> Das Nomen ist ein mit einem Kasus verbundener Satzteil, der einen Gegenstand [...] z. B. *Stein*, oder eine Handlung, z. B. *Erziehung*, bezeichnet.
>
> Der Artikel ist Satzteil mit Kasus, der der Nominalflexion vorausgeht. [...] Er hat drei Begleitumstände: Geschlecht, Numerus, Kasus.

In neueren Arbeiten finden sich zahlreiche Klassifizierungsversuche, die von dieser **Acht-Wortarten-Lehre** abweichen. Nach D. Busse (1997:220) reichen die Zahlen von vier lexikalischen Klassen im generativen Ansatz (vgl. Chomsky 1965) bis zu mehreren Dutzend Klassen bei H. Bergenholtz und B. Schaeder (1977).

Dass die Zahl der in den einzelnen Grammatiken angesetzten Wortarten erheblich schwankt, hängt mit den Abgrenzungsproblemen zwischen den einzelnen Wortarten zusammen. Was die einen als Untergruppe einer Wortart ansehen, wird von den anderen als eigenständige Wortart klassifiziert. In der Dudengrammatik beispielsweise stellen die Interjektionen eine Untergruppe der Wortart Partikel[3] dar, in anderen Grammatiken werden die Interjektionen als eine Hauptklasse angesehen (so in Sommerfeldt/Starke 1988).

Jede Wortart kann weiter untergliedert werden: Die Klasse der Verben lässt sich nach syntaktischen Kriterien unterteilen in Vollverben, Hilfsverben, Modalverben, Kopulaverben, nach semantischen Kriterien in Handlungsverben, Vorgangsverben und Zustandsverben. Bei den Konjunktionen wird unterschieden zwischen hauptsatz- und nebensatzeinleitenden Konjunktionen, bei den Pronomen zwischen Possessiv-, Demonstrativ- und Personalpronomen. Auch die Partikeln, eine Restklasse, die in einigen Grammatiken eine eigene Wortart darstellt, lassen sich weiter in Modal-, Grad- und Gesprächspartikeln untergliedern. Dass es zu Abweichungen zwischen den Grammatiken kommt, verwundert bei der Vielzahl dieser Einteilungsmöglichkeiten nicht.

Hingewiesen sei an dieser Stelle noch auf ein terminologisches Problem: Substantive und Nomina werden von einigen Grammatikern als Synonyme angesehen (vgl. Duden 2005:146), andere verwenden den Ausdruck ›Nomen‹ bzw. ›Nominal‹ (vgl. Eisenberg 2004b:22) als Oberbegriff für alle deklinierbaren Wortarten, d. h. für Adjektive, Substantive, Artikel, Pronomen und Numerale, wieder andere gebrauchen ›Nomen‹ als Oberbegriff nur für Substantive und Adjektive. Hier und im Folgenden steht ›Nomen‹ als Synonym für ›Substantiv‹. Dieser Sprachgebrauch setzt sich in der deutschsprachigen Literatur immer mehr durch. Dies mag auch am Einfluss des Englischen und Französischen liegen. In diesen Sprachen gibt es nur eine Bezeichnung: *the noun* bzw. *le nom*.

Die Wortarten lassen sich in zwei große Klassen einteilen, in eine **offene Klasse**, zu denen die Substantive, Verben, Adjektive und Adverbien zählen, und in eine **geschlossene Klasse,** die die Präpositionen, die Partikeln, die Konjunktionen und die Artikel umfasst. Die offene Klasse ist dadurch charakterisiert, dass ihr Bestand jederzeit erweitert werden kann. Dies geschieht entweder über Entlehnungen aus anderen Sprachen (z. B. *E-Mail, downloaden, recyceln*) oder durch Neubildungen, die einem produktiven Muster folgen (z. B. *machbar, lesbar, schreibbar* etc.). Die

3 Die verschiedenen Funktionen von Partikeln lassen sich nach Duden (2005:594) wie folgt beschreiben: »Als Gradpartikeln geben sie Auskunft über die Intensität von Eigenschaften, als Fokuspartikeln heben sie bestimmte Teile eines Satzes hervor, als Negationspartikeln verneinen sie einen Satz oder Teilsatz, als Abtönungspartikeln geben sie Auskunft über die subjektive Einstellung, die Haltung des Sprechers zum geäußerten Sachverhalt, als Gesprächspartikeln steuern sie den Ablauf von Dialogen, als Interjektionen dienen sie dem Ausdruck von Emotionen und als Onomatopoetika imitieren sie Geräusche.«

Wörter, die zur geschlossenen Klasse gehören, bilden demgegenüber einen kleinen, zahlenmäßig begrenzten Bestand, der nicht produktiv erweitert werden kann.

Im Vordergrund steht nun die Frage, wie die Wortarten voneinander abzugrenzen sind. Welche gemeinsamen Eigenschaften sind es, die dazu berechtigen, Wörter zu einer Wortart zu zählen? Auf welcher Ebene der grammatischen Beschreibung werden die Wortarten definiert? Sieht man die Grammatiken daraufhin durch, lassen sich drei Verfahren der Subklassifikation unterscheiden: die morphologische Subklassifikation (Abschn. 1.2.2), die semantische Subklassifikation (Abschn. 1.2.3) und die syntaktische Subklassifikation (Abschn. 1.2.4).

1.2.2 Morphologische Subklassifikation

Wortarten werden danach klassifiziert, ob sie flektierbar (d. h. deklinierbar, konjugierbar, komparierbar) oder nicht-flektierbar sind. Diese grundlegende Einteilung wird in allen Grammatiken vorgenommen. Zu den deklinierbaren Wörtern zählen die Substantive (z. B. *der Mann, des Mannes*), die Adjektive (z. B. *klein, kleine, kleinen*), die Artikel (z. B. *der, den, dem*) und die Pronomen (z. B. *ihm, ihn*), zu den konjugierbaren die Verben (z. B. *laufe, läufst, lief*), zu den komparierbaren die Adjektive (z. B. *groß, größer, am größten*). Die Klasse der Unflektierbaren setzt sich zusammen aus den Adverbien (z. B. *sehr, oft*), den Partikeln (z. B. *doch, bloß*), den Präpositionen (z. B. *auf, unter*) und den Konjunktionen (z. B. *denn, weil*). Man beachte, dass es hier um die Frage geht, ob ein Wort potenziell flektierbar ist, nicht darum, ob es im konkreten Satz tatsächlich flektiert wird. Vergleichen wir dazu die folgenden beiden Sätze:

(2) (a) Er weint laut.
    (b) Er weint sehr.

Das Wörtchen *laut* ist ein Adjektiv, auch wenn es in (2a) unflektiert auftritt. Dieses Wort ist in anderen Kontexten flektierbar (z. B. *ein lautes Weinen*). Anders ist es mit dem Adverb *sehr* in Satz (2b). Es lässt sich kein Kontext angeben, in dem dieses Wort flektiert wird (vgl. die Ungrammatikalität in der Konstruktion **ein sehres Weinen*).

An dieser Stelle ist eine grundsätzliche Bemerkung erforderlich: Alle hier genannten Kriterien zur Wortartenbestimmung gelten nicht universal, sondern nur einzelsprachlich. Dies betonen mit Recht Elke Hentschel und Harald Weydt in ihrem Aufsatz zu den Wortarten im Deutschen. Sie weisen darauf hin, dass in manchen Sprachen »Wörter, die so grundverschiedenen Wortklassen wie ›Substantiv‹ und ›Verb‹ angehören, dieselben morphologischen Markierungen« (Hentschel/Weydt 1995:43) benutzen. Als Beispiel nennen sie neben Ungarisch und Türkisch das Eskimo, in dem dasselbe grammatische Morphem, *-t*, unterschiedslos zur Pluralmarkierung von Substantiven und von Verben verwendet wird (vgl. *uvdloq* ›Tag‹, *uvdhlu-**t*** ›Tage‹; *akivoq* ›er antwortete‹, *akvivu-**t*** ›sie antworteten‹). Dass Identifikationskriterien nur einzelsprachlich gelten, sieht man auch an zwei anderen Beispielen: 1. Ob ein Wort mit einem Artikel kombinierbar ist, ist ein syntaktisches Kriterium, das im Deutschen zur Wortartenbestimmung herangezogen werden kann. In artikellosen Sprachen wie dem Russischen, Lateinischen und Koreanischen ist dieses Kriterium nicht anwendbar. 2. Ein Charakteristikum von Adjektiven im Deutschen ist, dass sie nur zusammen mit einem Hilfsverb, einer **Kopula**, das Prädikat bilden können (vgl. *Er ist krank*). In anderen Sprachen, wie im Chinesischen, im Koreanischen und im Türkischen, ist dazu keine Kopula erforderlich, das Adjektiv kann unter bestimmten Bedingungen wie ein Vollverb als Prädikat fungieren. Zu bedenken ist auch, dass selbst innerhalb der grammatischen Beschreibung einer Sprache Probleme auftreten. So steht das morphologische Kriterium der Flektierbarkeit im Konflikt zu einem anderen Kriterium, das auf den Wortinhalt Bezug nimmt: Wörter wie *Million* und *doppelt* lassen sich aufgrund ihrer Flektierbarkeit der Klasse der Substantive bzw. Adjektive zuordnen, aufgrund ihrer Semantik einer eigenen Klasse, der Klasse der Numeralia.

Will man trotz dieser Probleme an einer übereinzelsprachlichen Wortartenklassifikation festhalten, ist zu überlegen, ob bei der Klassifikation der Wortarten mit dem **Prototypenkonzept** gearbeitet werden sollte. Dieser Ansatz spielt in der Semantik eine zentrale Rolle und kann möglicherweise auch auf der Ebene der grammatischen Beschreibung relevant sein. Die Überlegung ist die folgende: Statt nach definitorischen Merkmalen für eine Wortart zu suchen, genügt es, die prototypischen Eigenschaften einer Wortart zu benennen. Diese müssen nicht für alle Wörter gelten, die der Kategorie Substantiv, Adjektiv etc. zugeordnet werden. Vielmehr besteht die Möglichkeit, zwischen ›besseren‹ und ›schlechteren‹ Vertretern der Kategorie zu unterscheiden und keine strenge Grenzziehung zwischen den Kategorien vornehmen zu müssen.

Als Fazit dieses kurzen Exkurses ergibt sich: Die hier und im Folgenden genannten Unterscheidungskriterien sollten nur als prototypische Merkmale verstanden werden. Eine eindeutige Zuordnung ist nicht in allen Fällen möglich und wird auch nicht als notwendig postuliert.

1.2.3 Syntaktische Subklassifikation

Zieht man zur Subklassifikation der Wortarten syntaktische Kriterien heran, so betrachtet man die Wörter nicht isoliert, sondern in ihrem Vorkommen im Syntagma. Wie wichtig es ist, die Strukturposition eines Wortes zu berücksichtigen, zeigen Beispiele wie *dank* und *laut*. Nur wenn diese Wörter in einem Syntagma auftreten, lässt sich entscheiden, ob eine Präposition (z. B. *dank seiner Mutter*, *laut Polizeibericht*) oder ein Substantiv (z. B. *herzlichen Dank, ein schriller Laut*) vorliegt.[4] Allerdings kann man argumentieren, dass ja bereits aus der Kleinschreibung darauf zu schließen sei, dass es sich nicht um Substantive handle. Doch besteht hier die Gefahr eines Zirkelschlusses: Man stellt fest, dass nur Wörter mit großem Anfangs-

4 Bei *laut* kommt noch eine dritte Möglichkeit hinzu. Es kann sich auch um ein Adjektiv handeln: *Er singt laut.*

buchstaben Substantive sind, und andererseits argumentiert man, dass nur Substantive mit großem Anfangsbuchstaben beginnen. Kurz: Auch hier ist davor zu warnen, die Orthographie als ein Indiz für die grammatische Kategorisierung gelten zu lassen. Die Groß- und Kleinschreibung im Deutschen resultiert aus der grammatischen Kategorisierung, nicht umgekehrt.

Drei Kriterien spielen bei der syntaktischen Klassifikation der Wortarten eine Rolle: die Satzgliedfunktion, die syntaktischen Eigenschaften des Wortes und seine Kombinierbarkeit. Adverbien und Präpositionen, die ja beide zur Klasse der Unflektierbaren gehören, lassen sich auf der Basis ihrer Satzgliedfunktion voneinander unterscheiden: Adverbien können als Satzglied fungieren, Präpositionen nicht. In dem Satz *Er fährt heute nach Paris* z.B. stellt das Adverb *heute* ein Satzglied, ein Adverbial, dar (vgl. Abschn. 2.5). Die Präposition *nach* hingegen ist nur Teil eines Satzgliedes, aber selbst kein Satzglied.

Präpositionen und Konjunktionen lassen sich abgrenzen, wenn man ihre syntaktischen Eigenschaften gegenüberstellt: Regiert das Wort in seiner unmittelbaren Umgebung einen Kasus, handelt es sich um eine Präposition (vgl. *wegen des schlechten Wetters*), andernfalls um eine Konjunktion (vgl. *weil das Wetter schlecht ist*). Zu beachten ist allerdings, dass einige Wörter sowohl als Präpositionen als auch als Konjunktionen gebräuchlich sind (z.B. *seit, bis*). Sie regieren also einen Kasus (als Präposition) bzw. keinen Kasus (als Konjunktion). Ein Beispiel dafür ist in (3) gegeben:

(3) (a) Seit dem letzten Sommer treffen wir uns jeden Tag.
    (b) Seit wir zusammen Karneval gefeiert haben, treffen wir uns jeden Tag.

Was die Kombinierbarkeit betrifft, lassen sich drei Beobachtungen machen (Ausnahmen bleiben hier unberücksichtigt):

a) Possessivpronomen können nicht mit einem sächsischen Genitiv auftreten. So ist die Konstruktion *Peters Schal* oder *sein Schal* möglich, nicht aber die Kombination beider in einer Konstruktion wie **Peters sein Schal.* Umgangssprachlich findet sich zwar auch die Konstruktion *Peter sein Schal,* in diesem Fall steht der Eigenname aber im Dativ, nicht im Genitiv.

b) Substantive sind potenziell mit einem Artikel, einem Adjektiv oder einem Zahlwort erweiterbar.

c) Adjektive können zwischen einem Artikel und einem Substantiv stehen, Possessivpronomina nicht (z.B. *das schöne Haus* versus **das unser Haus*). Grammatisch ist die Verwendung eines Possessivums in Verbindung mit einem Artikel nur, wenn dieses zum Adjektiv konvertiert ist (vgl. *das unsrige Haus*).

1.2.4 Semantische Subklassifikation

Die semantische Subklassifikation wird vor allem im Schulunterricht zur Wortartenunterscheidung herangezogen. Substantive werden als Gegenstandswörter, Adjektive als Eigenschaftswörter und Verben als Tätigkeitswörter bezeichnet. Wer diese Redeweise beibehalten möchte, sollte allerdings

> den schulgrammatischen Spieß herumdrehen und nicht mehr sagen, Substantive sind Gegenstandswörter, Adjektive Eigenschaftswörter usw., sondern: Gegenstände werden mit Substantiven, Handlungen mit Verben *bezeichnet.* Das ist nämlich eine völlig korrekte Aussage, die nichts präjudiziert über die grammatische Natur der Wortklassen.
>
> C. Knobloch (1986:49)

Man muss sich klar machen, dass nicht das Substantiv (als Kategorie der grammatischen Beschreibung) einen Gegenstand bezeichnet, sondern allenfalls das Wort, das zur Kategorie der Substantive gehört. Mit Recht warnt Knobloch hier vor der Gefahr einer Verwechslung von Aussagen über die Wirklichkeit mit Aussagen über die Sprache. Dies sei z. B. der Fall, wenn von Präpositionen gesagt werde, sie bezeichneten Relationen »nicht etwa zwischen Wörtern, nein, zwischen Personen, Dingen und Vorgängen« (Knobloch 1986:41).

Dass beide Ebenen, die Ebene der grammatischen Beschreibung und die außersprachliche Ebene, sorgfältig getrennt werden müssen, macht C. Knobloch auf recht sarkastische Weise deutlich:

> Stilblütenreif wird die Bestimmung *nicht* nennender Wortarten durch Definitionen, die von der gemeinten Sache her genommen sind. Hinze (1968:58) beschreibt das Reflexivpronomen mit der Bedingung, daß »die Handlung im Umkreis des Subjekts« bleibt, und gibt dazu wenige Zeilen später den Beispielsatz: /der Fuchs schleicht *sich* an das Huhn heran/! Das Huhn wäre sicher hocherfreut, wenn diese Handlung im Umkreis des Subjekts bliebe, aber der Grammatiker greift *sich* an den Kopf (und führt damit eine Handlung aus, die wirklich im Umkreis des »Subjekts« bleibt).
>
> C. Knobloch (1986:41)

Im Folgenden gehen wir von der außersprachlichen Ebene aus. Als Ausgangspunkt dienen die folgenden Fragen: Wie wird ein Sachverhalt versprachlicht? Welchen Beitrag leisten dazu die Wortarten? Elke Hentschel und Harald Weydt, die in ihrem *Handbuch der deutschen Grammatik* die Wortartenbestimmung semantisch fundieren, diskutieren diese Fragen an einem oft zitierten Beispiel:

> So kann etwa dieselbe außersprachliche Erscheinung durch das Substantiv *Blut*, das Adjektiv *blutig* oder das Verb *bluten* wiedergegeben werden: *an meiner Hand ist Blut – meine Hand ist blutig – meine Hand blutet.* [...] Als Substantiv (*Blut*) wird es [das außersprachliche Faktum, C. D.] als ein Etwas aufgefasst, als eine abgeschlossene Größe oder ein Objekt (nicht im syntaktischen Sinne). Als Adjektiv (*blutig*) hingegen wird dasselbe Phänomen als eine Eigenschaft gefasst, die einem Gegenstand zugeschrieben

wird. Das Verb (*bluten*) schließlich drückt das Phänomen als einen Vorgang in der Zeit aus. E. Hentschel/H. Weydt (2003:20)

Semantische Charakterisierungen dieser Art finden sich in vielen Grammatiken. Im Folgenden werden sie in Anlehnung an die Übersicht in der Dudengrammatik von 1998 zusammengestellt.[5]

(4)

Wortart	semantisch-pragmatische Charakterisierung
Verb	Zustände, Vorgänge, Tätigkeiten, Handlungen
Substantiv	Lebewesen, Sachen (Dinge), Begriffe (Abstrakta)
Adjektiv	Eigenschaften, Merkmale
Artikel, Pronomen	Verweis, nähere Bestimmung
Adverb	nähere Umstände
Partikel	Sprechereinstellung, -bewertung
Präposition	Verhältnisse, Beziehungen
Konjunktion	Verknüpfung im logischen, zeitlichen, begründenden, modalen u. ä. Sinn

vgl. Duden (1998:88)

1.3 Flexionskategorien

Zu den syntaktischen Kategorien zählen nicht nur die Wortarten, sondern auch die Flexionskategorien (vgl. hierzu ausführlich Eisenberg 2004b:13–24). Was die Flexion betrifft, ist zu unterscheiden zwischen Deklination und Konjugation. Substantive, Adjektive, Artikel, Pronomen und Numerale werden dekliniert, Verben werden konjugiert.

Betrachten wir zunächst die **Deklination** des Substantivs. Die Genusmarkierung am Substantiv unterscheidet sich von der Numerus- und der Kasusmarkierung in zwei wichtigen Punkten: Sie ist dem Substantiv inhärent, und sie ist invariant. Mit anderen Worten: Ein Substantiv ist entweder Femininum oder Maskulinum oder Neutrum, eine Variation je nach syntaktischem Kontext gibt es nicht. Eisenberg

5 Eine solch vereinfachende Übersicht ist in der Dudenausgabe von 2005 zwar nicht mehr abgedruckt, es gibt aber auch in der neuen Auflage Erläuterungen zur Semantik einzelner Wortarten. So findet sich ein Kapitel zu den »Bedeutungsgruppen des Substantivs« (Duden 2005:147–153) und ein weiteres zur »Semantik der Adjektive« (Duden 2005:346 f.). Auch hieran sehen wir, dass die semantische Subklassifikation in der Wortartdefinition eine wichtige Rolle spielt (vgl. dazu auch C. Knobloch/B. Schaeder 2000:677 f.).

(1994:40) spricht in diesem Zusammenhang von **Paradigmenkategorisierung**: Das Genus untergliedert die gesamte Klasse der Substantive in drei Unterklassen, in Maskulinum, Femininum und Neutrum. Davon zu unterscheiden ist die **Personenkategorisierung.** Hier gibt es keine Unterklassen: Das Substantiv steht immer in der 3. Person. Anders ist es mit der Kasus- und der Numeruskategorisierung, Kasus und Numerus variieren. Der Kasus wird in der Regel von ›außen‹, von einem anderen Wort, zugewiesen, der Numerus wird vom Sprecher in Abhängigkeit von der zu übermittelnden Bedeutung (Einheit oder Vielheit) gewählt. Kasus und Numerus sind **Einheitenkategorisierungen** (vgl. Eisenberg 1994:37): Sie gliedern das Substantiv im Deutschen intern in vier Kasus- (Nominativ, Genitiv, Akkusativ, Dativ) und zwei Numeruskategorien (Singular, Plural). Andere Sprachen nehmen hier andere Differenzierungen vor. So gibt es im Arabischen drei Numeruskategorien (Singular, Dual, Plural) und drei Kasuskategorien (Nominativ, Akkusativ, Genitiv), im Finnischen zwei Numerus- und 15 Kasuskategorien.

In der **Konjugation** des Verbs werden Person, Tempus, Numerus, Modus und das Genus Verbi angezeigt. Jede dieser Flexionskategorisierungen wird weiter subklassifiziert: Hinsichtlich der Person wird unterschieden zwischen 1., 2., 3. Person, hinsichtlich des Numerus zwischen Singular und Plural. Bei den Tempora gibt es abweichende Subklassifikationen; ich setze hier sechs Tempuskategorien an: Präsens, Präteritum, Perfekt, Plusquamperfekt, Futur I und Futur II. Zum Modus, d. h. zur Aussageweise des Verbs, gehören der Indikativ, der Imperativ und der Konjunktiv, zum Genus Verbi, zur Handlungsform, das Aktiv und das Passiv.

Alle genannten Flexionskategorien erfüllen eine wichtige Funktion. Sie regeln das Miteinanderauftreten der Wörter im Satz, sie machen aus Wortgruppen syntaktische Einheiten. Machen wir uns dies an einem Beispiel klar: Erst durch die formale Übereinstimmung von Subjekt und Prädikat wird aus einer Wortreihe wie *Peter studieren Germanistik* ein Satz des Deutschen. Dieser Satz lautet korrekt *Peter studiert Germanistik,* Subjekt und Prädikat kongruieren. Diese **verbale Kongruenz** wird in der Generativen Grammatik als so grundlegend angesehen, dass darauf aufbauend der ganze Satz analysiert wird (vgl. Abschn. 8.4.3).

Von der verbalen Kongruenz ist die formale Übereinstimmung von Artikel, Adjektiv und Substantiv und die formale Übereinstimmung zwischen Subjekt und Prädikativum zu unterscheiden. Erstere wird als nominale, Letztere als prädikative Kongruenz bezeichnet. Beispiele für die drei Kongruenztypen des Deutschen werden im Folgenden gegeben:

(5)

Verbale Kongruenz:	Peter studiert Germanistik.
Nominale Kongruenz:	die kleinen Kinder
Prädikative Kongruenz:	Er ist Deutscher. Sie sind Deutsche.

1.4 Konstituenten und Phrasen

Die Termini ›Phrase‹ und ›Konstituente‹ gehören nicht zu der Beschreibungssprache der lateinischen Grammatik, sondern zum Strukturalismus (vgl. Kap. 3). Sie sollen aber bereits an dieser Stelle eingeführt werden, da sie nützlich und praktisch sind.

Als **Phrasen** werden Wortgruppen bezeichnet, die syntaktisch eine Einheit bilden. Phrasen haben jeweils einen Kern (auch: ›Kopf‹). Nach der Wortart des Kerns wird die ganze Phrase benannt. In (6) werden Beispiele für einzelne Phrasentypen gegeben. Der Kern der Phrase ist dabei jeweils fett gedruckt. Als Kern tritt ein Nomen, ein Verb, eine Präposition, ein Adjektiv und ein Adverb auf.

(6)

Nominalphrase (NP)	das kleine **Kind**
Verbalphrase (VP)	nach Hause **fahren**
Präpositionalphrase (PP)	**mit** dem Kind
Adjektivphrase (AP)	sehr **klein**
Adverbphrase (AdvP)	sehr **oft**

Eine Phrase kann so komplex sein, dass sie ihrerseits wieder Phrasen enthält (vgl. *das kleine Kind meiner Nachbarin, das kleine Kind meiner Nachbarin aus Köln, das kleine Kind meiner Nachbarin aus Köln am Rhein*, …). Minimal besteht die Phrase aus einem Wort, dem Kern. So stellt in der Nominalphrase *Oma* das Wort *Oma* den Kern und gleichzeitig die gesamte Phrase dar.

Konstituenten sind definiert als sprachliche Einheiten, die Teile einer größeren Einheit sind. In diesem Sinne ist sowohl das Wort, das Baustein einer Phrase ist, eine Konstituente, als auch die Phrase, da sie Baustein einer übergeordneten Phrase bzw. des Satzes ist. Konstituente ist also der Oberbegriff, ›Phrase‹ und ›Wort‹ sind Unterbegriffe. Oder anders gesagt: Jede Phrase bzw. jedes Wort ist eine Konstituente, aber nicht jede Konstituente ist eine Phrase bzw. ein Wort.

Auch Wortverbindungen, die zwischen der Wort- und der Phrasenebene liegen, können als Konstituenten bezeichnet werden, sofern nachweisbar ist, dass sie eine sprachliche Einheit bilden. Wie ermittelt werden kann, aus welchen Konstituenten eine so komplexe Einheit wie der Satz besteht und wie diese Konstituenten wiederum in kleinere Konstituenten zerlegbar sind, wird in Kap. 3 gezeigt.

Angemerkt sei an dieser Stelle, dass nicht nur Bestandteile von Sätzen, sondern auch Bestandteile von Wörtern als Konstituenten bezeichnet werden. Das Wort *unfreundlich* besteht beispielsweise aus den drei Konstituenten *un-, freund* und *-lich*. Anders ist es mit dem linguistischen Terminus ›Phrase‹: Dieser bezieht sich ausschließlich auf die Ebene der Syntax.

Zum Schluss werden zwei der in diesem Kapitel erläuterten Kategorisierungen, die Wort- und die Phrasenklassifikation, in einer Übersicht zusammengestellt. Aus dieser wird ersichtlich, dass zwischen der Klassifikation der Wörter nach Wortarten und der Klassifikation der Wortgruppen nach Phrasen keine Eins-zu-Eins-Entsprechung besteht. So können Artikel keine Phrasen bilden, da sie syntaktisch nicht erweiterbar sind (vgl. aber die Analyse der NP in Abschn. 8.4).

(7)

Konstituente	
Wort Kategorie: – Nomen – Adjektiv – Präposition – Verb – Adverb – Konjunktion – Artikel – Partikel – Pronomen	**Phrase** Kategorie: – Nominalphrase – Adjektivphrase – Präpositionalphrase – Verbalphrase – Adverbphrase

Zur Vertiefung

H. Bergenholtz/B. Schaeder 1977 (Standardwerk zu den Wortarten des Deutschen)

E. Hentschel/H. Weydt 1995 (Überblick über die Wortartklassifikation im Deutschen, sprachübergreifender Einteilungsvorschlag)

C. Knobloch/B. Schaeder 2000 (Diskussion der Kriterien zur Wortartklassifikation)

A. Wöllstein-Leisten et al. 1997 (Erläuterungen zu Konstituente und Phrase)

2 Syntaktische Funktionen

> Über eines sollten wir uns aber im klaren sein: Wörter und Wortgruppen sind an sich noch keine Satzglieder, sie können nur unter bestimmten Bedingungen die Funktion von Satzgliedern erfüllen. Für sich allein genommen ist z. B. »die Erde« nichts anderes als eine Wortgruppe aus einem Artikel und einem Substantiv. Zum Satzglied wird sie erst durch ihr Verhältnis zu den anderen Konstituenten eines Satzes.
>
> J. Macheiner (1998[2]:24)

2.1 Vorbemerkungen

In diesem Kapitel geht es um die Frage, welche syntaktischen Funktionen die Konstituenten eines Satzes einnehmen, in welchem Verhältnis sie zueinander stehen. Dass dies nicht an der syntaktischen Kategorie festgemacht werden kann ist, liegt auf der Hand: Eine Nominalphrase beispielsweise kann als Objekt fungieren (*Er sieht den Film*), als Subjekt (*Das Kind weint, Der Wagen wird gewaschen*), als Adverbial (*Er tanzt die ganze Nacht*) oder als Attribut (*Das Kind meiner Nachbarin weint*). Umgekehrt wird ein und dieselbe syntaktische Funktion kategorial in unterschiedlicher Weise realisiert. Ein Subjekt kann als Nominalphrase auftreten (*Der Junge schläft*), als abhängiger Satz (*Dass der Zug Verspätung hat, ärgert ihn*), als Infinitivsatz (*Jeden Tag ein Glas Rotwein trinken hält jung*). Auch das Attribut, das als Erweiterung zu einem Satzglied gilt und in diesem Sinne selbst kein Satzglied, sondern nur ein Satzgliedteil ist, wird unterschiedlich realisiert: als Genitiv-NP (*Peters Katze*), als PP (*die Katze von Peter*), als Relativsatz (*die Katze, die Peter gehört*), als Adjektiv (*die schwarze Katze*) oder als enge Apposition (*Kater Mikesch*). Das Adverbial schließlich kann im Satz als PP (*Er arbeitet in Paris*), als NP (*Er arbeitet die ganze Nacht*), als Adverb (*Er arbeitet lange*), als Nebensatz (*Er arbeitet, um Geld zu verdienen*) und als Adjektiv (*Er arbeitet gut*) erscheinen.

Wie lassen sich nun die syntaktischen Funktionen voneinander unterscheiden? Im Folgenden werden die wichtigsten in der Literatur genannten Kriterien aufgelistet und knapp kommentiert. Sie sind nicht als notwendige Bestandteile einer Definition zu lesen, sondern lediglich als Aufzählung prototypischer Merkmale. Wie wir sehen werden, beziehen sich die jeweils genannten Kriterien sowohl auf formale als auch auf pragmatische und semantisch-funktionale Gesichtspunkte. Es tritt also ein Problem auf, das auch kennzeichnend für die Einteilung der Wortarten ist: Es gib keine einheitliche Definitionspraxis. Bei der Satzgliedbestimmung kommt noch erschwerend hinzu, dass die Satzgliedbegriffe aus verschiedenen Bereichen stammen: aus der Logik (Subjekt, Prädikat) und aus der Philosophie (Objekt, Attribut). Sie wurden ursprünglich also gar nicht zur Beschreibung syntaktischer Phänomene herangezogen. Erst K. F. Becker hat sie mit seiner Arbeit von

1827 in die Grammatik eingeführt (vgl. hierzu ausführlich P. Gallmann/H. Sitta 1992:141–143) und damit den Grundstein gelegt für das bis heute in den Schulen gängige Analyseverfahren. Trotz aller Kritik an der Definition der Satzglieder spielen die Termini aber nicht nur in der Schulgrammatik, sondern auch in wissenschaftlichen Arbeiten zur Satzanalyse eine wichtige Rolle. Viele Sprachwissenschaftler rekurrieren darauf. So werden die Satzgliedbezeichnungen auch in der Generativen Grammatik (vgl. Kap. 8) verwendet, ohne dass sie für das Modell von theoretischer Relevanz wären. Sie dienen hier lediglich noch als Hilfsmittel zur Beschreibung struktureller Relationen.

Welche Eigenschaften traditionell mit den Satzgliedbegriffen assoziiert sind, soll nun knapp rekapituliert werden. Ich beginne mit dem wichtigsten Satzgliedbegriff, mit dem Subjekt (Abschn. 2.2). Anschließend folgen knappe Erläuterungen zum Prädikat, zum Objekt, zum Adverbial und zum Attribut. Dem freien Dativ wird ein eigener Abschnitt gewidmet (2.6), da dieser unter keiner der herkömmlichen Satzgliedfunktionen subsumiert werden kann.

2.2 Das Subjekt

Die Bezeichnung ›Subjekt‹ stammt aus der aristotelischen Logik. Ein logisches Urteil wird in zwei Bestandteile zerlegt: in das, worüber etwas ausgesagt wird (das Topik), und das, was darüber ausgesagt wird. Diese Grundeigenschaft des aristotelischen Subjekts ist die, die auch in der grammatischen Beschreibung am weitesten führt: Das grammatische Subjekt eines Satzes ist das Topik, der Gegenstand der Satzaussage. Problematisch wird diese so einfach scheinende Definition durch zwei Faktoren. Zum einen: Es lässt sich nicht immer eindeutig bestimmen, welcher Teil des Satzes das Topik ist. Enthält z. B. der Satz *Verloren hat Peter den Schlüssel zum Glück nicht* eine Aussage über das Verlieren, über den Schlüssel oder über Peter? Zum anderen: Es gibt Kriterien formaler und semantischer Art, die zur Subjektbestimmung herangezogen werden, die aber nicht zum selben Ergebnis führen. So ist der Satz *Dem Lehrer ist ein Fehler unterlaufen* eine Aussage über die im Dativ stehende NP *dem Lehrer*. Diese Konstituente ist aber nicht das Subjekt, wenn man das Subjekt über Formeigenschaften definiert wie die, dass das Subjekt die im Nominativ stehende, kongruenzauslösende Satzkonstituente ist.

Welches sind nun die charakteristischen Subjekteigenschaften? Keenan (1976) hat in einem Aufsatz mit dem Titel *Towards a universal definition of ›subject‹* den Versuch unternommen, das Subjekt über eine Liste von Einzelkriterien zu erfassen. Hier kann nur eine kleine Auswahl der Subjektkriterien genannt werden. Eine semantische Begriffsbestimmung ist z. B. die, dass sich das Subjekt auf den Urheber der Handlung, auf das **Agens**, bezieht. Dieses Subjektmerkmal trifft freilich nur auf eine Teilklasse aller Sätze zu, nämlich in der Regel nur auf die Sätze, die ein transitives Verb im Aktiv enthalten (vgl. *Er wäscht den Wagen*). Im Passiv ist die Rollenbelegung systematisch verändert (*Der Wagen wird gewaschen*). Doch nicht nur ein solcher Konstruktionswechsel zeigt, dass Agens und Subjekt keineswegs fest korreliert sind. Auch in Aktivsätzen gelten Zusatzbedingungen, wie z. B. die, dass als Prädikat ein Handlungsverb stehen muss. So ist in dem Satz *Die gute Note in Mathe freut mich*, in dem ein Empfindungsverb auftritt, die Subjekt-NP gerade nicht mit dem Agens zu identifizieren. Auch bei intransitiven Verben, also solchen Verben, die kein Akkusativobjekt zu sich nehmen, ist die semantische Rolle im Subjekt nicht auf das Agens festlegbar. In Satz (2) beispielsweise referiert das Subjekt auf eine Entität, die von der im Verb ausgedrückten Handlung betroffen ist. Diese bezeichnet man als **Patiens.**

(1) Ich$_{\text{(Agens)}}$ arbeite.

(2) Die Kugel$_{\text{(Patiens)}}$ rollt.

Wie die Beispiele zeigen, steht das einzig vorkommende nominale Satzglied im Subjekt – und dies unabhängig von der semantischen Beziehung, in die es zum Verb tritt. Eine solche Struktur ist typisch für **Nominativ-/Akkusativsprachen**. Der Nominativ ist hier der Grundkasus, der zur Kasusmarkierung des Subjekts in transitiven und in intransitiven Sätzen dient. Im Deutschen z. B. gibt es nur wenige Konstruktionen, in denen ein intransitives Verb nicht mit dem Nominativ, sondern mit einem Nicht-Nominativ, d. h. mit einem obliquen Kasus, auftritt (vgl. *Mich friert, Mir graut vor der Arbeit*). Oft wird hier ein nicht-referentielles Subjekt-*es* eingefügt (vgl. *Es graut mir vor der Arbeit*), möglich ist auch, dass die Konstruktion überwechselt in den Nominativ (*Ich friere*). Im Neuhochdeutschen haben die nominativhaltigen Konstruktionen die nominativlosen fast völlig verdrängt. Auch dies hat dazu beigetragen, dass der Nominativ der Kasus ist, der nicht nur das Agens, sondern auch andere semantische Rollen aufnimmt.

Vergleichen wir hiermit kurz die Ergativsprachen. In **Ergativsprachen**, zu denen im europäischen Raum nur das Baskische, im außereuropäischen Raum australische (z. B. Dyirbal) und kaukasische Sprachen (z. B. Georgisch) zählen, ist im prototypischen Fall das Patiens im Subjekt kodiert. Der Kasus dieses Subjekts ist der Absolutiv. Es ist der Kasus, der sowohl in transitiven als auch in intransitiven Sätzen realisiert wird. Kurz und vereinfacht gesagt, entspricht also die prototypische Charakterisierung des Subjekts in Nominativsprachen derjenigen, die in Ergativsprachen dem Objekt zugesprochen wird.[6] Es gilt also weder universal noch einzelsprachlich, dass das Subjekt die semantische Rolle des Agens trägt.

Kommen wir nach diesem Exkurs in die **Sprachtypologie** wieder zurück zum Subjektbegriff im Deutschen. Der interessierte Leser sei hier auf die Ausführungen von Marga Reis verwiesen, die in ihrem viel beachteten Aufsatz *Zum Subjektbegriff im Deutschen* aus dem Jahr 1982 an einer Vielzahl von einschlägigen Daten die Subjektkriterien auf ihre Plausibilität hin überprüft und das Verhältnis von Subjekt und Nominativ thematisiert (vgl. auch Eroms 2000:183–190). In einem weiteren Aufsatz

6 Zur Unterscheidung von Nominativ- und Ergativsprachen und zur Problematik der Anwendbarkeit des Subjektbegriffs vgl. ausführlich H.-J. Sasse (1978).

zum Subjekt mit dem Titel *Subjekt-Fragen in der Schulgrammatik?* bezieht sie zudem didaktische Aspekte ein und diskutiert die in Lehrbüchern immer wieder genannten Subjekteigenschaften (vgl. M. Reis 1986). Eine Auflistung solcher Subjekteigenschaften folgt in (3):

(3)

Prototypische Merkmale des Subjekts

- Das Subjekt ist mit ›wer oder was‹ erfragbar (semantisches Kriterium).
- Das Subjekt ist das, worüber man spricht (pragmatisches Kriterium).
- Das Subjekt ist kongruenzauslösend (formales Kriterium).
- Das Subjekt wird in der Regel durch eine NP im Nominativ realisiert (formales Kriterium).
- Das Subjekt fällt weg im Infinitiv (syntaktisches Kriterium).

Was das letztgenannte Kriterium betrifft, weist Reis (1986:66) zu Recht darauf hin, dass das Subjekt im Infinitiv nicht immer wegfällt, obwohl Konstruktionen vom Typ *Er verspricht Paula __ zu kommen* vs. *Er verspricht Paula, dass er kommt* dies nahelegen. Sie nennt als Beispiele Sätze wie *Keiner aufstehen! Alle sitzenbleiben!,* in denen das Subjekt realisiert ist, obwohl das Verb im Infinitiv steht. Ein anderes Problem stellt die gerade im Schulunterricht beliebte Frageprobe mit *wer oder was* dar. In Sätzen wie *Es regnet* oder *Es friert*, in denen das Pronomen *es* referenzsemantisch leer ist, kann auf diese Weise nicht nach dem Subjekt gefragt werden. Die Frage *wer oder was* setzt voraus, dass die erfragte Konstituente referentiell ist, d. h. sich auf ein Objekt in der außersprachlichen Welt bezieht. In anderen Sprachen bleibt in solchen Konstruktionen die Subjektposition unbesetzt (vgl. italienisch *piove,* ›es regnet‹). Auch nicht-nominale Elemente können als Subjekt fungieren (vgl. Subjektsätze vom Typ *Wer andern eine Grube gräbt, fällt selbst hinein*). Umgekehrt muss nicht jede Nominativ-NP das Subjekt des Satzes sein. In dem Satz *Er ist Lehrer* treten beispielsweise zwei nominativisch markierte Glieder auf, doch nur das erste steht im Subjekt, das zweite ist ein Prädikatsnomen bzw. ein Prädikativum.[7] Gelegentlich wird ein solches Prädikatsnomen auch als Gleichsetzungsnominativ bezeichnet.

Aus diesen kritischen Einwänden lassen sich nun verschiedene Schlüsse ziehen: Die einen plädieren wie Reis (1982) dafür, den Subjektbegriff als Beschreibungskategorie im Deutschen ganz aufzugeben, die anderen verweisen darauf, dass solche Satzgliedbegriffe trotz der anerkannten Probleme verwendet werden sollen, »weil es praktisch ist und wir gewisse Dinge mit ihrer Hilfe leichter sagen können als ohne sie« (P. Eisenberg 1994:63). So ließen sich grammatische Gesetzmäßigkeiten wie die Passivierung am besten mit Bezug auf funktionale Begriffe wie Subjekt und Objekt

7 Prädikativum (oder Prädikativ) ist der Oberbegriff für Subjektsprädikative (vgl. *Sie ist eine gute Lehrerin*) und Objektsprädikative (vgl. *Wir halten Sie für eine gute Lehrerin*). Vgl. hierzu den nächsten Abschnitt.

beschreiben. Aus eben diesem Grunde werde auch ich im Folgenden weiterhin den Subjektbegriff verwenden.

2.3 Das Prädikat

Fasst man das Prädikat im Sinne der aristotelischen Logik als das auf, was über das Subjekt ausgesagt wird, dann gilt, dass das Prädikat das Verb und die Objekte bzw. Adverbiale umfasst, da ja mit dem gesamten Komplex eine Aussage über das Subjekt gemacht wird. Dieser weite Prädikatbegriff liegt z. B. der Generativen Grammatik zugrunde. Hier wird angenommen, dass dem Prädikat eine Verbalphrase entspricht, die sich aus dem Verb und weiteren vom Verb abhängigen, nicht-verbalen Phrasen zusammensetzt (vgl. Kap. 8). In einem Satz wie *Er liest jeden Tag fünf Zeitungen* wäre also die komplexe Einheit *liest jeden Tag fünf Zeitungen* das Prädikat. Legt man hingegen, wie in der traditionellen Grammatik und in der Dependenzgrammatik (vgl. Kap. 7) üblich, einen engen Prädikatbegriff zugrunde, zählt man zum Prädikat nur den verbalen Kern des Satzes. Dieser kann einfach oder komplex sein (z. B. *schläft* bzw. *wird geschlafen haben*). Wird das Prädikat durch ein Kopulaverb (*sein, werden, bleiben, scheinen, heißen*) gebildet, steht es mit einem substantivischen oder adjektivischen **Prädikativum** (vgl. *Er ist Lehrer, Er wurde krank*). Solche Prädikativa treten nicht nur subjekt-, sondern auch objektbezogen auf (vgl. *Er ist ein Idiot* vs. *Sie nennt ihn einen Idioten*). In anderen Sprachen wie z. B. im Russischen, im Koreanischen oder im Griechischen kann ein subjektbezogenes Prädikativum auch alleine stehen, ein Kopulaverb ist nicht erforderlich.[8] Im Deutschen hingegen begegnen solche verblosen Konstruktionen nur in festen Wendungen oder in Zeitungsüberschriften (vgl. *Ein Mann, ein Wort; Überfall gescheitert*).

In der folgenden Übersicht zu den prototypischen Eigenschaften des Prädikats wird der enge Prädikatbegriff zugrunde gelegt:

(4)

Prototypische Merkmale des Prädikats

- Das Prädikat ist das Satzglied, dem kategorial nur eine Wortart, ein Verb bzw. ein Verbkomplex, entspricht (formales Kriterium).
- Das Prädikat bezeichnet eine auf das Subjekt bezogene Handlung, einen Vorgang oder einen Zustand (semantisches Kriterium).
- Das Prädikat ist durch Kongruenz auf das Subjekt bezogen (morphologisches Kriterium).

8 Ein Beispiel aus dem Koreanischen ist das folgende: *Peter-nun apu-da.* (dt. *Peter ist krank*). Das mit dem Suffix *-da* gebildete Adjektiv *apu* stellt hier das Prädikat dar, ein Kopulaverb tritt nicht auf.

2.4 Das Objekt

Dem Objekt (lat. ›obiectum‹, dt. entgegengesetzt) kann prototypisch eine semantische Rolle, das Patiens, zugeordnet werden. Treten zwei Objekte auf, so wird das direkte Objekt als die Entität charakterisiert, die von dem im Verb bezeichneten Geschehen direkt betroffen ist (**Patiens**), das indirekte Objekt als die Entität, auf die das Geschehen nur mittelbar gerichtet ist (**Rezipient**). In der generativen Literatur finden sich hierfür die Bezeichnungen Theme (≈ Patiens) und Goal (≈ Ziel). Doch auch diese Zuordnung gilt nur für den prototypischen Fall, d.h. für einen Aktivsatz mit transitivem Handlungsverb.

In (5) werden prototypische Objektmerkmale aufgelistet, in (6) Kriterien zur Unterscheidung von direktem und indirektem Objekt genannt (vgl. hierzu ausführlich die Arbeiten von H. Wegener 1986, 1991, 1995).

(5)

Prototypische Merkmale des Objekts

- Das Objekt ist Zielpunkt des verbalen Geschehens (pragmatisches Kriterium).
- Das Objekt trägt die semantische Rolle des Patiens bzw. des Rezipienten (semantisches Kriterium).
- Das Objekt ist im Kasus durch das Verb (z.B. *treffen* + Akkusativ) oder durch das Adjektiv bestimmt (z. B. *treu* + Dativ) (formales Kriterium).

(6)

Kriterien zur Unterscheidung von direktem und indirektem Objekt

- Im direkten Objekt steht die Entität, auf die sich die im Verb ausgedrückte Handlung direkt richtet (Patiens), im indirekten Objekt die Entität, dem sich die Handlung eher mittelbar zuwendet (Rezipient) (semantisches Kriterium).
- Das direkte Objekt steht in der Regel im Akkusativ, das indirekte Objekt im Dativ (formales Kriterium).
- Das direkte Objekt ist die Konstituente, die bei Verbendstellung verbnah steht. Das indirekte Objekt steht verbfern (topologisches Kriterium).
- Nur das direkte Objekt kann im Passiv zum Subjekt werden, nicht aber das indirekte Objekt (syntaktisches Kriterium).
- Das direkte Objekt geht eine engere syntaktische Verbindung mit dem Verb ein als das indirekte Objekt. Dies zeigt sich z. B. daran, dass sich für viele Verbindungen aus direktem Objekt und Verb ein Oberbegriff finden lässt, nicht aber für Verbindungen aus indirektem Objekt und Verb (vgl. *jdm. die Kleider ausziehen > jdn. entkleiden, dem Kind das Buch schenken* > ??) (syntaktisches Kriterium).

Wie nicht anders zu erwarten, gibt es auch hier Fälle, auf die nicht alle der genannten Kriterien zutreffen. Aufgrund semantischer Restriktionen lässt sich beispielsweise nicht jedes direkte Objekt im Passiv zum Subjekt machen (vgl. *Ich rieche den Kuchen – *Der Kuchen wird von mir gerochen*). Das Kriterium der Passivierbarkeit ist also nicht immer erfüllt. Schwerer wiegt aber der Umstand, dass die Kriterien zu widersprüchlichen Ergebnissen führen. Folgt man nämlich dem topologischen (= auf die Wortstellung bezogenen) Kriterium und betrachtet die Verbnähe als Kriterium für die Identifizierung des direkten Objekts, dann müsste man nicht nur Akkusativobjekte, sondern auch Genitivobjekte und vom Verb abhängige PPs, die in Verbendsätzen verbnächst stehen (vgl. *dass ich ihn des Raubes bezichtige, dass ich das Buch auf den Tisch lege*), als direktes Objekt klassifizieren. Ebenso müssten auch die Nominativ-NPs in ergativähnlichen Konstruktionen (*dass mir ein Fehler unterlaufen ist*) zu den direkten Objekten gezählt werden.

Legt man hingegen das Kriterium der direkten bzw. mittelbaren Betroffenheit zugrunde, schränkt man die Menge der Objektkandidaten auf zwei Kasustypen, den Akkusativ und den Dativ, ein. Genitivobjekte, die ja auch mit einem zweiten Objekt auftreten können, werden damit nicht erfasst. Überhaupt hat eine solche semantische Bestimmung nur dann Gültigkeit, wenn das Verb zwei Kasusobjekte regiert. In Sätzen, in denen nur ein Dativ- bzw. nur ein Akkusativobjekt auftreten kann (vgl. *Ich helfe ihm*), macht es keinen Sinn, einen Unterschied im Grad der Betroffenheit festmachen zu wollen. Hier ist das prototypische Merkmal [mehr/weniger betroffen] gar nicht überprüfbar, eben weil satzintern eine Vergleichsgröße fehlt. Auch die Passivierung greift als Test nur bedingt, denn in Aktivsätzen mit Akkusativ- und Dativobjekt ist es prinzipiell auch möglich, die Dativ-NP im Passiv zum Subjekt zu machen, wie der von H. Wegener oft angeführte Beispielsatz *Er bekommt den Führerschein entzogen* zeigt. Dieses Dativpassiv wird mit dem Hilfsverb *bekommen* gebildet, das seine Eigensemantik weitgehend verloren hat. Allerdings gelten für die Passivbildung semantische Restriktionen. So muss das Dativobjekt ein belebter Referent sein und das Verb, das in einer solchen Konstruktion auftritt, einen (positiven oder negativen) Besitzwechsel beschreiben.

Mit H. Wegener (1986:14–17) plädiere ich dafür, das unterschiedliche syntaktische Verhalten als Hauptkriterium zur Unterscheidung von direktem und indirektem Objekt anzusetzen. Dieses Kriterium ist operationalisierbar. Es gibt mehrere syntaktische Tests, die zeigen, dass jeweils ein Objekt näher beim Verb steht als das andere. Zu diesen Tests gehört die bereits erwähnte Passivierung, aber auch die Topikalisierung. So lässt sich feststellen, dass sich die Akzeptabilität von Sätzen unterscheidet, in denen eines der Objekte zusammen mit dem infiniten Verb vor das finite Verb gestellt, d. h. topikalisiert wird. Vgl. die folgenden Beispiele:

(7) (a) Einen Scheck gegeben hat Paul einem Freund.
(b) ?Einem Freund gegeben hat Paul einen Scheck.

(8) (a) Des Mordes bezichtigt haben wir den Gärtner.
(b) ?Den Gärtner bezichtigt haben wir des Mordes.

(9) (a) Aus dem Schrank genommen hat er das Buch.
(b) ?Das Buch genommen hat er aus dem Schrank.

Natürlich sind die (b)-Sätze stark markiert. Einige Sprecher mögen ihre Akzeptabilität ganz in Frage stellen. Die im Vergleich zu den (a)-Sätzen geringere Akzeptabilität resultiert daraus, dass in den (b)-Sätzen zusammen mit dem Infinitum eine Konstituente vorangestellt wurde, die nicht auf derselben Stufe wie das Verb steht. Diese Konstituente ist der Verbindung aus [direktem Objekt + Verb] nachgeordnet. Es ist das indirekte Objekt.

2.5 Das Adverbial

Das Adverbial ist nach Eisenberg (2004b:49) »die heterogenste unter den gebräuchlichen syntaktischen Relationen, ein typischer Restbegriff, der auch terminologisch besondere Schwierigkeiten bereitet.« Zu den terminologischen Schwierigkeiten gehört die Verwechslung von ›Adverbial‹ mit ›Adverb‹. Der Terminus ›Adverb‹ bezeichnet eine Wortart, ›Adverbial‹ eine Satzgliedfunktion. Ein Adverb kann im Satz als Adverbial auftreten, es kann aber auch andere syntaktische Funktionen übernehmen (vgl. *dort* in dem Satz *Das Haus dort gefällt mir*). Umgekehrt gilt, dass ein Adverbial kategorial nicht immer ein Adverb ist. Die fälschliche Gleichsetzung resultiert daraus, dass das Adverb im Sinne von »ad-verbal« als nähere Bestimmung zum Verb verstanden wird und eben dies charakteristisch für eine Teilklasse der Adverbiale ist. Der Wortbestandteil *-verb* in der Bezeichnung ›Adverb‹ geht aber zurück auf die Bedeutung ›Wort‹, nicht auf ›Verb‹. Ein Ad-verb ist also ein ›Bei-Wort‹, kein ›Bei-Verb‹ (vgl. Eisenberg 2004b:208 f.).

Was die prototypischen Eigenschaften der Adverbiale angeht, so ist hier zweifellos das semantische Kriterium dominant. Dies gilt nicht nur für die Abgrenzung der gesamten Klasse zu den anderen Satzgliedern, sondern auch für die Subklassifikation der Adverbiale. Denn während die Objekte formal nach ihrem Kasus unterschieden werden (Genitiv-, Dativ-, Akkusativobjekt), werden die Adverbiale nach ihrer Semantik differenziert (Kausal-, Temporaladverbial etc.). Wie wir daran sehen, gibt es in der traditionellen Satzgliedanalyse nicht nur heterogene Kriterien zur Definition der Oberklassen. Auch die Unterklassen werden nach verschiedenen Kriterien unterschieden.

(10)

Prototypische Eigenschaften des Adverbials

- Adverbiale Bestimmungen beziehen sich auf das Verb (z.B. *Er singt laut*) oder auf den ganzen Satz (z.B. *Wahrscheinlich kommt er heute nicht*) (syntaktisches Kriterium).
- Adverbiale drücken die näheren Umstände des Geschehens aus: den Ort (Lokaladverbial), die Zeit (Temporaladverbial), die Art und Weise (Modaladverbial), den Grund (Kausaladverbial) u.a. (semantisches Kriterium).
- Adverbiale können realisiert werden als Adverbien (z.B. *Er weinte sehr*), als PPs (z.B. *Das Buch liegt auf dem Tisch*), als NPs (z.B. *Er tanzte die ganze Nacht*) und als Nebensätze (z.B. *Er tanzte, bis die Sonne aufging*) (formales Kriterium).

Die Abgrenzung der Adverbiale zu den Objekten bereitet Schwierigkeiten. Betrachten wir hierzu zwei Beispiele:

(11) Paul wartet auf dem Bahnhof auf seine Freundin Maria.

(12) Paul verkauft die ganze Nacht Zeitungen.

In (11) treten zwei präpositionale Glieder, zwei PPs auf. Die erste PP fungiert als Adverbial, es ist eine nähere Bestimmung des Ortes (*auf dem Bahnhof*), die zweite als präpositionales Objekt zu dem Verb *warten* (*auf seine Freundin Maria*). Wie lassen sich diese beiden Funktionen syntaktisch unterscheiden? Gibt es auch hier Kriterien, mit denen man überprüfen kann, zu welcher Funktionsklasse die Konstituente zählt? Die Frage stellt sich auch in Bezug auf Akkusativ-NPs wie in (12). Eine der Akkusativ-NPs fungiert als Temporaladverbial (*die ganze Nacht*), die andere als Objekt (*Zeitungen*). Auch Genitiv-NPs können entweder zur Klasse der lokalen, temporalen oder modalen Adverbiale (vgl. (13)–(15)) oder zur Klasse der Objekte (vgl. (16)) zählen:

(13) Rechter Hand sehen Sie den Eiffelturm.

(14) Eines Tages kam er zurück.

(15) Guten Mutes verließ er das Haus

(16) Er erinnert sich gerne der schönen Tage in Venedig.

Wie lässt sich nun feststellen, ob es sich um ein Adverbial oder um ein Objekt handelt? Macht eine solch dichotomische Einteilung überhaupt Sinn? Zu vermuten ist, dass die Abgrenzung oft nur gradueller Natur ist, dass eine Konstituente also mehr Adverbial- oder mehr Objekteigenschaften aufweist, aber nicht eindeutig einer der beiden Klassen zuzuordnen ist.

Im Folgenden werden die Kriterien zur Unterscheidung von Adverbialen und Objekten angeführt, im Anschluss daran wird auf einzelne Probleme hingewiesen. Da präpositionale Adverbiale und Kasusadverbiale verschiedenen Bedingungen unterliegen, betrachte ich die Unterscheidung präpositionales Adverbial/präpositionales Objekt in (17) getrennt von der Unterscheidung Kasusadverbial/Kasusobjekt in (18).

(17)

Kriterien zur Unterscheidung von präpositionalem Adverbial und präpositionalem Objekt

- Bei präpositionalen Adverbialen trägt die Präposition eine Eigensemantik (*Das Buch liegt unter/auf/neben/hinter dem Tisch*). Sie ist prinzipiell austauschbar (semantisches Kriterium). Bei präpositionalen Objekten ist die Präposition vom Verb vorgegeben (*warten auf, hoffen auf, glauben an*) und nicht austauschbar.
- In präpositionalen Objekten kommen nur »Präpositionen der alten Schicht« (Eisenberg 2004b:306) vor, »nicht aber die jüngeren, morphologisch komplexen wie *infolge, entsprechend, zuzüglich, aufgrund*« (formales Kriterium).
- Adverbiale sind nicht durch ein Pronominaladverb mit darauf folgendem Nebensatz ersetzbar. Präpositionale Objekte sind auf diese Weise ersetzbar (vgl. *hoffen auf – hoffen darauf, dass …*), und der Inhalt kann durch ein entsprechendes Pronomen erfragt werden: *hoffen auf – hoffen worauf* (syntaktisches Kriterium).

Zwar gibt es auch präpositionale Objekte, bei denen die Präposition austauschbar ist (vgl. *sich freuen auf, sich freuen über, sich freuen an*), doch ist ihr Auftreten begrenzt auf eine kleine Klasse von Verben. In diesen Fällen hat die Präposition noch eine Eigenbedeutung (vgl. hierzu ausführlich E. Breindl 1989). So trägt die Präposition *auf* in Verbindung mit dem Verb *sich freuen auf* das semantische Merkmal der Zielgerichtetheit (vgl. Zifonun et al. 1997:1368). Diese Semantik resultiert aber nicht allein aus der Präposition, sondern aus der Verbindung von Präposition und Verb.

(18)

Kriterien zur Unterscheidung von Kasusadverbial und Kasusobjekt

- Beim Adverbial ist der Kasus nicht vom Verb regiert, beim Objekt tritt der Kasus in Abhängigkeit vom Verb auf (syntaktisches Kriterium).
- Objekte sind mit einem Objektfragepronomen (*wen, wem, wessen*) erfragbar, Adverbiale nicht (syntaktisches Kriterium).
- Adverbiale können im Passiv nicht zum Subjekt gemacht werden (syntaktisches Kriterium).
- Ein kasusmarkiertes Adverbial ist mit einem Objekt im gleichen Kasus kombinierbar. Ein kasusmarkiertes Objekt hingegen kann nicht mit einem weiteren Objekt im gleichen Kasus kombiniert werden. Als einzige Ausnahme gelten Doppelakkusativkonstruktionen, die aber nur bei wenigen Verben (*kosten, lehren, abfragen, abhören*) möglich sind (syntaktisches Kriterium).
- Adverbiale lassen sich semantisch meist eindeutig interpretieren, Objekte nicht (semantisches Kriterium).

Dass Adverbiale weglassbar sind, Objekte nicht, ist zwar auch ein immer wieder genanntes Kriterium zur Unterscheidung der beiden Satzglieder, es wurde in (18) aber nicht aufgeführt, da es in sehr vielen Fällen nicht zutrifft. Viele Kasusobjekte sind weglassbar (vgl. *Er schreibt*), andererseits treten manche der adverbialen Bestimmungen obligatorisch auf (vgl. *Die Prüfung dauerte drei Stunden*, *Die Äpfel wiegen drei Kilogramm*). Auch besteht die Möglichkeit, dass temporale und lokale Akkusative unter bestimmten Bedingungen – nämlich dann, wenn sie als Resultat der im Verb ausgedrückten Handlung aufgefasst werden können – passivierbar sind. K. Bausewein (1990:58) gibt dazu Beispiele wie in (19) und (20) und zeigt außerdem, dass nach einem Akkusativ mit lokaler Bedeutung mit einem Objektfragepronomen gefragt werden kann (vgl. (21)). Auch das Kriterium der Nicht-Pronominalisierbarkeit von Adverbialen trifft nicht auf alle Fälle zu (vgl. (22)).

(19) Drei Minuten sind schon gespielt.

(20) 100 m wurden von ihr in 9 Sekunden gelaufen.

(21) (a) Was lief sie in 9 Sekunden?
(b) Sie lief 100 m in 9 Sekunden.

(22) (a) Er fährt diese Strecke drei Mal im Jahr.
(b) Er fährt sie drei Mal im Jahr.

2.6 Der freie Dativ

Dativisch markierte Nicht-Objekte werden als **freie Dative** bezeichnet. Sie stellen eine eigene Klasse von Satzgliedern dar, für die es keine Funktionsbezeichnung gibt. Mit den genitiv- und akkusativmarkierten Adverbialen gemeinsam haben diese freien Dative, dass ihr Kasus nicht vom Verb zugewiesen wird. Dies zeigt der Beispielsatz *Er arbeitet mir zu viel*, in dem eine Dativ-NP auftritt, dieser Kasus aber nicht vom intransitiven Verb *arbeiten* stammen kann. Zu den freien Dativen werden in der traditionellen Grammatik der Dativus Ethicus gezählt, der eine gefühlsmäßige Anteilnahme ausdrückt (z. B. *Fall mir nicht*), der Dativus Commodi bzw. Incommodi, der den Nutznießer oder den Geschädigten einer Handlung bezeichnet (z. B. *Er hat mir das Auto gewaschen/alle Teller zerbrochen*), der Pertinenzdativ, der ein Besitzverhältnis anzeigt (z. B. *Ich wasche dem Kind die Haare*) und der Dativus Iudicantis, der so genannte Standpunkt-Dativ (z. B. *Die Zeit vergeht mir viel zu schnell*). Dass es sich bei allen diesen Dativen tatsächlich um freie Dative und nicht vielmehr um Objekte handelt, wird in der neueren Literatur, insbesondere von Heide Wegener (vgl. Wegener 1990, 1991), mit Recht bestritten. Auf ihre Argumente kann hier im Einzelnen nicht eingegangen werden, es sollen aber in der Übersicht unter (23) die Merkmale genannt werden, die Aufschluss darüber geben können, um welchen Dativtypus es sich handelt. Wie man sieht, entsprechen diese zum Teil den in (18) genannten Kriterien zur Unterscheidung von Kasusadverbialen und Kasusobjekten.

(23)

Kriterien zur Unterscheidung von freien Dativen und Dativobjekten

- Beim freien Dativ ist der Kasus nicht vom Verb regiert, beim Dativobjekt tritt der Kasus in Abhängigkeit vom Verb auf (syntaktisches Kriterium).
- Freie Dative sind nicht mit einem Objektfragepronomen erfragbar (syntaktisches Kriterium).
- Freie Dative können im Passiv nicht zum Subjekt gemacht werden. Objektdative sind unter bestimmten Bedingungen mit *bekommen/kriegen* subjektivierbar (syntaktisches Kriterium).
- Ein freier Dativ ist mit einem Dativobjekt kombinierbar (vgl. *Dass du mir*$_{DAT}$ *niemandem*$_{DAT}$ *was davon sagst!*). Die Kombination zweier Dativobjekte ist hingegen nicht möglich (syntaktisches Kriterium).
- Ein freier Dativ kann in Sätzen mit Verbzweitstellung nicht vor das finite Verb gestellt werden (vgl. **Mir fall nicht*) (topologisches Kriterium).
- Ein freier Dativ kann nicht mit einem durch *und zwar* eingeleiteten Satz aus der Konstruktion herausgenommen werden (vgl. **Fall nicht – und zwar mir* vs. *Er schenkte ein Buch – und zwar seiner Freundin*) (syntaktisches Kriterium).
- Ein freier Dativ ist im Prinzip zu jedem Verb hinzufügbar, Objektdative hingegen treten nur verbspezifisch auf (syntaktisches Kriterium).
- Ein freier Dativ hat eine fest umrissene Semantik, ein Objektdativ nicht.

Wer mit diesen Kriterien die oben genannten Beispielsätze analysiert, wird feststellen, dass der Dativus Commodi/Incommodi und der Pertinenzdativ zu einer anderen Subklasse gehören als der Dativus Ethicus und der Iudicantis. So ist es durchaus möglich, einen Pertinenzdativ und einen Commodi im *bekommen*-Passiv zum Subjekt zu machen (vgl. (24) und (25)). Für H. Wegener haben diese beiden Dative Objektstatus, sie gehören nicht zu den freien Dativen.

(24) (a) Er wäscht dem Kind die Haare.
(b) Das Kind bekommt die Haare gewaschen

(25) (a) Er stiehlt der Frau den ganzen Schmuck.
(b) Die Frau bekam den ganzen Schmuck gestohlen.

Außerdem ist die Kombination eines Commodis mit einem Dativobjekt ausgeschlossen (vgl. die Ungrammatikalität des Satzes **Er gibt dem Roten Kreuz*$_{DAT}$ *dem Mann*$_{DAT}$ *fünf Mark*). Würde es sich dabei tatsächlich um einen freien Dativ handeln, so müsste dies zulässig sein.

2.7 Das Attribut

Das Attribut ist kein Satzglied, sondern ein in ein Satzglied eingebettetes Glied. In einigen Grammatiken wird es als Stellungsglied oder als sekundäres Satzglied bezeichnet. Der Attributbegriff umfasst sowohl syntaktische als auch semantische Kriterien. Beide fallen nicht zusammen. Während in syntaktischer Hinsicht alle

Erweiterungen zu einem Nomen als Attribute gelten, sind in semantischer Hinsicht nur diejenigen Konstituenten Attribute, die sich auf ein prädikatives Verhältnis zurückführen lassen (z. B. *der blaue Pullover* > *der Pullover ist blau*). Genitiv-NPs, die als Genitivus obiectivus auftreten (z. B. *die Verhaftung des Mörders* > *jemand verhaftet den Mörder*), würden demnach nicht zu den Attributen zählen. In (26) lege ich einen syntaktischen Attributbegriff zugrunde.

(26)

Kriterien zur Bestimmung des Attributs

- Das Attribut ist eine Beifügung zum Substantiv oder zum Adjektiv. Es ist nicht selbst Satzglied, sondern Teil eines Satzglieds (syntaktisches Kriterium).
- Als Attribute können verschiedene syntaktische Kategorien fungieren: APs (*kleine Kinder*), PPs (*das Buch auf dem Tisch*), NPs (*die Freundin meiner Nachbarin*), abhängige Sätze (*der Mann, der im Lotto gewonnen hat*) (formales Kriterium).
- Vom Prädikat abgesehen kann jedes Satzglied durch ein Attribut erweitert werden (syntaktisches Kriterium).

Uneinigkeit besteht in den Grammatiken darüber, ob der Attributbegriff auch auf die Pertinenzdative ausgeweitet werden kann. Betrachtet man diese mit Heide Wegener nicht als freie Dative, sondern als Objekte, so stellt sich dieses Problem freilich nicht mehr. Fraglich ist auch, ob als Attribut nur eine Erweiterung zum Substantiv oder zu jeder syntaktischen Kategorie zu gelten hat. So werden im Duden (1998:829) auch solche Beifügungen, die sich auf Adjektive beziehen, als Attribute bezeichnet (vgl. *Der Wind ist empfindlich/überaus/im höchsten Grade/sehr/ziemlich/ein wenig kalt*), im Duden (2005:784) dagegen wird dies explizit mit folgenden Worten ausgeschlossen: »In dieser Grammatik werden nur diejenigen Gliedteile als Attribute bezeichnet, die Bestandteile von Nominalphrasen sind, sich also auf ein Substantiv beziehen.«

Eine besondere Form des Attributs ist die Apposition. Dabei handelt es sich um ein Substantiv (bzw. eine Substantivgruppe), das syntaktisch und meist auch referentiell mit dem Bezugswort übereinstimmt. Beide Konstituenten, Bezugswort und Apposition, stehen in der Regel im selben Kasus und beziehen sich auf denselben außersprachlichen Referenten (vgl. *meine Lehrerin, eine sehr nette Frau*). Auch Vornamen, Titel, Berufs- und Verwandtschaftsbezeichnungen, Mengenangaben u. a. können als Appositionen auftreten (z. B. *Herr Meier, eine Flasche Wein*). In diesem Fall handelt es sich um enge Appositionen. Sie sind im Gegensatz zu den lockeren Appositionen nicht durch Komma vom Bezugswort getrennt und können sowohl vor- als auch nachgestellt werden.

2.8 Zusammenfassung

Abschließend folgt eine Übersicht zu den syntaktischen Funktionen und ihrer Subklassifikation. Aufgrund der Diskussion in Abschn. 2.6 enthält die Klasse der freien Dative nur zwei Dativtypen, den Ethicus und den Iudicantis. Den Commodi und den Pertinenzdativ zähle ich zu den Dativobjekten. Erinnert sei auch daran, dass Subjekt, Prädikat, Objekt und Adverbial nur eine Teilklasse aller syntaktischen Funktionen darstellen. Neben den freien Dativen, die eine eigene Klasse bilden, und den Attributen, die keine Satzglieder, sondern Stellungsglieder sind, gibt es weitere Funktionen, für deren Benennung in der traditionellen Grammatik kein Terminus zur Verfügung steht. Beispielsweise kann die syntaktische Funktion einer NP, die innerhalb einer PP auftritt (z. B. [[*auf*] [*die Straße*]$_{NP}$]$_{PP}$), mit keiner der in (27) aufgeführten Bezeichnungen erfasst werden.

(27)

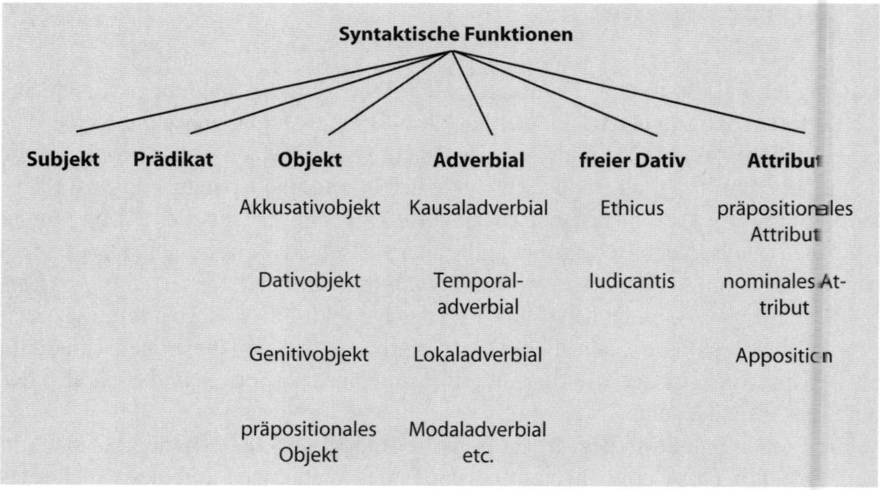

In (28) werden die Kriterien, die zur Unterscheidung von Kasusobjekten, Adverbialen und freien Dativen genannt wurden, zusammenfassend aufgelistet. Zu bedenken ist, dass die hier vorgenommene Klassifikation in +/– (trifft zu/trifft nicht zu) nur für die prototypischen Fälle gilt. Randfälle, wie z. B. die oben diskutierte Passivierbarkeit von Adverbialen, werden nicht berücksichtigt.

(28) Prototypische Unterscheidungsmerkmale

	Kasusobjekt	**Adverbial**	**freier Dativ**
Erststellenfähigkeit	+	+	–
Erfragbarkeit mit einem Objektpronomen	+	–	–
Kasus vom Verb regiert	+	–	–
Passivierbarkeit	+ (außer Gen.-obj.)	–	–
zum Verb frei hinzufügbar	–	+	+
relativ feste Semantik	–	+	+

Zur Vertiefung

K. Bausewein 1990 (zur Unterscheidung Akkusativadverbial/Akkusativobjekt)
E. Breindl 1989 (zum präpositionalen Objekt)
K. Pittner 1999 (zu den verschiedenen Adverbialtypen im Deutschen)
M. Reis 1982, 1986 (zum Subjekt)
J. E. Schmidt 1993 (zum Attribut)
H. Wegener 1986 (zur Unterscheidung direktes/indirektes Objekt)

3 Syntaktische Tests

Ein wichtiger syntaktischer Test ist, die Bestandteile des Satzes zu verschieben.
Die Bestandteile des Satzes zu verschieben, ist ein wichtiger syntaktischer Test.
*Die Bestandteile des Satzes ist ein wichtiger syntaktischer Test zu verschieben.
*Die Bestandteile ist ein wichtiger syntaktischer Test des Satzes zu verschieben.

3.1 Segmentieren und Klassifizieren

Bislang wurde implizit angenommen, dass ein Satz aus einzelnen syntaktischen Einheiten besteht und diese als Satzglieder klassifiziert werden können. Woher aber weiß man, welche Wortverbindungen eine syntaktische Einheit bilden und welche nicht? Eine zweite Frage schließt sich an: Intuitiv ist uns klar, dass Wörter in Sätzen nicht lediglich aneinander gereiht sind, sondern sich zu komplexeren Einheiten gruppieren, die auf einer höheren hierarchischen Ebene wiederum Konstituenten bilden. Doch wie ist die hierarchische Struktur zu beschreiben? Konkret: Woher wissen wir, dass in einem Satz wie *Der kleine Junge fährt mit dem neuen Fahrrad, das ihm der Opa geschenkt hat, zum Kindergarten* nicht etwa *Junge fährt* eine Einheit, eine Konstituente bildet, sondern *der kleine Junge*? Und woher wissen wir, dass die gesamte Wortkette *mit dem neuen Fahrrad, das ihm der Opa geschenkt hat* nicht nur eine Wortkette darstellt, sondern eine komplexe syntaktische Einheit, deren Teile ›irgendwie‹ zusammengehören?

Das, was uns hier intuitiv klar ist, muss in der Struktur nachweisbar sein. Wir benötigen also ein Verfahren, mit dem ermittelt werden kann, ob eine Reihe von Wörtern gemeinsam eine Konstituente bildet oder nicht. Ein solches Verfahren wurde in der strukturellen Linguistik entwickelt. Als ihr Begründer gilt der Genfer Sprachwissenschaftler Ferdinand de Saussure, dessen Hauptwerk, der berühmte *Cours de linguistique générale*, im Jahre 1916 erschien. Saussure nimmt an, dass die Sprache ein geordnetes System ist, deren Elemente, die sprachlichen Zeichen, in bestimmten Relationen zueinander stehen. Diese Relationen gilt es zu beschreiben. Dazu wird eine Kette von sprachlichen Zeichen, ein Syntagma (griech. sýntagma, ›Zusammengestelltes‹), in die einzelnen Bestandteile zerlegt. Nach dieser **Segmentierung** erfolgt die **Klassifizierung**, die Zuordnung der so ermittelten Einheiten zu bestimmten Kategorien. Die Klasse von Elementen, die jeweils für eine solche sprachliche Einheit einsetzbar ist, wird als **Paradigma** bezeichnet (griech. ›parádeigma‹, ›Beispiel‹).

Machen wir uns dies an einem Beispiel klar: Der Satz *Der Junge weint oft* besteht aus den zwei sprachlichen Einheiten *der Junge* und *weint oft*. Diese Wortgruppen gehören zu zwei Paradigmen, zu zwei Phrasenkategorien, die im Strukturalismus als Nominalphrase und Verbalphrase bezeichnet werden (vgl. Kap. 1).

Die NP und die VP sind weiter zerlegbar. Sie bestehen aus den lexikalischen Einheiten *der, Junge, weint* und *oft*. Auch diese Wörter lassen sich Paradigmen zuordnen. Sie gehören zu den Wortarten Artikel, Nomen, Verb und Adverb.

Ein solches Analyseverfahren kann nun nicht nur auf syntaktischer Ebene, sondern auch auf der Laut- und der Wortebene angewandt werden. In der Phonologie beispielsweise zerlegt man eine Lautkette wie /bal/, die orthographisch als <Ball> wiedergegeben wird, in die einzelnen Lautsegmente [b], [a] und [l] und ordnet diese bestimmten Phonemklassen zu. In der Morphologie segmentiert man komplexe Wörter, indem man Wörter wie z. B. das Adjektiv *unfreundlich* in *un-, freund* und *-lich* zerlegt. Die in diesem Wort ermittelten Morpheme werden weiter klassifiziert in Präfix, Wurzelmorphem und Suffix.

Segmentieren und Klassifizieren zählen also zu den wichtigsten Methoden des **Strukturalismus,** der **strukturellen Linguistik**. Dies ist die Sammelbezeichnung für verschiedene linguistische Schulen, die sich in der ersten Hälfte des 20. Jahrhunderts in Amerika und Europa etabliert haben. Bei aller Verschiedenheit in Zielsetzung und Methodik ist ihr gemeinsames Bindeglied die Sprachtheorie von Ferdinand de Saussure. Den folgenden Ausführungen liegen die Annahmen des amerikanischen Strukturalismus zugrunde. Das zentrale Werk des amerikanischen Strukturalismus ist die Arbeit von L. Bloomfield (1933), *Language.* Der amerikanische Strukturalismus wurde später auch als **Distributionalismus** bezeichnet. Bei dieser linguistischen Schule steht die Distribution eines sprachlichen Elements, d. h. die Frage, an welcher Position, in welcher Umgebung es im Syntagma vorkommt, im Mittelpunkt der Betrachtung.

Im amerikanischen Strukturalismus wurden eine Reihe von Tests durchgeführt, um zu bestimmen, aus welchen syntaktischen Einheiten ein Satz besteht. Diese Tests werden als **Konstituententests** bezeichnet. Sie dienen dazu, die in einem Satz zusammengehörenden Elemente, die Konstituenten, zu ermitteln. Als **Satzgliedproben** finden sich diese Tests auch in der Schulgrammatik (unter Bezeichnungen wie Verschiebeprobe, Ersatzprobe, Umstellprobe). Konstituententests und Satzgliedproben sind aber nicht gleichzusetzen. Zwar ist jedes Satzglied eine Konstituente, aber nicht jede Konstituente ist auch ein Satzglied. Es lässt sich also mit den Konstituententests nicht hinreichend nachweisen, dass es sich bei den so ermittelten Einheiten auch um Satzglieder handelt. Im Folgenden werde ich den Schwerpunkt auf die Konstituententests legen. In den Abschnitten 3.2–3.5 werden der Permutationstest (Verschiebeprobe), der Substitutionstest (Ersatzprobe), der Eliminierungstest (Weglassprobe) und der Koordinationstest vorgestellt. Hinzu kommen der Pronominalisierungstest und der Fragetest. Da es sich bei diesen beiden Tests um Varianten des Substitutionstests handelt, werden sie nicht gesondert angeführt.

3.2 Der Permutationstest

Wörter, die zusammen umgestellt werden können, ohne dass der Satz ungrammatisch würde, stellen eine Konstituente dar. Bei dieser Konstituente handelt es sich in der Regel um ein Satzglied. Der Test findet denn auch in den Schulen als Satzgliedprobe Verwendung. Die Schüler werden aufgefordert zu testen, ob eine Wortkette im Aussagesatz geschlossen **vor** das finite Verb verschoben werden kann. Ist dies der Fall, so ist ein wichtiges Kriterium für den Satzgliedstatus erfüllt. Dass die Verschiebeprobe aber nur ein notwendiges, kein hinreichendes Kriterium ist, sieht man an folgenden Beispielen:

(1) Helfen kann ich dir nicht, aber ich kann Folgendes für dich tun.

(2) Ein Buch lesen möchte ich schon, aber ich habe keine Zeit dazu.

(1) zeigt, dass das infinite Verb *helfen* vor das finite Verb gestellt werden kann. In (2) sehen wir, dass auch die Verbindung aus Objekt und infinitem Verb vorangestellt werden kann. Die Verbindung [*ein Buch lesen*] ist somit eine Konstituente – aber kein Satzglied.

Das infinite Verb kann sich also mit nicht-verbalen Einheiten zu einer Konstituente verbinden. Diese Konstituente kann unterschiedlich komplex sein, wie die folgenden Beispiele zeigen:

(3) Bei der Arbeit helfen kann ich dir nicht, aber ich kann Folgendes für dich tun.

(4) An Weihnachten ein Buch lesen möchte ich schon, aber ich habe keine Zeit dazu.

In den Sätzen (1) bis (4) steht zwar jeweils eine Konstituente vor dem finiten Verb, aber kein Satzglied, denn keine der in Kap. 2 aufgelisteten prototypischen Satzgliedeigenschaften ist erfüllt. Daran sehen wir, dass der Permutationstest als Satzgliedprobe nur bedingt geeignet ist. Dies wird auch im Duden vermerkt. Im Zusammenhang mit der Frage, wie die Satzglieder ermittelt werden können, heißt es:

> Die Verschiebeprobe (und die darauf beruhende Satzglieddefinition) stößt in Konstruktionen, in denen eine indefinite (unbestimmte) Nominalphrase dazu tendiert, zu einem Prädikatsteil zu werden, an ihre Grenzen. Duden (2005:785)

Als Beispiel wird angeführt, dass in einem Satz wie *Die Politikerin bekam großen Einfluss auf das Projekt* nach der Verschiebeprobe die Wortgruppe [*auf das Projekt*] vor das finite Verb gestellt werden kann, aber auch die gesamte Wortgruppe [*großen Einfluss auf das Projekt*]. Im erstgenannten Fall müsste die vor das finite Verb gestellte Präpositionalphrase [*auf das Projekt*] als eigenständiges Satzglied interpretiert werden, im zweiten Fall als Satzgliedteil. Es kommt hier also zu widersprüchlichen Analysen. Ein weiteres Problem, auf das ebenfalls aufmerksam gemacht wird (vgl. Duden 2005:785 f.), besteht darin, dass indefinite Nominalphrasen unter bestimmten Bedingungen aufgespalten werden können, dass ein Satzglied also diskontinuierlich auftreten kann (vgl. *Käfer krabbelten viele schwarze herum*). Auch hier stößt die Verschiebeprobe an ihre Grenzen.

Ein praktischer Nutzen der Verschiebeprobe liegt dagegen in der Beschreibung von Wortstellungsregularitäten. Umstellungsmöglichkeiten von Konstituenten können auf diese Weise systematisch getestet, syntaktische Mehrdeutigkeiten (Ambiguitäten) aufgelöst werden. Ein Beispiel für eine solche syntaktische Ambiguität ist der Satz *Er beobachtet das Mädchen mit dem Fernglas.* Aus der Wortstellung geht hier nicht hervor, ob die PP *mit dem Fernglas* ein Adverbial oder ein Attribut ist, ob der Junge also das Fernglas verwendet, um das Mädchen zu beobachten, oder ob das Mädchen ein Fernglas bei sich hat. Die Umstellung des Satzes zu *Das Mädchen mit dem Fernglas beobachtet der Junge* erbringt hingegen einen eindeutigen Befund. In diesem Fall handelt es sich bei der PP *mit dem Fernglas* um ein Attribut.

3.3 Der Substitutionstest

Mit dem Substitutionstest (Ersatzprobe) wird überprüft, welche Teilketten des Satzes geschlossen durch andere ausgetauscht werden können, ohne dass dabei ein ungrammatischer Satz entsteht. Eine Variante des Substitutionstests ist der Pronominalisierungstest: Wenn sich eine Wortkette im Satz durch ein Pronomen oder – allgemeiner gesagt – durch eine Proform ersetzen lässt, dann handelt es sich um eine Konstituente. So kann in dem folgenden Satz die Verbindung *seine neue Freundin* durch das Pronomen *sie* ersetzt werden.

(5) Pronominalisierungstest

Der Junge	trifft	seine neue Freundin.
Er	trifft	sie.

Doch nicht immer ist die Datenlage so eindeutig wie in diesem Beispiel. Ein Problem ist das folgende: Es gibt im Deutschen keine Proform, die geschlossen das Verb zusammen mit seinen nicht-verbalen Erweiterungen ersetzen könnte. Zwar kann im folgenden Beispiel das infinite Verb zusammen mit seinen Objekten bzw. Adverbialen pronominalisiert werden, nicht aber die komplette VP *möchte nach Paris fahren.*

(6)

Ich	möchte	nach Paris fahren.
Ich	möchte	es.

Mit dem Pronominalisierungstest kann somit nicht der Nachweis erbracht werden, dass auch die Wortgruppe [*möchte nach Paris fahren*] eine syntaktische Einheit, eine Konstituente darstellt. Auch der Permutationstest hilft hier nicht weiter, denn die komplexe Einheit [*möchte nach Paris fahren*] ist nicht zusammen vor das finite Verb verschiebbar; das finite Verb wäre dann ja selbst Teil der permutierten Einheit. Jedoch ist es möglich, eine komplexe VP durch ein einzelnes Verb zu substituieren. Dies zeigt das folgende Beispiel.[9]

(7) (a) Er [schreibt an einem Roman].
(b) Er [arbeitet].

Wenden wir nun den Substitutionstest an, um in den beiden Sätzen unter (8) die syntaktischen Einheiten zu ermitteln. Im Beispiel (8a) erhält man durch Substitution drei Klassen von Elementen, die füreinander einsetzbar sind, die also Paradigmen bilden: die beiden NPs *der kleine Junge* und *der neue Musiklehrer*, die Verben *liest* und *singt* und die beiden PPs *in der S-Bahn* und *in der Oper*.

(8) Substitutionstest

(a) Der kleine Junge	liest	in der S-Bahn.
(b) Der neue Musiklehrer	singt	in der Oper.

Nach den nicht-verbalen Konstituenten in diesen Sätzen kann mit einem W-Wort gefragt werden (*wer, wo*). Dabei wird eine Konstituente durch das Fragewort substituiert. Der Fragetest ist also, wie auch der Pronominalisierungstest, eine Variante des Substitutionstests. Steht das Fragewort vor dem finiten Verb, findet nicht nur eine Substitution, sondern zusätzlich eine Verschiebung statt. Möglich ist auch, dass das Fragewort ›in situ‹ bleibt, d. h. an der Position, an der auch die erfragte Konstituente steht. Eine solche **Echofrage** liegt in (9b) vor.

(9) Fragetest

(a) Wo	liest	der kleine Junge?
(b) Der kleine Junge	liest	wo?

Der Substitutionstest dient nicht nur dazu, Konstituenten zu ermitteln, sondern auch dazu, das Paradigma zu bestimmen, zu dem die Konstituenten gehören. Paradigmen existieren auf Phrasenebene (NP, VP, AP etc.) und auf Wortebene (N, V, A etc.). Außerdem kann dieser Test auch auf der Ebene der Wortstruktur angewandt werden. Durch Substitution können beispielsweise aus dem Wort *verladen* Wörter wie *entladen* und *beladen* gebildet werden. Die Morpheme, die dabei

9 Dass hierbei eine Bedeutungsveränderung erfolgt, ist bei der Durchführung des Tests unerheblich.

ausgetauscht wurden (*ver-, be-, ent-*), bilden die Klasse der Präfixe. Hilfreich ist ein solches Verfahren auch, um die Zugehörigkeit zu einer Flexionskategorie zu bestimmen. So ist bei Substantiven im Femininum der Akkusativkasus nicht vom Nominativkasus unterscheidbar (vgl. *Die Mutter sieht die Tochter*). Dieser Zusammenfall grammatischer Formen, der charakteristisch für eine flektierende Sprache wie das Deutsche ist, wird als **Synkretismus** bezeichnet. Ersetzt man nun aber das Femininum durch ein Maskulinum, wird der Akkusativ im Artikel angezeigt (vgl. *Die Mutter sieht den Jungen*). Nützlich ist das Substitutionsverfahren auch zur Klassifikation reflexiver Verben. Um festzustellen, zu welcher Klasse ein reflexiviertes Verb gehört, macht man die Ersatzprobe: Ist das Reflexivum durch ein anderes Wort ersetzbar (vgl. *Ich wasche mich/dich/ihn*), so gehört das Verb zu den unecht reflexiven Verben, ist dies nicht möglich (vgl. *Ich schäme mich/*dich/*ihn*), zu den echt reflexiven Verben.

3.4 Der Eliminierungstest

Der Eliminierungstest (Weglassprobe, Abstrichprobe) dient dazu herauszufinden, welche Elemente des Satzes syntaktisch notwendig sind. Dies geschieht folgendermaßen: Der Satz wird auf sein strukturelles Minimum reduziert; das, was zusammen weggelassen werden kann, bildet in der Regel eine Konstituente. Betrachten wir dazu den folgenden Satz (10a) und vergleichen damit Satz (10b) und den ungrammatischen Satz (10c).

(10) (a) Maria singt gerne in der Badewanne.
(b) Maria singt gerne.
(c) *Maria singt gerne in der.

Die Tatsache, dass [*in der Badewanne*] zusammen weglassbar ist, lässt darauf schließen, dass es sich dabei um eine Konstituente handelt. Satz (10c) ist ungrammatisch, weil hier nur das Wort *Badewanne* eliminiert wurde, das im gegebenen Satz nur Teil einer Konstituente bildet.

In diesem Zusammenhang ist ein Hinweis auf die einschlägige Literatur erforderlich. Wöllstein-Leisten et al. (1997, Kap. 2) machen in ihren Ausführungen zur Konstituentenstruktur einen Unterschied zwischen Reduktionstest und Tilgungstest. Als unterscheidendes Kriterium führen sie an, dass bei der Tilgung das weggelassene Element nicht mehr zu rekonstruieren sei, bei der Reduktion hingegen das Element rekonstruierbar sei, da es sich um eine aus dem syntaktischen Kontext erschließbare Ellipse handle. Sie nennen die folgenden Beispiele:

(11) **Reduktion:**
Den einen interessiert [Linguistik], den anderen langweilt Linguistik.

(12) **Tilgung:**
Dieser große Stern steht doch nicht [erst seit letztem Jahr] auf dem Bahnhofsturm.
(Beispielsätze aus Wöllstein-Leisten et al. 1997:16)

In der Tat haben die in eckigen Klammern stehenden Konstituenten einen anderen Status, wie wir im Zusammenhang mit der Valenz von Verben (vgl. Kap. 7) noch sehen werden. Dieser Unterschied spielt aber erst dann eine Rolle, wenn es um die Klassifikation der Konstituenten geht. Für die Ermittlung der Konstituenten ist dies irrelevant. Aus diesem Grunde subsumiere ich beide, den Reduktions- und den Tilgungstext, unter dem Eliminierungstest.[10]

3.5 Der Koordinationstest

Lässt sich ein Satzelement mit einem anderen koordinieren, handelt es sich um eine Konstituente. Eine **Koordination** kann z. B. durch die Konjunktion *und* hergestellt werden (*Die Musik ertönt und der Vorhang hebt sich*), sie kann aber auch ohne Konjunktion auftreten (vgl. *Die Musik ertönt, der Vorhang hebt sich*). Ist dies der Fall, spricht man von einer **asyndetischen Konstruktion**.

In (13b) wird die Konstituente *neue Kartoffeln* koordiniert, indem der Satz um eine weitere Konstituente (*saftige Äpfel*) ergänzt wird.

(13) (a) Peter kauft neue Kartoffeln.
(b) Peter kauft [neue Kartoffeln] und [saftige Äpfel].

Nicht koordinieren kann man hingegen die Wortkette [*kauft neue*]. Wäre dies möglich, würde es sich auch bei [*kauft neue*] um eine Konstituente handeln. In einem Satz wie [*Peter kauft neue und verkauft alte Kartoffeln*] liegt zwar oberflächensyntaktisch betrachtet eine solche Koordination vor, doch wurde in diesem Fall im ersten Konjunkt eine Konstituente getilgt; es handelt sich also um eine Ellipse. Die vollständige Konstruktion lautet *Peter kauft neue (Kartoffeln) und verkauft alte Kartoffeln.* Koordiniert sind in dieser elliptischen Konstruktion also die zwei Teilsätze [*kauft neue (Kartoffeln)*] und [*verkauft alte Kartoffeln*], nicht die zwei Wortketten [*kauft neue*] und [*verkauft alte*].

Eine Koordination von vollständigen, nicht-elliptischen Sätzen liegt in (14) vor. Wie das Beispiel zeigt, ist eine solche Koordination nicht nur mit der Konjunktion *und* möglich, sondern auch mit Konjunktionen wie *oder, aber* und *denn.*

(14) (a) Der Vorhang hebt sich oder er tut es nicht.[11]
(b) Der Vorhang hebt sich nicht, **aber** alle klatschen.
(c) Der Vorhang hebt sich, **denn** alle klatschen.

Auch der Koordinationstest ist nicht als Satzgliedprobe geeignet. Mit diesem Test lassen sich solche Konstituenten ermitteln, die Teile von Satzgliedern sind. Betrachten wir hierzu das folgende Beispiel:

10 Das Gegenstück zur Eliminierung ist die Expansion. Diese dient dazu festzustellen, mit welchen Elementen ein Element kombinierbar ist (sog. Erweiterungsprobe).

11 Nach der neuen amtlichen Rechtschreibung ist die Kommasetzung bei gleichrangigen, mit *und* bzw. *oder* verbundenen Hauptsätzen nicht mehr obligatorisch.

(15) Mein Sohn Peter und sein Freund Paul laufen um die Wette.

In (15) wurden die beiden Konstituenten *Mein Sohn Peter* und *sein Freund Paul* koordiniert. Beide Konstituenten zusammen bilden wiederum eine Konstituente, eine komplexe Nominalphrase. Diese ist das Subjekt des Satzes. Die Struktur lässt sich in einem Kastendiagramm wie folgt darstellen:

<table>
<tr><td>mein</td><td>Sohn</td><td>Peter</td><td>und</td><td>sein</td><td>Freund</td><td>Paul</td></tr>
<tr><td colspan="3">mein Sohn Peter</td><td>und</td><td colspan="3">sein Freund Paul</td></tr>
<tr><td colspan="7">mein Sohn Peter und sein Freund Paul</td></tr>
</table>

Zusammenfassend ergibt sich: Mit dem Koordinationstest lässt sich nachweisen, dass Teile von Konstituenten wiederum Konstituenten bilden. Insofern spielt gerade dieser Test eine wichtig Rolle, wenn es um die Frage geht, wie komplexe Satzkonstituenten intern weiter strukturiert sind.

3.6 Schlussbemerkung

Betrachten wir nun zum Abschluss, wie die hier vorgestellten syntaktischen Tests in der Konstituentenanalyse eines Satzes zusammenspielen. Als Beispiel diene der Satz *Der Junge verkauft die Äpfel des Bauern*:

Über den Substitutions- resp. Pronominalisierungstest können wir ermitteln, dass die Wortketten *der Junge* und *die Äpfel des Bauern* Konstituenten darstellen: *Er verkauft sie*. Zum selben Ergebnis führt uns der Permutationstest: *Die Äpfel des Bauern verkauft der Junge*. Dass auf einer hierarchisch höheren Ebene die Wortkette *verkauft die Äpfel des Bauern* ihrerseits eine Konstituente darstellt, zeigt uns der Ersatz dieser Sequenz durch ein intransitives Verb: *Der Junge arbeitet*. Und schließlich können wir durch den Koordinationstest nachweisen, dass auch die Wortkette *des Bauern* eine Konstituente bildet: *Der Junge verkauft die Äpfel des Bauern und der Bäuerin*. Im Resultat erhalten wir für unseren Beispielsatz also die folgende Konstituentenstruktur: [*Der Junge*] [[*verkauft*] [[*die Äpfel*] [*des Bauern*]]].

An dieser Stelle ist noch eine kritische Anmerkung erforderlich: Die hier vorgestellten syntaktischen Tests bauen darauf auf, dass die transformierten Sätze grammatisch sind. Sind sie es nicht, handelt es sich bei den fraglichen Elementen nicht um Konstituenten. Die Grammatikalität wird jeweils vom Analysierenden beurteilt. Damit aber ist das Ergebnis des Tests abhängig von demjenigen, der den Test durchführt – und somit nicht objektiv. Außerdem resultiert daraus ein praktisches Problem: Die Tests setzen einen kompetenten Sprecher des Deutschen voraus, der in der Lage ist, die Grammatikalität der Sätze zu beurteilen. Sie sind somit nicht geeignet für ausländische Deutschlerner, die diese Tests durchführen wollen, um zu ermitteln, aus wie vielen Satzgliedern ein Satz besteht.

Zur Vertiefung

Duden 2005:139–145 (grammatische Proben)
Ch. Dürscheid 1994:20–25 (Einführung in den Strukturalismus)
A. Wöllstein-Leisten et al. 1997: Kap. 2 (Grundbegriffe der Konstituentenstruktur)

4 Zur Klassifikation von Sätzen

Am Anfang war das Wort. Oder der Satz? Oder doch das Wort?

J. Macheiner (1998^2:37)

4.1 Vorbemerkungen

In diesem Kapitel geht es um den Satz als Ganzes, als größte geschlossene syntaktische Einheit in einem Text. In Abschn. 4.2 werden Satzdefinitionen vorgestellt, in 4.3 steht die interne Struktur von komplexen Sätzen im Mittelpunkt. Abschn. 4.4 zeigt, wie Nebensätze klassifiziert werden können. Hierzu werden sowohl semantische, syntaktisch-funktionale als auch formale Kriterien herangezogen. Anschließend werden die fünf Satzarten des Deutschen behandelt (Aussagesätze, Fragesätze, Aufforderungssätze, Ausrufesätze, Wunschsätze). Die Satztypologie in Abschn. 4.6 schließlich präsentiert einen zusammenfassenden Überblick zur Klassifikation von Sätzen und die exemplarische Analyse eines komplexen Satzes mit Hilfe des vorgestellten Instrumentariums.

4.2 Zur Definition von ›Satz‹

In den Grammatiken finden sich zahlreiche Satzdefinitionen, auf die hier nicht umfassend eingegangen werden kann (vgl. hierzu die 141 Definitionen in der Arbeit von J. Ries 1931, *Was ist ein Satz?*). Was jeweils unter ›Satz‹ verstanden wird, hängt vom theoretischen Standpunkt ab. Wer von der Logik ausgeht, betrachtet den Satz als einen komplexen logischen Ausdruck, eine Proposition, dessen Wahrheitswert untersucht werden kann. Wird der Satz hingegen rein syntaktisch als eine Verbindung aus mehreren Wörtern definiert, so ist zu fragen, ob Einwortsätze Sätze (vgl. *Feuer*!) darstellen. Diese Frage stellt sich auch dann, wenn man Sätze als eine grammatische Einheit aus Subjekt und Prädikat definiert. In einer orthographiebezogenen Definition wird der Satz als eine durch Interpunktion und Anfangsgroßschreibung markierte Einheit gesehen. Auch diese Definition ist problematisch (vgl. das Gedichtbeispiel in Vater 2002:103) und für den Syntaktiker unbrauchbar, da sein Untersuchungsgegenstand nicht die Schriftstruktur, sondern die grammatische Struktur von sprachlichen Ausdrücken ist. Interessant ist, dass im Englischen und Französischen – anders als im Deutschen – terminologisch ein Unterschied gemacht wird zwischen dem Satz als orthographische und dem Satz als grammatische Einheit. Die orthographische Einheit wird als »sentence« (engl.) bzw. als »phrase« (frz.) bezeichnet, die grammatische Einheit als »clause« (engl.) bzw. »proposition« (frz.). Ich lege im Folgenden eine Satzdefinition zugrunde, die in der älteren Auflage der Dudengrammatik gegeben wird:

> Sätze sind sprachliche Einheiten, die relativ selbstständig und abgeschlossen sind. Sie bauen sich aus kleineren sprachlichen Einheiten auf, die ihrerseits schon einen gewissen Selbstständigkeitsgrad haben, aus Wörtern und gegliederten Wortgruppen; und sie erscheinen normalerweise in größeren selbstständigen und abgeschlossenen, sprachlichen Einheiten, in Texten. Duden (1998: 609)

Diese Definition ist sehr komplex, da sie ganz auf unbekannte linguistische Termini verzichtet. In der neueren Auflage von 2005 wird denn auch ganz auf eine solche Definition verzichtet. Verwendet man aber den oben bereits eingeführten Terminus ›Phrase‹, so lässt sich die Definition einfacher gestalten:

> Sätze sind sprachliche Einheiten, die relativ selbstständig und abgeschlossen sind. Sie bauen sich aus Phrasen auf; und sie erscheinen normalerweise in größeren selbstständigen und abgeschlossenen, sprachlichen Einheiten, in Texten.

In einen Satz können nicht nur 1 bis *n* Phrasen eingebettet sein (vgl. den einphrasigen Satz *Feuer!* und den *n*-phrasigen Satz *Das Kind holt immer* [...] *wieder die Kastanien aus dem Feuer*), der Satz selbst stellt auch eine Phrase dar. Neben NP, VP etc. – Phrasen, deren Bezeichnungen jeweils aus dem lexikalischen ›Kopf‹ resultieren (N, V etc.) – verwenden wir im Folgenden also auch das Symbol S als Phrasenbezeichnung für den ganzen Satz. S steht sozusagen für die Maximalphrase. Welche Kategorie als Kopf dieser Satzphrase fungieren könnte, soll in Kap. 8 diskutiert werden.

Noch ein Wort zur Unterscheidung von einfachen und komplexen Sätzen. In der traditionellen Grammatik gilt die Grenze zwischen einfachem und komplexem Satz dann als überschritten, wenn eine Satzreihe (Hauptsatz + Hauptsatz) oder ein Satzgefüge (Hauptsatz + Nebensatz) vorliegt.[12] Auch hier wird diese Auffassung zugrunde gelegt. Hingewiesen sei aber darauf, dass die Termini ›einfach‹ und ›komplex‹ je nach Grammatikmodell unterschiedlich definiert werden. So wird in der generativen Grammatik ein Satz bereits dann als komplex bezeichnet, wenn er in einer zugrunde liegenden Struktur auf zwei Sätze zurückgeführt werden kann. Sätze mit adjektivischen Attributen wären demnach komplex, da sich das Attribut in den meisten Fällen auf eine prädikative Konstruktion zurückführen lässt. Man vergleiche das folgende Beispiel:

(1) Der erfolglose Minister gab auf.
 (a) Der Minister war erfolglos.
 (b) Der Minister gab auf.

Im zweiten Teil der Arbeit beschränke ich mich hinsichtlich der Beispielauswahl weitgehend auf einfache, nicht-komplexe Sätze (im Sinne der traditionellen Grammatik), da sich bereits daran die Grundannahmen verschiedener syntaktischer Theorien gut verdeutlichen lassen.

12 Nota bene: Nur in Bezug auf komplexe Sätze ist die Verwendung des Terminus ›Hauptsatz‹ angebracht. Bei nicht-komplexen Sätzen genügt es, von ›Satz‹ zu sprechen.

4.3 Satzreihen und Satzgefüge

Satzreihen (auch: Satzverbindungen) sind Koordinationsstrukturen: Einzelne, in der Regel selbstständig vorkommende Sätze stehen in einer logisch nebengeordneten Relation. Man spricht in diesem Zusammenhang auch von **Parataxe** – im Gegensatz zur **Hypotaxe**, mit der die Unterordnung von Sätzen bezeichnet wird.

Eine Satzreihe besteht aus zwei oder mehr Konjunkten. Sie kann asyndetisch vorkommen, d. h. ohne ein Bindeglied stehen (vgl. (2a)), sie kann aber auch eine koordinierende Konjunktion enthalten (vgl. (2b)). Ist Letzteres der Fall, spricht man von einer syndetischen Reihung. Die Konjunktionen können einfach (*und, aber, oder, denn*) oder komplex sein. Sind sie komplex, dann treten sie diskontinuierlich auf (*entweder – oder, sowohl – als auch, weder – noch, zwar – aber*). Möglich ist auch, dass in einen Satz ein weiterer Satz als Parenthese eingebaut wird. Ein Beispiel für einen solchen Schaltsatz ist (2c):

(2) (a) Der Vorhang fällt, das Licht geht aus.
(b) Der Vorhang fällt, und das Licht geht aus.
(c) Er geht – und das tut er gerne – jeden Samstag auf den Tennisplatz.

Ein **Satzgefüge** besteht aus einem Hauptsatz (auch: **Matrixsatz**) und einem oder mehreren Nebensätzen, die dem Hauptsatz untergeordnet sind. Allerdings ist die traditionelle Unterscheidung in Haupt- und Nebensatz, auf die diese Definition aufbaut, nicht unproblematisch, da nicht jeder Hauptsatz strukturell selbstständig vorkommt. So kann in einem Satz wie *Er erwartet, dass du kommst* der subordinierte Nebensatz gar nicht weggelassen werden, ohne dass der Hauptsatz ungrammatisch würde.

Die Subordination wird durch eine Konjunktion (z. B. *während, weil, obwohl*), durch ein Relativpronomen (z. B. *der, die, welcher*) oder ein Interrogativpronomen (z. B. *wo, was*) angezeigt; möglich ist aber auch, dass kein Einleitewort steht. In (3a) wird ein Beispiel für einen solch uneingeleiteten Nebensatz gegeben. Die Sätze in (3b) und (3c) enthalten vom Matrixsatz abhängige Konstruktionen, die als satzwertige Infinitive und als satzwertige Partizipien klassifiziert werden. Diese Konstruktionen, in denen anders als in den bisher betrachteten Nebensätzen ein finites Verb fehlt, müssen nach den neuen amtlichen Rechtschreibregeln nicht mehr durch Komma vom Trägersatz abgetrennt werden. Damit wird ihrem Zwischenstatus zwischen Wortgruppen und Nebensätzen Rechnung getragen, der daraus resultiert, dass sie zwar kein Subjekt und keine finite Verbform enthalten, aber Objekte zu sich nehmen können.

(3) (a) Er sagt, er habe keine Ahnung.
(b) Er versprach, ihm zu helfen.
(c) Wir liefen, laut lachend vor Freude, auf die Straße.

Je nach Stellung der Nebensätze wird zwischen Vorder-, Nach- oder Zwischensätzen unterschieden, nach dem Grad der Einbettung zwischen Nebensätzen 1., 2., x-ten Grades. In einen Nebensatz kann also wiederum ein Nebensatz eingebettet sein (vgl. 4a), möglich ist aber auch, dass zwei oder mehr Nebensätze auf ein und derselben hierarchischen Ebene angeordnet sind (vgl. 4b).

(4) (a) Er versprach, dass er kommen würde (Nebensatz 1. Grades), wenn ich ihn darum bitte (Nebensatz 2. Grades).
(b) Er versprach, dass er kommen (Nebensatz 1. Grades) und dass er seiner Mutter helfen (Nebensatz 1. Grades) würde.

Bei der Einbettung von Sätzen gibt es zwei Verfahrensweisen: Der Nebensatz kann, z. B. als Relativsatz, direkt an das Bezugswort angefügt werden, oder aber er wird dem Satz nachgestellt. Im ersten Fall spricht man bildlich von »Schachtelsätzen«, im zweiten Fall von »Treppensätzen« (vgl. das folgende Beispiel aus Vater 2002:99):

(5) Derjenige, der denjenigen (Nebensatz 1. Grades), der den Pfahl umgeworfen hat (Nebensatz 2. Grades), der auf der Straße (Nebensatz 3. Grades), die nach Kulmbach führt (Nebensatz 4. Grades), steht, umgeworfen hat, anzeigt, erhält eine Belohnung.

Eine solche Ineinanderschachtelung von Nebensätzen ist für den Hörer nur schwer aufzulösen, sie sollte vermieden werden. Der Sprachkritiker Wustmann sagt es ganz unverblümt:

> Geschmacklos ist es, wenn mehrere Nebensätze auch untereinander verschachtelt werden und am Ende so ungeschickt, daß hinten nur ein Klumpen von Zeitwörtern übrigbleibt. G. Wustmannn (1891, 1966:261)

Das Verständnis wird erleichtert, wenn statt eines solchen Schachtelsatzes ein ›Treppensatz‹ gebildet wird.

(6) Derjenige erhält eine Belohnung, der denjenigen anzeigt (Nebensatz 1. Grades), der den Pfahl umgeworfen hat (Nebensatz 2. Grades), der auf der Straße steht (Nebensatz 3. Grades), die nach Kulmbach führt (Nebensatz 4. Grades).

Hier kann man getrost Wustmanns Rat folgen:

> Am leichtesten wird man einen klaren Satzbau dadurch erreichen, daß man Nebensätze überhaupt so wenig wie möglich in den Hauptsatz hineinschiebt. Dazu beachte man, daß Relativsätze keineswegs dem Beziehungswort ängstlich auf dem Fuß zu folgen brauchen. Man bringe, wo es mit ein oder zwei Wörtern geht, ruhig erst den Satz zu Ende und lasse dann erst den Relativsatz folgen. G. Wustmann (1891, 1966:260 f.)

4.4 Semantische und syntaktische Subklassifikation der Nebensätze

Wie wir im vorangehenden Abschnitt bereits gesehen haben, lassen sich Nebensätze formal nach ihrer Stellung, ihrer Einbettungstiefe oder nach ihrem Einleitewort (Konjunktionalsätze, Pronominalsätze, uneingeleitete Nebensätze) klassifizieren. In diesem Abschnitt steht die Einteilung der Nebensätze nach ihrer semantischen und ihrer syntaktischen Funktion im Mittelpunkt. Hier ist zunächst zwischen Gliedsätzen und Gliedteilsätzen zu unterscheiden.

Gliedsätze sind Nebensätze, die Satzgliedstatus haben, also frei verschiebbar und als Ganzes ersetzbar sind (vgl. Kap. 3). Sie können die Funktion eines Subjekts, Objekts, Adverbials oder eines Prädikativums übernehmen (vgl. die Beispiele in (7)–(10)).

(7) Subjektsätze
   (a) Wer andern eine Grube gräbt, fällt selbst hinein.
   (b) Nach Hause zu gehen, kam nicht in Frage.

(8) Objektsätze
   (a) Er sagte, dass er keine Zeit habe. (Akkusativobjekt)
   (b) Er musste hilflos zusehen, wie sie sich wieder betrank. (Dativobjekt)

(9) Adverbialsätze
   (a) Er tanzte, bis er nicht mehr konnte.
   (b) Er weinte, weil sie ihn nicht beachtete.

(10) Prädikativsätze
   Er ist geworden, was er immer schon werden wollte: ein Dichter.

Gliedteilsätze sind Erweiterungen zu einem Bezugswort. Sie sind nicht selbst Satzglieder, sondern Teile von Satzgliedern. Die syntaktische Funktion, für die sie eintreten, ist die des Attributs.

(11) Attributsätze
   (a) Was du gesagt hast, das verstehe ich nicht.
   (b) Der Mann, der dort steht, ist Herr Müller.

Die Trennlinie zwischen Glied- und Gliedteilsätzen ist nicht immer leicht zu ziehen. So gibt es Nebensätze, die im übergeordneten Satz kein Bezugswort aufweisen. Hier stellt sich die Frage, ob diese dennoch als Attributsätze oder als Gliedsätze anzusehen sind. Der Satz (11a) kann beispielsweise auch ohne das **Korrelat** *das* stehen. Ein solches Korrelat ist ein Platzhalter-Element, dessen Funktion darin besteht, eine syntaktische Leerstelle (hier die des Objekts) auszufüllen. Im Beispielsatz tritt der Nebensatz in die Objektfunktion ein, wenn dieses Korrelat fehlt. Doch kann man auch argumentieren, dass hier zwar das Korrelat im Matrixsatz fehlt, dieses aber implizit vorhanden ist, der Nebensatz also als Attributsatz zu einem (lexikalisch nicht realisierten) Korrelat fungiert. Dies zeigen die folgenden Beispielsätze, in denen im (a)-Satz ein Strich die Leerstelle anzeigt:

(12) (a) Was du gesagt hast, __ verstehe ich nicht.
(b) Was du gesagt hast, **das** verstehe ich nicht.

Wird der Attributsatz mit einem Relativpronomen eingeleitet, bezeichnet man ihn als **Relativsatz**. Relativsätze können **restriktiv** oder nicht-restriktiv verwendet werden. Restriktive Relativsätze schränken die Menge der möglichen Referenzobjekte, die das Bezugswort bezeichnet, ein (vgl. *Hunde, die bellen, beißen nicht*), nicht-restriktive Relativsätze spezifizieren diese lediglich näher (vgl. *Hunde, die bekanntlich Säugetiere sind, werden oft als Haustiere gehalten*). Zur Klasse der Relativsätze zählen auch die **weiterführenden Relativsätze.** Sie beziehen sich nicht auf ein einzelnes Element aus dem übergeordneten Satz, sondern auf den ganzen Satz (*Karl hat sein Portemonnaie verloren, was mir große Sorge macht*), sind also Attribute zum Satz, nicht zu Satzkonstituenten.

Auf eine semantisch-pragmatische Klassifikation lässt die Bezeichnung **indirekter Fragesatz** schließen. Dabei handelt es sich um Sätze, die mit *ob* bzw. einem *w*-Wort eingeleitet werden und in der Regel als Objektsätze fungieren (vgl. *Ich frage mich, ob du kommst*). Sie treten aber auch als Attributsätze auf (vgl. *Die Frage, ob er kommt, kann ich nicht beantworten*).

Die größte Klasse der Nebensätze, die semantisch subklassifiziert wird, stellen die Adverbialsätze dar. Wie nominale und präpositionale Adverbiale, so klassifiziert man auch die satzwertigen Adverbiale nach semantischen Kriterien. Man unterscheidet Kausal-, Temporal-, Konditional-, Final-, Konsekutiv-, Konzessiv-, Adversativ-, Temporal- und Modalsätze. **Kausalsätze** bezeichnen die Ursache, **Temporalsätze** den Zeitpunkt oder den Zeitraum des im Matrixsatz ausgedrückten Geschehens. **Konditionalsätze** bezeichnen eine Bedingung, **Finalsätze** einen Zweck, ein Ziel, auf das die im Verb des Matrixsatzes bezeichnete Tätigkeit gerichtet ist. Typische Konjunktionen sind *damit* oder *auf dass*. Auch Infinitivkonstruktionen, die mit *um zu* eingeleitet werden, können als Finalsätze klassifiziert werden. **Konsekutivsätze** bezeichnen die Folge (z. B. *Es regnete, so dass wir nicht nach draußen gehen konnten*), **Konzessivsätze** eine Einschränkung (z. B. *Obwohl er kaum Zeit hat, hilft er mir oft*), **Adversativsätze** einen Gegensatz zu dem im Hauptsatz bezeichneten Geschehen (z. B. *Peter schläft gerne lange, während Petra eine Frühaufsteherin ist*). **Modalsätze** bezeichnen die Art und Weise, unter denen das Geschehen abläuft. Typische Konjunktionen sind *indem; dadurch, dass, auf solche Weise, dass*. Es ist hier jeweils die Konjunktion, die hier die unterordnende Relation zwischen den beiden Sätzen herstellt. Diese Konjunktion wird in der Nominalisierung durch eine Präposition ersetzt (vgl. *obwohl sie stürzte – trotz ihres Sturzes*). Einige der temporalen Konjunktionen lassen sich formgleich aber auch als Präpositionen verwenden (*seit, bis, während*): *Seit er Rentner ist, hat er mehr Zeit. Seit seiner Pensionierung hat er mehr Zeit.*

Abschließend wird die Klassifikation der Nebensätze schematisch dargestellt.

(13)

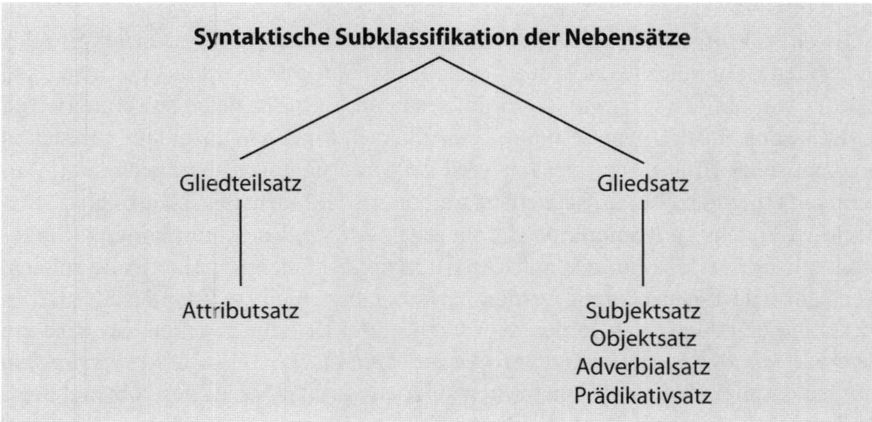

(14)

Subklassifikation der Nebensätze		
semantisch	**syntaktisch**	**formal**
indirekter Fragesatz Kausalsatz Temporalsatz Konditionalsatz Finalsatz Konsekutivsatz Konzessivsatz Adversativsatz Temporalsatz Modalsatz	Subjektsatz Objektsatz Prädikativsatz Adverbialsatz Attributsatz	**nach dem einleitenden Wort:** Relativsatz Pronominalsatz Konjunktionalsatz uneingeleiteter Nebensatz **nach der Einbettungstiefe:** Nebensatz 1., 2., x-ten Grades **nach der Stellung:** Vordersatz Zwischensatz Nachsatz

4.5 Satzarten

Der Subklassifikation in **Satzarten** (auch: **Satztypen/Satzmodi**) liegt die Unterscheidung der Sätze nach ihrer Modalität zugrunde, d. h. nach der Art und Weise, wie der Sprecher seine Einstellung zu dem im Satz geäußerten Sachverhalt ausdrückt. Möchte er etwas mitteilen, eine Frage stellen, den Hörer zu einer Handlung veranlassen, einen Wunsch äußern, seine emotionale Einstellung zum Ausdruck bringen? Mit anderen Worten: Handelt es sich um einen **Aussagesatz** (Deklarativsatz), **Fragesatz** (Interrogativsatz), **Aufforderungssatz** (Imperativsatz), Wunschsatz (Optativsatz) oder Ausrufesatz (Exklamativsatz)?[13]

Diese Klassifikation legt nahe, dass es im Deutschen fünf Satzarten gibt. Da sich aber der Ausrufesatz nicht einer bestimmten Sprecherintention zuordnen lässt, wird er von einigen Grammatikern unter den anderen Satzarten subsumiert (vgl. K.-E. Sommerfeldt/G. Starke 1988). Dies gilt auch für den Wunschsatz, der sich in pragmatischer Hinsicht nur schwer vom Aufforderungssatz abgrenzen lässt. Andererseits trägt der Wunschsatz ein charakteristisches formales Kennzeichen: Das finite Verb steht im Konjunktiv. Hieran sehen wir, dass nicht nur kommunikativ-pragmatische Aspekte in der Subklassifikation der Satzarten eine Rolle spielen. Auch formale Eigenschaften werden berücksichtigt, und im Zweifelsfall sind es diese, die den Ausschlag in der Zuordnung zu einer Satzart geben. So wird ein Satz wie *Ich fordere Sie ein letztes Mal auf, endlich Ihre Schulden zu begleichen* aufgrund seiner formalen Kennzeichen als Aussagesatz klassifiziert, obwohl diese Äußerung als Aufforderung intendiert ist.

Zwischen Aufforderungen (als Sprechhandlungen) und Aufforderungssätzen (als funktional-grammatischen Einheiten) ist also zu unterscheiden. Dies gilt ebenso für die anderen Satzarten. Frage- und Aussagesätze sind funktional-grammatische Einheiten, Fragen und Aussagen kommunikative Handlungen. Im Folgenden werden die typischen Merkmale der einzelnen Satzarten aufgelistet (vgl. auch Duden 2005:902–908):

a.) Aussagesätze (Deklarativsätze):

(15) Paul war gestern nicht in der Schule.

(16) Paul behauptet, dass Lisa Egon liebt.

Formale Kennzeichen von Aussagesätzen sind die Stellung des finiten Verbs (an zweiter Satzgliedstelle), die Intonation (gegen Satzende hin fallend), der Punkt als Satzschlusszeichen und der Modus (Indikativ oder Konjunktiv II). Bestimmte Partikeln treten bevorzugt in Aussagesätzen auf. In der gesprochenen Sprache sind dies die Partikeln *halt* und *eben* (*Es ist halt so*), im Geschriebenen Satzadverbien wie *wahrscheinlich* oder *möglicherweise*.

b.) Fragesätze (Interrogativsätze):

Es werden drei Typen von Fragesätzen unterschieden: Entscheidungsfragesätze (*Ja/Nein*-Fragen), Alternativ- und Ergänzungsfragesätze.

---

13 Die Satzarten dürfen nicht mit den drei Verbstellungstypen des Deutschen gleichgesetzt werden (vgl. hierzu Abschn. 5.4). Bei den Verbstellungstypen handelt es sich um eine rein strukturelle Differenzierung der Sätze nach der Position des finiten Verbs. Dieses kann in einem Satz in Erst-, Zweit- oder Endposition auftreten (vgl. *Kommt er zum Essen?, Er kommt zum Essen.* (*Ich weiß, dass*) *er zum Essen kommt*).

(17) (a) Kommst du mit ins Kino?
(b) Kommst du mit ins Kino, oder bleibst du lieber zu Hause?
(c) Warum kommst du denn eigentlich nicht mit ins Kino?

Die drei Fragesatztypen teilen sich die folgenden formalen Merkmale: Der Modus ist der Indikativ oder der Konjunktiv II, die Intonation ist am Satzende meist steigend, das Satzschlusszeichen ist das Fragezeichen, als typische Partikeln treten *denn* und *eigentlich* auf. Unterschiede bestehen hinsichtlich der Stellung des finiten Verbs: Bei Entscheidungs- und Alternativfragesätzen steht das Verb an erster Stelle. Ergänzungsfragen werden eingeleitet durch ein Fragewort, das finite Verb steht wie im Aussagesatz an zweiter Stelle.

c.) Aufforderungssätze (Imperativsätze):

(18) Komm heute bloß nicht so spät!

(19) Kommt doch bitte alle mal her!

(20) Bitte fahren Sie langsam an der Unfallstelle vorbei.

(21) Keine brennenden Teile auf die Fahrbahn werfen!

(22) Lasst uns gehen!

(23) Seien wir doch mal ehrlich.

Kennzeichen von Aufforderungssätzen sind die Verberststellung, Partikeln wie *doch, bloß, bitte* und der Modus Imperativ. Allerdings verfügt das Deutsche nur in der 2. Person Singular über eine Imperativform (vgl. *komm* vs. *kommst*), in allen anderen Fällen entsprechen die Imperativ- den Indikativformen. Als **Adhortativ** werden Aufforderungen bezeichnet, die an die 1. Person Plural gerichtet sind (vgl. 22 und 23). Auch diese haben keine eigenen Imperativformen. Außer in der 3. Person Plural fehlt in den Aufforderungssätzen in der Regel das Subjekt. Wird es doch realisiert, ist es besonders hervorgehoben (vgl. *Komm du nur mal her, dann kannst du was erleben!*). Als Satzschlusszeichen steht meist der Punkt oder das Ausrufezeichen, die Intonation ist fallend.

d.) Wunschsätze (Optativsätze):

Es lassen sich reale und irreale Wunschsätze unterscheiden (vgl. Hentschel/Weydt 2003:419): Reale Wunschsätze präsupponieren die Erfüllbarkeit des Wunsches (vgl. 24), irreale die Unerfüllbarkeit (vgl. 25).

(24) Wenn sie nur bald käme.

(25) Wenn sie nur gekommen wäre.

Charakteristisch für reale Wunschsätze ist, dass das Verb im Konjunktiv I, für irreale Wunschsätze, dass das Verb im Konjunktiv II Plusquamperfekt steht. Beide Typen von Wunschsätzen haben gemein, dass die Satzintonation zum Ende hin fällt und als Satzschlusszeichen der Punkt oder das Ausrufezeichen steht. Auch bestimmte Partikeln können als Indikatoren für diese Satzart gelten (*bloß, doch, nur*). Die Stellung des finiten Verbs ist in realen Wunschsätzen variabel: Es besteht die Möglichkeit, das Verb an erster Stelle zu platzieren (*Käme er doch*), an zweiter Stelle (*Man stelle sich vor...*) oder an letzter Stelle (*Wenn sie nur bald käme*). Für irreale Wunschsätze ist die Zweitposition des finiten Verbs ausgeschlossen.

e.) Ausrufesätze (Exklamativsätze):

(26) Was du nicht sagst!

(27) Du bist mir aber ein netter Freund!

(28) Nun komm doch schon!

Ausrufesätze bringen die emotionale Beteiligung des Sprechers am dargestellten Sachverhalt zum Ausdruck. Sie lassen sich in syntaktisch-formaler Hinsicht nur schwer eingrenzen. Das Verb kann sowohl in erster, zweiter oder letzter Position stehen, als Modus tritt sowohl der Indikativ als auch der Konjunktiv II auf. Das Hauptkennzeichen der Ausrufesätze liegt auf orthographischer und intonatorischer Ebene: Das Satzschlusszeichen ist das Ausrufezeichen, die Intonation ist fallend, eine der Satzkonstituenten trägt einen starken Akzent. Die Expressivität der Aussage wird meist durch Partikeln wie *aber, doch* oder *ja* verstärkt.

Wie die Beispiele zeigen, ist im Deutschen keine der formalen Kriterien hinreichend, um eine Satzart zu bestimmen. Anders ist es in einigen außereuropäischen Sprachen wie Eskimo und Koreanisch. Hier unterscheiden Partikeln die Satzarten eindeutig voneinander. So gibt es im Koreanischen eine Partikel, die anzeigt, ob der Satz im Deklarativmodus steht oder als Frage bzw. Aufforderung zu lesen ist. Ein Beispiel dafür ist der Fragesatz *Peter-nun o-ni?* (dt. Übersetzung: *Kommt Peter?*). Die Interrogativpartikel *-ni* wird in diesem Satz an die Verbwurzel *o* angefügt (Yi-Joung Choe, p. c.). Handelt es sich um einen Aussagesatz, steht an dieser Stelle eine andere Partikel, der Deklarativmarker *-da.* Solche Satzartmarker treten auch im Chinesischen auf. Hier ist es unter anderem die satzfinale Partikel *ma,* die den Fragesatz anzeigt.

4.6 Exemplarische Satzanalyse

Abschließend wird eine Übersicht zur Satztypologie des Deutschen gegeben, in der das bisher Gesagte zusammengefasst ist:

(29) Formale Klassifikation der Sätze

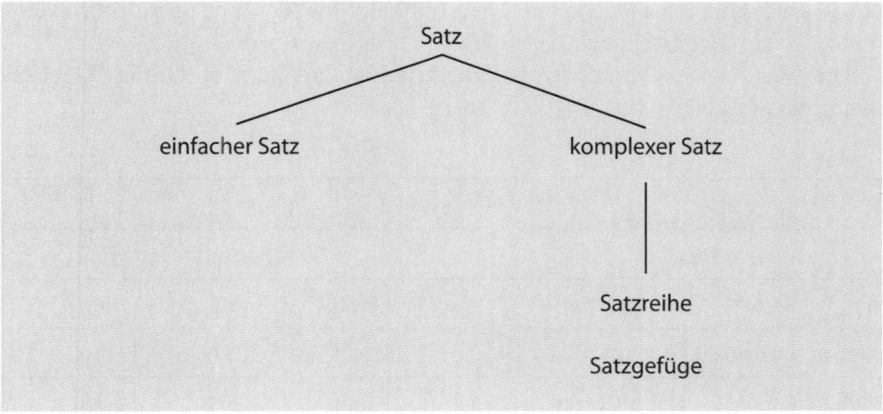

(30) Funktionale Klassifikation der Sätze

(a) Einteilung in Satzarten:

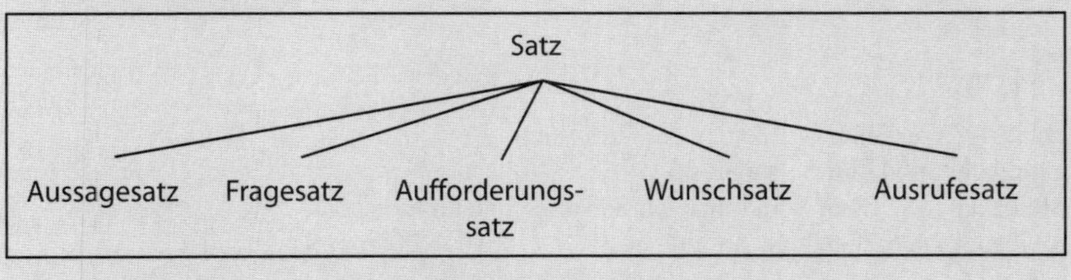

(b) Formale Kennzeichen zur Unterscheidung der Satzarten:

- Verbstellung
- Modus des Verbs
- Intonation
- Partikeln
- Satzschlusszeichen

Der folgende Satz wird nun mit den bis hierher vorgestellten syntaktischen Begriffen analysiert:

(31) Ich warte darauf, dass du mir hilfst.

Hier handelt es sich um ein Satzgefüge, bestehend aus einem Hauptsatz und einem konjunktional eingeleiteten Nebensatz. Der Nebensatz tritt als Attributsatz auf, sein Bezugswort im Hauptsatz ist das Pronominaladverb *darauf*. Der Hauptsatz besteht aus dem Subjekt *ich*, dem Prädikat *warte* und dem Präpositionalobjekt *darauf, dass du mir hilfst.* Der Nebensatz setzt sich zusammen aus dem Subjekt *du,* dem Prädikat *hilfst* und dem Objekt *mir.* Der einleitenden Konjunktion kann keine spezifische Satzgliedfunktion zugeordnet werden. Es ist eine Wortart, der auf syntaktisch-funktionaler Seite keine Bezeichnung entspricht. Der Satz als Ganzes ist ein Aussagesatz. Dies ist erkennbar am Indikativ-Modus des finiten Matrixverbs und an seiner Zweitstellung.

Die Satz-, Wortart- und Satzgliedklassifikation zu Satz (31) wird in (32) schematisch dargestellt.

(32)

Aussagesatz						
Hauptsatz			Nebensatz			
Pron.	Verb	Pron.adverb	Konj.	Pron.	Pron.	Verb
Ich	warte	darauf,	dass	du	mir	hilfst.
Subj.	Prädikat	Präp. Objekt		Subjekt	Objekt	Präd.
			Attribut			

Zur Vertiefung

Duden 2005 (zur Subklassifikation der Satzarten)
P. Eisenberg 2004 (zur Satzanalyse)
J. Meibauer 1987 (zum Verhältnis von Satzarten und Grammatik)
J. Meibauer 2006:70–83, G. Zifonun et. al. 1997: 630–675 (zum Satzmodus)

5 Syntaktische Strukturen des Deutschen

> Die Deutschen haben noch eine Art von Parenthese, die sie bilden, indem sie ein Verb in zwei Teile spalten und die eine Hälfte an den Anfang eines spannenden Absatzes stellen und die andere Hälfte an das Ende. Kann sich jemand etwas Verwirrenderes vorstellen?
>
> Mark Twain (1880, 1999:17)

5.1 Vorbemerkungen

In den vorangehenden Kapiteln haben wir die wichtigsten syntaktischen Grundbegriffe kennen gelernt. Die strukturalistischen Verfahren des Segmentierens und Klassifizierens wurden erläutert, die verschiedenen Möglichkeiten der Klassifikation (Bestimmung der Wortarten resp. Phrasen, Bestimmung der Satzglieder) vorgestellt und die dabei auftretenden Probleme angesprochen. Mit diesem deskriptiv-linguistischen Basiswissen sind wir nun in der Lage, ausgewählte syntaktische Strukturen des Deutschen genauer zu betrachten. Dies soll in den folgenden Abschnitten geschehen. Ich beschränke mich dabei auf die Beschreibung der internen Struktur von Nominalphrasen (NPs), Adjektivphrasen (APs) und Sätzen. Freilich hätte man auch die Struktur der Präpositionalphrase (PP) und der Verbalphrase (VP) hinzunehmen können. Doch zum einen werden einzelne Fakten zur Präpositionalphrasen- und Verbalphrasenstruktur bereits im Kontext der NP- und Satzstruktur behandelt, zum anderen soll hier nur exemplarisch gezeigt werden, wie sich der Strukturaufbau im Deutschen gestaltet und welche Herausforderungen sich einer syntaktischen Theorie stellen, die diese Daten beschreiben und erklären möchte.

5.2 Die interne Struktur der Nominalphrase

Mit dem Terminus ›Nominalphrase‹ werden Substantiv- und Pronominalgruppen zusammengefasst. Eine Nominalphrase (NP) kann minimal aus einem Wort, einem Nomen oder einem Pronomen, bestehen (vgl. *Milch* in dem Satz *Milch ist gesund*, *sie* in dem Satz *Peter liebt sie*), sie kann aber auch so komplex sein, dass sie ihrerseits Phrasen enthält. Diese treten in der Funktion eines Attributs als Links- bzw. Rechtserweiterungen des Kerns auf. Vgl.:

(1) (a) Müllers Milch ist gesund.
    (b) Milch, die von der Alm kommt, ist gesund.

Auffallend ist zunächst, dass im Deutschen der Kern der NP nicht notwendigerweise an der Peripherie steht, sondern auf beiden Seiten expandiert werden kann. Damit bildet das Deutsche im internationalen Sprachenvergleich eine Ausnahme.

So stellt Matthew Dryer (1988) in seinem Vergleich von 316 Sprachen fest, dass die meisten Sprachen die Tendenz aufweisen, alle vom Nomen abhängigen Elemente auf einer und nur einer Seite des Nomens zu positionieren (Hinweis übernommen aus J. E. Schmidt (1993:89)).

Die Frage, die sich für das Deutsche anschließt, ist, ob die Links- und Rechtserweiterungen des Nomens (in generativer Terminologie: die Modifikatoren und die Komplemente) qualitativ und quantitativ gleichwertig sind. Liegt hier eine strukturelle Symmetrie vor, oder besteht zwischen beiden Seiten, wie H. Vater (1985) in seinem Aufsatz *Zur NP-Struktur im Deutschen* darlegt, eine Asymmetrie? Es ist also zunächst zu untersuchen, welche Konstituenten auf beiden Seiten des Kernnomens vorkommen. Im Anschluss daran soll geprüft werden, in welcher Reihenfolge (i. e. in welcher Serialisierung) diese Konstituenten auftreten. Nehmen wir zunächst ein Beispiel aus Vater (1986:123) auf:

(2) das Ergebnis einer Expedition norwegischer Wissenschaftler

Das Kernnomen ist auf der linken Seite lediglich durch den Artikel modifiziert, auf der rechten Seite finden wir ein komplexes Genitivattribut, die Nominalphrase *einer Expedition norwegischer Wissenschaftler*, in die wiederum ein Genitivattribut eingebettet ist (*norwegischer Wissenschaftler*). Wir haben also – kategorial gesprochen – eine NP (*das Ergebnis einer Expedition norwegischer Wissenschaftler*), die aus einem Kernnomen (*Ergebnis*) und einer NP (*einer Expedition norwegischer Wissenschaftler*) besteht, wobei die zweite NP wiederum aus einem Kernnomen (*Expedition*) und einer NP (*norwegischer Wissenschaftler*) besteht. Die Reihe ließe sich fortsetzen; wir könnten die Regel ›Attribuiere ein Nomen durch eine NP‹ immer wieder anwenden. Die gleiche Regel ist auch anwendbar auf PPs. Auch diese können in Mehrfacherweiterungen zum Nomen auftreten, wie das folgende Beispiel, übernommen von J. E. Schmidt (1993:84), zeigt:

(3) […] in der Frage nach den Problemen in seinen Ausführungen über die Freiheit auf dem Gebiete der Kunst während der 30er Jahre

Einer solch rekursiven Struktur ist nur durch die Kapazität unseres Gedächtnisses Grenzen gesetzt, nicht durch die Regeln unserer Grammatik. De facto sind solch komplexe Mehrfacherweiterungen, dies betont Schmidt (1993:84) mit Hinweis auf eine empirische Auszählung von H. G. Droop (1977), extrem selten, und sie gehören zweifellos der Schriftsprache an. J. E. Schmidt (1993:85) führt dazu aus: »Im Normalfall entstehen vielgliedrige Mehrfachattribuierungen durch die **Kombination verschiedener Erweiterungstypen** (Hervorhebung im Orig., C. D.), die entsprechenden Substantivgruppen sind dann auch syntaktisch komplex.« Als Beispiel nennt er den folgenden Beleg aus einer populärwissenschaftlichen Darstellung der modernen Physik:

(4) […] die scheinbar so klaren, scheinbar so selbstverständlichen Begriffe von Raum, Zeit und Gleichzeitigkeit

Das Kernnomen *Begriffe* ist hier sowohl auf der linken als auch der rechten Seite erweitert: durch Adjektivattribute auf der linken und präpositionale Attribute auf der rechten Seite. Es handelt sich also um unterschiedliche kategoriale Füllungen, und zwar um solche, wie sie im Deutschen für beide Seiten typisch sind. Betrachten wir zunächst die Position vor dem Kern genauer. Die folgenden Beispiele zeigen, welche syntaktischen Kategorien pränominal auftreten können:

(5) (a) der Junge (Artikel)
(b) der kleine Junge (Artikel + Adjektiv)
(c) zwei Bücher (Numeral)
(d) der entlaufene Kater (Artikel + Partizip)
(e) Bundeskanzler Schröder (enge Apposition)
(f) Peters Freundin (Genitiv-NP)

Der dem Nomen vorangestellte Genitiv in (5f) wird als **sächsischer Genitiv** bezeichnet. Im heutigen Sprachgebrauch ist sein Gebrauch weitgehend auf artikellose Eigennamen beschränkt; in der Verbindung aus Artikel und Nomen tritt er nur noch in gehobener Sprache und in tradierten Wendungen auf (*Des Kaisers neue Kleider, Des Menschen Wille*). Gelegentlich finden sich, insbesondere in gesprochener Sprache, auch Dativattribute (*dem Paul seine Katze*), aber in der Regel nur dann, wenn die Dativ-NP einen belebten Referenten kodiert (vgl. **dem Auto sein Dach*).[14] Dativattribute werden auffallend oft in Verbindung mit Eigennamen gebraucht (vgl. *dem Peter seine Freundin* bzw. *Peter seine Freundin*). Möglicherweise wird der possessive Dativ in einer Konstruktion wie *dem Peter seine Freundin* als Ersatzform für den sächsischen Genitiv gewählt, der den Artikel vor Eigennamen nur bedingt zulässt (vgl. ?*des Peters Freundin*). Man vergleiche die Akzeptabilität der folgenden Sätze und nehme selbst eine Wertung vor: *Des Peters Freundin kenn ich nicht – Dem Peter seine Freundin kenn ich nicht.*

Eine andere syntaktische Variante ist, den Eigennamen präpositional anzuschließen: *die Freundin von (dem) Peter kenn ich nicht.* Im Englischen ist hier nur die adnominale Konstruktion *Peter's girlfriend* (nicht *the girlfriend of Peter*) gebräuchlich, zudem kann ein Artikel grundsätzlich nicht vor den Eigennamen treten (**the Peter*). Dass in beiden Sprachen zwischen dem Kernnomen und dem Genitivattribut eine enge syntaktische und semantische Beziehung besteht, zeigt sich zum einen daran, dass das genitivische Attribut immer unmittelbar neben dem Kern steht, zum anderen daran, dass die Genitiv-NPs, Subjekten und Objekten gleich, Ergänzungen zum Nomen sein können. Nominalphrasenstrukturen wie in (6) sind es denn auch, die gerne als Belege angeführt werden, um nachzuweisen, dass es sich bei Satz- und Nominalphrasen um parallel aufgebaute Konstruktionen

14 Genaueres zu diesem adnominalen possessiven Dativ im Deutschen, einer sprachhistorischen Erklärung dieser Struktur und einem Vergleich mit anderen Sprachen findet man bei V. Ágel (1993b) und G. Zifonun (2003).

handelt, dass bestimmte Nominalphrasen gewissermaßen ›Mini-Sätze‹ darstellen (vgl. Eisenberg 1994:251).

(6) (a) Kolumbus[Subjekt] entdeckt Amerika[Objekt]
(b) Kolumbus'[Genetivus subiectivus] Entdeckung Amerikas[Genitivus obiectivus]

Kommen wir noch einmal zurück zu dem Beispielsatz in (4). Die präpositionalen Attribute *von Raum, Zeit und Gleichzeitigkeit* sind hier koordiniert, in Bsp. (3) sind sie subordiniert (*in der Frage nach den Problemen in seinen Ausführungen über die Freiheit*). Während sich bei den subordinierten Strukturen die Reihenfolge aus der logischen Relation ergibt, in der die Konstituenten zueinander stehen, ist sie bei koordinierten Strukturen frei wählbar, die Relation ist symmetrisch (vgl. *Begriffe von Zeit, Raum und Gleichzeitigkeit*). Dies sind die beiden Haupttypen der Mehrfacherweiterung in der Nominalphrase. J. E. Schmidt (1993:81) nimmt nun noch eine dritte Relation an, die Relation der Gleichstufigkeit. Er bezieht diese auf Attribute, die weder koordiniert noch subordiniert sind. Als Beispiel führt er u. a. die NP *die Wanderung zur Weinlese nach Freyburg* an. Bei diesem Typus von Mehrfacherweiterung stellt sich die Frage, in welcher Reihenfolge die Konstituenten im Normalfall angeordnet werden. Gibt es hier Präferenzen, und wenn ja, wie sind diese erklärbar? Die Frage stellt sich um so mehr, wenn man sich vergegenwärtigt, wie komplex die Rechtserweiterungen des Nomens sein können. Außer den nominalen Attributen (zu denen neben dem Genitivattribut auch das Dativattribut und das Akkusativattribut zählen) und den präpositionalen Attributen können ja auch enge Appositionen, Adverbien, Infinitivkonstruktionen, Adjektive, Partizipien, Nebensätze wie z. B. Relativsätze und indirekte Fragesätze, gleichstufig nebeneinander auftreten (vgl. die Beispiele aus J. E. Schmidt 1993:96):

(7) (a) das Kind meiner Nachbarin (Genitiv-NP)
(b) Kampf dem Tod (Dativ-NP)
(c) das Konzert letzten Sonntag (Akkusativ-NP)
(d) das Haus dort (Pronominaladverb)
(e) mit dem Sergeanten Grischa (enge Apposition)
(f) die Fahrt nach Paris (PP)
(g) die Entscheidung, nach Hause zu gehen (Infinitivkonstruktion)
(h) eine 3-Zimmer-Wohnung, hell und geräumig (Adjektiv)
(i) der Mann, der zu viel wusste (Relativsatz)
(j) die Frage, ob du kommst (indirekter Fragesatz)

Offensichtlich gibt es hier Abfolgerestriktionen, die syntaktischer und semantischer Art sind: So kann eine PP nicht vor eine Genitiv-NP gestellt werden (**die Fahrt nach Paris des Schnellzuges*), und eine enge Apposition muss, wie eine Genitiv-NP auch, unmittelbar neben dem Bezugswort stehen (**mit dem Sergeanten, den ich gut kenne, Grischa*). Auch für den Abschnitt vor dem Kernnomen gibt es syntaktische Restriktionen: Eine enge Apposition kann nicht mit einer präpominalen Genitiv-NP kombiniert werden (**des Kaisers Wilhelm neue Kleider*), ein sächsischer Genitiv und ein Artikel schließen sich gegenseitig aus (**Peters der Wagen*). Zu den semantischen Restriktionen zählt, dass sich ein Adjektivattribut zu einem Kompositum nur auf das ganze Wort, nicht auf den ersten Teil bezieht (vgl. die Fehl- bzw. Scherzbildungen in Wustmanns Sprachkritik (1966[14]): *der vierstöckige Hausbesitzer, der geräucherte Fischladen, der flüssige Seifenbehälter*). Eine andere ist (vgl. Vater 1986:125), dass **restriktive Attribute**, die den Begriffsumfang des Nomens einschränken (z. B. *die netten Kinder*), näher am Kern stehen als appositive Attribute und dass sich die Reihenfolge der Adjektive nach ihrer semantischen Klasse richtet: Quantifizierende Adjektive gehen qualifizierenden voraus (vgl. *die drei schönen Bilder* vs. *die schönen drei Bilder*). Schließlich gibt es auch die Präferenz, längere, komplexere Attribute in der Nominalphrase weiter ans Ende zu rücken (vgl. *der Ausflug am Sonntag, der uns allen so viel Spaß gemacht hatte* vs. *der Ausflug, der uns allen so viel Spaß gemacht hatte, am Sonntag*). Diese Tendenz wurde bereits von dem Grammatiker Otto Behaghel in der ersten Hälfte des 20. Jahrhunderts als das **Gesetz der wachsenden Glieder** beschrieben. Es gilt als eines der wichtigsten Prinzipien, das der Positionierung von Satzgliedern zugrunde liegt.

Was die Erklärung der Wortstellungsfakten in der NP betrifft, so gibt es eine Reihe neuerer Forschungsansätze (vgl. die Übersicht in J. E. Schmidt 1993:116–136), die im Rahmen der in diesem Kapitel angestrebten Faktendarstellung nicht referiert werden können. Die Vorschläge divergieren nicht nur darin, welche Terminologie sie verwenden und welche Kriterien als ausschlaggebend angesehen werden (semantische, formbezogene oder syntaktische), sondern auch darin, welche Daten als grammatisch eingestuft werden. Schmidt (1993:122) bringt als Beispiel die Wortfolge *das Hotel Goldener Löwe der Stadt Dresden* und weist darauf hin, dass K.-E. Sommerfeldt (1968) diese Kombination aus Nomen, enger Apposition und Genitiv-NP als grammatisch ansieht, dass diese aber in Engels Folgeschema für die gesamte Nominalphrase gar nicht vorkommt (vgl. Engel 2004). Wie man daran sieht, kommt es bereits auf deskriptiver Ebene zu Divergenzen, die die theoretischen Divergenzen noch verschärfen.

Halten wir fest: Sowohl Adjektive als auch Adverbien, Sätze, PPs und NPs können als Links- und Rechtserweiterungen in einer Nominalphrase des Deutschen vorkommen. Die folgende Übersicht fasst den Befund (ohne Anspruch auf Vollständigkeit) zusammen; mögliche Abfolgeregularitäten werden in der Vertikalen nur angedeutet, die Schrägstriche sollen anzeigen, dass hier eine komplementäre Verteilung vorliegt (entweder/oder). Zu beachten ist, dass der Kern einer Nominalphrase, das Nomen, möglicherweise gar nicht realisiert ist, nämlich dann, wenn es sich um eine elliptische Struktur handelt (vgl. *Normalerweise trage ich nur schwarze Blusen, heute aber eine weiße*. Bsp. aus Ch. Bhatt 1990:2).

(8) Die interne Struktur der Nominalphrase

Pronomen/Artikel/Genitiv-NP/ enge Apposition Numeral Adjektivphrase Partizip	**N O M E N**	Dativ-NP Genitiv-NP Akkusativ-NP Pronominaladverb Präpositionalphrase Nebensatz

5.3 Satzstrukturen

In diesem Abschnitt geht es um die Frage, wie die Konstituenten innerhalb eines Satzes angeordnet sind. Betrachten wir zunächst die Stellung des finiten Verbs: Hier gibt es im Deutschen drei Möglichkeiten: Verberststellung, Verbzweitstellung und Verbendstellung. Danach werden drei Satzstrukturen unterschieden: **Verberst-, Verbzweit-** und **Verbendsätze (V/1, V/2** und **V/E)**. In den Grammatiken finden sich hierfür auch die Bezeichnungen **Stirnsätze** (V/1), **Kernsätze** (V/2) und **Spannsätze** (V/E). Den verbstrukturellen Bezeichnungen sollte allerdings der Vorzug gegeben werden, denn damit wird nicht eine Abfolge als Grundfolge ausgezeichnet, wie dies ja mit der Bezeichnung ›Kernsatz‹ der Fall ist.

Die Klassifikation nach Verbstellungstypen richtet sich nur nach der Stellung des finiten Verbs. Die Positionierung der infiniten Verben, die zusammen mit dem finiten Verb das Prädikat bilden, ist hierfür nicht von Belang. Wenn also gesagt wird, dass in einem Satz wie *Hat Peter die Hausaufgaben gemacht?* das Verb in erster Position steht und dieser Satz zu den Verberstsätzen zählt, so bezieht sich diese Aussage auf das finite Hilfsverb *hat.* Das Partizip *gemacht*, das in dem Beispielsatz in Endposition steht, ist zwar flektiert (es wurde mit dem Präfix *ge-* und dem Suffix *-t* aus dem Verbstamm *mach-* abgeleitet), doch es ist nicht finit, d. h. es trägt keine Person-, Tempus- und Numerusmerkmale.

Die drei nach der Verbstellung unterschiedenen Satzstrukturen werden gelegentlich auch als ›Satztypen‹ bezeichnet (vgl. Eisenberg 2004b:394). Da dann aber die Gefahr der Verwechslung mit den Satzarten besteht, die primär nach kommunikativ-funktionalen, nicht nach formalen Gesichtspunkten klassifiziert werden (s. o.), sollte besser nur von ›Verbstellungstypen‹, nicht von ›Satztypen‹ die Rede sein. Aus den folgenden Übersichten wird ersichtlich, dass die Verbstellungstypen mit verschiedenen Satzarten korrespondieren. Dies soll zunächst an Verberstsätzen gezeigt werden.

(9) **Verberstsätze (Stirnsätze)**
- (a) Kommt Peter heute noch?
- (b) Käme Peter doch!
- (c) Komm doch, Peter!
- (d) Kommt Peter, dann gehe ich.

Wie die Beispiele zeigen, können Verberstsätze sowohl Entscheidungsfragesätze (9a), irreale Wunschsätze (9b) und Aufforderungssätze (9c) sein. Auch der vorangestellte Konditionalsatz in dem Satzgefüge *Kommt Peter, dann gehe ich* ist ein Verberstsatz. Dass hier das Finitum in Erstposition steht, hängt damit zusammen, dass der Konditionalsatz uneingeleitet ist. Im eingeleiteten Nebensatz würde die Konjunktion *wenn* an erster Stelle stehen: *Wenn Peter kommt, dann gehe ich.*

Kommen wir zu den Verbzweitsätzen. Die Zweitstellung gilt im Neuhochdeutschen als Charakteristikum für den Aussagesatz. In früheren Sprachstufen dagegen waren im Aussagesatz auch Verberst- und Verbendstellung belegt (vgl. J. Lenerz 1984). Wie die nächste Übersicht zeigt, gibt es auch hier mehrere Satzarten, in denen das finite Verb an der zweiten Stelle stehen kann: Aussagesätze (10a), Ergänzungsfragesätze (10b), Ausrufesätze (10c) und Wunschsätze (10d). Das letzte Beispiel (10e) fällt insofern wieder aus dem Rahmen, als der Verbzweitsatz hier ein Nebensatz ist und die Zuordnung zu einer Satzart in der Regel nur für selbstständig vorkommende Sätze vorgenommen wird.

(10) **Verbzweitsätze (Kernsätze)**
(a) Peter kauft sich ein Eis.
(b) Wer kauft sich ein Eis?
(c) Du bist aber spät dran!
(d) Peter möge kommen.
(e) Ich denke, Peter kommt heute.

Die Verbzweitstellung ist im Deutschen die Grundstellung für den Aussagesatz – unabhängig davon, ob ein Subjekt oder ein Nicht-Subjekt vor dem finiten Verb steht. Dies gilt auch in anderen germanischen Sprachen wie dem Niederländischen, dem Dänischen und dem Schwedischen. Vgl. die folgenden Sätze, in denen jeweils das Objekt vor dem finiten Verb platziert ist. Das Finitum ist mit Fettdruck markiert:

(11) (a) Dieses Auto **würde** ich nie kaufen. (dt.)
(b) Deze auto **zou** ik nooit kopen. (niederl.)
(c) Denne bil **ville** jeg aldrig købe. (dän.)
(d) Denna bil **skulle** jag aldrig köpa. (schwed.)

Im Englischen ist eine solche Satzgliedstellung nicht möglich (**This car **would** I never buy*). Die Erstposition vor dem Finitum muss hier durch das Subjekt besetzt werden. Will man ein Nicht-Subjekt an den Satzanfang stellen, so bleibt nur eine **Herausstellungsstruktur**, d. h. ein Spaltsatz der Art *This is a car which I would never buy* oder *This car I would never buy.* Eine derart aus der Satzstruktur herausgenommene Konstituente ist in der Regel hervorgehoben. Gerade dies ist im Deutschen nicht der Fall bzw. nur dann, wenn der Satzakzent auf die vorangestellte Konstituente gelegt wird. Insofern sind die beiden Konstruktionstypen weder syntaktisch noch kommunikativ-funktional äquivalent.

Nun zur Endstellung des finiten Verbs. Diese ist nicht für eine Satzart charakteristisch, sondern für eine formal-syntaktische Einheit: für den Nebensatz. Es gilt: Im Deutschen steht das Finitum am Ende des Nebensatzes, sofern dieser durch eine Konjunktion oder ein Pronomen eingeleitet wird. Unabhängig davon kann die Verbendstellung auch bei Ausrufesätzen und irrealen Wunschsätzen vorkommen (vgl. 12c und d).

(12) **Verbendsätze (Spannsätze)**
- (a) Peter kommt nicht, weil er keine Zeit hat.
- (b) Ich habe gerade ein Buch gelesen, das mir gut gefällt.
- (c) Wenn er doch käme!
- (d) Wie nett du zu mir bist!

An dieser Stelle sei noch einmal betont, dass die Klassifikation nach Satzarten und die Klassifikation nach Verbstellungstypen auf verschiedenen Ebenen liegen. Beide haben zudem unterschiedliche Reichweite. Während eine Satzarten-Typologie in jeder Sprache aufgestellt werden kann, eben weil diese kommunikative Grundhandlungen beschreibt, ist eine Klassifikation nach Verbstellungstypen nicht universal. So gibt es Sprachen, die keine feste Verbstellung haben, in denen das Verb nicht wie im Deutschen an einer festen Position steht. Dies ist z. B. im Ungarischen der Fall, wo das finite Verb je nach Betonung im Aussagesatz an unterschiedlichen Positionen platziert werden kann und es auch in Fragesätzen keine feste Verbstellung gibt. In anderen Sprachen wiederum gibt es für alle Satzarten eine und nur eine Position für das finite Verb. Es ist dies die Erstposition (z. B. im Walisischen) oder die Endposition (z. B. im Koreanischen und Japanischen). Solche Sprachen werden als VSO- bzw. als SOV-Sprachen klassifiziert. In dem bedeutenden Werk zur Typologie von Sprachen von Joseph Greenberg aus dem Jahr 1966 werden nach der Stellung von S (Subjekt), V (Verb) und O (Objekt) drei Grundreihenfolgen unterschieden: SVO, SOV, VSO. Zu welchem Typus das Deutsche zählt, ist umstritten. In der typologischen Literatur wird das Deutsche meist als SVO-Sprache klassifiziert, in der Generativen Grammatik wurden lange Zeit Argumente dafür angeführt, dass SOV die Basisabfolge ist. Mittlerweile gibt es aber auch hier Stimmen, die SVO als Grundreihenfolge annehmen (vgl. R. Kayne 1994). Dass gerade in Bezug auf das Deutsche Uneinigkeit über die zugrunde liegende Verbstellung besteht, hängt natürlich damit zusammen, dass Deutsch hinsichtlich der Stellung des finiten Verbs eine »Split-language« ist, da es im Hauptsatz Verbzweit- (bzw. Verberst-), im eingeleiteten Nebensatz Verbendstellung aufweist.

Zusammenfassend ergibt sich folgendes Bild: Das Deutsche kennt drei Verbstellungstypen, die traditionell als Stirnsatz (V/1), Kernsatz (V/2) und Spannsatz (V/E) bezeichnet werden. Die Satzstrukturen sind neutral hinsichtlich der Klassifikation nach Satzarten. Zwar gibt es, ausgehend von den Satzarten, eine gewisse Präferenz für eine bestimmte Verbstellung (Aufforderungs- und Entscheidungsfragesätzen sind Verberst-, Aussage- und Ergänzungsfragesätze sind Verbzweitsätze), doch gibt es keine Eins-zu-Eins-Entsprechung.

Bislang ist noch nichts darüber gesagt worden, in welcher Reihenfolge die nichtverbalen Elemente im Satz auftreten. Hier gibt es eine relativ große Variation. Dies wird bereits deutlich, wenn wir an einem einfachen Aussagesatz wie *Ich habe dem Schüler ein Buch gegeben* die möglichen Abfolgen durchspielen.

(13) (a) Ich habe dem Schüler ein Buch gegeben.
(b) Dem Schüler habe ich ein Buch gegeben.
(c) Ein Buch habe ich dem Schüler gegeben.
(d) Gegeben habe ich dem Schüler ein Buch.
(e) Ich habe ein Buch dem Schüler gegeben.
(f) Dem Schüler gegeben habe ich ein Buch.

Die Akzeptabilität dieser sechs Sätze mag von verschiedenen Sprechern unterschiedlich beurteilt werden. Auf die Kennzeichnung der Akzeptabilitätsurteile wurde hier bewusst verzichtet. Worauf es vielmehr ankommt, ist, dass alle diese Abfolgen unter bestimmten Bedingungen möglich sind – im Gegensatz zu einer Serialisierung wie **Ich gegeben habe dem Schüler ein Buch*, die unter keinen Umständen akzeptabel ist. In allen Varianten steht das Verb an der zweiten Position; davor befindet sich jeweils eine mehr oder weniger komplexe Konstituente. Wie lassen sich nun diese verschiedenen Stellungsmöglichkeiten systematisieren? Nach welchen Prinzipien werden im Deutschen die Satzglieder angeordnet?

Das Deutsche scheint mehr Freiheiten zuzulassen als beispielsweise das Englische oder das Französische, wo es hinsichtlich der Objekte eine relativ feste Abfolge gibt. Dies wiederum mag damit zusammenhängen, dass im Deutschen die Identifikation der Satzglieder zumindest teilweise über die Kasusmarkierung geleistet wird. Insofern ist es nicht erforderlich, sie an festen Positionen zu platzieren, um anzuzeigen, um welches Satzglied es sich handelt. Im Englischen und Französischen hingegen gibt es im nominalen Objektbereich keine Kasuskennzeichnung, die Objekte werden nur durch ihre Stellung und die Realisierung als NP bzw. PP unterschieden.[15] Lediglich im pronominalen Bereich findet man noch eine Kasusdistinktion: *he, him; she, her* bzw. *il, le, lui; elle, la, lui.*

Die relativ freie Satzgliedstellung im Deutschen ist eine Herausforderung für jeden Grammatiker. Wie kann diese beschrieben, wie können die Regularitäten erfasst und womöglich erklärt werden? Sind sie rein syntaktischer Art, oder spielen hier auch pragmatische und semantische Faktoren eine Rolle? Diese Fragen werden ausführlich thematisiert in der Monographie von Jürgen Lenerz (1977). An dieser Stelle soll nur das Ergebnis der Diskussion skizziert werden; wie der Befund zustande kommt, wird in Abschn. 6.3.2 erläutert.

Die Abfolge ›Subjekt vor Dativobjekt vor Akkusativobjekt‹ wird als Grundreihenfolge angesehen, sofern es sich um nominale Satzglieder handelt. Sind die

15 Daher ist in der Grammatikographie dieser Sprachen auch nur die Terminologie ›direct object/indirect object‹ bzw. ›complément direct/complément indirect‹ gebräuchlich. Eine Unterscheidung der Objekte nach ihrem Kasus macht keinen Sinn.

Satzglieder pronominal, so dreht sich die Objektabfolge um. Dann gilt die Abfolge ›Subjekt vor Akkusativobjekt vor Dativobjekt‹ als die unmarkierte. Der Begriff **(Un-)Markiertheit** spielt in diesem Zusammenhang eine zentrale Rolle. T. Höhle (1982) hat es unternommen, diesen intuitiv klaren, aber nur schwer fassbaren Begriff in einem Aufsatz über »normale Betonung« und »normale Wortstellung« zu explizieren. Hier sei informell nur so viel wiedergeben: Von zwei Sätzen ist derjenige stilistisch weniger markiert, der in einer größeren Anzahl von Kontexten vorkommt (vgl. T. Höhle 1982:141). Im folgenden Beispielpaar wurde der (b)-Satz aus diesem Grunde mit einem Fragezeichen versehen: Es lassen sich nur wenige Kontexte denken, in denen die Pronomina-Abfolge ›Dativ vor Akkusativ‹ (*ihm es*) möglich ist.

(14) (a) Ich habe es ihm gegeben.
(b) ?Ich habe ihm es gegeben.

Viele weitere Fragen schließen sich an. Was ist, wenn nur eines der Satzglieder pronominal realisiert wird? Offensichtlich scheint es so zu sein, dass in diesem Fall das pronominalisierte Satzglied den nicht-pronominalisierten Gliedern vorausgeht (vgl. *Ich habe ihm das Buch gegeben*). Dies kann wieder auf das Behaghel'sche Gesetz der wachsenden Glieder zurückgeführt werden. Die Pronomina sind kürzer und einfacher strukturiert als Nominalphrasen, die NPs sind ›schwerer‹, länger, komplexer.[16] Eine weitere, relativ feste Abfolgeregularität betrifft das Vorkommen präpositionaler Objekte. Diese stehen in der Regel unmittelbar vor dem finiten Verb, wenn sich das finite Verb in Endstellung befindet.

(15) (a) Ich ärgere mich darüber, dass du mir immer zum Nachgeben rätst.
(b) *Ich ärgere mich darüber, dass du mir zum Nachgeben immer rätst.
(c) Ich möchte nicht, dass du ihn an seine Feinde verrätst.
(d) *Ich möchte nicht, dass du an seine Feinde ihn verrätst.

Zusammenfassend kann festgehalten werden: Die Wort- und Satzgliedstellung im Deutschen ist zwar relativ frei, sie unterliegt aber bestimmten, operationalisierbaren Bedingungen. Was die Stellung des finiten Verbs betrifft, gibt es genau drei mögliche Positionen. Die Satzgliedstellung hingegen ist nicht auf eine begrenzte Zahl an Möglichkeiten festlegbar. Je mehr Satzglieder der Satz enthält, desto mehr Möglichkeiten gibt es, diese in ihrer Abfolge zu variieren. Es ist eine Herausforderung für jede Grammatiktheorie, sich der Beschreibung und der Erklärung dieser Fakten zu stellen. Wir werden im zweiten Teil der Einführung sehen, ob und wie diese Aufgabe bewältigt wird.

16 Diese ›Schwerehierarchie‹ zeigt sich auch bei Wortpaaren und Paarformeln wie *Max und Moritz, Kind und Kegel*.

5.4 Die interne Struktur der Adjektivphrase

Bei der Analyse der NP-Struktur des Deutschen wurde schon darauf hingewiesen, dass die pränominale Position in vielen Fällen durch ein Adjektiv besetzt sein kann. Eine solch attributive Verwendung liegt auch vor, wenn das Adjektiv sich nicht auf ein Substantiv wie in (16a), sondern auf ein Adjektiv bezieht (vgl. 16b). Diese Attributfunktion ist aber nur eine der drei syntaktischen Funktionen, die ein Adjektiv einnehmen kann. Wie die Beispiele in (16c-f) zeigen, kann es auch als Prädikativum oder als Adverbial auftreten. Bei den Adverbialen ist wiederum zu unterscheiden, ob sich das Adjektiv auf das Subjekt, das Objekt oder das Prädikat bezieht.[17] In attributiver Verwendung wird das Adjektiv dekliniert, wenn es sich auf ein Substantiv bezieht, in prädikativer und adverbialer Verwendung bleibt es unverändert.

(16) **Syntaktische Funktionen des Adjektivs**

(a)	das **kleine** Kind	Attribut (zum Substantiv)
(b)	Es ist **schön** warm draußen.	Attribut (zum Adjektiv)
(c)	Das Kind ist **nett**	Prädikativum
(d)	Paul kommt **wütend** herein.	Adverbial (subjektbezogen)
(e)	Das Kind weint **laut**.	Adverbial (prädikatbezogen)
(f)	Er isst die Kartoffeln **roh**.	Adverbial (objektbezogen)

Nicht jedes Adjektiv kann alle syntaktischen Funktionen wahrnehmen. Vergleichen wir das Adjektiv *laut* mit dem Adjektiv *heutig*. Ersteres kann sowohl attributiv als auch prädikativ und adverbial auftreten (*das laute Kind, das Kind ist laut, das Kind weint laut*), Letzteres wird nur in attributiver Funktion verwendet. Ebenso gibt es Adjektive, die nur prädikativ auftreten (*Er ist schuld, *der schulde Mann*). Dass diese als Adjektive und nicht als Adverbien klassifiziert werden, obwohl sie nie flektiert werden, hat semantische Gründe. Das Wort *schuld* hat eine typische Adjektiveigenschaft: Es weist dem Subjektreferenten eine Eigenschaft zu.

Kommt ein Wort nur in adverbialer Verwendung vor, so wird es nicht als Adjektiv klassifiziert. Es gehört dann zur Klasse der Adverbien (vgl. *Er weint oft, Sie lacht meist*). Wird ein solches Adverb dennoch attributiv gebraucht und dekliniert, so entstehen ungrammatische Konstruktionen (vgl. **das ofte Weinen*, **VISA – Deutschlands meiste Kreditkarte*). Dies gilt auch für den attributiven Gebrauch von Präpositionen: **das wege Geld, das ane Licht*. Umgangssprachlich sind freilich bestimmte Konstruktionen dieser Art belegt, so z. B. *der abe Knopf, die zue Tür*. *Die zue Tür* ist vermutlich als Analogiebildung zu *die offene Tür* entstanden.

Bislang war nur von Adjektiven, nicht von Adjektivphrasen die Rede. Dies muss nun richtig gestellt werden, denn Adjektive können, wie auch Nominalphrasen,

17 Zu den unterschiedlichen semantischen Implikationen, die diese Verwendungsweisen haben, vgl. P. Eisenberg (2004b:237–246).

erweitert sein, d.h. sie können aus dem adjektivischen Kern und weiteren auf den Kern bezogenen Konstituenten bestehen. Diese Konstituenten können NPs im Genitiv, Dativ und Akkusativ sein, aber auch PPs, Adjektive, Adverbien und Nebensätze. Nebensätze werden in der Regel nur als Attributsätze angeschlossen, d.h. es steht meist ein Korrelat im übergeordneten Satz. Fehlt das Korrelat, so handelt es sich um einen Gliedsatz. Im Folgenden werden Beispiele für die kategorialen Füllungen der Adjektivphrase (AP) gegeben. Als Basisstruktur dient eine AP in prädikativer Funktion:

(17) **Kategoriale Erweiterungen des Adjektivkerns in der AP**

(a)	Er ist sich **seines Fehlers** bewusst.	Genitiv-NP
(b)	Der Hund ist **seinem Herrchen** treu ergeben.	Dativ-NP
(c)	Das Paket ist **einen Zentner** schwer.	Akkusativ-NP
(d)	Der Vater ist **auf seine Tochter** stolz.	PP
(e)	Sie ist **sehr** hübsch.	Adverb
(f)	Sie ist **schwer** verletzt.	Adjektiv
(g)	Er ist interessiert daran **zu gewinnen**.	Attributsatz
(h)	Er ist interessiert **zu gewinnen**.	Gliedsatz
(i)	Er ist sich dessen bewusst, **dass er Fehler macht**.	Attributsatz
(j)	Er ist sich bewusst, **dass er Fehler macht**.	Gliedsatz

Tritt ein Adjektiv in prädikativer Funktion mit einer Genitiv-, Akkusativ- oder Dativ-NP auf, so handelt es sich bei den NPs nach Duden (1998) um Objekte 2. Grades (vgl. 17a-c), nach Duden (2005:366) ist hier schlicht von Objekten die Rede. Das gilt auch für (17d), wo die PP vom Adjektiv regiert wird. Die Stellung dieses Präpositionalobjektes innerhalb der AP ist relativ frei. Es gibt zwar stilistisch-pragmatische Restriktionen, syntaktisch gesehen ist es aber prinzipiell möglich zu sagen *Der Vater ist auf seine Tochter stolz* und *Der Vater ist stolz auf seine Tochter.* Dies gilt auch für APs in adverbialer Funktion (vgl. *Er kommt, auf seine Tochter wütend, nach Hause* vs. *Er kommt, wütend auf seine Tochter, nach Hause*). Anders ist es bei der attributiven Verwendung der AP. In diesem Fall müssen die Erweiterungen der AP links vom Kernadjektiv stehen.[18] Die AP selbst wird ebenfalls links von ihrem Bezugswort platziert. Man betrachte die folgenden Beispiele:

(18) (a) der sich **seines Fehlers** bewusste Mann
(b) der **seinem Herrchen** treu ergebene Hund
(c) das **einen Zentner** schwere Paket
(d) der **auf seine Tochter** stolze Vater
(e) das **sehr** hübsche Mädchen
(f) das **schwer** verletzte Mädchen

18 Vgl. aber zu möglichen Ausnahmen von dieser Generalisierung (z.B. *Forelle blau, Hänschen klein, Natur pur*) Dürscheid 2002.

Zwischen dem Artikel und dem Kernnomen können nicht nur mehrere koordinierte APs stehen (vgl. *das sehr nette, kleine Mädchen*), diese können auch komplex sein, da der Kern einer AP prinzipiell erweiterbar ist (vgl. *der auf seine Tochter stolze, sich seiner eigenen Fehler bewusste Vater*). Das hat zur Folge, dass Artikel und Nomen sehr weit auseinander rücken. Mark Twain hat sich in seiner ironischen Schrift *The Awful German Language* zu dieser ›Parenthesenbildung‹ wie folgt geäußert (zitiert nach der deutschen Übersetzung von Ana Maria Brock, 1999:13):

> Hier folgt nun ein Satz aus einem beliebten und vortrefflichen deutschen Roman – mit einer kleinen Parenthese darin. Ich werde ihn absolut wörtlich übersetzen und zur Unterstützung des Lesers die Klammern und ein paar Bindestriche hinzufügen – obwohl im Original keine Klammern oder Bindestriche stehen und es dem Leser überlassen bleibt, sich bis zu dem fernen Verb hindurchzumühen, so gut er kann: »Wenn er aber auf der Straße der (in-Samt-und-Seide-gehüllten-jetzt-sehr-ungeniert-nach-der-neuesten-Mode-gekleideten) Regierungsrätin begegnete [...]. Mark Twain (1880, 1999:13)

Otto Behaghel (1932:5) erfasste dieses Charakteristikum des Deutschen in seinen Wortstellungsgesetzen mit der Regel, dass »das unterscheidende Glied dem unterschiedenen vorausgeht.« Diese Gesetzmäßigkeit findet sich, so wurde in sprachtypologischen Arbeiten gezeigt, vorzugsweise in Sprachen mit fester SOV-Abfolge, in Sprachen also, in denen das finite Verb am Ende steht. Im Koreanischen und Japanischen z. B. ist es unter keinen Umständen möglich, Attribute nach dem Kernnomen zu platzieren. SVO-Sprachen wie das Englische hingegen weisen eine solche Abfolge auf – und dies mag der Grund dafür sein, warum M. Twain mit Befremden reagiert: Im Englischen werden NPs oder PPs dem Adjektiv nachgestellt, und die gesamte AP muss postnominal auftreten (vgl. *the father proud of his daughter*). Nur solche Adjektive, die nicht um NPs und PPs erweitert sind, können pränominal stehen (*the nice girl*). Dies gilt auch für das Französische. Adjektive, die erweitert werden, stehen im Französischen immer postnominal (vgl. *une rivière large de 200 mètres*, ›ein 200 Meter breiter Fluss‹); auch für nichterweiterte Adjektive ist die Nachstellung die Regel (vgl. *une chose intéressante*, ›eine interessante Sache‹). Nur eine beschränkte Anzahl von Adjektiven kann im Französischen im unmarkierten Fall pränominal auftreten. Es sind dies kurze bzw. einsilbige Adjektive (z. B. *beau, bon, joli, vieux*) und Adjektive mit wechselnder Bedeutung (*un ancien château*, ein ehemaliges Schloss, *un château ancien*, ein altes Schloss).

Im Deutschen begegnet uns das Phänomen der Nachstellung von Adjektiven fast nur noch in antiquierten Konstruktionen (z. B. *Röslein rot, Hänschen klein*). Vereinzelt finden sich aber auch aktuelle Belege, insbesondere (aber nicht nur) bei Produkt- und Gattungsnamen: *Henkell Trocken, Forelle blau, Cola light, Pommes rotweiß, Spiegel online, Genuss pur, Sonne satt* (vgl. Dürscheid 2002). Nachgestellte Adjektive werden im Deutschen nicht flektiert. Dies gilt auch für die Adjektive in verkürzten Attributsätzen (vgl. *Der Mann, interessiert daran zu gewinnen, setzte alles auf eine Karte; Ich suche eine 3-Zimmer-Wohnung, groß und geräu-*

mig). Hier lässt sich argumentieren, dass diese auf Sätze mit einem Kopulaverb zurückzuführen sind: *Der Mann, der interessiert daran war zu gewinnen, setzte alles auf eine Karte* bzw. *Ich suche eine 3-Zimmer-Wohnung, die groß und geräumig ist.* In diesen Sätzen fungiert das Adjektiv als Prädikativum – und prädikative Adjektive sind unflektiert.

Kommen wir nun zum unmarkierten Fall, zur pränominalen Position des Adjektivs. Das Adjektiv kongruiert in dieser Position mit dem Artikel und dem Substantiv in Kasus, Numerus und Genus (vgl. *der pure Genuss, coole Klamotten*), die Elemente bilden zusammen ein Kongruenzfeld. Doch gibt es auch hier Ausnahmen: *ein gerüttelt Maß, kein schöner Land, unser täglich Brot, lila Hose, prima Sache, super Buch, lecker Bier, eitel Sonnenschein, Kölner Dom.* Diese sind unterschiedlich zu erklären. Entweder handelt es sich um feststehende Wortverbindungen oder es sind rhythmische Gründe, die dazu führen, dass eine vorhandene Kasusmarkierung wegfällt. Möglich ist auch, dass die Adjektive gar nicht flektiert werden können. Zu dieser Gruppe zählen jene qualifizierenden Adjektive, die normalerweise nur prädikativ gebraucht werden (*prima, super*), aber auch einzelne Farbadjektive, die meist aus Substantiven hervorgegangen sind (*lila, rosa*) Die Nähe zum Substantiv ist auch der Grund dafür, warum attributive Ortsnamen auf *-er* nicht flektiert werden (*Frankfurter Hauptbahnhof, Berliner U-Bahn*). Diese Wortformen standen ursprünglich für eine vorangestellte Genitiv-NP im Plural (*der Dom der Kölner > der Kölner Dom*). In der Großschreibung dieser attributiven Adjektive ist der Substantivcharakter noch dokumentiert. Oft sind es auch Reliktformen eines alten Sprachgebrauchs (*Jung Siegfried, eitel Sonnenschein*), in dem flexionslose Formen möglich waren (vgl. Brommer 2005). Dieter E. Zimmer (1997:80) schreibt in seinem Buch *Deutsch und anders* zu diesem Phänomen: »Wer heute Deutsch hört und liest, begegnet immer mehr solchen unflektierten Adjektiven. Sie scheinen also bisweilen erlaubt zu sein – nur könnte niemand mehr angeben, wann. Die Adjektivflexion, im Prozeß ihrer Deregulation.«

Wird das Adjektiv dekliniert, so folgt es nicht einem bestimmten Deklinationsmuster, das sich unabhängig vom Kontext bestimmen ließe. Vielmehr gibt es drei Möglichkeiten, die in der Terminologie von Jakob Grimm als **starke, schwache** und **gemischte Deklination** bezeichnet werden: Steht das Adjektiv ohne Artikel, dekliniert es stark, steht es mit dem bestimmten Artikel, so dekliniert es schwach. Die gemischte Deklination tritt auf, wenn das Adjektiv mit dem unbestimmten Artikel, einem Possessivpronomen oder dem Wort *kein* vorkommt. Die folgende Tabelle demonstriert dies an einem Beispiel (vgl. hierzu ausführlich Wegener 1995), an einem Substantiv im Neutrum Singular, mit dem das vorangestellte Adjektiv kongruiert.

(19)

	Nominativ	Genitiv	Dativ	Akkusativ
starke Deklination	kaltes Wasser	kalten Wassers	kaltem Wasser	kaltes Wasser
schwache Deklination	das kalte Wasser	des kalten Wassers	dem kalten Wasser	das kalte Wasser
gemischte Deklination	kein kaltes Wasser	keines kalten Wassers	keinem kalten Wasser	kein kaltes Wasser

Zwar werden auch beim Substantiv starke, schwache und gemischte Deklination unterschieden, doch kann jedes Substantiv nur nach einem der Grundtypen deklinieren. Insofern ist die Adjektivdeklination für den ausländischen Deutschlerner weitaus schwieriger als die Substantivdeklination. Wen wundert es da, dass Mark Twain schreibt: »Ich habe einen kalifornischen Studenten in Heidelberg in seiner gelassensten Stimmung sagen hören, er würde lieber zwei Schnäpse ablehnen als ein deutsches Adjektiv deklinieren« (Twain 1880, 1999:21).

Wovon hängt es nun ab, wie das Adjektiv dekliniert wird? Eisenberg (2004a:178) gibt hierzu folgende Erläuterung: »Steht das Adjektiv ohne Artikel beim Substantiv, so dekliniert es stark (1). Steht es nach dem bestimmten Artikel oder einer vergleichbar deklinierenden Einheit, so dekliniert es schwach (2). Steht das Adjektiv nach dem unbestimmten Artikel oder einer vergleichbar deklinierten Einheit, so dekliniert es gemischt (3).« Wir wir an den Beispielen zur gemischten Deklination sehen, gibt es hier Formen, die der starken Deklination entsprechen (*kein kaltes Wasser*), und solche, die an die schwache Deklination angelehnt sind (*keines kalten Wassers*). Dies ist der Grund dafür, warum man die Deklination als gemischt bezeichnet: Es treten Merkmale der starken und der schwachen Deklination auf.

Unflektiert bleiben Adjektive, wenn sie als Attribute nachgestellt sind und wenn sie adverbial oder prädikativ verwendet werden. Auch wenn das Adjektiv eine Beifügung zu einem Adjektiv ist, wird es nicht dekliniert. Dies zeigen die Beispiele *Es ist schön warm hier* und *dieses schön warme Zimmer.* Tritt das Adjektiv in einer solchen Konstruktion dekliniert auf (*dieses schöne, warme Zimmer*), so wurde es koordiniert. Dass eine Koordination vorliegt, sieht man daran, dass die beiden Adjektive mit *und* verbindbar sind (*dieses schöne und warme Zimmer*) und prinzipiell ausgetauscht werden können (*dieses warme und schöne Zimmer*). Sie sind auch getrennt voneinander modifizierbar (*dieses sehr schöne, ziemlich warme Zimmer*). Allerdings sind nicht alle Adjektive in einer solchen Konstruktion ohne Weiteres umstellbar. So ist es nicht oder nur sehr bedingt möglich zu sagen *seine guten zahlreichen Freunde* an Stelle von *seine zahlreichen guten Freunde.* Auch hier gibt es Abfolgerestriktionen, auf die weiter oben im Zusammenhang mit der internen Strukturierung der NP bereits kurz eingegangen wurde. Zu diesen zählen, dass Zahlwörter vor qualifizierenden Adjektiven stehen und qualifizierende

Adjektive vor solchen Adjektiven, mit denen der Sprecher etwas oder jemanden im Hinblick auf Besitz, Herkunft, Bereich, Gebiet oder Stoff charakterisiert: *dieses gute chinesische Essen* vs. **dieses chinesische gute Essen*. Abschließend ergibt sich für die Syntax der AP folgendes Bild:

(20)

Interne Struktur der AP

- Pränominale attributive AP: Das Adjektiv ist dekliniert. Es steht in der AP ganz rechts.
- Prädikative AP: Das Adjektiv ist nicht dekliniert. Die Stellung in der AP ist variabel.
- Adverbiale AP: Das Adjektiv ist nicht dekliniert. Die Stellung in der AP ist variabel.

5.5 Schlussbemerkung

In diesem Kapitel wurde an zwei ausgewählten Phrasentypen, der NP und der AP, gezeigt, welche syntaktischen Funktionen diese einnehmen können, wie sie intern strukturiert sind, welche kategorialen Erweiterungen zum Kern jeweils möglich sind und wie die jeweils möglichen Erweiterungen angeordnet sind. Auch die Satzstruktur wurde analysiert, wobei hier weniger die Funktion der Sätze selbst im Mittelpunkt der Betrachtung stand, als vielmehr die Frage, welche Wort- und Satzgliedstellungen zu beobachten sind.

Die Analyse war weitgehend beschreibend, datenorientiert und in konzeptueller und terminologischer Hinsicht auf die in Kap. 2 referierten Grundbegriffe bezogen. Gelegentlich wurden Hinweise auf andere Sprache gegeben, zum einen, um dem Leser vor diesem Hintergrund die Charakteristika des Deutschen bewusst zu machen, zum anderen, um ihn gelegentlich einen Blick ›in ein anderes Zimmer‹ werfen zu lassen. Auf eine theoriegebundene Analyse der Daten wurde weitgehend verzichtet, sieht man einmal von dem kurzen Hinweis auf die Behaghel'schen Gesetze ab. Die Gründe sind einleitend angedeutet worden. Zum einen erschien es notwendig, eine solide Faktenbeschreibung zu präsentieren, eben weil vielen Deutschsprechern, insbesondere vielen Muttersprachlern, die Strukturmuster der eigenen Sprache gar nicht bewusst sind. Nur wenn diese thematisiert werden, gelangen sie ins Bewusstsein – und dies ist die notwendige Voraussetzung, um darüber reflektieren zu können. Ziel war also, zunächst einmal die theoretisch noch unbefangene »grammatische Neugier« (W. Köller 1997:9) zu wecken. Über diese grammatische Neugier, die sich einstellt, wenn man sich intensiver mit der Grammatik beschäftigt, schreibt Köller:

> Sie richtet sich nicht auf etwas völlig Neues und Fremdes, sondern auf etwas längst Bekanntes, wenn auch noch nicht zureichend Begriffenes. Sie setzt ein, wenn die im praktischen Umgang vertrauten Phänomene plötzlich zu Problemen werden und zum Staunen Anlaß geben, sei es darüber, daß es sie überhaupt gibt, sei es darüber, daß es sie so gibt, wie es sie gibt.
>
> W. Köller (1997:9)

Wenn der Leser nun nicht nur das nötige Basiswissen hat, sondern auch an einigen Stellen über ihm längst vertraute Phänomene ins Staunen gekommen ist, dann sind die notwendigen Voraussetzungen geschaffen, um den Parcours durch die Syntax fortzusetzen. Fortgesetzt wird dieser mit einem Überblick über syntaktische Theorien, in denen entweder nur das Deutsche im Mittelpunkt steht (Stellungsfeldermodell), eine beliebige Einzelsprache (Valenztheorie) oder die Beschreibung einzelsprachübergreifender Regularitäten (Generative Grammatik, Optimalitätstheorie, Funktionale Grammatik).

Zur Vertiefung

Ch. Bhatt 1990, H. Vater 1986 (generative Analysen zur NP-Struktur)
U. Engel 2004 (zur Satzstruktur)
H.-W. Eroms 2000:247–308 (umfassende, theorieunabhängige Darstellung zur NP-Struktur)
J. E. Schmidt 1993:74–145 (zur AP-Struktur)
H. Wegener 1995 (zur Substantiv- und Adjektivflexion)

Teil II
Theorien

6 Das Stellungsfeldermodell

> Keine der inländischen Sprachlehren denkt daran, daß vielleicht außerhalb der herkömmlichen lateinischen Ordnungsbegriffe im arteigenen Sprachgestalten des Deutschen noch andere Wesensmerkmale vorhanden sind, die zu durchschauen für den Schüler viel bildungswertiger ist, als daß er fünf Satzteile, zehn Wortarten und ebenso viele Abarten des Nebensatzes mit lateinischen Fachwörtern benamsen könne.
>
> E. Drach (1963[4]:6)

6.1 Grundlagen

Das Stellungsfeldermodell geht, so liest man in den meisten Grammatiken, in Ansätzen auf den deutschen Sprachwissenschaftler Erich Drach zurück. Dieser war es, der in seinem Buch *Grundgedanken der deutschen Satzlehre* (1937, 1963[4]) die Termini ›Vorfeld‹ und ›Nachfeld‹ einführte. Forscht man aber weiter nach, stellt man fest, dass bereits im 19. Jahrhundert das zugrunde liegende Konzept ausgearbeitet worden war (Hinweis übernommen aus T. Höhle (1986)). Wenn hier dennoch bei E. Drach angesetzt wird, so deshalb, weil von ihm die zentralen Begriffe stammen und es sein Verdienst ist, dass die Untergliederung des Satzes in Stellungsfelder zu einem wichtigen Analyseverfahren der germanistischen Linguistik wurde. So wird in den Grammatiken von B. Engelen (1986), K. E. Heidolph et al. (1981) und auch in der Dudengrammatik (2005) mit dem Stellungsfeldermodell gearbeitet, wenn es um die Beschreibung von Wortstellungsregularitäten des Deutschen geht. Auch generativ orientierte Grammatiker beziehen sich in ihren Arbeiten darauf: Die Kapiteleinteilung in der Arbeit von W. Scherpenisse (1986) orientiert sich an den Stellungsfeldern, Grewendorf/Hamm/Sternefeld (1989) führen in ihrem Syntaxkapitel über das Stellungsfeldermodell in die generative Satzanalyse ein, S. Olsen (1982) zeigt den Zusammenhang zwischen beiden Modellen auf, M. Reis (1980) betont die deskriptive Relevanz dieses Modells.

Worum geht es nun im Stellungsfeldermodell? Und inwiefern kann man sagen, dass es in besonderem Maße dazu geeignet ist, die Eigenschaften der deutschen Satzstruktur zu beschreiben? Drach selbst ist es, der diesen Anspruch erhebt. In seiner Kritik an der traditionellen Grammatik bringt er die Überzeugung zum Ausdruck, dass mit den am Griechischen und Lateinischen entwickelten Kategorien das Deutsche nicht befriedigend erfasst werden könne. Er fordert, »die lateinische Brille« abzulegen, den Satz nicht nur in Wortarten und Satzteile zu zerlegen (vgl. das vorangestellte Zitat), sondern Beschreibungskategorien zu entwickeln, mit denen die charakteristischen Eigenschaften des Deutschen erfasst werden können. In Bezug auf den Aussagesatz formuliert er das »Gesetz, das allem deutschen Satzbau zum Grundpfeiler dient: die Personalform des Prädikats (Verbum finitum) im

Aussage-Hauptsatz steht unverrückbar in Mittelstellung« (Drach 1963[4]:16). Durch die feste Verbstellung ist ein syntaktischer Fixpunkt gegeben, mit dem der Aussagesatz weiter untergliedert werden kann: Was vor dem finiten Verb steht, nennt Drach das ›Vorfeld‹, was dem finiten Verb folgt, ist das ›Nachfeld‹.

In heutigen Arbeiten wird eine differenziertere Binnengliederung vorgenommen. Der Abschnitt nach dem finiten Verb wird in zwei Felder untergliedert, in ein Mittelfeld und ein Nachfeld. In Abschn. 6.2 wird diese Einteilung, die heute als **Stellungsfeldermodell** (auch: **topologisches Modell**) bekannt ist, vorgestellt. Da die Feldereinteilung vom jeweiligen Verbstellungstyp abhängt, wird der Abschnitt weiter untergliedert nach Verbzweit-, Verberst- und Verbendsätzen. Dann steht die Frage im Mittelpunkt, wie die Felder besetzt werden können (Abschn. 6.3), im Schlusswort werden die Vor- und Nachteile des Modells diskutiert (Abschn. 6.4).

6.2 Verbzweit-, Verberst- und Verbendsätze

6.2.1 Verbzweitsätze

Ein deutscher Verbzweitsatz vom Typ *Peter hat ein Buch gelesen, als er mit der Bahn nach München fuhr* wird in drei Abschnitte gegliedert: in ein **Vorfeld** (VF), ein **Mittelfeld** (MF) und ein **Nachfeld** (NF). Der Grenzmarker zwischen Vorfeld und Mittelfeld wird als **linke Satzklammer** (SK), zwischen Mittelfeld und Nachfeld als **rechte Satzklammer** bezeichnet. Die linke Satzklammer entspricht in diesem Beispiel dem finiten, die rechte Satzklammer dem infiniten Verb:

(1)

VF	linke SK	MF	rechte SK	NF
(a) Peter	hat	ein Buch	gelesen,	als er mit der Bahn nach München fuhr.
(b) Ich	weiß,			dass du kommst.

Eine solche Untergliederung gilt auch dann, wenn das Mittelfeld und die rechte Satzklammer leer sind, wie dies in Satz (b) der Fall ist. Das wird deutlich, wenn man den Satz ins Perfekt setzt, also ein Tempus wählt, das im Deutschen mit einer komplexen Verbform gebildet wird, vgl. *Ich habe ___ gewusst, dass du kommst.* Durch die Umformung ist die Klammerstruktur nun sichtbar, und es wird deutlich, dass ein Mittelfeld vorhanden, aber nicht besetzt ist. Potenziell lässt sich das Mittelfeld aber besetzen (vgl. *Ich habe es gewusst, dass du kommst*).

Grundsätzlich gilt: Während die linke Satzklammer in Verbzweitsätzen immer durch ein finites Verb besetzt ist, ist die Füllung der rechten Satzklammer variabel. Dies zeigen die Beispiele in (2). Es kann ein infinites Verb (vgl. 2b), aber auch ein vom Verb trennbarer Verbzusatz in der rechten Satzklammer stehen (vgl. 2c); möglich ist auch, dass sie, wie bereits erwähnt, leer bleibt. Besteht das Prädikat aus mehreren infiniten Teilen, so wird angenommen, dass der ganze Verbalkomplex die rechte Satzklammer bildet. Hier ist allerdings anzumerken, dass in generativ orientierten Arbeiten, die auf das Stellungsfeldermodell Bezug nehmen, aus Systemgründen oft nur das am weitesten rechts stehende verbale Element als rechte Satzklammer angesehen wird. In dem Satz *Peter hat ein Buch lesen wollen* würde das infinite Verb *lesen* also noch zum Mittelfeld gerechnet. Dies ist z. B. in dem Aufsatz von S. Olsen (1982:41) der Fall, in der die generative Satzstruktur der Stellungsfeldereinteilung gegenübergestellt wird. Ich folge dieser Analyse nicht, sondern lege hier die Einteilung, wie sie auch im Duden (2005:874–878) vorgenommen wird, zugrunde.

(2)

VF	linke SK	MF	rechte SK	NF
(a) Peter	liest	ein Buch,	∅	wenn er mit der Bahn nach München fährt.
(b) Peter	hat	ein Buch	lesen wollen,	als er mit der Bahn nach München fuhr.
(c) Peter	kauft	neue Bücher	ein,	wenn er in München ist.
(d) ∅	Komme	heute später.		
(e) ∅	Kenne	ich nicht.		

Wie die Sätze (2d) und (2e) zeigen, kann das Vorfeld im Verbzweitsatz unter bestimmten Bedingungen leer bleiben. In (2d) fehlt das Subjekt-, in (2e) das Objektpronomen. Trotzdem ist es berechtigt zu sagen, dass in diesen Sätzen die Vorfeldposition vorhanden ist. Es liegt ein Telegrammstil vor, die Vorfeldelemente in den Aussagesätzen wurden aus Gründen der Sprachökonomie elidiert. Eine solche Vorfeldellipse kann im Aussagesatz ein strukturell notwendiges Element treffen, das aus dem Kontext erschließbar ist. Im Mittelfeld treten Ellipsen dieses Typus nicht auf (vgl. **Heute komme ∅ später, *Ich kenne ∅ nicht*), im Nachfeld ebenfalls nicht. Da die Besetzung des Nachfelds im Gegensatz zu der des Mittelfelds starken Restriktionen unterliegt (vgl. Abschn. 6.3.3), ist dies ohnehin nicht zu erwarten. Dass es aber im Mittelfeld nicht möglich ist, ist erklärungsbedürftig (dazu vgl. Abschn. 6.3.2).

Festzuhalten bleibt, dass in der linearen Struktur von Verbzweitsätzen ein Vorfeld vorhanden ist, das unter bestimmten Bedingungen leer bleiben kann. Eine dieser Bedingungen ist, dass es sich um einen Aussagesatz handelt. In anderen Satzarten des Deutschen, die ebenfalls als Verbzweitsätze auftreten, ist dies nicht möglich. In (3) wird eine Übersicht zur Felderbesetzung in allen Satzarten mit Verbzweitstellung (Aussagesätze, Ergänzungsfragesätze, Wunschsätze, Ausrufesätze) gegeben:

(3)

VF	linke SK	MF	rechte SK	NF
a) Peter	liest	ein Buch,	∅	wenn er mit der Bahn nach München fährt.
b) Wer	liest	dieses Buch?		
c) Er	möge	∅	hereintreten.	
d) Ich	habe	das nicht	vergessen!	

Dass in diesen Satzarten finites und infinites Verb bzw. finites Verb und Verbzusatz getrennt voneinander (= **diskontinuierlich**) in einer **Rahmenkonstruktion** auftreten, ist ein Charakteristikum des Deutschen, genauer: des Neuhochdeutschen.[19] Gerade deshalb stellt ja auch die Feldereinteilung ein geeignetes Beschreibungsverfahren zur Struktur deutscher Sätze dar. Zwar ist auch im Niederländischen eine solche Rahmenkonstruktion möglich, nicht aber in den anderen germanischen Sprachen. Im Englischen z.B. lassen sich Mittelfeld und Nachfeld nicht differenzieren, da im Hauptsatz die Verbteile nicht diskontinuierlich auftreten (vgl. *I* ***will buy*** *this car*) und im Nebensatz die verbalen Elemente nicht am Ende stehen (vgl. *I know, that I* ***will buy*** *this car*). Allenfalls Adverbien können zwischen die verbalen Elemente treten, nicht aber Objekte (vgl. die Ungrammatikalität von **Peter has a book read*). Mark Twain kritisiert denn auch diese – wie er es nennt – »Parenthesenbildung« des Deutschen:

> Die Deutschen haben noch eine Art von Parenthese, die sie bilden, indem sie ein Verb in zwei Teile spalten und die eine Hälfte an den Anfang eines spannenden Absatzes stellen und die andere Hälfte an das Ende. Kann sich jemand etwas Verwirrenderes vorstellen? Diese Dinger werden ›trennbare Verben‹ genannt. Die deutsche Grammatik ist übersät von trennbaren Verben wie von den Blasen eines Ausschlags; und je weiter die zwei Teile auseinandergerissen sind, desto zufriedener ist der Urheber des Verbrechens mit seinem Werk. M. Twain (1880, 1999:17)

Und der Sprachkritiker Gustav Wustmann tadelt:

> Besonders häßlich wirkt es, wenn ein zusammengesetztes Zeitwort durch Nebensätze meilenweit auseinandergesprengt wird: *sieht* man von den ersten mißglückten Versuchen, mit Schlauchbooten über den breiten Strom zu schwimmen, *ab* […].
>
> G. Wustmann (1891, 1966:261)

In der Tat können sehr viele Satzglieder zwischen den beiden Klammerelementen stehen. Das Mittelfeld ist das Feld, das die größte Komplexität aufweist. Wir wer-

19 Im Althochdeutschen war im Aussagesatz auch Erststellung und Endstellung des finiten Verbs möglich (vgl. Lenerz 1984).

den uns in Abschn. 6.3 näher mit der Frage befassen, nach welchen Prinzipien die Vielzahl von Satzgliedern im Mittelfeld angeordnet ist.

6.2.2 Verberstsätze

Verberstsätze weisen dieselbe Klammerstrukturierung wie Verbzweitsätze auf. Der Unterschied liegt in der Zahl der Felder. Charakteristisch für den Verberstsatz ist, dass es kein Vorfeld gibt. Alle Satzglieder werden im Mittelfeld oder – unter bestimmten, noch zu diskutierenden Bedingungen (s. u.) – im Nachfeld platziert. Die folgende Darstellung zeigt, wie sich die Feldereinteilung in Verberstsätzen, d. h. in Aufforderungssätzen, Entscheidungsfragesätzen und Wunschsätzen, gestaltet. Auch hier wird deutlich, dass die rechte Satzklammer leer bleiben kann, die linke aber obligatorisch mit einem finiten Verb besetzt ist.

(4)

Linke SK	**MF**	**rechte SK**	**NF**
(a) Komm	doch mit mir ins Kino		wenn du Zeit hast!
(b) Wirst	du heute mit mir ins Kino	kommen	wenn du Zeit hast?
(c) Kämst	du doch mit mir ins Kino!		

In (5) werden zwei Beispiele für vorangestellte, uneingeleitete Nebensätze gegeben, die ebenfalls zur Klasse der Sätze mit Verberststellung gehören. Die Nebensätze sind zerlegbar in linke Satzklammer, Mittelfeld, rechte Satzklammer und Nachfeld und besetzen als Ganzes das Vorfeld in der Feldstruktur des übergeordneten Satzes:

(5)

VF	**linke SK**	**MF**	**rechte SK**	**NF**
Kommst du mit mir ins Kino,	freue	ich mich sehr.		
Wärst$_{\text{[linke SK]}}$ du mit mir ins Kino gegangen$_{\text{[rechte SK]}}$, was du doch sonst immer gerne tust,	hätte	ich mich sehr	gefreut.	

Wie man hieran sieht, ist die Feldereinteilung in Satzgefügen mehrfach anwendbar. Mit anderen Worten: Jeder Nebensatz (1., 2., x-ten Grades) besetzt ein Feld des übergeordneten Satzes und ist seinerseits in Felder zerlegbar. Aus Gründen der anschaulicheren Darstellung wird in den Grammatiken jedoch meist darauf verzichtet, in einem solchen Satzgefüge alle Sätze in Felder zu zerlegen (vgl. aber Wöllstein-Leisten et al. 1997).

6.2.3 Verbendsätze

Wie sieht nun die Feldereinteilung in Verbendsätzen aus? Interessanterweise verwendet E. Drach die Begriffe ›Vorfeld‹ und ›Nachfeld‹ in dem Kapitel »Der Plan des Gliedsatzes« nicht mehr. Was sich findet, ist lediglich eine Anmerkung zu der Frage, wie der Nebensatz in das Feldermodell zu integrieren ist. Diese Frage drängt sich auf, denn in einem mit einer Konjunktion eingeleiteten Nebensatz treten die verbalen Elemente nicht diskontinuierlich auf. Eine Verbalklammer wie im Verberst- und Verbzweitsatz gibt es also nicht. Drach (1963[4]:29) stellt in Bezug auf den Nebensatz fest: »Satzeinleitung und Verb, als **Ausgangs- und Zielpol,** bilden eine Klammer um den Satzinhalt.« In der Tat ist es die nebensatzeinleitende Konjunktion, die in den meisten Verbendsätzen die linke Satzklammer bildet (vgl. *Ich weiß, **dass**$_{[\text{linke SK}]}$ du wieder zu mir **kommst**$_{[\text{rechte SK}]}$*). Der Verbalkomplex steht in der rechten Satzklammer. Er kann nur das finite Verb umfassen, aber auch mehrgliedrig sein (vgl. *Ich weiß, dass du wieder zu mir kommen wirst*). Die Anordnung der infiniten Verben (Infinitive, Partizipien) innerhalb des Verbalkomplexes folgt bestimmten Regularitäten, auf die hier nicht gesondert eingegangen werden kann (vgl. hierzu die grundlegende Arbeit von Gunnar Bech, *Das deutsche Verbum Infinitum* (Erstauflage 1955)). Tritt das finite Verb mit zwei Infinitiven auf, ist es beispielsweise möglich, das Finitum an den Beginn des Verbalkomplexes zu stellen (*… dass du zu mir kommen wollen **wirst*** bzw. *zu mir **wirst** kommen wollen*). Wenn dies der Fall ist, wird die rechte Satzklammer von Verbendsätzen durch einen Verbalkomplex gebildet, der einmal nicht auf ein finites, sondern auf ein infinites Verb endet.

Zwischen linker und rechter Klammer liegt das Mittelfeld, das Nachfeld folgt der rechten Klammer, ein Vorfeld ist im Verbendsatz strukturell nicht vorhanden. Es wäre falsch anzunehmen, dass der dem Nebensatz übergeordnete Satz das Vorfeld darstellt, da ein Nebensatz an verschiedenen Positionen im Satzgefüge auftreten kann. Auch hier gilt, dass jedem Satz eine eigene Feldstruktur zuzuordnen ist. Dies wird in (6) dargestellt. Das Vorfeld des übergeordneten Verbzweitsatzes ist hier mit einem Verbendsatz besetzt, der seinerseits aus linker Satzklammer, Mittelfeld und rechter Satzklammer besteht.

(6)

Vorfeld			**linke SK**	**Mittelfeld**	**rechte SK**
Dass	du	kommst,	freut	mich.	
Linke SK	**Mittelfeld**	**rechte SK**			

Die folgenden Beispiele (7) und (8) zeigen, dass auch Relativpronomen und Interrogativpronomen die linke Satzklammer bilden können. Der übergeordnete Satz, der hier aus der Betrachtung ausgeklammert wird, wurde in runde Klammern gesetzt.

(7) (Dies ist das Buch,) das$_{\text{[linke SK]}}$, ich schon immer lesen wollte$_{\text{[rechte SK]}}$.

(8) (Ich frage mich,) wann$_{\text{[linke SK]}}$ du heute Abend kommst$_{\text{[rechte SK]}}$.

Hingewiesen sei an dieser Stelle darauf, dass die hier vorgestellte Analyse von Pronominalsätzen, wie sie sich auch in P. Eisenberg (2004b:403) findet, nicht mit der des *Duden* übereinstimmt. In der Dudengrammatik wird angenommen, dass das Relativpronomen (bzw. das Interrogativpronomen oder ein entsprechendes Adverb) das Vorfeld bildet und die linke Satzklammer leer ist. Die folgenden Beispiele demonstrieren dies:

(9) Das ist das Buch, **das**$_{\text{[Vorfeld]}}$ $\varnothing_{\text{[linke SK]}}$ mir der Buchhändler empfohlen hat.

(10) Das ist das Buch, **aus dessen Vorwort**$_{\text{[Vorfeld]}}$ $\varnothing_{\text{[linke SK]}}$ ich das Zitat entnommen habe.

(11) Ich frage mich, **welches Buch**$_{\text{[Vorfeld]}}$ $\varnothing_{\text{[linke SK]}}$ ich wählen soll.

Analyse nach Duden (2005:891)

Die Überlegung, die hinter dieser Analyse steht, ist vermutlich die, dass es sich bei den Pronomina bzw. Pronominaladverbien um Satzglieder handelt. In den genannten Beispielen stehen die Pronomina für ein Akkusativobjekt (vgl. (9, 11)) bzw. ein präpositionales Objekt (vgl. (10)). Sie können funktional nicht mit Konjunktionen gleichgesetzt werden. Dies ändert aber nichts an dem Umstand, dass ihr Auftreten denselben Wortstellungseffekt auslöst wie in Konjunktionalsätzen: Das Finitum steht in der Endposition. Aufgrund dieser Parallelität zu konjunktional eingeleiteten Nebensätzen behalte ich die Analyse in (7) und (8) bei. Im Stellungsfeldermodell geht es ja gerade um oberflächenstrukturelle Phänomene. Dass sich satzintern funktionale Unterschiede finden, ist davon unbenommen.

Zu bemerken ist noch, dass es in Verbendsätzen nicht möglich ist, ein Element vor die linke Satzklammer zu stellen. Dies zeigt die Ungrammatikalität in (12).

(12) *(Ich weiß), Paul dass nur kommt, wenn er will.

Im Gegensatz zu Verbzweitsätzen sollte deshalb nicht von einem leeren Vorfeld, sondern von einem in der Struktur dieses Verbstellungstyps nicht vorhandenen Vorfeld gesprochen werden (vgl. M. Reis 1980:66). Anders ist es mit der linken Satzklammer. Sie kann unter bestimmten Umständen leer bleiben, ist aber dennoch in der Struktur des Satzes vorhanden, denn sie ist potenziell besetzbar: entweder durch eine Konjunktion, wenn der Satz als abhängiger Nebensatz paraphrasiert wird (vgl. (13b)), oder durch ein finites Verb, wenn es sich um eine Infinitivkonstruktion handelt, die als Teil eines Verbzweitsatzes reanalysiert wird (vgl. (14b)).

(13) (a) Alle mal herhören!
(b) Ich möchte, dass alle mal herhören!

(14) (a) Einmal auf der Bühne stehen können!
(b) Ich möchte einmal auf der Bühne stehen können!

6.2.4 Übersicht: Die Stellungsfelder im deutschen Satz

Im Folgenden soll in einer Gesamtschau gezeigt werden, wie die topologische Gliederung des Satzes im Deutschen aussieht. Eine Zuordnung zu einzelnen Satzarten wird nicht vorgenommen, es erfolgt lediglich eine Differenzierung nach Verbstellungstypen.

(15)

Verb-stellung	VF	linke SK	MF	rechte SK	NF
V/1		Hat	Paul die Fenster	geputzt?	
V/1		Komm!			
V/1		Mach	das Fenster	zu,	damit es nicht zieht.
V/2	Paul	wird	nur	kommen,	wenn er will.
V/2	Wer	kommt	nur,		wenn er will.
V/2	Paul	kommt	nur,		wenn er will.
V/E		dass	Paul nur	kommt,	wenn er will.

vgl. Ch. Dürscheid (1991:15)

Wie die Tabelle zeigt, können die einzelnen Abschnitte leer bleiben. Lediglich die linke Satzklammer ist in der Regel lexikalisch gefüllt. Doch lassen sich auch hier Beispiele nennen, in denen dies nicht der Fall ist (s. o.). Ist die linke Satzklammer besetzt, so steht hier entweder das finite Verb oder eine nebensatzeinleitende Partikel (Konjunktion, Interrogativ- bzw. Relativpronomen). Die rechte Satzklammer ist durch einen Verbzusatz, ein finites Verb oder einen Verbalkomplex besetzt, kann aber auch leer bleiben. Steht ein finiter Verbalkomplex in der rechten Satzklammer, ist das Finitum am Ende platziert, die infiniten Verben gehen ihm in der Regel voraus.

Wir sehen: Die Besetzung der Satzklammern ist auf bestimmte Wortarten beschränkt. Anders ist es im Vorfeld, Mittelfeld und Nachfeld. Hier gibt es eine weitaus größere Variation. Die verschiedenen Möglichkeiten der Felderbesetzung, die wiederum abhängig vom jeweiligen Verbstellungstyp ist, werden im nächsten Abschnitt dargestellt.

6.3 Die Besetzung der einzelnen Felder

6.3.1 Das Vorfeld

Bekanntlich kann im Vorfeld jedes Satzglied stehen. Untersuchungen zeigen zwar, dass in über 50 % aller Fälle das Subjekt das Vorfeld besetzt (vgl. U. Engel 1972), doch auch Objekte und Adverbiale nehmen sehr häufig diese Position ein (vgl. 16) und (17)). Wie Beispiel (18) zeigt, können zudem auch präpositionale Attribute, die von ihrem Bezugswort getrennt wurden, im Vorfeld stehen:[20]

(16) Dem Bettler habe ich fünf Mark gegeben.

(17) Gestern habe ich ein Eis gegessen.

(18) Von Chomsky habe ich das neue Buch gelesen.

Nun könnte man annehmen, dass die potenzielle Vorfeldfähigkeit auch für Gliedsätze und pronominalisierte Satzglieder gilt, dass es also unerheblich ist, in welcher Form das Satzglied auftritt. Für Adverbial-, Subjekt- und Objektsätze trifft dies zu (vgl. (19) bis (21)), nicht aber für Attributsätze. Satzwertige Attribute sind nicht vorfeldfähig. Sie können zwar getrennt vom Bezugswort stehen, sie können aber nicht dem Bezugswort vorausgehen (vgl. (22)).

(19) Als er 18 wurde, traf er sie.

(20) Wer lügt, wird bestraft.

(21) Dass er keine Zeit hat, hat er schon oft gesagt.

(22) *Das Chomsky geschrieben hat, habe ich das Buch gelesen.

Auch was die Personalpronomina betrifft, ist eine Einschränkung zu machen: Nicht-nominativische Pronomina können nur dann im Vorfeld stehen, wenn sie betont sind (vgl. (23)) bzw. wenn sie betont werden könnten. So kann das akkusativische Objektpronomen *es*, das nicht betonbar ist, nie das Vorfeld besetzen (vgl. (24)). Dies gilt auch für unbetonte Modalpartikeln wie *halt, aber* und *ja* (vgl. (25)) und für den freien Dativus Ethicus (vgl. (26)).

(23) Ihn habe ich damit nicht gemeint, wohl aber seinen Freund.

(24) *Es habe ich auf den Stuhl gelegt.

20 Allerdings gilt dies nur unter bestimmten Bedingungen (Elvira Topalović, p.c.). Ersetzt man in Beispiel (18) *von Chomsky* durch die Wortgruppe *mit dem grünen Umschlag,* ist die Vorfeldstellung des Attributs z.B. nicht mehr möglich (vgl. **Mit dem grünen Umschlag habe ich das Buch gelesen*). Offensichtlich kann also in Beispiel (18) die präpositionale Wortgruppe als eigenständiges Satzglied reanalysiert werden, das nicht von einem Bezugsnomen abhängt. Darauf lässt auch die Zitierform *von jemandem etwas lesen* schließen (vgl. hierzu auch Duden 2005:868 f.).

(25) *Halt bin zu spät gekommen.

(26) *Mir komm heute nicht so spät!

Das Subjekt-*es* kann – im Gegensatz zum Objekt-*es* – sowohl im Vorfeld als auch im Mittelfeld stehen (vgl. *Das Kind spielt im Garten. Es spielt im Garten. Im Garten spielt es*). Davon wiederum ist das Topik-*es* zu unterscheiden, das nur im Vorfeld steht. Dieses *es* fungiert in unpersönlichen Passivkonstruktionen als grammatisches Subjekt (vgl. (27a)). Es hat die Aufgabe, den folgenden Sachverhalt hervorzuheben (vgl. (28)) und fällt weg, wenn ein anderes Element die Vorfeldposition besetzt (vgl. (27b)) oder wenn der Satz in einen V/E- oder einen V/1-Satz transformiert wird, also gar kein Vorfeld mehr vorhanden ist (vgl. (27c, d)). Es ist nicht zu verwechseln mit dem **expletiven (= ergänzenden)** ***es***, das bei Umstellung ins Mittelfeld erhalten bleibt (vgl. (29b)). Dieses expletive *es* tritt im Deutschen bei Witterungsverben auf (z. B. *Es schneit, hagelt, stürmt*), aber auch nach Existenz- und Wahrnehmungsverben wie *Es gibt* und *Es schmeckt.*

(27) (a) Es wurde bis tief in die Nacht hinein diskutiert.
(b) Bis tief in die Nacht hinein wurde diskutiert.
(c) (Wusstest du,) dass bis tief in die Nacht hinein diskutiert wurde?
(d) Wurde bis tief in die Nacht hinein diskutiert?

(28) Es wartet jemand auf dich.

(29) (a) Es regnet.
(b) Ich freue mich, dass es regnet.

Obwohl die bisher genannten Beispiele dies vermuten lassen, wäre es falsch anzunehmen, dass eine Konstituente nur dann ins Vorfeld treten kann, wenn sie eine Satzgliedfunktion trägt. Wie die folgenden Sätze zeigen, ist es auch möglich, dass nur ein infinites Verb (vgl. (30)) oder ein Verbzusatz das Vorfeld besetzen (vgl. (31)). Neben solchen Prädikatsteilen können auch die Bezugswörter von Attributen ins Vorfeld treten (vgl. (32) und (33)). Eine Vielzahl von Belegen hierfür und eine Analyse dieses Phänomens findet sich bei G. Kniffka (1986). Schließlich ist es auch möglich, dass unter bestimmten Bedingungen mehrere Satzglieder das Vorfeld besetzen. Dies zeigen die Beispiele in (34) und (35). Das Beispiel (34), ein Zeitungsbeleg, wurde aus Ch. Dürscheid (1989:27) entnommen.

(30) Vergessen werde ich das nie.

(31) Auf fällt, dass er immer so spät kommt.

(32) Zeit habe ich keine.

(33) Beschäftigt bin ich sehr.

(34) Dem Stierkampf den Kampf angesagt haben am Sonntag ... rund 100 Tierschützer.

(35) Gestern auf dem Eiffelturm haben sie sich wieder versöhnt.

Von diesen Fällen markierter Vorfeldbesetzung sind jene zu unterscheiden, in denen vor dem Vorfeld noch ein Element auftritt. Hierbei handelt es sich um Hauptsatzkonjunktionen, Interjektionen, Vokative sowie um Satzglieder, die im Satz durch eine Proform wie z. B. *der* wieder aufgenommen werden (vgl. (36) bis (40)). Die Position, die diese Elemente aufnimmt, wird als **Vor-Vorfeld** bezeichnet. Dass Interjektionen, Hauptsatzkonjunktionen und Satzglieder dieses Typus vor dem Vorfeld, nicht im Vorfeld stehen, ist in den Beispielen (38), (39) und (40) bereits graphisch daran zu erkennen, dass sie durch Komma abgetrennt werden. Ein syntaktisches Indiz dafür, dass alle diese Konstituenten außerhalb der Satzstruktur stehen, ist, dass diese **Vor-Vorfeld-Elemente** weggelassen werden können, ohne dass der Satz ungrammatisch würde.

(36) Und sie bewegt sich doch!

(37) Aber was sollen wir jetzt tun?

(38) Ach, wusstest du das nicht?

(39) Peter, gehst du ans Telefon?

(40) Der Paul, der kommt heute mal wieder später.

Im Folgenden werde ich auf Konstruktionen wie in (36) bis (40) nicht weiter eingehen, da sie – im wörtlichen wie im übertragenen Sinne – außerhalb der Analyse des Satzrahmens liegen. Vielmehr steht nun die Frage im Mittelpunkt, wovon die Akzeptabilität der Vorfeldbesetzung abhängt. Offensichtlich gibt es hier syntaktische und pragmatische Restriktionen, wobei erstere den letzteren vorgeordnet sind. Mit anderen Worten: Konstituenten, die in pragmatischer Hinsicht im Vorfeld akzeptabel sind, können doch nicht vorangestellt werden, wenn damit gegen syntaktische Restriktionen verstoßen würde. Eine syntaktische Restriktion ist z. B. die, dass bei einer mehrfachen Vorfeldbesetzung das Subjekt nicht involviert sein darf. So ist es zwar möglich, Objekte zusammen mit dem infiniten Verb ins Vorfeld zu stellen, nicht aber das Subjekt zusammen mit dem infiniten Verb (vgl. (41)).[21] Das Subjekt scheint eine Sonderstellung zu haben, die im Stellungsfeldermodell nur zur Kenntnis genommen, nicht aber erklärt werden kann. Wir werden auf diesen Umstand noch zurückkommen. Was die reduzierte Vorfeldbesetzung betrifft, so gilt, dass diese nur dann möglich ist, wenn es sich um den Kern der Phrase handelt. Dies kann der Kern einer AP (z. B. *sehr* ***beschäftigt***) oder einer NP (z. B. *viel* ***Zeit***) sein. Wie die ungrammatischen Beispiele in (42) und (43) zeigen, können die Modifikatoren eines nominalen Kerns nicht alleine ins Vorfeld treten:

21 Auf Sonderfälle (vgl. *Ein Fehler unterlaufen ist ihm schon oft*) gehe ich an späterer Stelle (Kap. 8) ein.

(41) *Rund 100 Tierschützer angesagt haben am Sonntag dem Stierkampf den Kampf.

(42) *Sehr ist sie beschäftigt (AP).

(43) *Viel hat er Zeit (NP).

Es gibt also strukturell abweichende Vorfeldbesetzungen, die unter keinen Bedingungen akzeptabel sind, und es gibt andere, die zwar stilistisch markiert, aber möglich sind. Damit komme ich zu den pragmatischen Faktoren, die einen Einfluss darauf haben, welche Konstituente letztendlich im Vorfeld steht. Es sind im Wesentlichen drei Aspekte, die hier eine Rolle spielen. Ich übernehme die Darstellung aus dem für diese Thematik wichtigen Aufsatz von Andreas Lötscher, *Satzgliedstellung und funktionale Satzperspektive.*

In das VF werden Satzglieder gestellt,

- die dem Hörer bereits Bekanntes bezeichnen
- die den Anschluss an den vorangegangenen Text herstellen sollen
- die besonders hervorgehoben werden sollen als etwas Wichtiges, Neues oder für den Sprecher besonders Bedeutsames. vgl. A. Lötscher (1984:143)

Das Vorfeld hat eine komplementäre Funktion: Es kann sowohl eine aus dem Kontext bekannte, vorerwähnte, d.h. eine thematische Konstituente aufnehmen als auch eine neue, nicht-vorerwähnte, rhematische Konstituente (zur Unterscheidung von Thema und Rhema vgl. ausführlich Abschn. 10.3). Als Normalfall gilt die Besetzung des Vorfelds mit dem Thema. Dass aber auch der komplementäre Fall auftritt, wird oft außer Acht gelassen. So ist in dem linguistischen Nachschlagewerk von W. Abraham (1988) auf S. 984 zu lesen: »Diskursfunktional ist diese Position dem Thema, also (Teilen) der als bekannt vorausgesetzten Information vorbehalten.« Andererseits wies bereits E. Beneš in seinem forschungsgeschichtlich bedeutenden Aufsatz *Die Besetzung der ersten Position im deutschen Aussagesatz* darauf hin, dass »die rhematische Vorfeldbesetzung für die Alltagsrede typisch [ist], nicht nur wegen ihrer Häufigkeit, sondern auch wegen ihrer auffälligen expressiv-emotionalen Färbung« (E. Beneš 1971:170).

Welche pragmatische Funktion die Vorfeldkonstitutente jeweils übernimmt, lässt sich nicht absolut, sondern nur relativ zum (sprachlichen oder situativen) Kontext festlegen. So kann in einer Äußerung wie *Anfang März findet die nächste DGfS-Tagung statt* die Zeitangabe rhematisch sein, wenn der Sprecher auf die Frage *Wann findet die nächste DGfS-Tagung statt?* antwortet, sie kann aber auch thematisch sein als Antwort auf die Frage *Welche Tagung findet Anfang März statt?* Lediglich in den Fällen strukturell abweichender Vorfeldbesetzung ist die pragmatische Funktion in der Regel auch ohne Kontext bestimmbar. Setzt man voraus, dass der Satz normal betont wird, der Satzakzent also nicht auf der Vorfeldkonstituente liegt, dann kann aus der Äußerung *Zeit habe ich viel* darauf geschlossen werden, dass die Vorfeldkonstituente an bereits Vorerwähntes anknüpft, aus der Äußerung *Vergessen werde ich das nie* darauf, dass im VF etwas für den Sprecher Bedeutsames steht. Warum Modalpartikeln wie *halt, aber* und *ja* und der Dativus Ethicus nicht im Vorfeld stehen können, wird vor diesem Hintergrund erklärbar: Es sind Diskurselemente, die semantisch weder an Vorangehendes anknüpfen noch eine neue, wichtige Information tragen können. Die Verwendung solcher Partikeln im Vorfeld ist also nicht motiviert. Was aus syntaktischer Sicht möglich wäre, ist hier aus pragmatischen Gründen ausgeschlossen. Dies gilt auch für die Ellipse eines Vorfeldelements (s. o.). Eine solche Elidierung ist nur dann möglich, wenn das Vorfeldelement thematisch ist, dem Hörer also bereits bekannt ist (z.B. *Kennst du dieses Buch? Ja, ∅ kenne ich*).

Abschließend werden die Fakten zur Vorfeldbesetzung zusammenfassend dargestellt. Die Aspekte zur Syntax und Pragmatik des Vorfelds sind dabei getrennt aufgeführt.

(44)

Das Vorfeld
- wird normalerweise von einem Satzglied besetzt,
- kann unter bestimmten Bedingungen auch leer bleiben,
- kann unter bestimmten Bedingungen auch mehrere Satzglieder oder nur ein Satzgliedteil aufnehmen.

Das Vorfeld
- wird normalerweise von der Thema-Konstituente besetzt,
- kann auch die rhematische Konstituente aufnehmen.

6.3.2 Das Mittelfeld

Zwischen linker und rechter Satzklammer, im Mittelfeld, kann theoretisch eine unbegrenzt große Anzahl von Satzgliedern stehen. Ist kein Vorfeld vorhanden, stehen im Mittelfeld in der Regel alle nominalen und präpositionalen Satzglieder, alle NPs und PPs. Das Nachfeld ist in der Regel den satzwertigen Gliedern vorbehalten (dazu siehe weiter unten).

Im Folgenden geht es um die Frage, in welcher Abfolge die Satzglieder im Mittelfeld angeordnet sind. In der Arbeit von J. Lenerz (1977), *Zur Abfolge nominaler Satzglieder im Deutschen,* werden die Bedingungen herausgearbeitet, unter denen eine bestimmte Abfolge im Mittelfeld möglich ist. Eine wichtige Bedingung ist die **Thema-Rhema-Bedingung**. Diese besagt, dass die Abfolge zweier NPs im Mittelfeld dadurch eingeschränkt sein kann, dass die vorangehende NP nicht Rhema sein darf. Durch den Fragetest ermittelt Lenerz, was jeweils in einem Satz als Thema, was als Rhema zu gelten hat. In (45) wird ein häufig zitiertes Beispiel angeführt (vgl. auch Abschn. 10.3):

(45) (a) Was hast du dem Kassierer gegeben?
(b) Ich habe dem Kassierer (Thema) das Geld (Rhema) gegeben.
(c) ? Ich habe das Geld (Rhema) dem Kassierer (Thema) gegeben.

Betrachtet man die Sätze (b) und (c) als mögliche Antworten auf die Frage in (a), so stellt man fest, dass die Abfolge in (b) die normale ist. Die Abfolge in (c) ist markiert, ist aber dann möglich, wenn die Frage wie in (46) lautet. Hier gibt es keinen relevanten Akzeptabilitätsunterschied zwischen den Antwortsätzen.

(46) (a) Wem hast du das Geld gegeben?
(b) Ich habe dem Kassierer (Rhema) das Geld (Thema) gegeben.
(c) Ich habe das Geld (Thema) dem Kassierer (Rhema) gegeben.

Wir sehen, die Abfolge (b) ›Subjekt vor Dativobjekt vor Akkusativobjekt‹ ist in beiden Frage-Kontexten möglich, also sowohl bei Thematizität als auch bei Rhematizität der zur Diskussion stehenden NPs. Abfolge (c) hingegen unterliegt besonderen Bedingungen: Sie ist nur dann möglich, wenn aus der Frage zu erschließen ist, dass hier die vorangehende NP das Thema ist, diese NP also vor dem Rhema steht. Durch einen solchen Vergleich von Sätzen, die sich nur hinsichtlich ihrer Satzgliedstellung unterscheiden, ermittelt Lenerz die Abfolge, die im Mittelfeld als unmarkiert zu gelten hat, deren Akzeptabilität also nicht zusätzlichen semantisch-pragmatischen Bedingungen unterliegt. Zu diesen Bedingungen zählen neben der Thema-Rhema-Bedingung (Thema vor Rhema) die **Definitheitsbedingung** (definite NP vor indefiniter NP), die **Agensbedingung** (Agens vor Nicht-Agens) und das **Gesetz der wachsenden Glieder** (kürzere Satzglieder vor längeren).

Als Ergebnis lässt sich festhalten, dass für nominale Satzglieder die Abfolge ›Subjekt vor Dativobjekt vor Akkusativobjekt‹ als unmarkiert zu gelten hat (zur (Un-)Markiertheit vgl. T. Höhle 1982). Nur bei einer kleinen Klasse von Verben tritt das Dativobjekt im unmarkierten Fall nach dem Akkusativobjekt auf. Es ist dies nach Funktionsverben (z.B. *jdn. einer Prüfung unterziehen*) und nach Verben wie *vorziehen, angleichen* und *vorstellen* (siehe hierzu Wegener 1995:134 f.).

(47) (a) dass er den Kandidaten einer Prüfung unterzieht
(b) ?dass er einer Prüfung den Kandidaten unterzieht

(48) (a) dass er die Kopie dem Original angleicht
(b) ?dass er dem Original die Kopie angleicht

Kommen wir nun zur Verteilung der pronominalen Satzglieder. Diese ist gerade invers zur Stellung der nominalen Satzglieder. Hier gilt nahezu kategorisch die Abfolge ›Subjekt vor Akkusativobjekt vor Dativobjekt‹ (vgl. *dass ich es ihm gegeben habe*). Das erstaunt insofern, als bei den Pronomina die Kasusunterscheidung noch weitgehend transparent ist, eine feste Abfolge also nicht nötig ist, um die syntaktische Funktion anzuzeigen. Heide Wegener (1995:137) führt diese »auffällige Serialisierung der Pronomina« auf das Gesetz der wachsenden Glieder zurück: »(...) einsilbige Pronomina stehen vor zweisilbigen (*sie ihnen*), kurze Vokale stehen vor langen Vokalen (*mich dir*), auslautende Vokale stehen vor auslautenden Konsonanten (*sie ihm*), auslautende Nasale vor auslautenden Liquiden (*ihn ihr*).« Die Frage ist, warum gerade hier das Gesetz der wachsenden Glieder eine solche

Bedeutung erlangen soll, obwohl doch die Quantitätsunterschiede zwischen den Pronomina minimal sind im Vergleich zu den Unterschieden, die zwischen kurzen und langen nominalen Satzgliedern bestehen. Anders liegen die Dinge bei der Kombination von pronominalen und nominalen Satzgliedern. Hier sind die Quantitätsunterschiede signifikant: Pronomina sind kürzer und einfacher strukturiert als Nominalphrasen. In der Tat wird das pronominale Satzglied im unmarkierten Fall vor das nominale Satzglied gestellt (vgl. *dass ich ihn dem Kind geschenkt habe/*dass ich dem Kind ihn geschenkt habe*).

Was ebenfalls mit dem Gesetz der wachsenden Glieder zu erfassen ist, ist die Stellung des Objektpronomens *es*. Dieses kurze, stets unbetonte Pronomen steht zu Beginn des Mittelfelds, in der so genannten **Wackernagel-Position**. In dieser Position stehen auch unbetonte Modalpartikeln wie *halt* und *doch*. Vgl. die folgenden Beispiele:

(49) Du weißt,
 (a) dass ich es ihm gegeben habe/*dass ich ihm es gegeben habe.
 (b) dass ich halt keine Zeit habe/*dass ich keine Zeit halt habe.
 (c) dass ich doch gerne ein Buch lese/*dass ich gerne doch ein Buch lese.

Eine weitere Abfolgeregularität betrifft präpositionale Objekte, obligatorische Adverbiale und Genitivobjekte. In Verbendsätzen befinden sich diese unmittelbar vor dem finiten Verb (vgl. die (a)-Sätze). Ihre Voranstellung im Mittelfeld ist stark markiert, wenn nicht ungrammatisch:

(50) (a) Ich ärgere mich darüber, dass du dem Jungen zum Nachgeben rätst.
 (b) ?Ich ärgere mich darüber, dass du zum Nachgeben dem Jungen rätst.

(51) (a) Ich möchte nicht, dass du deinen Sohn der Lüge bezichtigst.
 (b) ?Ich möchte nicht, dass du der Lüge deinen Sohn bezichtigst.

(52) (a) Ich möchte nicht, dass du das Buch in den Schrank legst.
 (b) ?Ich möchte nicht, dass du in den Schrank das Buch legst.

Im Folgenden werden die wichtigsten Abfolgeregularitäten, getrennt nach syntaktischen und nicht-syntaktischen Kriterien, zusammengefasst. Es wird dabei von Sätzen mit Verberst- und Verbendstruktur ausgegangen, da nur in diesen alle Satzglieder im Mittelfeld stehen können. Verbzweitsätze bleiben unberücksichtigt.

(53)

Im Mittelfeld
- ist die unmarkierte Abfolge **nominaler** Satzglieder ›Subjekt vor Dativobjekt vor Akkusativobjekt‹,
- ist die Abfolge **pronominaler** Satzglieder ›Subjekt vor Akkusativobjekt vor Dativobjekt‹,
- steht ein Genitivobjekt in Sätzen mit Verbendstellung unmittelbar präverbal,
- steht ein präpositionales Objekt in Sätzen mit Verbendstellung unmittelbar präverbal,
- steht ein obligatorisches Adverbial in Sätzen mit Verbendstellung unmittelbar präverbal.

Im Mittelfeld besteht die Tendenz zu
- Thema vor Rhema,
- definiter NP vor indefiniter NP,
- kurzem vor langem Satzglied,
- Agens vor Nicht-Agens.

6.3.3 Das Nachfeld

Im Nachfeld stehen – dem Gesetz der wachsenden Glieder folgend – vorzugsweise umfangreiche Satzglieder, z. B. komplexe Relativsätze oder Satzgliedreihen. Diese werden aus stilistischen Gründen ins Nachfeld gestellt, ihre Basisposition ist aber im Mittelfeld.

(54) Ich möchte endlich das Buch lesen, das ich mir schon vor drei Wochen gekauft habe.

(55) Paul hat sich an der Uni eingeschrieben für Mathematik, Physik und Philosophie.

In (54) befindet sich das Bezugswort des Relativsatzes im Mittelfeld; der Relativsatz selbst wurde aus dem Mittelfeld herausgenommen und hinter die rechte Satzklammer gestellt. Man spricht in diesem Zusammenhang von **Ausklammerung**. Eine solche liegt auch in (55) vor. Um einen Sonderfall der Ausklammerung handelt es sich, wenn im Vor- oder im Mittelfeld ein pronominales Bezugswort wie z. B. *es* zurückbleibt (vgl. *Es hat mich geärgert, dass du kamst* bzw. *Mich hat es geärgert, dass du kamst*). In diesem Fall spricht man von **Extraposition**.

Auch kommunikativ-pragmatische Faktoren können eine Ausklammerung begünstigen. So können nominale und präpositionale Satzglieder ins Nachfeld gestellt werden, wenn sie besonders hervorgehoben werden sollen. Dies ist allerdings nur dann möglich, wenn es sich nicht um Verbergänzungen handelt (zum Terminus ›Ergänzung‹ vgl. Kap. 7), wie in den Sätzen (56) und (57) der Fall. In (58) und (59) ist die Ausklammerung unter bestimmten Kontextbedingungen zwar auch denkbar, sie ist aber stark markiert. Akzeptabel wäre hier die Ausklammerung nur dann, wenn das Satzglied durch die Hinzufügung von weiteren Attributen an Komplexität zunehmen würde.

(56) Ich werde nach Berlin fahren *an Weihnachten.*

(57) Ich werde nach Berlin fahren *heute Nacht.*

(58) ?Ich habe gewartet *auf meinen Chef.*

(59) ?Die Sitzung hat gedauert *die ganze Nacht.*

Wie das Vorfeld, so kann auch das Nachfeld nicht nur zur Hervorhebung dienen. Es kann auch Satzglieder aufnehmen, die als unwichtig, als belanglos gelten. So könnten die obigen Beispielsätze auch dadurch motiviert sein, dass das jeweils ausgeklammerte Satzglied ein unwichtiger Nachtrag ist. In diesem Fall ist das Satzglied unbetont, der Satzakzent liegt je nach Kontext im Mittel- oder im Vorfeld.

Neben diesen Ausklammerungsvarianten, die fakultativ zur Mittelfeldbesetzung sind, gibt es Nachfeldbesetzungen, die als obligatorisch zu gelten haben. Hier macht es keinen Sinn, von Ausklammerung zu sprechen (vgl. Eisenberg 2004b:401), denn die Basisposition dieser Elemente ist das Nachfeld. Zu den Satzgliedern, die nur im Nachfeld auftreten können, zählen Gliedsätze, die nach der zweigliedrigen Konjunktion *so* [...] *dass* auftreten (vgl. (60)). Daneben gibt es Satzglieder, die entweder im Vorfeld oder im Nachfeld auftreten, nie aber im Mittelfeld. Es sind dies konjunktional eingeleitete Gliedsätze und Infinitivsätze (vgl. (61) bis (63)):

(60) Er hat alles so geplant, dass nichts schief gehen konnte.

(61) Ich habe nicht daran gedacht, weil ich keine Zeit hatte.

(62) Dass du nicht kommst, glaube ich nicht.

(63) Er hat mir versprochen, heute nicht zu spät zu kommen.

Angemerkt sei, dass in allen hier diskutierten Fällen auch dann eine Nachfeldbesetzung angenommen wird, wenn das Prädikat nicht komplex ist, die rechte Satzklammer also leer bleibt. Nur unter dieser Annahme können die Satzstrukturen einheitlich dargestellt werden. In (64) wird die Parallelität der Strukturen deutlich:

(64)

Vorfeld	linke SK	Mittelfeld	rechte SK	Nachfeld
Er	hat	alles so	geplant,	dass nichts schief gehen konnte.
Er	plante	alles so,	∅	dass nichts schief gehen konnte.

Von der Nachfeldbesetzung zu unterscheiden ist die **Rechtsversetzung**. Sie ist dadurch charakterisiert, dass ein Satzglied, das seine Basisposition normalerweise im Mittelfeld hat, außerhalb der Satzstruktur platziert wird. Im Mittelfeld bleibt wie bei der Extraposition ein **Korrelat** zurück. Dabei handelt es sich meist um ein Pronomen oder ein Pronominaladverb. Eine solche Herausstellung kann entweder an den linken oder an den rechten Satzrand erfolgen, graphisch ist sie durch Kommasetzung deutlich gemacht. In (65) bis (67) werden Beispiele für **Linksversetzung** (engl. *left dislocation*) und **Rechtsversetzung** (*right dislocation*) gegeben. Solche Herausstellungsstrukturen werden ausführlich in der Arbeit von H. Altmann 1981 analysiert, *Formen der ›Herausstellung‹ im Deutschen. Rechtsversetzung, Linksversetzung, Freies Thema und verwandte Konstruktionen.*

(65) *Das Buch*, das habe ich doch gestern zurückgebracht.

(66) Ich habe ihn gesehen, *deinen neuen Freund.*

(67) Sie haben zusammen ein Buch geschrieben, *ein sehr gutes.*

Zusammenfassend ergibt sich folgendes Bild:

(68)

Im Nachfeld stehen
- umfangreiche Satzglieder,
- *so dass*-Sätze,
- konjunktional eingeleitete Gliedsätze,
- Infinitivsätze.

6.4 Schlussbemerkung

Wir haben gesehen, dass sich mit Hilfe des Stellungsfeldermodells alle Satzarten des Deutschen beschreiben lassen. Die Sätze werden auf einer Achse, sozusagen von links nach rechts in Felder zerlegt. Als Ausgangspunkt der Analyse dient die Klammerstruktur, die ein Spezifikum des Deutschen ist. Dass der Satz eine hierarchisch aufgebaute Konstruktion ist, in der sich Konstituenten zu jeweils größeren Einheiten zusammenfügen, wird nicht berücksichtigt. Das Stellungsfeldermodell will nichts anderes als ein Hilfsmittel zur Beschreibung der Oberflächenstruktur von Sätzen sein. Damit lässt sich angeben, wie die einzelnen Abschnitte eines Satzes besetzt werden können und welche Parallelen im Aufbau der einzelnen Satzarten bestehen. Dies ist insbesondere für den ausländischen Deutschlerner ein wichtiger Aspekt. Die Untergliederung des Satzes in Stellungsfelder ermöglicht es, Wortstellungsregularitäten präziser zu formulieren und für jeden Verbstellungstyp die normalen von den abweichenden Felderbesetzungen zu erfassen. Nicht von ungefähr wird in Lehrbüchern für ›Deutsch als Fremdsprache‹ (DaF) gerne auf dieses Modell zurückgegriffen, und auch im muttersprachlichen Deutschunterricht findet es Anwendung.

Neben dem praktischen Nutzen, den das Stellungsfeldermodell hat, ist es auch von heuristischem Wert. Zum einen lässt sich über die Felder präzise angeben, welcher Abschnitt des Satzes jeweils im Mittelpunkt der Betrachtung steht. Zum anderen leistet es gerade in der Kombination mit anderen syntaktischen Beschreibungsverfahren gute Dienste. Dies werden wir in Kap. 8 sehen, in der eine Gegenüberstellung topologischer und generativer Satzanalysen deutlich macht, dass das Stellungsfeldermodell durchaus in moderne Theorien integrierbar ist.

In der abschließenden Übersicht werden die Möglichkeiten der normalen Felderbesetzung für einen Satz mit n-Satzgliedern dargestellt. Die Regularitäten der Nachfeldbesetzung bleiben hier unberücksichtigt, da diese für alle drei Verbstellungstypen gleich sind. Der Schrägstrich zeigt alternative Möglichkeiten an.

(69) Verbzweitsatz

VF	linke SK	MF	rechte SK	NF
ein Satzglied	finites Verb	n–1-Satzglieder	Verbalkomplex/ Verbzusatz	

(70) Verberstsatz

	linke SK	MF	rechte SK	NF
	finites Verb	n-Satzglieder	Verbalkomplex/ Verbzusatz	

(71) Verbendsatz

	linke SK	MF	rechte SK	NF
	Konjunktion	n-Satzglieder	finites Verb/ Verbalkomplex	

Zur Vertiefung

H. Altmann 1981 (Typologie der Herausstellungsstrukturen)
H. Altmann/U. Hofmann 2004 (Gesamtdarstellung zu topologischen Fragen)
Duden 2005:874–901 (Regularitäten der Felderbesetzung)
Ch. Dürscheid 1989 (zur Vorfeldbesetzung)
J. Lenerz 1977 (zur Mittelfeldbesetzung)
A. Lötscher 1984 (pragmatische Faktoren der Satzgliedstellung)

7 Valenztheorie

> Valenz ist eine Zeitbombe, die im Lexikon deponiert ist und in der Grammatik detoniert.
>
> V. Ágel (1995:2)

7.1 Vorbemerkungen

Gegenstand dieses Kapitels ist eine Theorie, die zwar kein eigenes Grammatikmodell darstellt, aber in ihren Hauptaussagen in verschiedene Modelle integrierbar ist. Dass sie hier vorgestellt wird, hängt nicht nur damit zusammen, dass sie zu den prominenten Forschungsansätzen im 20. Jahrhundert zählt. Entscheidend ist auch, dass mit der Valenztheorie eine konstitutive Eigenschaft des Sprachsystems beschrieben wird. Jedes Grammatikmodell, das die interne Struktur von Sätzen beschreiben will, wird dem Valenzgedanken Rechnung tragen – wenn auch möglicherweise in anderer Terminologie.

In diesem Kapitel wird der klassische Valenzbegriff erläutert, es werden aber auch neuere Ansätze (Storrer 1992, Jacobs 1994a, Ágel 1995, 2000, 2004) vorgestellt. Da Valenz in enger Verbindung zur Dependenz steht, werden zunächst die Grundannahmen der Dependenzgrammatik behandelt und Valenz von Dependenz abgegrenzt. Im Anschluss daran steht die Frage im Mittelpunkt, wie valenzgebundene Glieder (Ergänzungen) und nicht-valenzgebundene Glieder (Angaben) unterschieden werden (Abschn. 7.3). Die Darstellung entspricht hier dem Theoriestand der 1970er- und 1980er-Jahre, ist aber weiterhin aktuell, da sie bis heute ungelöste Probleme aufgreift. Abschn. 7.4 ist der Frage gewidmet, welchen praktischen Nutzen die Valenztheorie hat. Hier geht es darum zu zeigen, wie Wörterbücher und Grammatiken Gebrauch von diesem Konzept machen. In diesem Zusammenhang wird auch die von Joachim Jacobs (1994a) so benannte und seither oft diskutierte »Valenzmisere« angesprochen. In Abschn. 7.5 schließlich werden, angelehnt an die Arbeiten von V. Ágel (1993 und 1995), strukturverschiedene Sprachen valenztheoretisch analysiert, und es wird gezeigt, wie verschiedene Strukturmuster innerhalb einer Sprache (Indikativ/Imperativ) mit einem strukturellen Valenzrealisierungsmodell erfasst werden können. Abschn. 7.6 enthält einige abschließende Bemerkungen zu diesem so wichtigen und doch so problematischen Begriff ›Valenz‹.

7.2 Valenz und Dependenzgrammatik

Der französische Sprachwissenschaftler Lucien Tesnière war es, der in seiner Arbeit zur strukturellen Syntax, *Eléments de syntaxe structurale*, den in der Chemie gebräuchlichen Terminus **Valenz** in die Sprachwissenschaft einführte. Er vergleicht das Verb mit einem Atom:

> Man kann so das Verb mit einem Atom vergleichen, an dem Häkchen angebracht sind, so daß es je nach der Anzahl der Häkchen eine wechselnde Zahl von Aktanten an sich ziehen und in Abhängigkeit halten kann. Die Anzahl der Häkchen, die ein Verb aufweist, und dementsprechend die Anzahl der Aktanten, die es regieren kann, ergibt das, was man die Valenz des Verbs nennt. L. Tesnière (1959:161)

So, wie ein Atom andere Elemente an sich bindet, so bindet das Verb eine bestimmte Zahl von Aktanten an sich. Beide, das chemische wie das sprachliche Element, verfügen über eine bestimmte **Wertigkeit,** eine bestimmte Valenz. Als ein Beispiel für ein zweiwertiges Verb nennt L. Tesnière das Verb *kennen*, das zwei **Aktanten** an sich bindet, d.h. zwei, wie er es formuliert, »Wesen oder Dinge, die auf irgendeine Art [...] am Geschehen teilhaben« (Tesnière 1959:93). Dass es eine solche Verbindungsfähigkeit gibt, die konstitutiv für den Aufbau syntaktischer Strukturen ist, wurde auch von anderen Sprachwissenschaftlern hervorgehoben.[22] So spricht Karl Bühler in seinem bedeutenden Werk *Sprachtheorie* davon, dass es in jeder Sprache »Wahlverwandtschaften« gebe, dass Wörter »Leerstellen um sich eröffnen« (K. Bühler 1934:173). Solche »Leerstellen« eröffnet nicht nur das Verb, auch Wörter anderer Kategorien, relationale Adjektive (z.B. *neugierig*) und relationale Substantive (z.B. *Appetit*), sehen in ihrer Umgebung »Leerstellen« vor.

An dieser Stelle ist wichtig zu betonen, dass das Konzept der Valenz nicht mit syntagmatischen Beziehungen wie Rektion und Kongruenz gleichgesetzt werden darf. **Rektion** bezeichnet den Umstand, dass die Form einer Konstituente durch eine andere festgelegt wird. Das Verb *helfen* erfordert z.B. den Dativ, die Präposition *ohne* den Akkusativ. Unter **Kongruenz** versteht man, dass Satzelemente hinsichtlich grammatischer Kategorien wie Person, Numerus und Kasus formal übereinstimmen. So kongruiert das attributive Adjektiv im Deutschen mit dem Substantiv, das finite Verb mit dem Subjekt. **Valenz** liegt auf einer anderen, einer tieferen Ebene: Es geht hier primär um die Frage, welche Verbindungsfähigkeit ein Wort hat, und erst in einem zweiten Schritt darum, wie diese in einem Satz realisiert wird. Es geht also darum, wie das, was bereits im Lexikon angelegt ist, »in der Grammatik detoniert« (vgl. das diesem Kapitel vorangestellte Zitat).

Tesnières Verdienst ist, dass der Valenzgedanke seinen festen Platz in der Syntax gefunden hat. Er macht die Eigenschaft des Verbs, Valenzträger zu sein, zum konstitutiven Bestandteil seines Grammatikmodells. Sein Ausgangspunkt ist die Annahme, dass aus den Valenzeigenschaften des Verbs das Bauprinzip des ganzen Satzes resultiert. Dieses Bauprinzip beschreibt er mittels der **Dependenzgrammatik**. In einer Dependenzstruktur wird der syntaktische Aufbau von Sätzen als ein Gefüge von Abhängigkeiten dargestellt. Nehmen wir als Beispiel einen Satz X, der aus den Teilen A, B und C besteht. Dieser Satz wird nicht als Ganzes in seine Teile A, B, C zerlegt, sondern es wird gefragt, in welcher Beziehung A, B, C zueinander

22 Einen instruktiven Überblick über die Geschichte der Valenzforschung gibt Eroms (2003).

stehen, ob und wie diese Teile voneinander abhängen. Graphisch lässt sich der Unterschied zwischen beiden Beschreibungsverfahren wie folgt darstellen:

(1) Modell 1 (Teil-Ganzes-Struktur)

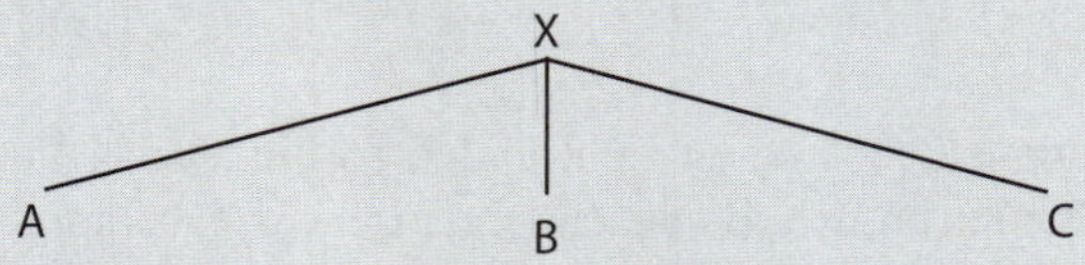

(2) Modell 2 (Dependenzstruktur)

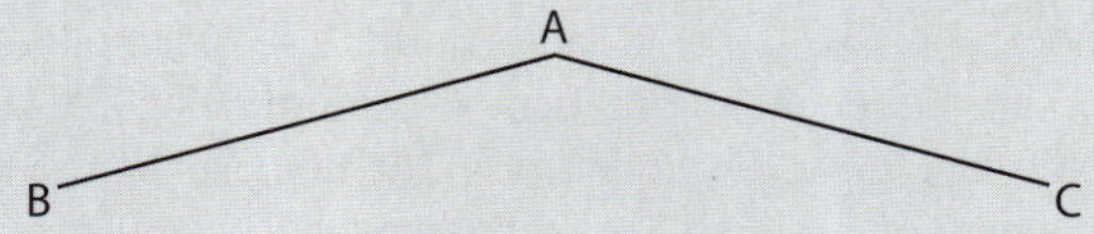

Gemeinsam ist beiden Modellen, dass der Satz als hierarchisches Gebilde betrachtet wird, dass die Satzelemente in einer hierarchischen Struktur angeordnet werden. Der Unterschied besteht darin, wie diese Hierarchie dargestellt wird: Aus der Darstellung zu (2) geht hervor, dass die Elemente B und C von A abhängen. A ist hier das **Regens**, B und C sind die **Dependentien**. Von B und C könnten wiederum Elemente abhängen, so dass sich insgesamt eine komplexe hierarchische Struktur ergibt.[23]

Das in (1) dargestellte Satzmodell ist eine **Konstituentenstruktur**. An der Spitze dieser Teil-Ganzes-Struktur steht X als Variable für den ganzen Satz. Dieser setzt sich aus den Konstituenten A, B und C zusammen. Die Konstituenten könnten – was hier nicht dargestellt ist – wiederum aus Konstituenten bestehen. Eine solche Teil-Ganzes-Analyse wird in der traditionellen Grammatik vorgenommen, wenn Sätze in einzelne Satzglieder und diese wiederum in Satzgliedteile untergliedert werden. Auch die Strukturanalysen der Generativen Grammatik basieren auf diesem Verfahren. Das Stellungsfeldermodell hingegen lässt sich weder dem einen noch dem anderen Beschreibungsverfahren zuordnen, da der Satz nur linear analysiert wird.

Setzen wir in der Dependenzstruktur in Modell (2) für die Variablen A, B und C Satzelemente ein, so ergibt sich für den Mustersatz *Euer junger Freund kennt meinen jungen Vetter* (Bsp. übernommen aus Tesnière 1959:96) folgendes Bild:

23 Auf die Darstellung weiterer Ebenen wurde hier aus Gründen der besseren Anschaulichkeit verzichtet. Einen detaillierten Vergleich beider Darstellungsweisen und wichtige Hinweise auf Unterschiede und Gemeinsamkeiten der beiden Modelle findet man bei K. Baumgärtner (1970).

(3)

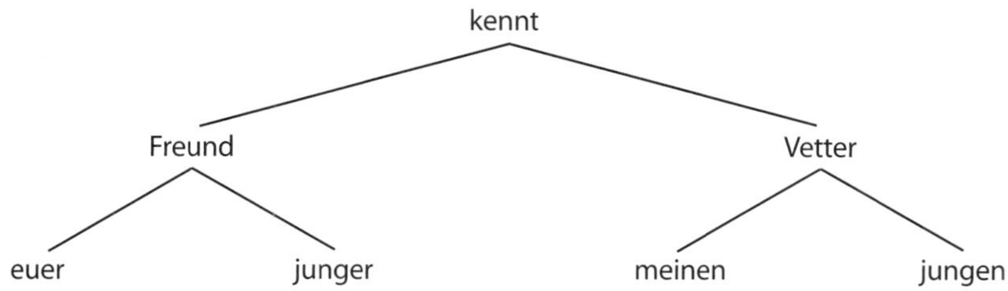

Eine solche graphische Darstellung wird als **Stemma** oder als **Baumdiagramm** bezeichnet. An der Spitze in diesem Stemma steht das Verb. Es ist das oberste Regens, von dem alle anderen Elemente abhängen. Würde der Satz eine komplexe Verbform enthalten (z. B. *Euer junger Freund **hat** meinen jungen Vetter **gekannt***), so wäre der gesamte Verbalkomplex das Regens. Die Tatsache, dass die verbalen Elemente in einem solchen Aussagesatz getrennt stehen, ist dabei unerheblich, ausschlaggebend ist ihre syntaktische Zusammengehörigkeit. Sie bilden zusammen den verbalen **Nukleus**. Das Subjekt befindet sich in (3) auf der gleichen Hierarchie-Ebene wie das Objekt. Es ist nicht wie in der traditionellen Subjekt-Prädikat-Gliederung dem Objekt übergeordnet, sondern diesem gleichgeordnet.[24] Von den Dependentien *Freund* und *Vetter* in (3) hängen weitere Wörter ab, die Possessivpronomina *euer* und *meinen* und die Adjektive *junge* bzw. *jungen*. Die Abhängigkeit dieser Konstituenten ist aber von anderer Art. Zwar ist auch hier das Auftreten dieser Dependentien von dem Auftreten eines Regens abhängig, doch liegt keine Valenzbeziehung vor.

In neueren Arbeiten zur Verbvalenz werden die valenzgebundenen Glieder als **Ergänzungen** (auch: Komplemente) bezeichnet und in zwei Klassen untergliedert: in fakultative und obligatorische Ergänzungen (vgl. erstmals Helbig/Schenkel 1971[2]). **Obligatorische Ergänzungen** sind solche, die nicht weggelassen werden können, ohne dass der Satz ungrammatisch würde; **fakultative Ergänzungen** sind zwar auch valenzgebunden, sind aber im Satz weglassbar. Um zu überprüfen, ob es sich um eine obligatorische oder um eine fakultative Ergänzung handelt, kann man den Eliminierungstest anwenden (vgl. Helbig/Schenkel 1971[2]:52): Wird der Satz ungrammatisch, wenn die fragliche Konstituente weggelassen wird, so handelt es sich um eine obligatorische Ergänzung. In (4) ist folglich die Objektkonstituente *Briefe* eine obligatorische, in (5) eine fakultative Ergänzung:

24 Tesnière wendet sich explizit gegen die traditionelle Subjekt-Prädikat-Gliederung, denn dadurch werde »einem Element des Satzes ein unverhältnismäßiges und durch keinerlei eigentlich linguistische Fakten gestütztes Gewicht zuerkannt« (1959:96). Damit hat er in der Sprachwissenschaft eine Kontroverse ausgelöst, die bis heute anhält. H. Wegener (1990:153 ff.) bringt Argumente für die Sonderstellung des Subjekts, V. Ágel (2000:91 ff.) hält dem entgegen, dass aus der Sonderstellung dennoch nicht folge, dass das Subjekt den Objekten gleichgeordnet sei.

(4) (a) Peter beantwortet Briefe.
(b) *Peter beantwortet.

(5) (a) Peter schreibt Briefe.
(b) Peter schreibt.

Mit diesem Test lassen sich nach Helbig/Schenkel die obligatorischen von den fakultativen Ergänzungen trennen. Doch stellt sich zum einen das Problem, dass unter bestimmten kommunikativen Bedingungen fast jede Konstituente weggelassen werden kann (vgl. *Bin gleich wieder da.*), die Akzeptabilität solcher Testsätze also nicht eindeutig zu bestimmen ist. Zum anderen kann es sich bei einer nicht gefüllten Leerstelle in der Umgebung eines Verbs auch um die Ellipse einer an sich obligatorischen Ergänzung handeln. Darauf weisen Helbig/Schenkel (1971^2:55) selbst hin. Als Beispiel führen sie den Satz *Die Henne legt (Eier)* an. Hier liegt eine Ellipse vor, die Ergänzung wird unabhängig vom Kontext mitverstanden. Anders ist es in dem Satz *Er wartet (auf den Freund),* in dem eine bestimmte, nur aus dem Kontext erschließbare Ergänzung fehlt. Im ersten Fall betrachten Helbig/Schenkel die weggelassene Konstituente als obligatorische, im zweiten Fall als fakultative Ergänzung.[25] Auch diese fakultativen Ergänzungen gehören zur Valenz, werden also mitgerechnet, wenn die Wertigkeit eines Verbs bestimmt wird. Bei elliptischen Strukturen stellt sich allerdings die Frage, inwieweit hier tatsächlich ein Verb mit einer höherwertigen Valenz zugrunde liegt. E. Breindl (1989:18) weist in ihrer Diskussion von Beispielsätzen wie *Ein Hund ist in die Schlucht gefallen* und *Die Entscheidung ist gefallen* darauf hin, dass man »lieber von polysemen Verben oder Bedeutungsvarianten eines Verbs mit unterschiedlicher Valenzstruktur sprechen« solle. So erscheint es hier sinnvoller, statt **eines** Verbs mit festgelegter Valenzstruktur zwei oder mehrere Verben mit unterschiedlichen Valenzen anzunehmen.

Es ist an dieser Stelle grundsätzlich zu fragen, ob die Unterscheidung in obligatorisch und fakultativ überhaupt mit der Unterscheidung in nicht-weglassbar und weglassbar gleichgesetzt werden kann. V. Ágel (2000:242) führt im Zusammenhang mit dieser Frage das Beispiel *Du sollst Esmeralda nicht töten* an. In diesem Satz ist das Akkusativobjekt weglassbar, es ist aber nicht fakultativ: Wenn der Sprecher die intendierte – nicht gesetzesartige – Lesart beibehalten möchte, hat er nicht die Freiheit, in die Konstruktion *Du sollst nicht töten* zu wechseln. Ágel betont daher zu Recht, dass sich über den Eliminierungstest nicht die Fakultativität (= Wahlfreiheit) einer Konstituente, sondern ihre Weglassbarkeit ermitteln lasse.

(Nicht-)Weglassbarkeit ist eine der von Jacobs (1994a) diskutierten Valenzrelationen. Jacobs bezeichnet diese Relation als NOT (Notwendigkeit) und definiert sie folgendermaßen: Eine NOT-Relation zwischen den Konstituenten X und Y liege dann vor, wenn die Konstituente X »aufgrund der lexikalischen Füllung von Y in S nicht

25 Ob es sich in einem Satz wie *Die Henne legt* tatsächlich um eine Ellipse handelt, wird bestritten. Die Ergänzung *Eier* kann ja gerade nicht eingesetzt werden, ohne dass dies redundant erscheinen würde. Vgl. hierzu V. Ágel (1991).

weggelassen werden kann, ohne daß die dadurch entstehende Struktur **bei gleichbleibender Interpretation** (Hervorhebung von mir, C.D.) von Y ungrammatisch wird« (Jabobs 1994a:14). Die Frage stellt sich natürlich, wie die Grenze zwischen nichtweglassbaren und weglassbaren Konstituenten, d.h. zwischen +NOT- und –NOT-Konstituenten, gezogen werden kann. Wie wir schon gesehen haben, ist der Eliminierungstest nur dann sinnvoll durchführbar, wenn Bedeutungskonstanz gewährleistet ist. Deshalb lassen sich elliptische Konstruktionen gar nicht durch die NOT-Relation erfassen. Dies gilt auch für die Konstruktionen, in denen die Nichtrealisierung einer Ergänzung der Normalfall ist. Im Deutschen betrifft dies sowohl den Imperativ der 2. Pers. Sing. (vgl. *Komm!*) als auch Infinitivkonstruktionen (vgl. *Ich bitte dich zu kommen* vs. *Ich bitte dich, dass* ***du*** *kommst.*)

Ein grundsätzliches Problem sei im Zusammenhang mit dem Eliminierungstest noch angesprochen: Viele der in der Syntax üblichen Testverfahren bauen auf dem Beurteilungskriterium »ungrammatisch« vs. »grammatisch« auf. Doch wie V. Ágel (2000:175) feststellt, kann dieser Begriff im Grunde immer nur im Rahmen einer gegebenen Grammatiktheorie interpretiert werden. Würde man den Begriff der Grammatikalität durch den der Akzeptabilität ersetzen, könnte man sich zwar auf Sprecherurteile berufen, doch bekanntlich weichen diese bei vielen Testsätzen stark voneinander ab. Und selbst wenn man Einigkeit darüber erzielen würde, welche der Konstituenten weglassbar sind, könnte man doch keinen Aufschluss darüber erhalten, ob es sich in der Tat um eine fakultative Ergänzung handelt. Weglassbar sind ja auch die Konstituenten des Satzes, die gar nicht valenzgebunden sind (vgl. *Paul geht am Sonntag in den Zoo – Paul geht in den Zoo*). Diese werden in der Valenztheorie als Angaben bezeichnet (siehe hierzu Abschn. 7.3).

Grundsätzlich stellt sich die Frage, auf welcher Ebene die Valenz überhaupt anzusiedeln ist. Dass verschiedene Ebenen anzunehmen sind, wird oft am Beispiel der Witterungsverben gezeigt. Dies sind Verben, die syntaktisch eine Ergänzung fordern, für die semantisch aber gar keine Leerstelle vorgesehen ist. Sie sind syntaktisch einwertig, da in ihrer Umgebung obligatorisch ein Subjekt-*es* auftritt (vgl. *Es regnet, schneit, stürmt*). Auf der semantischen Ebene aber sind sie nullwertig, da es keinen Referenten gibt, über den sie etwas aussagen. Soll hier die syntaktische oder die semantische Ebene den Ausschlag in der Valenzbestimmung geben? Oder sollen beide Wertigkeiten nebeneinander stehen? Die letztgenannte Auffassung vertritt Tesnière. Er setzt zwei Strukturebenen an und weist darauf hin, dass die Valenz auf der syntaktischen Ebene eine andere sein könne als auf der semantischen (Tesnière 1959:272).

Helbig/Schenkel (1971^2) nehmen in ihrem Wörterbuch gar drei Valenzebenen an: eine syntaktische, eine semantische und eine logische.[26] Als **logische Valenz** bezeichnen sie »die Tatsache, daß Sachverhalte der Wirklichkeit als Aussagestrukturen, d.h. als Prädikate mit mehreren Leerstellen formulierbar sind«, als

26 In späteren Arbeiten Helbigs werden die zweite und dritte Ebene zur logisch-semantischen Valenz (vgl. Helbig 1991) zusammengefasst.

semantische Valenz die Tatsache, dass »die Verben bestimmte Kontextpartner fordern«. Die **syntaktische Valenz** bezeichnet die »obligatorische oder fakultative Besetzung von Leerstellen in einer bestimmten, vom Verb her geforderten Zahl und Art, differenziert nach den Einzelsprachen« (Helbig/Schenkel 1971²:65). Sie bezieht sich also darauf, wie die vom Verb geforderten Leerstellen morphologisch-syntaktisch realisiert werden sollen.

In der programmatischen Schrift von J. Jacobs (1994a) mit dem Titel *Kontra Valenz* ist nicht mehr von verschiedenen Ebenen der Valenz, sondern von verschiedenen Valenzbeziehungen die Rede. Es wird argumentiert, dass es gar kein einheitliches Valenzkonzept gebe, dass Valenz nichts anderes als ein Sammelbegriff für sieben Einzelrelationen sei, von denen keine der anderen in theoretischer Hinsicht überlegen ist. Diese »Begleiterbindungsbeziehungen«, die jeweils vom Valenzträger ausgehen, sind, so Jacobs, voneinander unabhängig, d.h. es können immer wieder Beispiele gefunden werden, in denen eine Konstituente nach der einen Begriffspräzisierung als valenzgebunden gilt, nach der anderen aber nicht. Und da keiner der Beziehungen der anderen überlegen sei, haben wir im Zweifelsfall kein Kriterium, das den Ausschlag gibt. Drei dieser sieben Valenzbeziehungen sollen hier kurz vorgestellt werden: die Argumenthaftigkeit (ARG), die formale Spezifizität (FOSP) und die inhaltliche Spezifizität (INSP). Diese knüpfen an das an, was in der traditionellen Valenzforschung unter logischer, syntaktischer und semantischer Valenz verstanden wird. Eine weitere Valenzbeziehung, die der Notwendigkeit (NOT), wurde weiter oben schon kurz erwähnt. Hingewiesen sei darauf, dass im Textanhang, der mehrere Jahre später verfasst wurde, die sieben Valenzbeziehungen auf eben diese vier reduziert werden (vgl. Jacobs 1994a:69–72).

Der Ausgangspunkt von Jacobs Überlegungen ist der folgende: Es gibt eine Reihe von syntagmatischen Beziehungen, die zwischen einem Objekt und einem Verb bestehen, aber zwischen einem Lokaladverbial und einem Verb nicht bestehen. Er erläutert dies an den Beispielsätzen (*weil*) *Peter Herrn Meier rasiert* und (*weil*) *Peter auf der Wiese schläft*. Diese Beziehungen wurden in der linguistischen Forschung unter dem Stichwort ›Valenz‹ diskutiert. Dabei wurde, so Jacobs, je nach Standpunkt jeweils eine andere Beziehung als Basis für die Präzisierung des Valenzbegriffs genommen. Beispielsweise gilt die »Argumenthaftigkeit (ARG)« (vgl. Jacobs 1994a:17) vielen Forschern als zentrale Valenzeigenschaft: Eine **Argumentbeziehung** liegt dann vor, wenn die Konstituente prädikatenlogisch als Argument in die vom Verb ausgehende Prädikation integriert ist. Im Beispielsatz (*weil*) *Peter Herrn Meier rasiert* ist das Objekt eines der beiden logischen Argumente des zweistelligen Prädikats RASIERT (vgl. die prädikatenlogische Darstellung RASIERT (PETER, HERRN MEIER). Das Lokaladverbial *auf der Wiese* hingegen stellt kein Argument dar, sondern ist selbst eine Prädikation. Der Satz kann in der Prädikatenlogik mit der Formel AUF DER WIESE (SCHLÄFT (PETER)) wiedergegeben werden.

Das Problem, das sich hier stellt, ist, wie der Argumentstatus einer Konstituente getestet werden kann, wie also Argumente von Nicht-Argumenten, valenzgebundene von nicht-valenzgebundenen Konstituenten, unterschieden werden können. Darauf komme ich im nächsten Abschnitt zu sprechen. An dieser Stelle sollen noch zwei weitere Valenzkriterien erläutert werden, die Jacobs als formale bzw. inhaltliche Spezifizität bezeichnet. Ich fasse diese hier in einer Definition zusammen: Eine Valenzbeziehung liegt dann vor, wenn von zwei Konstituenten X und Y die Konstituente X mindestens ein Form- bzw. mindestens ein Inhaltsmerkmal aufweist, dessen Auftreten durch eine spezifische Eigenschaft von Y bedingt ist (vgl. J. Jacobs 1994a:22).[27]

Die **Relation der formalen Spezifizität** knüpft an den traditionellen Rektionsbegriff an. Eine solche Relation besteht zwischen dem Verb *rasieren* und dem Akkusativobjekt. Dass *rasieren* eine Akkusativ-NP (und keine Genitiv-NP, Dativ-NP oder PP) als Objekt nimmt, lässt sich, so Jacobs (1994a:23), »nicht durch irgendwelche grammatische Regeln vorhersagen«, sondern ist eine spezifische Eigenschaft des Verbs *rasieren*. Der Umstand, dass die PP *auf der Wiese* mit dem Verb *schläft* auftritt, ist dagegen keine spezifische Eigenschaft des Verbs *schlafen*. Vielmehr ist vorhersagbar, dass Ortsangaben im Deutschen durch eine lokale Präposition (z.B. *auf, in, unter, hinter*) und eine NP im Dativ realisiert werden können, Richtungsangaben durch eine lokale Präposition und eine NP im Akkusativ (vgl. *sie rannten auf [den Sportplatz]*$_{AKK}$*/auf [dem Sportplatz]*$_{DAT}$).

Eine **Relation der inhaltlichen Spezifizität** zwischen *rasieren* (als Konstituente Y) und *Herrn Meier* (als Konstituente X) liegt vor, da die Tatsache, dass *rasieren* »einen Begleiter mit der semantischen Rolle ›Patiens‹ und dem semantischen Merkmal [+belebt] hat«, ebenfalls nicht vorhersagbar ist, sondern aus den spezifischen Eigenschaften des Verbs *rasieren* resultiert (J. Jacobs 1994a:23). Andererseits sind Ortsbestimmungen bei jedem Vorgangsverb hinzufügbar; es ist also keine spezifische Eigenschaft von *schlafen,* dass es mit der Konstituente *auf der Wiese* auftritt. Zu betonen ist, dass sich die von einer Konstituente Y geforderten Inhaltsmerkmale sowohl auf den Umstand beziehen können, dass die Konstituente X bestimmte inhärente semantische Merkmale trägt (z.B. [+menschlich], [+belebt], [+konkret]) als auch darauf, dass X in einer bestimmten semantischen Beziehung zu Y steht (z.B. als Agens oder Patiens fungiert).

Auch hier stellt sich die Frage, wie empirisch überprüft werden kann, ob zwischen zwei Konstituenten die Beziehung der formalen bzw. inhaltlichen Spezifizität besteht, ob also eine Valenzbeziehung vorliegt oder nicht. Wie kann ermittelt werden, ob das Auftreten einer Konstituente aus allgemeinen Regeln vorhersagbar ist oder aus spezifischen Eigenschaften des Valenzträgers resultiert, also valenzgebunden ist? So gibt es Präpositionalobjekte, deren Form bei bestimmten Verbsubklassen vorhersagbar ist (z.B. die *von*-Phrasen nach Verben des Bekommens

27 In der Nachschrift (Kap. 8) modifiziert Jacobs seine Definition des zentralen Begriffs »spezifische Eigenschaft von Y«. Er weist darauf hin, dass diese Definition nicht daran geknüpft werden sollte, ob sich die Forderung nach bestimmten Merkmalen vorhersagen lässt.

wie *etwas erhalten, bekommen, leihen, erben* etc., vgl. Breindl 1989:33). Diese müssten demnach nicht valenzgebunden sein. Andererseits ist das Auftreten vieler adverbialer PPs entgegen allgemeiner Auffassung nicht uneingeschränkt vorhersagbar. Bei instrumentalen, modalen und direktionalen Adverbialen sowie bei Zeitdauerangaben zeigen sich, wie E. Breindl (1989:46–53) nachweist, subklassenspezifische Beschränkungen (vgl. **Der Tisch ist gut aus Holz*). Möglicherweise ist Vorhersagbarkeit also gar nicht dichotomisch definierbar. Vielmehr ist zu überlegen, so V. Ágel (2000:184) in seiner Diskussion der Daten von E. Breindl (1989), ob man nicht Abstufungen ansetzen muss.

7.3 Ergänzungen und Angaben

Bei der Bestimmung der Wertigkeit eines Verbs berücksichtigt Tesnière nur die **Ergänzungen** (»actants«). Nur diese sind valenzgebunden, nur diese sind in ihrer Zahl festgelegt. Davon unterscheidet er die **Angaben** (»circonstants«).[28] Dies sind die »Umstände […], unter denen sich das Geschehen vollzieht« (Tesnière 1959:93). Sie haben nicht wesentlich am Geschehen teil, sind frei hinzufügbar und zahlenmäßig nicht festlegbar. Um den Unterschied zwischen Ergänzungen und Angaben anschaulich zu machen, greift Tesnière auf eine Bühnenmetapher zurück: Mit dem Verb werde das Bühnengeschehen beschrieben, die Aktanten (die Ergänzungen) seien die am Bühnengeschehen Beteiligten, die Zirkumstanten (die Angaben) stellten die Kulissen dar. Damit scheint zunächst intuitiv klar zu sein, wie Ergänzungen und Angaben voneinander abgrenzbar sind. In einem Satz wie *In der S-Bahn hat Peter seinen Lehrer getroffen* ist *in der S-Bahn* eine Angabe, *Peter* und *seinen Lehrer* sind die Ergänzungen.

(6)

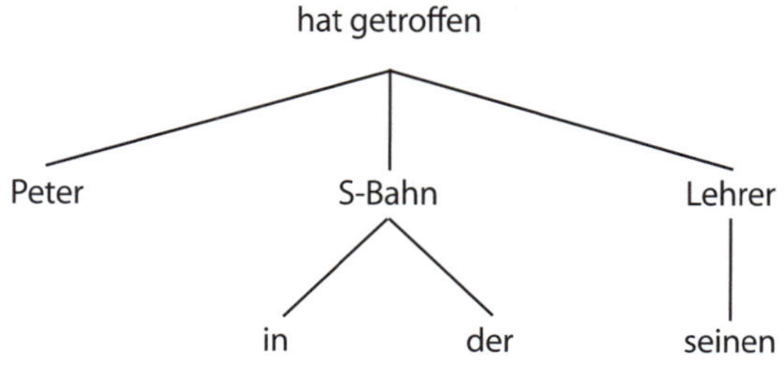

In diesem dependenzgrammatischen Stemma hängen sowohl die beiden Ergänzungen als auch die Angabe vom obersten Regens, vom Verbalkomplex *hat getrof-*

28 In der Generativen Grammatik werden Ergänzungen als Komplemente, Angaben als Adjunkte bezeichnet. Zu beachten ist aber, dass keine Eins-zu-Eins-Entsprechung vorliegt (vgl. Frey 2003).

fen, ab; doch nur bei zwei der drei Dependentien handelt es sich um Ergänzungen. Auch hieran sehen wir, dass Dependenz und Valenz nicht gleichzusetzen sind.

Welche Merkmale weisen nun die Ergänzungen im Unterschied zu den Angaben auf, wie lassen sie sich voneinander unterscheiden? Ein semantisches Kriterium wurde schon angeführt: Als Ergänzungen bezeichnet Tesnière alle Geschehensbeteiligten, als Angaben die Umstände, unter denen sich das Geschehen vollzieht. Weiter betont Tesnière, dass Angaben weglassbar seien, Ergänzungen nicht. Hier stellt sich aber die Frage, wie Umstandsbestimmungen zu bewerten sind, die von Verben gefordert werden. So verlangt das Verb *liegen* ein Lokaladverbial, das Verb *dauern* ein Temporaladverbial. Handelt es sich dabei um Ergänzungen oder Angaben? Schließlich nennt Tesnière ein formales Kriterium: Präpositional angeschlossene Glieder zählten immer zu den Angaben, nominale nicht. Doch auch dieses Kriterium steht in Widerspruch zur syntaktischen Notwendigkeit bzw. Weglassbarkeit. Es gibt im Deutschen präpositional angeschlossene Satzglieder, die nicht weglassbar sind (vgl. *Er verzichtet auf sein Recht*), und andererseits nominal angeschlossene Glieder, die nicht realisiert werden müssen (vgl. *Er tanzt* (*die ganze Nacht*)). Weiter oben wurde außerdem schon darauf hingewiesen, dass eine ganze Subklasse der Ergänzungen weglassbar ist und doch zu den valenzgebundenen Gliedern zählt. Es sind dies die fakultativen Ergänzungen (vgl. *Er liest* (*die Zeitung*)). Zudem stellt sich die Frage, was überhaupt unter Notwendigkeit zu verstehen ist: Ein Satzglied, das syntaktisch notwendig ist, ist es nicht notwendigerweise auch im kommunikativen Kontext. So ist in einem Satz wie *Hab keine Zeit* das fehlende Vorfeldelement zwar syntaktisch, aber nicht kommunikativ notwendig. Es kann denn auch weggelassen werden, ohne dass der Satz ungrammatisch würde.

Wir sehen also, die Kriterien sind nicht haltbar, zusammen genommen führen sie zu widersprüchlichen Ergebnissen. Dies ist nicht Tesnière anzulasten, es liegt in der Natur der Sache selbst: Das, was uns intuitiv klar ist, ist nur sehr schwer zu operationalisieren. Zu den ersten Versuchen, die unternommen wurden, um mehr Klarheit in das Konzept ›Valenz‹ zu bringen, zählen die Arbeiten von Gerhard Helbig. Er veröffentlichte 1969 zusammen mit W. Schenkel Das *Wörterbuch zur Valenz und Distribution deutscher Verben*, das 1971 in überarbeiteter und erweiterter Form aufgelegt wurde und seither in einer Vielzahl von Auflagen erschien. Im theoretischen Teil dieses Wörterbuches präsentieren die Autoren eine Reihe von Tests zur Unterscheidung von Ergänzungen und Angaben.

So vertreten Helbig/Schenkel (1971^2:34) die Auffassung, Angaben seien bei allen Verben frei hinzufügbar, Ergänzungen nicht. Doch wie wir schon weiter oben im Zusammenhang mit der Studie von E. Breindl (1989) gesehen haben: Es gibt durchaus Phrasen, die gemeinhin als freie Angaben angesehen werden, in ihrer Verbindbarkeit aber semantischen Restriktionen unterliegen. So sind Richtungsangaben nur mit Verben kombinierbar, die eine Ortsveränderung bezeichnen (vgl. die Ungrammatikalität des Satzes **Paul arbeitet in den Wald*). Umgekehrt lassen viele Verben aus semantischen Gründen nur eine kleine Klasse von Angaben zu (vgl. **Schweden grenzt gern an Norwegen*, Beispiel aus Vater 1978). Generell gilt, dass semantische Restriktionen immer auftreten können. Insofern kommt dieses von Helbig u. a. angenommene Kriterium der »Subklassenspezifik« nicht zur Unterscheidung von Ergänzungen und Angaben in Frage. Jacobs (1994a:26) vermerkt hierzu mit Recht: »Nur wenn solche Restriktionen spezifisch für ›Angaben‹ wären, hätten sie eine Chance, SPEZ (Subklassenspezifik, C. D.) als Kriterium der Trennung der letzteren von den ›Ergänzungen‹ zu rehabilitieren.«

Auch die Rückführbarkeit auf einen eingebetteten Satz, ein weiteres häufig genanntes Kriterium zur Identifikation der Angaben (vgl. *Paul starb in Dresden – Paul starb, als er in Dresden war*), liefert keine eindeutigen Ergebnisse (vgl. H. Vater 1978:17 f.): Es gibt Phrasen, die sich nicht auf Satzeinbettungen zurückfahren lassen und doch zu den Angaben zu zählen sind (vgl. *Paul schrie aus Leibeskräften – *Paul schrie, dass es aus Leibeskräften war*). Auf der anderen Seite lassen sich Ergänzungen bestimmter Verben in Gliedsätze umwandeln (vgl. *Tante Frieda erlebte den Einzug der Amerikaner – Tante Frieda erlebte, wie die Amerikaner einzogen* (Bsp. aus Vater 1978:28)). Dieser Gliedsatztransformationstest ist also auch nur bedingt brauchbar.

Ein anderer, mehr Erfolg versprechender Test ist der *geschehen*-Test. Danach sollten Angaben mit einem Verb wie *geschehen* einen eigenen Satz bilden können, Ergänzungen nicht. Mit diesem Test lässt sich das weiter oben erläuterte Kriterium der Argumenthaftigkeit überprüfen (vgl. Jacobs 1994a:18): Konstituenten, die sich aus der vom Verb ausgehenden Prädikation auslagern lassen, können in eine Argumentbeziehung treten, sie zählen nicht zu den Ergänzungen. Das folgende Beispiel soll dies veranschaulichen:

(7) a) Er schreibt einen Brief mit dem Computer.
b) Er schreibt einen Brief, und das geschieht mit dem Computer.

(8) a) Er trifft seinen Lehrer.
b) *Er trifft, und das geschieht seinem Lehrer.

Als Regel gilt, dass es sich um eine Angabe handelt, wenn die fragliche Konstituente mit einem *geschehen*-Satz aus dem Satz ausgelagert werden kann. Danach ist die Konstituente *mit dem Computer* in Satz (7) eine Angabe, die Konstituente *seinen Lehrer* in Satz (8) nicht. Aber auch an der Brauchbarkeit dieses Tests wurde Kritik geübt (vgl. Breindl 1989, Storrer 1992, Jacobs 1994a, Ágel 2000, Storrer 2003). A. Storrer (1992:80) stellt fest, dass die Akzeptabilität der *geschehen*-Sätze von den Valenzeigenschaften des Verbs *geschehen* abhängt. Dieses verlangt eine Ergänzung im Nominativ und eine Ergänzung im Dativ (vgl. die Basiskonstruktion *jemandem geschieht etwas*). Wird der *geschehen*-Test mit einem Akkusativobjekt durchgeführt, so muss er zu einem ungrammatischen Ergebnis führen, eben weil das Verb *geschehen* nicht mit einem Akkusativobjekt auftreten kann. Machen wir uns dies an dem folgenden Beispiel klar:

(9) (a) Er singt ein Weihnachtslied.
(b) *Er singt, und das geschah ein Weihnachtslied.

Die Umformung von (9a) zu (9b) ist ungrammatisch, weil das Verb *geschehen* mit einem Akkusativobjekt kombiniert wurde. Dass der Satz auch deshalb ungrammatisch ist, weil das Akkusativobjekt zur Valenz von *singen* gehört, ist diesem Tatbestand nachgeordnet. Für vom Verb abhängige Glieder im Akkusativ kann dieser Test also nicht sinnvoll durchgeführt werden.

V. Ágel (2000) führt in seiner Valenzstudie noch weitere Kritikpunkte an den Tests zur Unterscheidung von Ergänzungen und Angaben an. Auf einen seiner Punkte sei hier eingegangen: Der *geschehen*-Test baut, wie die anderen Tests auch, auf dem Akzeptabilitätsurteil des Sprechers auf. Beurteilt er den Satz mit der ausgelagerten Konstituente als angemessen, liegt keine Argument- und folglich keine Valenzbeziehung vor. Ágel vertritt nun die Auffassung, dass es »methodisch schlicht absurd« sei, Argumenthaftigkeit (ARG) auf diese Weise testen zu wollen, da »ARG ein formallogisches-linguistisches Systemkonstrukt ist, das […] an konkretem sprachlichen Material unmittelbar weder nachweisbar noch nachvollziehbar ist« (V. Ágel 2000:179). Würde man einen solchen Test durchführen, so erhielte man, wie bei allen anderen Tests auch, voneinander abweichende Akzeptabilitätsurteile. Im Unterschied zu anderen Valenzbeziehungen ist es aber per definitionem ausgeschlossen, dass eine formallogische Prädikat-Argumentstruktur von Sprecherurteilen abhängig sein kann.

Als Fazit ergibt sich: Immer noch wird nach geeigneten Kriterien zur Unterscheidung von Ergänzungen und Angaben gesucht (vgl. hierzu auch den Überblickartikel von A. Storrer 2003). Einige Linguisten plädieren aufgrund der Datenlage dafür, ganz auf diese Unterscheidung zu verzichten (H. Vater 1978), andere meinen, die Unterscheidung sei nur im jeweiligen satzgrammatischen Zusammenhang zu treffen (J. Jacobs 1994b), wieder andere vertreten die Auffassung, es sei nur eine graduelle Unterscheidung von Ergänzungen und Angaben möglich (H.-J. Heringer 1984). Eine Übersicht über die Argumente, die für die Annahme einer solchen graduellen Abstufung vorgetragen wurden, gibt Angelika Storrer (2003:776–778).

7.4 Vom praktischen Nutzen der Valenztheorie

Für sprachkontrastive Untersuchungen, insbesondere für die Erstellung von Wörterbüchern, wurde das Valenzkonzept nutzbar gemacht. Vier wichtige Valenzwörterbücher seien hier genannt: *Verben in Feldern – Valenzwörterbuch zur Syntax und Semantik deutscher Verben* von H. Schuhmacher, *Wörterbuch zur Valenz und Distribution deutscher Verben* von G. Helbig und W. Schenkel, *Wörterbuch zur Valenz und Distribution deutscher Adjektive* von K. E. Sommerfeldt und K. Schreiber und das *Wörterbuch zur Valenz und Distribution der Substantive*, ebenfalls von K. E. Sommerfeldt und K. Schreiber.

Die Valenz-Wörterbücher von Helbig/Schenkel und Sommerfeldt/Schreiber enthalten, wie der Titel sagt, Angaben zur »Valenz und Distribution«, d.h. Angaben zur Anzahl der geforderten Ergänzungen (Valenz) und zu ihrer syntaktisch-semantischen Charakterisierung (Distribution). In späteren Arbeiten wird das Begriffspaar ›Valenz und Distribution‹ durch die geeigneteren Termini ›quantitative und qualitative Valenz‹ ersetzt. Geeigneter sind diese Termini deshalb, weil unter **Distribution** nicht, wie im eigentlichen Sinne, die Gesamtheit aller Umgebungen in der ein Element auftreten kann, verstanden wird. Betrachtet wird in diesen Valenzwörterbüchern ja nur »ein Teil der Distribution« (Storrer 1992:34), d.h. nur die Ergänzungen, nicht die Angaben. Die **quantitative Valenz** gibt die Zahl dieser Ergänzungen an, die **qualitative Valenz** ihre Art. Ob und wie viele der Ergänzungen davon fakultativ sind, wird dadurch gekennzeichnet, dass die fakultativen Ergänzungen in Klammern gesetzt werden (z.B. *gewinnen* = 1 + (1)).

Der Schwerpunkt in der Valenzbeschreibung liegt auf den Informationen zur qualitativen Valenz. Diese Informationen sind für den Wörterbuchbenutzer von besonderem Interesse. So muss ein ausländischer Deutschlerner wissen, dass das Verb *helfen* mit einem Dativ-, das Verb *unterstützen* mit einem Akkusativobjekt auftritt, dass das Verb *erinnern* reflexiv ist und eine präpositionale Ergänzung zu sich nehmen kann (vgl. *sich an jdn. erinnern* vs. *to remember somebody*), aber auch mit einer nominalen Ergänzung im Genitiv auftreten kann (vgl. *sich einer Sache erinnern*). Das Valenzwörterbuch von Helbig/Schenkel enthält solche Informationen zur morphologisch-syntaktischen Charakterisierung der Ergänzungen, darüber hinaus aber auch Angaben zu den semantischen Merkmalen der vom Verb geforderten Ergänzungen. Im Wörterbucheintrag für *gewinnen* ist z.B. festgehalten, dass das Subjekt in der Regel das semantische Merkmal [+ belebt] trägt. An Beispielsätzen wie *Der Freund gewinnt/das Pferd gewinnt* wird dies demonstriert.

Im *Wörterbuch zur Valenz und Distribution der Substantive* von K. E. Sommerfeldt und K. Schreiber (1983) finden sich ebenfalls Angaben zur syntaktischen und semantischen Charakterisierung der Ergänzungen. Schlägt man z.B. unter dem Substantiv *Appell* nach, so erhält man die Information, dass es mit drei fakultativen Ergänzungen stehen kann: mit einer Substantivgruppe im Genitiv und zwei Präpositionalgruppen, wovon die eine mit der Präposition *auf*, die andere mit *zu* eingeleitet wird. Als Beispiel wird der komplexe Ausdruck *der Appell der Leitung an die Mitglieder zur Solidarität* angeführt. Alle mit dem Valenzträger *Appell* vorkommenden Ergänzungen werden auch in semantischer Hinsicht charakterisiert. So wird für das Genitivattribut angegeben, dass es das semantische Merkmal [+ Hum] oder [+ Institution] trägt (z.B. *der Appell des Präsidenten/der Regierung*).

Ein neuer lexikographischer Ansatz, der in der Arbeit *Verbvalenz. Theoretische und methodische Grundlagen ihrer Beschreibung in Grammatikographie und Lexikographie* von Angelika Storrer (1992) vorgestellt wird, sei an dieser Stelle noch kurz erwähnt. Es handelt sich dabei um einen neuen Vorschlag zur Konzeption von Valenzwörterbüchern. Der Ausgangspunkt der Überlegungen ist, dass ein kompetenter Sprecher des Deutschen ein Verb danach auswählen wird, ob der mit diesem Verb verknüpfte Valenzrahmen situationsangemessen ist. Ist er dies nicht, wird er sich für ein anderes Verb entscheiden, das ihm in der jeweiligen Äußerungssituation geeigneter zu sein scheint. Als Beispiel nennt A. Storrer das Verbpaar *lügen/belügen*. Will der Sprecher den Angelogenen benennen, so wird er sich für das Verb *belügen* entscheiden, ansonsten wählt er das Verb *lügen* (vgl. *Peter belügt Maria* vs. *Peter lügt*).

Valenzbeschreibungen in Wörterbüchern sollten demnach so gestaltet sein, dass sie dem Benutzer ermöglichen, das für die jeweilige Situationsbeschreibung passende Verb auszuwählen. Ob eine Ergänzung obligatorisch oder fakultativ ist, steht dabei an zweiter Stelle. Vorrangig ist, welche Informationen im situativen Kontext kommunikativ notwendig sind und welches Verb den für die Beschreibung der jeweiligen Situation geeigneten Valenzrahmen bereitstellt. Künftige lexikographische Beschreibungen der Verbvalenz sollten, das betont A. Storrer mit Recht, diese Überlegungen berücksichtigen. Ziel der Lexikographen sollte sein, den Benutzer eines Valenzwörterbuchs in die Lage zu versetzen, »nicht nur syntaktisch korrekte, sondern auch kommunikativ angemessene Äußerungen erkennen und produzieren zu können« (Storrer 1992:327). Es bleibt zu hoffen, dass dieser fruchtbare Ansatz in die Praxis umgesetzt wird. Bislang liegt meines Wissens noch kein Wörterbuch vor, das auf der Basis dieser Überlegungen konzipiert ist.

Kommen wir nun von den Wörterbüchern zu den Grammatiken des Deutschen. Auch hier wird auf das Konzept der Valenz zurückgegriffen, so z. B., wenn die Satzbaupläne des Deutschen vorgestellt werden. **Satzbaupläne** geben an, welche syntaktischen Grundmuster in einer Sprache möglich sind, sie bauen also auf den Valenzeigenschaften der Verben auf. Erben (1980[12]:257–267) unterscheidet im Deutschen vier Grundmuster: Sätze mit einer Ergänzung (z. B. *Peter schläft*), mit zwei (z. B. *Katzen fangen Mäuse*), mit drei (z. B. *Mädchen stellen Blumen auf den Tisch*) und mit vier Ergänzungen (z. B. *Er schleudert ihm den Handschuh ins Gesicht*). Ausgehend von diesen vier Modellen können, so Erben, alle Satzbaupläne des Deutschen beschrieben werden. Im Duden (2005) werden darauf aufbauend insgesamt 34 Satzbaupläne unterschieden (vgl. die Übersicht auf den Seiten 939–941). Die Pläne sind so angeordnet, dass Kombinationen mit einer Ergänzung vor solchen mit zwei, drei und vier Ergänzungen stehen und Ergänzungen im Nominativ vor solchen im Akkusativ, Dativ und Genitiv und vor Präpositionalphrasen (z. B. Subjekt + Prädikat + Akkusativobjekt, Subjekt + Prädikat + Dativobjekt, Subjekt + Prädikat + Genitivobjekt etc.).[29]

29 Anzumerken ist, dass in der älteren Dudengrammatik von 1998 Satzbaupläne aufgeführt wurden, bei denen die Objekte nicht direkt von einem Verb, sondern von einem Adjektiv abhängig sind (vgl. *Das ist den Aufwand wert*). Diese Nebenpläne werden im Duden (2005) nicht mehr separat aufgelistet. So umfasst der Satzbauplan Subjekt + Akkusativobjekt + Prädikat nun sowohl Beispiele vom Typ *Wir bauen ein Haus* als auch (als Nebenplan) *Das ist die Mühe wert*.

Wir sehen, das Valenzkonzept kann für lexikographische und für grammatikographische Zwecke genutzt werden. Nicht von ungefähr haben sich viele Valenzforscher auf diesen Bereich konzentriert. Damit ist aber, so Jacobs (1994a), eine wichtige Frage aus dem Blick geraten: Gibt es überhaupt einen einheitlichen Valenzbegriff? Verbirgt sich dahinter nicht ein Sammelsurium von Definitionen? Und kann man überhaupt zu theoretisch interessanten Aussagen gelangen, wenn der Untersuchungsgegenstand nicht präzise bestimmt wird bzw. nicht präzise bestimmbar ist? Jacobs verneint dies. Er vertritt die These, dass »Valenz bestenfalls ein Sammelbegriff für mehrere inhaltlich verschiedene Konzepte und als solcher von geringem sprachwissenschaftlichen Interesse [ist]« (Jacobs 1994a:4). Jacobs spricht in seinem Buch nicht nur die noch immer ungelöste Frage nach der Unterscheidung von Ergänzungen und Angaben an, seine Kritik geht weiter. Kann mit einem Terminus, der wissenschaftlich gar nicht begründbar ist, überhaupt gearbeitet werden? In der Tat ist es mit ›Valenz‹ so wie mit anderen anerkannten Termini der linguistischen Beschreibungssprache: Man verwendet sie, ohne sich klar zu machen, was man darunter versteht, welche Definition man zugrunde legt, ob es überhaupt eine adäquate Definition gibt. In diesem Zusammenhang seien die nachdenkenswerten Worte von Gottlob Frege angeführt, die M. Reis ihrem Aufsatz zur Relevanz des Subjektbegriffs voranstellt:

> In jeder Wissenschaft, in der überhaupt von Gesetzmäßigkeiten die Rede sein kann, ist immer zu fragen: welche Kunstausdrücke sind nötig oder wenigstens nützlich, um die Gesetze dieser Wissenschaft genau auszudrücken. Was solche Prüfung nicht besteht, ist vom Übel. G. Frege (1918), zitiert nach M. Reis (1982:171)

Es ist also zu fragen, ob der Kunstausdruck ›Valenz‹ in der Sprachwissenschaft wenn nicht »nötig«, so doch wenigstens »nützlich« ist. Dies ist Gegenstand des nächsten Abschnitts, in dem es darum geht, verschiedene Formen der Valenzrealisierung einzelsprachlich und sprachübergreifend adäquat zu beschreiben. Ich beziehe mich dabei auf die Unterscheidung in Valenzpotenz und Valenzrealisierung von V. Ágel (1993a und b, 1995 und 2000). Für die Analyse deutscher Satzstrukturen nutzbar gemacht wurden diese Überlegungen von H. Vater (1995).

7.5 Valenzpotenz und Valenzrealisierung

Betrachtet man die germanistische Valenzforschung in der Nachfolge Tesnières, fällt auf, dass bei der Bestimmung der Verbvalenz jeweils eine prototypische Satzstruktur als Ausgangspunkt genommen wird. Wer beispielsweise die Valenz des Verbs *spendieren* bestimmt, legt implizit einen Aktivsatz wie z. B. *Er spendiert mir ein Eis* zugrunde. Dies ist aber nicht mit der Tatsache vereinbar, dass im Passiv eine der Ergänzungen regelhaft fehlt bzw. nur noch als präpositionale Angabe realisierbar ist. Vgl.:

(10) (a) Ein Eis wird mir spendiert.
(b) Ein Eis wird mir von ihm spendiert.

Auch einer der drei Verbmodi des Deutschen, Indikativ, Imperativ und Konjunktiv, wird als Normalfall präsupponiert: der Indikativ. Dies sehen wir, wenn wir den indikativischen Satz *Er spendiert mir ein Eis* mit den Imperativsätzen in (11) vergleichen. In der vertrauten Anredeform der 2. Person Singular und Plural wird das Subjekt im unmarkierten Fall nicht als syntaktische Ergänzung realisiert. Dies aber wird in der Valenzbeschreibung nicht berücksichtigt bzw. es wird von Valenzreduktion gesprochen, obwohl das Subjekt in der Verbform weiterhin enthalten ist:

(11) (a) Spendier mir doch ein Eis!
(b) Spendiert mir doch ein Eis!

Dieser systematische Wegfall einer syntaktischen Ergänzung ist nicht zu verwechseln mit dem Umstand, dass es Verben gibt, in denen eine der Ergänzungen fakultativ auftritt. Fakultative Ergänzungen können syntaktisch ohne Weiteres realisiert werden; das Beispiel in (11) ist aber gerade dadurch charakterisiert, dass die Ergänzung zwar morphologisch, nicht aber syntaktisch realisiert wird.[30]

Kurz: Die Valenz wurde für den kanonischen Fall (= finites Verb im Indikativ Aktiv) bestimmt, nicht aber für andere Realisierungsformen – und dies, obgleich sowohl im Passiv als auch in der Imperativform der 2. Pers. Singular und Plural ein als n-wertig klassifiziertes Verb im Deutschen systematisch die syntaktische Valenz n–1 hat. Hier nun setzt die Kritik von Vilmos Ágel ein. Er betont, dass den Formen der Valenz**realisierung** ebenso viel Aufmerksamkeit gewidmet werden müsse wie der Valenz**potenz** (vgl. V. Ágel 1995:5). Valenzpotenz und Valenzrealisierung definiert er folgendermaßen:

> **Valenzpotenz** (kurz: Valenz) ist die Potenz relationaler Lexemwörter, die zu realisierende grammatische Struktur zu prädeterminieren. V. Ágel (1995:3)

> Diese Formen und Typen der grammatischen Realisierung der Valenz, das Einbringen der Valenz in grammatische Strukturen einer Einzelsprache, nenne ich **Valenzrealisierung**. V. Ágel (1995:3)

In beiden Definitionen kommt die Auffassung zum Ausdruck, dass die Valenzeigenschaften eines Wortes maßgeblich am Aufbau grammatischer Strukturen beteiligt sind. Es wird aber auch berücksichtigt, dass noch andere Faktoren – wie z. B. die Verbdiathese (Aktiv/Passiv), der Verbmodus (Indikativ/Konjunktiv/Imperativ) und die Präfigierung – beim Strukturaufbau eine Rolle spielen.[31]

30 Wird das Subjekt doch genannt, ist es kontrastiv hervorgehoben (vgl. *Spendier **du** mir doch ein Eis!*).

31 Verben mit dem Präfix *be-* machen einen anderen Strukturaufbau erforderlich als ihre

Was heißt das nun für die Beschreibung syntaktischer Strukturen? Und inwiefern lassen sich damit auch Realisierungsformen verschiedener Sprachen erfassen? Wenden wir dazu den Blick vom Deutschen auf andere Sprachen. Wie bereits erwähnt, gibt es Sprachen, in denen die Subjektergänzung syntaktisch nicht realisiert zu werden braucht. Im Lateinischen, Spanischen, Griechischen, Italienischen, Türkischen, Finnischen, Ungarischen und in vielen anderen Sprachen gilt für nicht-emphatische, pronominale Subjekte, dass sie **nicht** syntaktisch realisiert werden.

Nehmen wir dazu ein Beispiel aus dem Italienischen: *canta*, dt. *er/sie/es singt.* Soll die Valenz des Verbs *singen* im Italienischen bestimmt werden, muss der Tatsache Rechnung getragen werden, dass die Subjektergänzung im Normalfall nur morphologisch, in der Verbform selbst, realisiert wird. Es wäre falsch, hier von einer Nullergänzung auszugehen oder davon zu sprechen, dass das Pronomen weggelassen worden wäre (vgl. die generative Redeweise von den »Pro-Drop-Sprachen«). Vielmehr gilt es einfach festzustellen, dass die Valenzrealisierungsformen sprachspezifisch verschieden sind. Das Italienische ist eine Sprache, in der es genügt, den nicht-nominalen Subjektaktanten nur auf der Mikroebene, im Verb selbst, zu realisieren, das Deutsche eine Sprache, in der das Subjekt morphologisch (auf der **Mikroebene**) und syntaktisch (auf der **Makroebene**) realisiert wird.[32] Wird der Aktant im Italienischen nur morphologisch realisiert, so ist das Genus nicht festlegbar. Die Übersetzung von *canta* ist deshalb *er/sie/es singt.*

V. Ágel kritisiert nun zu Recht, dass die Mehrheit der Valenzforscher nur eine Ebene, die Makroebene, im Blick habe. Die typologischen Unterschiede zwischen einzelnen Sprachen ließen sich aber nur dann adäquat beschreiben, wenn beide Ebenen gleichermaßen berücksichtigt werden, wenn also im Modell dargestellt wird, dass die Valenz sowohl syntaktisch als auch morphologisch, in der Personalendung des Verbs, realisiert werden kann. In diesem **Valenzrealisierungsmodell** müsse also vorgesehen sein, dass es in einer Einzelsprache morphologische Aktanten (auf der Mikrobene) und syntaktische Aktanten (auf der Makroebene) gebe.[33] Im Deutschen beispielsweise könne der Erstaktant (trad.: das Subjekt) auf beiden Ebenen, der Zweitaktant (trad.: das Objekt) nur auf der Makroebene realisiert werden.

Machen wir uns diese Überlegungen klar, indem wir die deutsche Indikativ- mit der deutschen Imperativstruktur vergleichen. Im Indikativ (z.B. *Du isst das Fleisch.*) tritt der Erstaktant sowohl auf der Mikroebene als auch auf der Makroebene auf, im Imperativ (z.B. *Iss das Fleisch!*) nur auf der Mikroebene (Beispiel aus Ágel 1995:13).

---

nicht-präfigierten Pendants (vgl. *den Kindern Spielzeug schenken – die Kinder mit Spielzeug **be**schenken, Heu auf den Wagen laden – den Wagen mit Heu **be**laden*).

32 Zur Unterscheidung von Mikro- und Makroebene vgl. S. László (1988).

33 Ágel spricht von ›Aktanten‹, nicht von ›Ergänzungen‹. Das halte ich für sinnvoll, denn der Terminus ›Ergänzung‹ impliziert, dass Wortmaterial hinzugefügt, ergänzt wird. Gerade dies ist bei morphologischen Aktanten aber nicht der Fall.

(12) (a_1, 0) Mikroebene
| |
0, A_2 Makroebene
Iss das Fleisch!

Der Erstaktant wird in Beispiel (12) auf der Mikroebene in der Verbform realisiert (dargestellt als a_1), der Zweitaktant, die Objekt-Konstituente *das Fleisch*, auf der Makroebene als syntaktischer Aktant (dargestellt als A_2). Diese Imperativ-Struktur entspricht der, die in Sprachen, in denen das Subjekt in das Verb inkorporiert werden kann, die Normalstruktur im Indikativ ist. So wird das ungarische *Eszi a húst* (dt. ›Er/sie/es isst das Fleisch‹) folgendermaßen dargestellt:

(13) (a_1, 0) Mikroebene
| |
0, A_2 Makroebene
Eszi a húst.

Ein Vorteil dieses Modells ist, dass die Subjektrealisierung auf der Mikroebene nicht als Valenzreduktion angesehen wird. Vielmehr wird dem Umstand Rechnung getragen, dass die Aktanten unterschiedlich erscheinen können, mikrovalenziell und/oder makrovalenziell. Diese Realisierungsformen sind unabhängig von der Valenzpotenz. Sie basieren vielmehr auf den Strukturprinzipien der Einzelsprachen. Auch innerhalb einer Sprache können sie variieren in Abhängigkeit von den oben genannten Faktoren (Verbdiathese, Verbmodus, Präfigierung etc.).

7.6 Fazit

Abschließend sei noch einmal betont, dass die Valenz wissenschaftsgeschichtlich zwar eng mit der Dependenz verbunden ist, dass sie aber nicht mit dieser gleichgesetzt werden darf. Die Unterschiede werden im folgenden Zitat deutlich hervorgehoben:

> Die Dependenzgrammatik modelliert die strukturelle Organisation der Grammatik mithilfe von verschiedenen Abhängigkeitsrelationen. Sie beschreibt also Typen von in der Grammatik realisierbaren Beziehungen, mit denen konkrete Realisierungen erzeugt werden können. Ob diese Realisierungen Valenzrealisierungen oder Realisierungen von ganz anderen Beziehungen sind, ist aus der Sicht der Dependenzgrammatik unerheblich. Sie hat alle grammatischen Realisierungen unabhängig von ihrer »Herkunft« zu erzeugen. V. Ágel (1995:29)

Die Valenz ist also nur eine der Abhängigkeitsbeziehungen, wenn auch diejenige, die in der Dependenzgrammatik konstitutiv für den Aufbau syntaktischer Strukturen ist. Mit dem Valenzbegriff hat L. Tesnière unsere Intuition, dass es Konstituenten gibt, die ›irgendwie‹ enger zu einem Wort gehören als andere, in ein syntaktisches Modell eingebettet. Wie diese enge Beziehung zwischen den Aktanten (Ergänzungen) und ihren Valenzträgern operational erfasst werden kann, ist ein Problem, das in der Valenzforschung bis heute diskutiert wird. Für Tesnière stellte sich dieses Problem nicht, da er glaubte, mit den von ihm angeführten formalen und semantischen Kriterien die Klasse der Aktanten eindeutig von den Zirkumstanten (Angaben) unterscheiden zu können.

Mit der von Jacobs (1994a) diagnostizierten »Valenzmisere« ist dieses Problem wieder aufgeworfen und in ein neues Licht gerückt worden. Der Valenzbegriff wurde grundsätzlich in Frage gestellt und der Nachweis zu erbringen versucht, dass der Begriff ›Valenz‹ »verschiedene häufig gemeinsam vorliegende, aber prinzipiell voneinander unabhängige Phänomene zu einem einzigen, scheinbar einheitlichen Phänomen zusammenbackt, indem er bestimmte Grenzfälle übergeneralisiert.« (Jacobs 1994a:68). Es bleibt zu wünschen, dass es gelingt, den Valenzbegriff zu präzisieren und darauf aufbauend neue Formen der lexikographischen und grammatikographischen Anwendung zu entwickeln. In welche Richtung diese Arbeit gehen kann, wurde am Beispiel der Vorschläge von A. Storrer und V. Ágel gezeigt.

Abschließend sei darauf hingewiesen, dass es eine Theorie gibt, die gewissermaßen das Pendant zur Valenztheorie darstellt: die Konstruktionsgrammatik (vgl. zu einem instruktiven Überblick Fischer/Stefanowitsch 2006). Sie beschreibt sprachliche Strukturen nicht ›bottom-up‹, als Kombination von Wörtern, sondern ‚top-down', als Kombination von komplexen Einheiten. Auf syntaktischer Ebene können diese Einheiten Phrasen vom Typ *jmd. etwas geben* sein, aber auch idiomatische Wendungen wie *sich geschlagen geben*. Um Letztere nicht in die Lexik verbannen zu müssen, beschreiben Konstruktionsgrammatiker sie als Konstruktionen, bestehend aus Variablen. Solche Konstruktionen können produktiv verwendet werden, sie können aber auch, wie bei *in X setzen*, nur eingeschränkt (vgl. *in Kenntnis setzen*, aber **in Wissen setzen*) oder gar nicht produktiv sein (vgl. Jacobs 2008:7).

Ob die Konstruktionsgrammatik eine Alternative zur Valenztheorie darstellt, ist eine umstrittene Frage. So gibt es syntaktische Einheiten, denen die Valenztheoretiker tatsächlich nicht beikommen, da sie idiomatisch sind oder gar kein Verb enthalten (vgl. *Her mit dem Geld!*). Andererseits kann man argumentieren, dass solche Randphänomene zwar besser über die Konstruktionsgrammatik erfasst werden, dies aber nichts daran ändere, dass das Zentrum der Grammatik valenztheoretisch zu beschreiben sei. Abschließend spricht sich Jacobs (2008:41) in seinem programmatischen Aufsatz »Wozu Konstruktionen?« denn auch für eine Aufgabenteilung zwischen Valenztheorie und Konstruktionsgrammatik aus. Die Forschungsdiskussion wird zeigen, ob Jacobs recht hat und man in der Grammatiktheorie tatsächlich beide Ansätze, ›bottom-up‹ und ›top-down‹, braucht.

Zur Vertiefung

V. Ágel 2000 (Einführung in die Valenztheorie, Diskussion des Forschungsstandes)

V. Ágel et al. 2003/2006 (umfassende Sammlung von Beiträgen zur Valenz und Dependenz)

A. Storrer 2003 (Diskussion der Unterscheidung von Ergänzungen und Angaben)

8 Die Generative Grammatik

Phenomena may be suggestive, but strictly speaking, they tell us nothing.

Noam Chomsky (1977:77)

8.1 Vorbemerkungen

Die Generative Grammatik (früher auch: Generative Transformationsgrammatik) hat bis heute mehrere Entwicklungsphasen durchlaufen, von denen hier drei vorgestellt werden: die Standardtheorie (1960er- und 1970er-Jahre), die Government-Binding-Theorie (1980er-Jahre) und das Minimalistische Programm (1990er-Jahre). In der Standardtheorie, die auf das Buch *Aspects of the Theory of Syntax* (N. Chomsky 1965) zurückgeht, wurde das Forschungsprogramm der Generativen Grammatik festgelegt, die Abgrenzung zum Strukturalismus erfolgte, neue Termini wurden eingeführt. Auf die *Aspects* werde ich nur kurz eingehen; der Schwerpunkt der folgenden Ausführungen liegt auf der neueren Entwicklung, auf den Arbeiten von Chomsky (1981), (1993) und (1995). Da nur die wichtigsten Punkte behandelt werden können, sei an dieser Stelle auf andere, ausführlichere Darstellungen verwiesen: Den Theoriestand der 1980er-Jahre referieren die Arbeiten von G. Fanselow/S. Felix (1993), A. v. Stechow/W. Sternefeld (1988) und Günther Grewendorf (1991). Zum Minimalistischen Programm gibt es eine deutschsprachige Einführung, die ebenfalls von Günther Grewendorf (2002) stammt. Sie ist allerdings nur mit soliden Grundkenntnissen in der Generativen Grammatik lesbar. Außerdem seien dem Leser die knappe, aber verständliche Darstellung von Alec Marantz (1995) sowie zwei neuere Einführungen von David Adger (2004) und Andrew Radford (2004) empfohlen.

Da sich die Generative Grammatik nicht nur in formaler, sondern vor allem auch in konzeptueller Hinsicht von anderen Theorien unterscheidet, werde ich zunächst die sprachtheoretischen Grundannahmen erläutern (Abschn. 8.2). Wie wir in diesem Abschnitt sehen werden, ist die Generative Grammatik im eigentlichen Sinne keine Syntaxtheorie, sondern eine Sprachtheorie. In Abschn. 8.3 wird die Standardtheorie der Generativen Grammatik vorgestellt: die Unterscheidung in strukturaufbauende und strukturverändernde Regeln, die Unterscheidung in Tiefen- und Oberflächenstruktur und das Zusammenspiel der einzelnen Komponenten im Gesamtmodell. Wie syntaktische Regularitäten im Rahmen der Government-Binding-Theorie und des Minimalistischen Programms beschrieben und erklärt werden, ist Gegenstand der Abschnitte 8.4 und 8.5.

Der besseren Übersicht halber werde ich im Folgenden die wichtigsten Aussagen graphisch hervorheben. Hingewiesen sei auch darauf, dass für viele der verwendeten englischsprachigen Termini noch kein deutscher Ausdruck zur Verfügung steht. Der Leser wird daher mit einer Vielzahl von englischen Bezeichnungen konfrontiert.

8.2 Die konzeptuellen Grundlagen

Die Generative Grammatik unterscheidet sich von den anderen in diesem Buch vorgestellten Syntaxtheorien in einem wichtigen Punkt: Es geht ihr nicht primär um die Beschreibung sprachlicher Strukturen, sondern um die Modellierung der Kenntnisse, die den Sprecher dazu befähigen, sprachliche Strukturen aufzubauen, sie zu generieren. Der ganze Beschreibungsapparat dient also letztlich nur dazu, die **Sprachkompetenz** nachzubilden. Diese ist zentraler Bestandteil unserer kognitiven Fähigkeiten. Sie zu beschreiben sollte nach Chomsky eigentlicher Gegenstand linguistischer Untersuchungen sein. Die **Performanz**, der Gebrauch, den der Sprecher von dieser Fähigkeit macht, ist nach Chomsky sekundär. Zwar lassen sich über den Sprachgebrauch die relevanten Daten gewinnen, wichtiger ist aber, den Zusammenhang von Sprache und Kognition zu erfassen.

Chomsky geht dabei deduktiv vor: Im Mittelpunkt steht die Formulierung allgemeiner Gesetze, die sprachlichen Daten dienen dazu, diese gegebenenfalls zu modifizieren. So ist auch das vorangestellte Zitat zu verstehen: Die Daten mögen interessant sein, wichtiger als die Datenbeschreibung (resp. die Beschreibung einzelner Sprachen) ist, Hypothesen über das Sprachwissen zu formulieren und deren Gültigkeit anhand der Daten zu überprüfen. Seit mehr als 30 Jahren beschäftigt sich Chomsky nunmehr mit der Frage nach dem Zusammenhang von Sprache, Spracherwerb und Kognition (vgl. z. B. seine Arbeit von 1968, *Language and Mind* und – 20 Jahre später – *Language and the Problemes of Knowledge*). Die zentrale These in diesen Arbeiten lautet:

Nur wenn man annimmt, dass es universale, angeborene Prinzipien gibt, kann man erklären, wie ein Kind in relativ kurzer Zeit eine Sprache erwerben kann, wie es in der Lage sein kann – und das ist ein oft gebrauchter Topos – ›Sätze zu bilden, die es noch nie zuvor gehört hat‹. Chomsky geht davon aus, dass jeder Mensch über eine **Universale Grammatik** (UG) verfügt, die ihn dazu befähigt, jede beliebige Sprache zu erwerben (siehe dazu aber die kontroverse Diskussion zwischen N. Chomsky und J. Piaget in dem Buch von Piattelli-Palmarini 1980). Die UG besteht, so die Annahme in der Generativen Grammatik, aus allgemeinen **Prinzipien** und sprachspezifischen **Parametern**. Die in einer Sprache gültigen Parameter würden im Laufe des Spracherwerbs durch die Daten, mit denen das Kind konfrontiert wird, auf einen bestimmten Wert eingestellt. Ein Beispiel für einen solch einzelsprachlichen ›Schalter‹ ist der »Pro-Drop-Parameter«. Wie bereits an anderer Stelle erwähnt, gibt es Sprachen, in denen das Subjektpronomen nicht realisiert zu werden braucht (z. B. Italienisch, Spanisch, Griechisch), und andere Sprachen (z. B. Deutsch, Englisch, Französisch), in denen die Subjektposition in der Regel immer lexikalisch besetzt werden muss. Welcher Parameter in ›seiner‹ Sprache gilt, erfährt das Kind durch den sprachlichen Input. Im Italienischen erhält es positive Evidenz für die pronominale Subjektauslassung, im Deutschen nicht.

Ziel der Generativen Grammatiker ist es also, die Prinzipien und Parameter adäquat zu beschreiben und damit eine Erklärung für den Spracherwerb zu bieten. Wenn die Theorie gelegentlich auch als ›Prinzipien- und Parametertheorie‹ (PPT) bezeichnet wird, so wird eben diese Zielsetzung in den Vordergrund gerückt. Zwar haben sich die Annahmen darüber, wie der Spracherwerb und die Sprachfähigkeit im Modell erklärt werden können, geändert. Doch eines ist immer gleich geblieben: Es geht der Generativen Grammatik um das Aufdecken der Gesetzmäßigkeiten, die dem sprachlichen Kenntnissystem zugrunde liegen, darum, einen Teilbereich der menschlichen Kognition zu erfassen – nicht die Sprache selbst. Es ist sicher berechtigt zu sagen, dass sich innerhalb der linguistischen Forschung durch die Generative Grammatik eine Hinwendung zu Fragen der Psychologie und der Neurologie vollzogen hat. Ob allerdings diese ›kognitive Wende‹ in der Sprachwissenschaft dem Untersuchungsgegenstand gerecht wird, ist umstritten (vgl. hierzu die immer noch aktuelle Debatte zwischen L. Jäger, M. Bierwisch und G. Grewendorf in der *Zeitschrift für Sprachwissenschaft* von 1993). In jüngster Zeit wird gar die Frage gestellt, ob es überhaupt sinnvoll sei, eine Unterscheidung in Kompetenz und Performanz anzunehmen (vgl. den Buchtitel von Krämer/König (2002): »Gibt es eine Sprache hinter dem Sprechen?«), und es wird dafür argumentiert, dass sich das sprachliche Regelsystem im Sprachgebrauch selbst konstituiere. Auch einige generative Grammatiker schließen sich dieser Sichtweise an. Dies gilt z. B. für Gisbert Fanselow, der selbst in den 1980er- und 1990er-Jahren im Rahmen der Rektions- und Bindungstheorie publiziert hat (s. u.). Fanselow vertritt nunmehr die Auffassung, dass »Vorsicht bei der Annahme einer aufgabenspezifisch angeborenen Universalgrammatik [...] geboten ist« (Fanselow 2002:233) und es ein Alternativmodell gebe, das den fundamentalen Eigenschaften von Sprache eher gerecht würde: die Optimalitätstheorie (vgl. dazu Kap. 9).

8.3 Die Anfänge der Generativen Grammatik

Viele der generativen Grammatiker in den 1960er- und 1970er-Jahren waren damit befasst, Regeln auszuarbeiten, die zum Aufbau grammatischer Strukturen führen sollten. Diese Regeln wurden als **Phrasenstrukturregeln** bezeichnet. Ein Beispiel für einen solchen Regelapparat wird im Folgenden gegeben. Die Regeln sind zu lesen als Anweisungen für den Aufbau syntaktischer Strukturen (z. B. »Bilde einen Satz, indem du eine NP und eine VP zusammenfügst.«)

(1) (a) PS-Regeln:

1. S → NP VP
2. NP → Det N
3. VP → V NP NP

Mit diesen drei Regeln lässt sich bereits eine Vielzahl von Sätzen erzeugen. Setzen wir beispielsweise für die NP, die nach Regel 2 aus einem Determinans[34] und einem Nomen besteht, *der Junge* ein, für die VP in Regel 3 die Konstituenten *schenkt*$_{[V]}$ *seiner Schwester*$_{[NP]}$ *einen Kaugummi*$_{[NP]}$, so erhalten wir den Satz *Der Junge schenkt seiner Schwester einen Kaugummi.*

Noch weitaus mehr Sätze lassen sich mit den drei Regeln generieren, wenn durch Klammersetzung vorgesehen wird, dass einzelne Elemente fakultativ auftreten (vgl. (1b)). Möglich ist dann beispielsweise auch, einen Satz zu bilden, dessen Phrasen minimal aus einem Nomen und einem Verb bestehen (z.B. *Paul*$_{[NP]}$ *liest*$_{[VP]}$).

(1) (b) PS-Regeln:

1. S → NP VP
2. NP → (Det) N
3. VP → V (NP) (NP)

Es soll nun nicht diskutiert werden, wie ein Regelapparat aussehen könnte, der alle im Deutschen vorkommenden syntaktischen Strukturen erfasst. Zwar wurde versucht, solche Regeln aufzustellen, doch dies war zum Scheitern verurteilt. Die Einsicht, dass es nicht möglich ist, alle potentiellen Strukturen über PS-Regeln dieser Art zu erfassen, hat denn auch dazu geführt, dass der Regelapparat in den 1970er-Jahren stark modifiziert wurde. Zwar wurden die Satzstrukturen weiterhin mit Hilfe von Phrasenstrukturregeln hergeleitet. Die Regeln selbst wurden aber grundlegend verändert (siehe unten).

Was beibehalten wurde, ist, die Struktur der Sätze in Form von Baumdiagrammen darzustellen, in denen Kategorialsymbole (S, NP, VP etc.) auftreten. Die folgende Graphik zeigt den hierarchischen Aufbau des Satzes *Paul gibt dem Kind das Buch.* Wie wir sehen, handelt es sich hier um die Darstellung einer Konstituentenstruktur, nicht um eine Dependenzstruktur (vgl. Kap. 7): Die Satzkonstituente S wird in einzelne Subkonstituenten zerlegt, die ihrerseits natürlich wieder zerlegt werden können. In (2) wurde im Interesse einer übersichtlicheren Darstellung auf eine weitere Ausdifferenzierung der Nominalphrasen verzichtet.

(2)

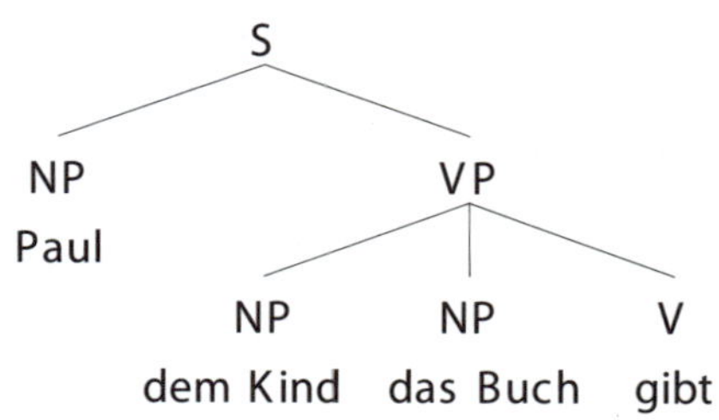

34 Als Determinans (Plural: Determinantien) wird die Wortklasse bezeichnet, die Artikel, Possessiv- und Demonstrativpronomen umfasst.

Der Satz besteht hier aus mehreren Knoten, die binär (S) bzw. ternär (VP) verzweigen. Der Knoten S dominiert, so die generative Redeweise, die Knoten NP und VP, diese dominieren ihrerseits weitere Knoten. Es stellt sich hier natürlich die Frage, warum das finite Verb in dieser Strukturdarstellung in Endposition steht. Damit kommen wir zu einem Punkt, der in der Generativen Grammatik eine zentrale Rolle spielt, zur Unterscheidung in Tiefen- und Oberflächenstruktur:

Der **Oberflächenstruktur** (OS) entspricht die konkrete Wort- und Satzgliedfolge, die **Tiefenstruktur** (TS) stellt die abstrakte Ebene dar, die der Oberflächenstruktur zugrunde liegt.

Syntaktische Konstruktionen, die sich an der OS nur hinsichtlich der Wortstellung unterscheiden, lassen sich auf eine einzige TS zurückführen. Betrachten wir dazu die folgenden vier Sätze:

(3) (a) Peter ist heute gekommen.
(b) Ist Peter heute gekommen?
(c) Heute ist Peter gekommen.
(d) (dass) Peter heute gekommen ist.

Da zwischen diesen Sätzen ein enger Zusammenhang besteht, wird angenommen, dass sie alle aus einer einzigen Struktur abgeleitet (= deriviert) sind. Wie sieht nun diese zugrunde liegende Struktur, die TS, aus?

In den meisten Arbeiten zur generativen Syntax des Deutschen findet sich die Annahme, dass das Verb in der Tiefenstruktur am Ende steht (vgl. (3d)). Als Grund wird angeführt, dass hier – und nur hier – die verbalen Elemente eine Einheit bilden. Befindet sich das finite Verb hingegen in Erst- oder in Zweitposition, stehen infinite Verben und Verbzusätze getrennt vom Finitum – und zwar in der Position, die im Stellungsfeldermodell als rechte Satzklammer bezeichnet wird (vgl. Kap. 6). Für das Englische würde es keinen Sinn machen, einen Satz mit Verbendstellung als Tiefenstruktur anzusetzen, da im Englischen, wie auch in den meisten anderen europäischen Sprachen, die verbalen Elemente eine Einheit bilden, die in der Regel an zweiter Position steht. Für alternative Überlegungen, wonach alle Sprachen tiefenstrukturell ein und dieselbe lineare Abfolge aufweisen würden und dies die Abfolge SVO (Subjekt-Verb-Objekt) sei, verweise ich auf die Arbeit von R. Kayne (1994).

Kommen wir nun noch einmal zurück zur Strukturdarstellung in (2), zu der Abfolge *Paul dem Kind das Buch gibt*. Dies ist die Tiefenstruktur des Satzes. Alle anderen möglichen Abfolgen werden aus dieser TS abgeleitet. Die Ableitung erfolgt über Transformationen, d. h. über Veränderungen der syntaktischen Struktur. Es gilt:

Transformationen überführen die Tiefenstruktur in die jeweilige Oberflächenstruktur.

Zur Herleitung eines Verberstsatzes (z.B. *Gibt Paul dem Kind das Buch?*) wird das finite Verb umgestellt. Einen Verbzweitsatz (*Paul gibt dem Kind das Buch*) erhält man, indem man zusätzlich die NP *Peter* voranstellt.

Die formale Ausarbeitung solcher Transformationen, die Reihenfolge ihrer Anwendung sowie die Bedingungen, unter denen sie überhaupt anwendbar sind, standen zu Beginn der Generativen Grammatik im Mittelpunkt der Betrachtung (vgl. für das Deutsche Huber/Kummer 1974). In den neueren Entwicklungsphasen spielen solche Transformationen keine nennenswerte Rolle mehr, der gesamte Regelapparat wurde drastisch reduziert. Aus diesem Grund werde ich hier auf Fragen nach der Formalisierung solcher Regeln nicht eingehen. Vielmehr wende ich mich nun der zweiten wichtigen Phase in der Generativen Grammatik, der Government-Binding-Theorie, zu.

8.4 Die Government-Binding-Theorie

8.4.1 move α und X-bar

In der Government-Binding-Theorie (GB-Theorie) werden alle Transformationen mit einer und nur einer Regel beschrieben. Diese wird als **move α** bezeichnet. Sie lautet:

Move α: Bewege eine beliebige Konstituente *α* von einer Position x in eine Position y.

Die Variable α steht entweder für eine ganze Phrase, d.h. für eine XP, oder für den Kopf einer Phrase. Der Kopf wird in der Regel als X° notiert. Beide Konstituententypen, XP und X°, können im Satz umgestellt werden, sofern es nicht zu Konflikten mit anderen grammatischen Prinzipien kommt. So darf der Kopf einer Phrase nur an eine Kopfposition bewegt werden, die Phrase selbst nur an eine Phrasenposition. Die Verbvoranstellung ist ein Beispiel für eine Kopfbewegung, die Voranstellung der Subjekt-NP zählt zu den XP-Bewegungen.

Auch die Phrasenstrukturregeln werden in der GB-Theorie zu einem Regeltypus zusammengefasst. Wie die Form dieser einen Regel aussieht, wird in der **X-bar-Theorie (X'-Theorie)**, einer Teiltheorie der GB-Theorie, diskutiert. Als Ausgangspunkt dient die Beobachtung, dass die Verbalphrase, die Nominalphrase, die Adjektivphrase und die Präpositionalphrase gleich aufgebaut sind: Alle vier Phrasen sind **endozentrisch**, d.h. sie erhalten einen obligatorischen Bestandteil, einen Kopf, der seine Eigenschaften auf die gesamte Phrase überträgt (= projiziert). Mit anderen Worten: V, N, P und A sind Köpfe, VP, NP, PP und AP maximale Projektionen dieser Köpfe. Da es sich bei V, N, P und A um Inhaltswörter handelt, die semantische Merkmale tragen, werden sie auch als lexikalische Köpfe (bzw. **lexikalische Kategorien**) bezeichnet. Von diesen werden die **funktionalen Kategorien** unterschieden, die Träger grammatischer Merkmale sind. Dazu gehören die Flexionskategorien (z.B. Person, Numerus, Kasus, Tempus), aber auch Funktionswörter wie Konjunktionen und Determinantien. Halten wir fest:

X-bar-Theorie: Das allgemeine Schema für den Aufbau einer Phrase kann dargestellt werden mit der Regel XP →...X°... Die Variable X° repräsentiert den lexikalischen oder den funktionalen Kopf der Phrase. Die Pünktchen stehen hier für weitere, mit X° auftretende Konstituenten.

In der X-bar-Theorie wird angenommen, dass Phrasen nicht nur aus zwei Ebenen, dem Kopf und der maximalen Projektion, bestehen, sondern dazwischen eine weitere Ebene liegt, die als X‘ bezeichnet wird. Diese Zwischenebene hat der Theorie ihren Namen gegeben. Gelegentlich wird statt eines Apostrophs nämlich auch ein Querbalken (engl. ›bar‹) über der Variable X notiert.

Dass Wörter sich auch unterhalb der Phrasenebene zu einer Konstituente gruppieren, zeigen syntaktische Tests (vgl. Kap. 3). So ist es z. B. möglich, in der NP *jenes Buch von Chomsky* die Wortkette *Buch von Chomsky* zu eliminieren (vgl. *Peter kennt dieses Buch von Chomsky und Paul jenes* __). Dies spricht dafür, dass es sich bei der Wortkette *Buch von Chomsky* um eine Konstituente handelt. Wenn das der Fall ist, dann muss dies auch in der Strukturierung der Phrase angezeigt werden. Mit anderen Worten: Für die Konstituente *Buch von Chomsky* muss in der Struktur ein gemeinsamer Knoten vorgesehen sein. Dieser Knoten liegt zwischen der lexikalischen und der phrasalen Ebene, d. h. zwischen N und NP. Er wird, so die Konvention in der X-bar-Theorie, mit X‘, in unserem Beispiel also mit N‘, notiert.

Graphisch sieht die Struktur einer beliebigen XP folgendermaßen aus (Die Erläuterungen zu den Begriffen m-Kommando bzw. c-Kommando und Specifier bzw. Komplement folgen im nächsten Abschnitt):

(4)

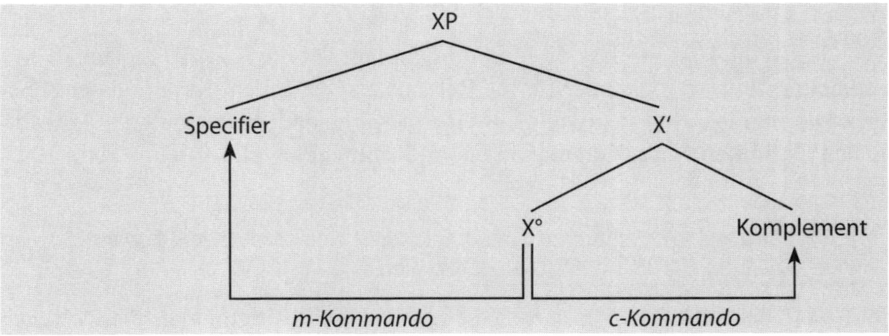

Die XP müsste aus Analogiegründen eigentlich als X“ bezeichnet werden, doch in vielen generativen Arbeiten – und auch hier – wird weiterhin XP notiert. Was den Kopf der Phrase betrifft, so hat sich, wie bereits gesagt, die Schreibung X° durchgesetzt, für die maximale Projektion, die XP, findet sich gelegentlich auch die Schreibung X^{max}.

8.4.2 Komplement, Spezifizierer und Adjunkt

Im obigen Strukturbaum (4) treten zum Kopf noch weitere Konstituenten hinzu, die als Komplement bzw. als Specifier (dt. ›Spezifizierer‹) bezeichnet werden. Wenn die Komplement- bzw. Specifier-Positionen besetzt sind, dann sind sie dies in der Regel mit einer maximalen Projektion, einer kompletten Phrase. Ob eine Phrase an Komplement- oder Spezifizierer-Position positioniert wird, hängt von der syntaktischen Beziehung ab, die sie zum Kopf eingeht. Welche Phrasen im Specifier stehen, werden wir später noch sehen. Hier zunächst zu den Komplementen:

Komplemente sind Konstituenten, die syntaktisch vom Kopf der Phrase gefordert werden.

So stellt in der VP *ein Buch lesen* die NP *ein Buch* das Komplement zum Verb *lesen* dar, das den Kopf der VP bildet. Die in der Komplementposition stehende Phrase befindet sich auf einer hierarchischen Ebene mit dem Kopf und wird vom Kopf regiert. Auf der Basis einer solchen Rektionsbeziehung weist der Kopf *lesen* der NP *ein Buch* den Akkusativ zu. Rektion ist hier, anders als in der lateinischen Grammatik, nur als struktureller Begriff zu verstehen (zur formalen Definition von Rektion vgl. Fanselow/Felix 1993, Bd. 2, S. 107).

Damit ein Komplement vom Kopf der XP regiert werden kann, muss es mehrere Bedingungen erfüllen. Eine Bedingung ist, dass das Komplement vom Kopf der XP c-kommandiert wird. c-Kommando (vom Engl. ›constituent command‹) lässt sich informell folgendermaßen definieren:

c-Kommando: Eine Konstituente α c-kommandiert eine Konstituente β, wenn der Knoten, der α unmittelbar dominiert, auch β dominiert.

Die Grafik in (4) zeigt, dass diese Bedingung nur für die Kopf-Komplement-Anordnung erfüllt ist, nicht aber für die Relation zwischen dem Kopf und dem Specifier der Phrase. Hier liegt vielmehr eine m-Kommando-Beziehung vor (zur formalen Definition von c-Kommando und m-Kommando vgl. Fanselow/Felix 1993, Bd 2, 97 und 106):

m-Kommando: Eine Konstituente α m-kommandiert eine Konstituente β, wenn die maximale Projektion, die α dominiert, auch β dominiert.

Wie wir noch sehen werden, spielt die m-Kommando-Beziehung, die zwischen zwei Konstituenten besteht, im neueren Modell der Generativen Grammatik, im Minimalistischen Programm, eine wichtige Rolle. Ausführlich diskutiert wird das m-Kommando auch in einer Arbeit von Chomsky, die schlicht den Titel *Barriers* trägt (vgl. Chomsky 1986). In den *Barriers* untersucht Chomsky die Bedingungen, unter denen eine Phrase zur **Barriere** wird, d. h. eine Rektionsbeziehung zwischen zwei Konstituenten blockiert.

Die hier diskutierten strukturellen Beziehungen, c- und m-Kommando, werden dann relevant, wenn es um die Beschreibung syntaktischer Prozesse geht, z. B. um die Frage, unter welchen Bedingungen die **Kasuszuweisung** erfolgt. In der generativen Kasustheorie wird angenommen, dass eine NP nur dann einen Kasus erhält, wenn der Kasus von einem anderen Element, z. B. einem Verb (vgl. [*ein Buch*$_{AKK}$] *lesen*) oder einer Präposition (*mit* [*dem Kind*]$_{DAT}$]), zugewiesen wurde. Die kasuszuweisende und die kasusempfangende Konstituente müssen in einer bestimmten strukturellen Relation stehen, die entweder über c- oder m-Kommando definiert ist. Für die Zuweisung des Nominativs an die Subjekt-NP ist die m-Kommando-Beziehung, für die Zuweisung der obliquen, d. h. der nicht-nominativischen Kasus die c-Kommando-Beziehung relevant. Generell gilt, das jede NP einen Kasus tragen muss. Nichts anderes besagt der **Kasusfilter** (vgl. Chomsky 1981:41).

In diesem Zusammenhang sei auch die Unterscheidung von **strukturellem** und **lexikalischem Kasus** kurz erwähnt (vgl. ausführlich Ch. Dürscheid 1999:50–62): Es gibt NPs, deren Kasus in Abhängigkeit von der Position, an der sie stehen, alterniert. Ist dies der Fall, handelt es sich um einen strukturellen Kasus. So wird im Deutschen eine NP, die im Aktivsatz den Akkusativ trägt, im Passivsatz nominativisch markiert (vgl. *Ich wasche den Wagen/Der Wagen wird von mir gewaschen*). Daneben gibt es Fälle, in denen ein Kasus nicht variabel ist. Dies gilt z. B. für den Objektdativ bei zweiwertigen Verben wie *helfen* und *widersprechen*. Der Kasus ist festgelegt, er kann nicht alternieren (vgl. *Ich helfe ihm/*Er wird von mir geholfen*). Ein solcher Kasus wird als **lexikalisch** bezeichnet. Wichtig ist festzuhalten, dass ein Kasus nicht kontextunabhängig als strukturell oder lexikalisch gilt, sondern immer der jeweilige Konstruktionstypus berücksichtigt werden muss. So ist der Dativ zwar in vielen Fällen ein lexikalischer Kasus, kann aber auch in bestimmten Konfigurationen (= Strukturanordnungen) als strukturell klassifiziert werden. Diesen Nachweis erbringt H. Wegener. Sie diskutiert Sätze, in denen der Dativ im *bekommen*-Passiv zum Nominativ wechselt (vgl. ihr Beispiel *Man entzog ihm den Führerschein/Er bekam den Führerschein entzogen*), also nicht invariant ist. Bei einer bestimmten Gruppe von Verben ist der Dativ also als strukturell zu klassifizieren (vgl. Wegener 1991).

Zum Abschluss dieses Exkurses in die generative Kasustheorie sei noch das Konzept des **abstrakten Kasus** erläutert. Jede NP, so die Annahme, trägt einen Kasus, auch wenn dieser morphologisch nicht angezeigt wird. Betrachten wir hierzu kurz das Englische, eine Sprache, die nur noch eine stark restringierte Kasusflexion aufweist.

(5) (a) The boy came into the garden.
    (b) I saw the boy.

(6) (a) He came into the garden.
    (b) I saw him.

Nur wenn das Subjekt und das Objekt pronominal realisiert werden, ist der Unterschied zwischen beiden noch sichtbar (vgl. 6). In (5) lassen sich die syntaktischen Funktionen nur über die Satzgliedstellung bestimmen; es gibt keinen morphologischen Hinweis, der Kasus tritt nur noch abstrakt auf. Dieser abstrakte Kasus kann auch über Präpositionen angezeigt werden. So wird im Englischen und Französischen das indirekte Objekt in der Regel über eine Präposition angeschlossen (vgl. *I give the book* ***to Mary***, *Je donne le livre* ***à*** *Marie*). Es bleibt also festzuhalten:

Chomsky (1981) unterscheidet abstrakten und morphologischen Kasus. Seine Kasustheorie ist eine Theorie des abstrakten Kasus. Die morphologischen Kasus des Deutschen stellen eine Ausdrucksvariante des abstrakten Kasus dar.

Eine dritte Strukturposition wird von den Adjunkten besetzt.[35] **Adjunkte** sind XPs, die nicht vom Kopf einer Phrase gefordert werden. Sie werden an die XP angefügt (= adjungiert), modifizieren aber die interne Gliederung der XP nicht. Die Struktur einer XP, die um ein Adjunkt erweitert wurde, ist in (7) dargestellt:

(7)

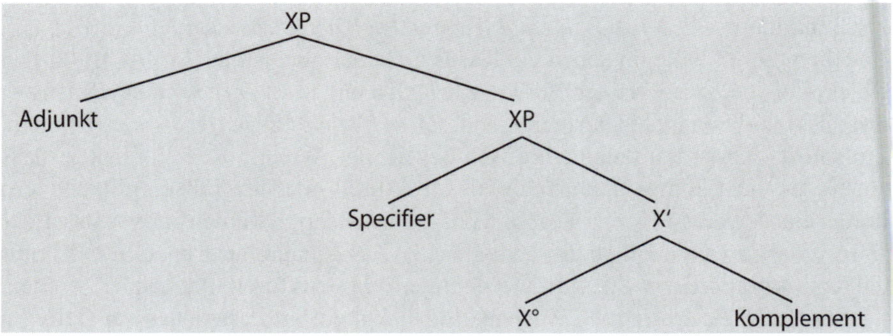

Der XP-Knoten ist hier verdoppelt, d.h. rekursiv aufgeführt. Dadurch wird graphisch angezeigt, dass das Adjunkt zwar zur XP gehört, innerhalb der XP aber – im Gegensatz zum Komplement – keine Strukturposition vorgesehen ist. Neben der Adjunktion einer Konstituenten an eine XP gibt es auch die Adjunktion einer Konstituenten an einen Kopf. Bei der **Kopfadjunktion** wird der X°-Knoten verdoppelt. Die an X° adjungierte Konstituente ist selbst eine Kopfkonstituente. Darauf werden wir in Abschn. 8.5 zurückkommen.

Machen wir uns nun das Prinzip der Adjunktion an einem konkreten Beispiel klar. In dem Satz *Sie beschenken an Weihnachten die Kinder* ist die NP *an Weihnachten* ein Adjunkt. Dieses Adjunkt befindet sich außerhalb der VP.[36] Innerhalb der VP stellt die NP *die Kinder* das Komplement dar, das Verb *beschenken* den

35 Hingewiesen sei hier auf Parallelen zur Valenztheorie (vgl. Kap. 7): Komplemente gelten valenztheoretisch als Ergänzungen, Adjunkte als Angaben. Allerdings trifft dies nicht für alle Adjunkttypen zu. So gibt es Adjunktpositionen für lexikalische Elemente (= Köpfe), die durch eine Bewegung an diese Position gelangen. In diesem Fall handelt es sich nicht um Angaben (vgl. Frey 2003).

36 In älteren Ansätzen wurde angenommen, dass VP-Adjunkte innerhalb der VP stehen.

Kopf. Die Specifier-Position bleibt leer oder wird, neueren Annahmen folgend, von der Subjekt-NP besetzt (dazu siehe weiter unten). Die Struktur der VP sieht demnach wie folgt aus:

(8)

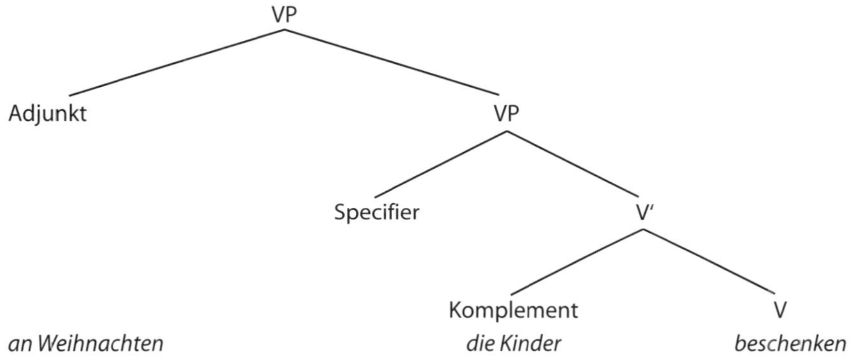

Kopf und Komplement stehen hier in einer c-Kommando-Beziehung. Das Verb *beschenken* weist der Komplement-NP den Akkusativkasus zu. Der Kopf steht rechts, das Komplement links, die Kasuszuweisung verläuft also von rechts nach links – invers zu der Abfolge im X'-Schema, wie es in (4) dargestellt wurde. Hier liegt eine sprachspezifische Parametrisierung vor: Der Kopf- und der Kasuszuweisungsparameter sind unterschiedlich gesetzt. Im Deutschen steht der Kopf der VP rechts, der Kasus wird nach links zugewiesen; im Englischen befindet sich das Verb links von seinem Komplement, die Kasuszuweisung läuft nach rechts.

8.4.3 Der Satz im X-bar-Schema

In Chomsky (1986) wird das X-bar-Schema auf den Satz ausgedehnt. Auch der Satz wird nun als eine endozentrische Phrase analysiert, die einen Kopf hat, der seine Merkmale auf die ganze Phrase überträgt. Der Kopf dieser ›Satz-Phrase‹ ist eine funktionale Kategorie. Diese wird als INFL (oder: I°) bezeichnet. INFL enthält zwei grammatische Merkmale, [Tempus] und [Agreement].[37] G. Grewendorf erklärt die Herleitung dieser Infl-Kategorie sehr anschaulich. Er stellt fest, dass Sätze eben nicht einfach aus einer Verknüpfung von NP und VP bestehen:

> Was einen Satz ausmacht, ist vielmehr die Verknüpfung von beidem, normalerweise das die Kongruenz von Subjekt und Prädikat tragende Merkmal der Finitheit. Es wird in einem eigenen Knoten INFL (Inflektions-Knoten) repräsentiert.
>
> G. Grewendorf (1991:47)

37 ›Agreement‹ ist das englische Wort für ›Kongruenz‹.

Nur in finiten Sätzen werden die Infl-Merkmale als [+Temp, +Agr] notiert. Hier ist das Verb tempusmarkiert, und es kongruiert in Person und Numerus mit dem Subjekt. Infinitivkonstruktionen hingegen sind im Deutschen dadurch gekennzeichnet, dass die Kategorien Person und Numerus im Verb nicht angezeigt sind und das Subjekt nicht lexikalisch realisiert ist (vgl. *Ich bitte dich, mir zu helfen*). Es kann also gar keine Kongruenzbeziehung zwischen dem Verb und einem Subjekt vorliegen, Infl trägt den Wert [–Agr]. Daraus folgt umgekehrt: Nur wenn das Verb kongruiert, also Infl mit dem Merkmal [+Agr] spezifiziert ist, tritt ein Subjekt auf, und nur dann kann der Nominativ zugewiesen werden (vgl. *Ich bitte dich, dass du mir hilfst*). Dies hat GB-Grammatiker dazu veranlasst anzunehmen, dass auch funktionale Kategorien, in diesem Fall die Kategorie Infl, als Kasuszuweiser fungieren können (vgl. generell zu den Prinzipien der Kasuszuweisung Chomsky 1981:170).

Wie andere Köpfe auch, kann INFL in einer Infl-Phrase, einer IP, ein Komplement zu sich nehmen. Dieses Komplement ist die VP. Der Kopf der Infl-Phrase wird als I° notiert, die maximale Projektion als IP. Vgl.:

(9)

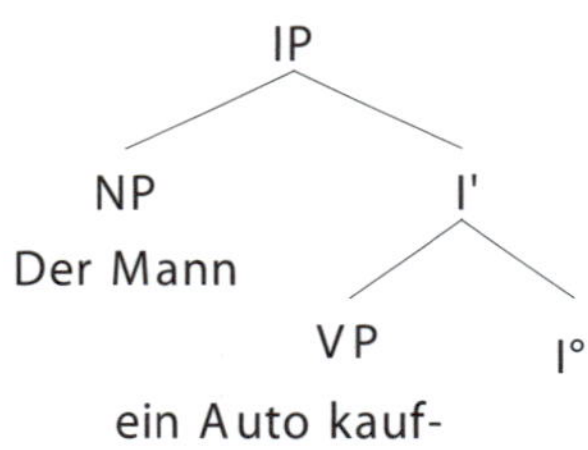

In der VP steht hier nur die Verbwurzel *kauf-*. Die Flexionsendung *-t* erhält das Verb erst, nachdem es an die Position I° bewegt wurde. Die Subjekt-NP *der Mann* besetzt in (9) die Spezifizierer-Position der IP. Diese Position wird auch als SpecIP bezeichnet. Wie bereits erwähnt, wird in neueren Arbeiten dafür argumentiert, das Subjekt VP-intern, an der Spec-Position der VP zu generieren (vgl. dazu ausführlich Haider 1993:132–176) und es an die SpecIP-Position zu bewegen. Als Argument für die **Subjekt-in-der-VP-Hypothese** wird unter anderem angeführt, dass auf diese Weise alle Argumente des Verbs – das Subjekt, die Objekte und die obligatorischen Adverbiale – innerhalb ein und derselben Phrase generiert würden. Außerdem würden Konstituententests zeigen, dass das Subjekt ein Teil der VP ist. So gebe es Sätze, in denen das infinite Verb zusammen mit dem Subjekt ins Vorfeld gestellt werden kann (z. B. *Ein Fehler unterlaufen ist ihm noch nie*). In der Tat gilt dieser Test als Evidenz dafür, dass es sich bei der Wortgruppe [*Ein Fehler unterlaufen*] um eine Konstituente handelt. Eine solche Subjekt-Verb-Kombination im Vorfeld ist aber nur bei einer kleinen Zahl von Verben möglich, bei den **ergativen Verben**. Dies sind Verben, deren oberflächenstrukturellen Subjekte mehr Objekt- als Subjekteigenschaften aufweisen (vgl. Grewendorf 1991).

Betrachten wir nun noch einmal die Struktur in (9) und behalten wir für den Moment die VP-externe-Subjekt-Analyse bei. Aus der Tiefenstruktur (in GB-Terminologie: der D-Struktur) werden die verschiedenen Oberflächenstrukturen (S-Strukturen) abgeleitet.[38] Dies geschieht, indem Konstituenten über die Transformation move α umgestellt werden. Als Landeplätze werden weitere strukturelle Positionen benötigt, die als C°, C‘ und CP bezeichnet werden (zur Erläuterung siehe weiter unten). Die Gesamtstruktur eines Satzes sieht demnach, dem allgemeinen X‘-Schema entsprechend, folgendermaßen aus:

(10)

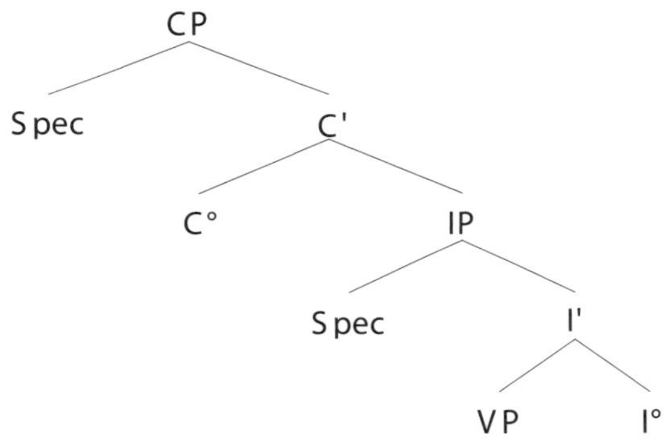

Erinnert sei daran, dass die Kopf-Komplement-Abfolge parametrisiert ist: Im Deutschen steht, wie in (10) dargestellt, das VP-Komplement links, der Kopf I° rechts, im Englischen und vielen anderen SVO-Sprachen ist die Abfolge invers dazu. Das Verb muss also, um in I° die Flexionsmerkmale zu erhalten, entweder nach rechts (in SOV-Sprachen) oder nach links (in SVO-Sprachen) angehoben werden. In deutschen Verbendsätzen verbleibt das Verb in der satzfinalen I°-Position, zur Ableitung von Verbzweit- und Verberststrukturen wird die Verbbewegung von I° nach C° fortgesetzt.

Damit kommen wir zu der Phrase, die über der IP steht und die Positionen bereitstellt, an die Konstituenten bewegt werden können: die CP, die Complementizer-Phrase. In der CP steht C° für eine funktionale Kategorie, die von einer Konjunktion oder einem Relativpronomen besetzt sein kann (so in dem abhängigen Satz ***dass** der Mann ein Auto kauft*).[39] An der C°-Position kann aber auch das finite Verb stehen (z. B. ***Kauft** der Mann ein Auto?*). Ist dies der Fall, wurde das Verb aus der I°-Position an die C°-Position umgestellt, es wurde also eine Transformation durchgeführt. Der Verbzweitsatz *Der Mann kauft ein Auto* schließlich wird deriviert, indem die SpecCP-Position mit der Subjekt-NP *der Mann* besetzt wird:

38 Die Abkürzungen ›D-Struktur‹ und ›S-Struktur‹ gehen auf die englischen Bezeichnungen ›deep structure‹ und ›surface structure‹ zurück.

39 C ist die Abkürzung des englischen ›complementizer‹ (dt. ›Konjunktion‹).

(11)

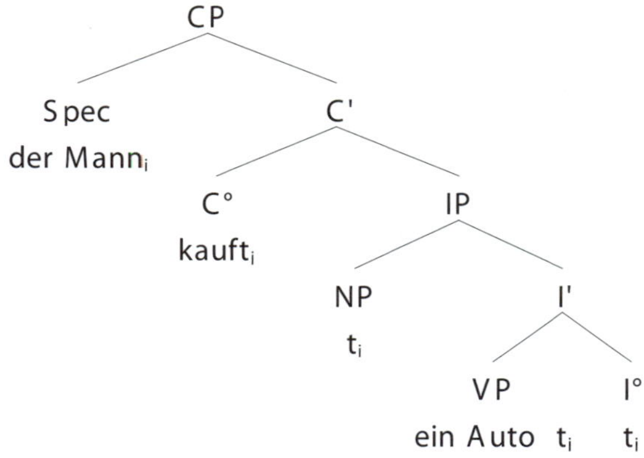

Die Subjekt-NP wurde aus der IP in die SpecCP-Position bewegt. Auch die NP *ein Auto* könnte auf diese Weise nach SpecCP umgestellt werden. Da der Landeplatz dieser Bewegung, der Specifier von CP, eine Position ist, die nicht zur Argumentstruktur des Verbs gehört, spricht man von einer Bewegung in eine Nicht-Argumentposition. Davon zu unterscheiden ist die **Argument-Bewegung** (auch: A-Bewegung), bei der eine Konstituente aus einer Argumentposition in eine andere Argumentposition umgestellt wird. Dies ist z. B. im Passiv der Fall, wo eine Konstituente aus einer Argumentposition, der Position des Objekts, in eine andere, in die Position des Subjekts, bewegt wird (vgl. hierzu ausführlich G. Fanselow/S. Felix 1993, Bd. 2, Kap. 3).

Wie die Strukturdarstellung in (11) zeigt, hinterlässt jede umgestellte Konstituente am Ausgangspunkt und an den Zwischenstationen Spuren, die mit *t* (vom engl. ›trace‹) gekennzeichnet sind. Alle im Zuge einer Umstellung angesteuerten Positionen werden mit demselben Index versehen. Im Beispiel wurde zur Markierung der NP-Bewegung der Index *i* gewählt, zur Markierung der Verbbewegung der Index *j*. Durch diese Indizierung ist es möglich, den Derivationsprozess jederzeit zu rekonstruieren.

Auf eine Parallele zwischen der X-bar-Darstellung der Satzstruktur und der Nominalphrasenstruktur sei hier noch hingewiesen: Wie im Satz die Kongruenz durch die Verbalflexion hergestellt wird, ist es in der NP die Nominalflexion, die die Kongruenz stiftet. Aufgrund dieser Überlegung wird die NP, einem Vorschlag von S. Abney (1987) folgend, als eine Phrase analysiert, die – wie auch der Satz – als Kopf eine funktionale Kategorie enthält. Diese Kategorie wird als D° (= Determinans) bezeichnet. D° enthält die grammatischen Merkmale, die zur Nominalflexion erforderlich sind (Genus, Numerus, Kasus). In der Regel wird D° durch einen Artikel, ein Demonstrativ- oder ein Possessivpronomen, also durch ein Determinans, besetzt. Das Komplement von D° ist die NP, die mindestens aus einem Wort, einem Nomen, besteht oder erweitert werden kann (vgl. *[die]*$_{D°}$ *[Katze meiner Nachbarin]*$_{NP}$). Die gesamte Phrase ist also eine Determinansphrase, eine

DP. Dieser DP-Ansatz hat sich in der Generativen Grammatik weitgehend durchgesetzt. Aufs Deutsche übertragen wurde er von H. Haider (1988) und S. Olsen (1991). Trotzdem wird, altem Usus folgend, oft weiterhin NP notiert. Auch im Folgenden wird die Phrasenkennung NP beibehalten. Es bleibt festzuhalten:

Der Satz stellt eine Verbindung aus CP und IP dar, d.h. aus zwei Phrasen, deren Köpfe funktionale Kategorien sind. Die Nominalphrase ist ebenfalls die Projektion einer funktionalen Kategorie. Sie wird in neueren generativen Arbeiten als DP reanalysiert.

X-bar-Strukturen sind also einheitlich aufgebaut. Der Kopf ist entweder eine lexikalische oder eine funktionale Kategorie. Diese nimmt ein Komplement zu sich. Daraus formiert sich die Konstituente X‘, die mit einem potentiell vorhandenen Spezifizierer die X^{max} bildet. Ein Problem ist aber das folgende: Was geschieht, wenn in einer XP zwei Komplemente auftreten? Dies ist z. B. in einer VP der Fall, deren Kopf ein Verb ist, das zwei Objekte zu sich nimmt (z. B. *dem Kind ein Buch geben*). Die beiden Objekt-NPs müssen auf unterschiedlichen hierarchischen Ebenen positioniert werden, da sie in einer ungleichrangigen Beziehung zum Verb stehen (vgl. hierzu Kap. 2). Wie kann dies bewerkstelligt werden, wenn in jeder XP nur eine Komplementposition vorgesehen ist? Verschiedene Möglichkeiten bieten sich an: Das zweite Komplement wird entweder im Specifier der VP generiert, oder es wird als Komplement einer zweiten VP angesetzt, die über der Basis-VP steht (vgl. zu diesem VP-Schalenmodell Larson 1988), oder der V‘-Knoten wird, wie bei der Adjunktion auch, verdoppelt, so dass auf diese Weise eine zweite Komplementposition entsteht (vgl. hierzu ausführlich Ch. Dürscheid 1994a und C. M. Schmidt 1994).

8.4.4 Die Agreement-Analyse

Weiter oben wurde gesagt, dass die funktionale Kategorie Infl aus zwei Merkmalkomplexen besteht: [+/–Temp] und [+/–Agr]. Es gibt nun Gründe, die dafür sprechen, die beiden Merkmalkomplexe als jeweils eigenständige funktionale Kategorien aufzufassen. Ausgelöst wurden diese Überlegungen durch einen Aufsatz von J.-Y. Pollock (1989) in der Zeitschrift *Linguistic Inquiry*. Pollock argumentiert dafür, die Infl-Kategorie zu splitten (vgl. auch ausführlich Radford 1997a, Kap. 10).

Split-Infl-Hypothese: Die IP besteht (mindestens) aus den zwei funktionalen Kategorien Agreement und Tense, die, dem X-bar-Schema entsprechend, jeweils eine Position für einen Specifier und ein Komplement vorsehen, also Phrasen bilden.

In Strukturdarstellungen, die dieser Annahme folgen, findet man statt IP eine Agreement-Phrase (AgrP) und eine Tense-Phrase (TP). Die hierarchische Anordnung dieser beiden Phrasen ist sprachspezifisch verschieden. Für das Deutsche wird die AgrP über der TP angesetzt, weil das Verb bei seiner Anhebung aus der VP erst die Tempusmerkmale, dann die Kongruenzmerkmale (vgl. *lach-t-e*) lexikalisiert.

Es ›hangelt‹ sich also gewissermaßen von ›unten nach oben‹ (vgl. die folgende CP/AgrP/TP-Struktur):

(12)

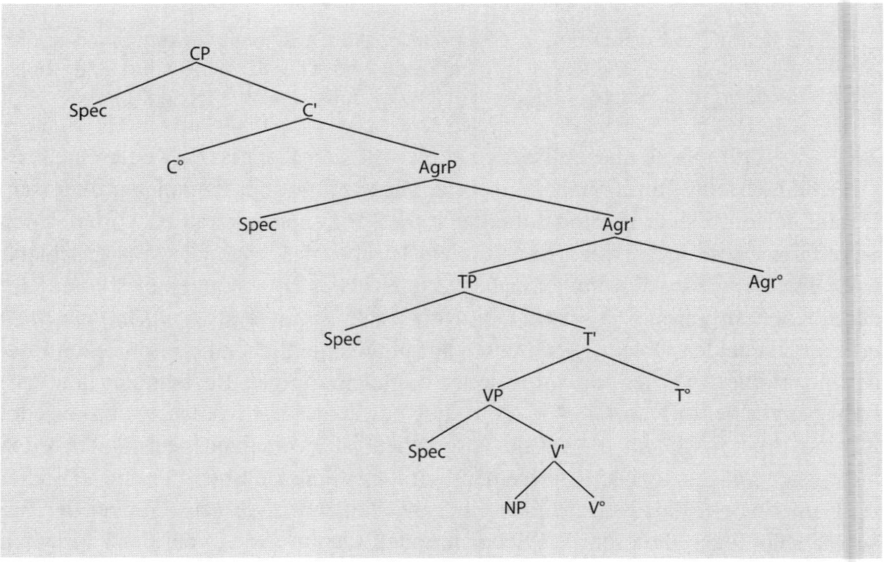

(12) ist die Basisstruktur für einen deutschen Verbendsatz. Das Verb steht an der rechten Peripherie der VP, und das Subjekt besetzt, wenn wir nun die Subjekt-in-der-VP-Hypothese zugrunde legen, die Position SpecVP. Aus dieser Position heraus wird die Subjekt-NP an die SpecAgrP-Position bewegt, wo es von Agr°, dem Kopf der AgrP, den Nominativ erhält. Agr° und SpecAgrP stehen zueinander in einer m-Kommando-Beziehung, die Kasuszuweisung erfolgt also über m-Kommando. Um einen Verbzweitsatz abzuleiten, wird das Verb schrittweise angehoben: von V° nach T°, von T° nach Agr°, von Agr° nach C°. Zu dieser Kopf-zu-Kopf-Bewegung kommt die Voranstellung einer Konstituente in die SpecCP-Position hinzu. Es kann dies die Subjekt-NP aus der SpecAgrP-Position sein, es kann aber auch eine andere NP vorangestellt (= topikalisiert) werden.

Chomsky (1989) differenziert nun die Satzstruktur noch weiter: Aufgrund der Beobachtung, dass es Sprachen gibt, in denen das Verb auch mit dem Objekt kongruiert (so z. B. in Swahili und Kinyarwanda, zwei Bantu-Sprachen), schlägt er vor, zwei Kongruenzphrasen (Agreement-Phrasen) vorzusehen: eine Subjekt-Agr-Phrase, die im Strukturbaum über der TP, und eine Objekt-Agr-Phrase, die unter der TP lokalisiert wird. Wie viele solche Agr-Phrasen angesetzt werden und ob die IP überhaupt gesplittet werden sollte, ist allerdings bis heute umstritten. Einige plädieren dafür, noch weitere Projektionen funktionaler Kategorien anzunehmen (z. B. eine Aspekt-Phrase, vgl. Schmidt 1994), andere sprechen sich gegen eine solche Inflation funktionaler Kategorien aus (z. B. W. Abraham 1997).

Chomsky selbst behält in seiner minimalistischen Syntax von 1993 die Agr-Phrasen noch bei, argumentiert in einer modifizierten Fassung des Minimalistischen Programms aber dafür, satzstrukturell nur noch eine CP und eine TP anzusetzen (vgl. N. Chomsky 1995:349–355).

8.4.5 Das Gesamtmodell

Das Gesamtmodell, das kennzeichnend für die Government-Binding-Phase der Generativen Grammatik ist, besteht aus vier Repräsentationsebenen: aus der D-Struktur (Tiefenstruktur), der Oberflächenstruktur (S-Struktur) und zwei weiteren Ebenen, die als Logische Form (LF) und als Phonetische Form (PF) bezeichnet werden. Die **Logische Form** stellt die semantische Interpretation der S-Struktur her, die **Phonetische Form** weist der S-Struktur eine Lautrealisierung zu. Die Generierung von Sätzen vollzieht sich in zwei Schritten: Zunächst wird die D-Struktur über X-bar-Regeln generiert, dann vermittelt zwischen der D- und der S-Struktur die Transformation move α. Auf der Ebene der Logischen und der Phonetischen Form erhalten die Strukturen ihre semantische Interpretation und ihre lautliche Gestalt.

Noch ein Wort zur LF: Da die syntaktischen Beziehungen auch auf der Ebene der Logischen Form eine Rolle spielen, betrachtet Chomsky diese Ebene, neben der D- und der S-Struktur, als eine syntaktische Repräsentationsebene. Insofern ist die Bezeichnung ›Logische Form‹ irreführend. Dass auch für die Logische Form syntaktische Beschränkungen gelten, wollen wir uns an einem häufig zitierten Beispiel klar machen: Quantoren wie *alle* und *jeder* haben einen bestimmten Skopus, einen Bereich, auf den sie sich beziehen. So hat der Satz *Jeder Mann liebt eine Frau* zwei Lesarten: ›Es gibt eine Frau, die jeder Mann liebt‹ und ›Für jeden Mann gibt es eine Frau, die er liebt‹. Welche Interpretation jeweils gilt, wie die Skopusverhältnisse gestaltet sind, wird erst auf der Ebene der Logischen Form festgelegt – und zwar dadurch, dass der Quantor an eine Position umgestellt wird, von der aus er seinen Bezugsbereich syntaktisch erfassen kann. Auf die formale Explikation dieser ›LF-Bewegung‹ kann hier verzichtet werden, es genügt zu wissen, dass syntaktische Operationen wie move α und c-Kommando auch auf der Ebene der LF eine Rolle spielen.

Halten wir abschließend fest:

Auf der Ebene der Logischen Form werden S-Strukturen semantisch interpretiert, auf der Ebene der Phonetischen Form wird ihnen eine Lautrealisierung zugewiesen.

Alle vier Repräsentationsebenen, so die Annahme in der GB-Theorie, werden beim Aufbau komplexer Strukturen durchlaufen. Dabei müssen die lexikalischen Eigenschaften eines Elements auf jeder Ebene erhalten bleiben. Dies wird als **Projektionsprinzip** bezeichnet. Das Projektionsprinzip hängt eng zusammen mit dem **Theta-Kriterium**, das eine Eins-zu-Eins-Zuordnung von thematischer Rolle (= θ-Rolle) und syntaktischer Argumentposition fordert. Als **thematische Rolle** wird die semantische Beziehung bezeichnet, die zwischen dem Verb und seinen Argumenten besteht. So trägt die NP *Paul* in dem Satz *Paul fällt einen Baum* die thematische Rolle ›Agens‹, die NP *einen Baum* die thematische Rolle ›Patiens‹. Jedes Verb vergibt eine bestimmte Zahl von θ-Rollen. Welche semantischen Eigenschaften diese θ-Rollen tragen, hängt von der Verbsemantik ab. Wichtiger als die inhaltliche Bestimmung der θ-Rollen ist dem GB-Theoretiker, wie sie syntaktisch realisiert werden. Es gilt:

Theta-Kriterium: Jedes Argument trägt eine und nur eine θ-Rolle, und jede θ-Rolle wird einem und nur einem Argument zugewiesen (vgl. N. Chomsky 1981:36).

Ein Verb wie *schenken* z. B. vergibt drei semantische Rollen, drei θ-Rollen, die paraphrasiert werden können als *wer, wem, was?*. Diese müssen im Strukturaufbau auf drei Argumentpositionen verteilt werden. Umgekehrt darf eine in der Struktur vorhandene Argumentposition nicht ohne eine θ-Rolle stehen. Zwar ist es möglich, θ-Rollen nicht zu realisieren (vgl. *Ich schenke gerne Rosen*), nichtsdestotrotz muss in der Argumentstruktur von *schenken* für jede θ-Rolle eine Position vorhanden sein.

Die Bedingungen, die die Frage betreffen, wie die semantische Struktur in die syntaktische Struktur überführt wird, werden in der θ-Theorie, einer Teiltheorie der Generativen Grammatik, diskutiert. Zwischen der θ-Theorie und der generativen Kasustheorie, die weiter oben knapp erläutert wurde, besteht ein enger Zusammenhang (vgl. dazu Ch. Dürscheid 1999, 96–115). Daneben gibt es weitere Teiltheorien, auf die hier nicht eingegangen wird, auch weil sie im Minimalistischen Programm nur noch eine nachgeordnete Rolle spielen: die Rektionstheorie, die Bindungstheorie, die Grenzknotentheorie und die Kontrolltheorie (zu einem Überblick vgl. Chomsky 1981:5).[40] In diesen generativen Subtheorien werden die Bedingungen formuliert, unter denen eine syntaktische Struktur grammatisch ist.

Das Gesamtmodell ist also modular aufgebaut; es besteht aus einzelnen Theoriekomponenten bzw. Theorien, die in ihrem Zusammenspiel den Aufbau syntaktischer Strukturen beschreiben. Die Frage, ob das Modell als ganzes **derivationell** ist, d. h. grammatische Strukturen herleitet, oder **repräsentationell**, d. h. beliebig erzeugte Strukturen auf ihre Grammatikalität überprüft, sei hier dahingestellt. Unbestritten ist, dass sich Elemente von beidem finden: Das X-bar-Schema ist derivationell, es stellt Regeln zur Generierung von Strukturen bereit. Die in den einzelnen Subtheorien diskutierten Bedingungen sind repräsentationell, sie überprüfen die Grammatikalität der über X-bar erzeugten Strukturen. Und zweifellos ist es berechtigt zu sagen, dass der anfänglich stark derivationelle Charakter der Generativen Grammatik immer weiter zurücktritt. Diese Tendenz setzt sich in der neueren Version, im Minimalistischen Programm, fort.

40 Zwei dieser Teiltheorien haben der GB-Theorie ihren Namen gegeben: die Rektions- (engl. ›government‹)- und die Bindungstheorie (engl. ›binding‹).

8.5 Das Minimalistische Programm

8.5.1 Das Minimalistische am Minimalistischen Programm

Das Minimalistische Programm (MP) basiert auf Überlegungen, die Chomsky 1993 unter dem Titel *A Minimalist Program for Linguistic Theory* publizierte. In weiteren Arbeiten (vgl. Chomsky 1994 und 1995, Kap. 4) werden diese Überlegungen ausgebaut und teilweise bereits wieder modifiziert. Zu der Frage, inwieweit dieser neue Ansatz den Spracherwerb und die Sprachfähigkeit erklären kann, findet sich allerdings – im Gegensatz zu früheren Arbeiten Chomskys – recht wenig. Im Vordergrund steht die Konzeption eines neuen Modells zum Aufbau syntaktischer Strukturen. An dieser Stelle sei auch darauf hingewiesen, dass Chomsky selbst das MP nur als ›Programm‹ und nicht als ›Theorie‹ bezeichnet. Es ist noch »work in progress«, selbst die Grundannahmen sind noch nicht ausdiskutiert, und auch die empirische Tragweite ist noch völlig offen.

Die dem MP zugrunde liegende Syntaxauffassung wird als ›minimalistisch‹ bezeichnet, weil sie, so der Anspruch, nur noch auf wenigen, für eine Sprachtheorie minimal notwendigen Annahmen basiert. Minimal notwendig ist nach Chomsky (1993) nur noch zweierlei: Ein Lexikon, das das lexikalische Inventar zum Aufbau von Strukturen bereitstellt, und ein **Verarbeitungssystem** (»computational system«), das die Lexikonelemente zu komplexen Ausdrücken zusammensetzt und diese auf der phonetischen und logisch-semantischen Ebene interpretiert. Alle Annahmen aus der GB-Theorie, die nicht der Maxime des wirklich konzeptuell Notwendigen entsprechen, werden aufgegeben. Verzichtet wird beispielsweise auf die Annahme von vier eigenständigen Repräsentationsebenen. Nur noch die Ebenen der Phonetischen Form (PF) und der Logischen Form (LF) werden beibehalten. Es sind, so die minimalistische Annahme, Schnittstellen (»interface levels«), die überleiten zu der artikulatorisch-perzeptiven und der semantisch-konzeptuellen Ebene, die also, vereinfacht gesagt, die Verbindung zur lautlichen und semantischen Interpretation herstellen. Die syntaktischen Ebenen, die S-Struktur und die D-Struktur, die tragende Bestandteile der GB-Theorie waren, werden als nicht-notwendige theoretische Konstrukte abgelehnt.

Auch in einem anderen wichtigen Punkt ist das Modell minimalistisch: Es soll ökonomisch sein, d.h. es soll für den Aufbau syntaktischer Strukturen nur unbedingt notwendige und möglichst einfache Schritte vorsehen. Solche Ökonomieprinzipien (»economy principles«), auf die weiter unten noch eingegangen wird, spielen im MP eine große Rolle. Syntaktische Strukturen, die auf der Basis der Ökonomieprinzipien generiert wurden, unterliegen nur noch einer Bedingung. Diese wird als »condition of Full Interpretation« bezeichnet (dazu siehe weiter unten). Es gelten also nicht mehr die **Wohlgeformtheitsbedingungen**, wie sie in den einzelnen Teiltheorien der GB formuliert wurden, sondern es gilt nur noch diese eine Bedingung, die besagt: Jede Strukturbeschreibung muss voll interpretierbar sein. Weitgehend beliebig erzeugte Strukturen werden daraufhin überprüft, ob sie diese Bedingung erfüllen. Die repräsentationelle Komponente wird also in den Vordergrund gerückt, die derivationelle verschwindet aber nicht ganz. Der Strukturaufbau selbst, das, was Chomsky (1995) als »computation of human language« (= C_{HL}) bezeichnet, ist derivationell. Allerdings geschieht der sukzessive Aufbau der Strukturen nur noch über eine syntaktische Operation, die eine **generelle Transformation** (»generalized transformation«) ist. Auch in dieser Hinsicht ist das MP minimalistisch.

8.5.2 Der Strukturaufbau

Als Ausgangspunkt im MP dient, wie in älteren Versionen der Generativen Grammatik auch, das Lexikon. Dies ist natürlich nicht im Sinne eines realen Wörterbuchs zu verstehen, sondern als ein abstraktes Inventar von lexikalischen Einheiten. Um eine syntaktische Struktur aufzubauen, wird eine Anzahl von bereits flektierten Wörtern aus dem Lexikon entnommen (»**select**«). Der Strukturaufbau selbst ist rekursiv, d. h. ein und dieselbe syntaktische Operation wird immer wieder durchgeführt. Dies geschieht folgendermaßen:

Um den komplexen Ausdruck *der Junge liest* bilden zu können, werden der Artikel *der* und das Substantiv *Junge* zu der Phrase *der Junge* zusammengefügt. Diese Operation wird als Verschmelzung (»**merge**«) bezeichnet. Die NP (resp. DP) *der Junge* wird nun ihrerseits mit einem Element aus dem Lexikon verknüpft, mit dem Verb *liest.* Auf diese Weise entsteht der komplexe Ausdruck *der Junge liest.* Soll der Satz *der Junge liest ein Buch* deriviert werden, werden die Lexeme *ein* und *Buch* und die Lexeme *der* und *Junge* aus dem Lexikon entnommen und jeweils zusammengefügt. Die so erstellte NP *ein Buch* wird mit dem Verb *liest* verknüpft und dieser komplexe Ausdruck schließlich mit der bereits erstellten NP *der Junge.* Gegebenenfalls ist es dann noch erforderlich, Konstituenten über move α in eine hierarchisch höhere Position umzustellen. Beide hier vorgestellte Operationen, ›merge‹ und ›move‹, gehören zur generellen Transformation. Zusammenfassend:

> Sowohl der Aufbau syntaktischer Strukturen als auch Strukturveränderungen werden im MP als das Resultat einer einzigen Derivation, einer »generalized transformation«, beschrieben. Diese nimmt ein Elemente aus dem Lexikon (»select«) und baut damit eine Phrasenstruktur auf (»merge«). In einem weiteren Schritt werden Umstellungen vorgenommen (»move«).

Natürlich lässt sich auf diese Weise nicht verhindern, dass auch ungrammatische Strukturen entstehen. Wenn beispielsweise als Lexikonelement nicht die Flexionsform *liest*, sondern *lese* gewählt wird, dann entsteht die Phrasenstruktur **der Junge lese ein Buch.* Wird die korrekte Verbform eingesetzt, aber die Objekt-NP mit dativisch markierten Lexikonelementen aufgebaut, dann ergibt sich die Phrasenstruktur **der Junge liest einem Buch.* Im ersten Fall sind die grammatischen Merkmale der Subjekt-NP (1. Pers. Sing.) nicht mit den grammatischen Merkmalen des Verbs (3. Pers. Sing.) verträglich, im zweiten Fall die Kasuszuweisungsmerkmale des Verbs (Akkusativ) nicht mit dem Kasus der NP (Dativ). Solche Strukturen müssen als ungrammatisch erkannt werden; ansonsten kommt es, so die generative Redeweise, zu einem ›Crash‹. Es muss also überprüft werden, ob die abstrakten Flexionsmerkmale, die die Lexikonelemente mit sich tragen, in der gegebenen Struktur korrekt sind. Diese Merkmalüberprüfung wird als **Feature-Checking** bezeichnet.

8.5.3 Die Merkmalüberprüfung

Wie können nun die grammatischen Merkmale in einer Struktur ›gecheckt‹ werden? Kommen wir zurück auf das obige Beispiel *Der Junge liest ein Buch.* Betrachten wir zunächst die NP *ein Buch.* Es muss ermittelt werden, ob diese NP mit den ›passenden‹ Flexiven versehen wurde. Die Merkmalüberprüfung findet statt, indem die NP mit ihren Flexionsmerkmalen zu der funktionalen Projektion bewegt wird, die eben diese Merkmale trägt. Mit anderen Worten: Die NP wird aus ihrer Basisposition, der Komplementposition in der VP, in den Specifier einer Phrase bewegt, deren Kennzeichen es ist, dass sie abstrakte Flexionsmerkmale trägt. Diese Phrase wird als Agreement-Phrase bezeichnet. Im Kopf dieser Phrase befinden sich Agreement-Merkmale, die mit den abstrakten Flexionsmerkmalen der NP verglichen werden. Korrespondieren die Merkmale, liegt also ein ›Feature-Matching‹, eine Merkmalübereinstimmung, vor, ist die Konstruktion grammatisch. Im Resultat werden die abstrakten Flexionsmerkmale aus der Struktur eliminiert. Der gesamte komplexe Ausdruck enthält somit nur noch phonetische und lexikalische Informationen – und diese können auf der Ebene der Phonetischen Form und auf der Ebene der Logischen Form interpretiert werden. Damit genügen sie dem **Prinzip der vollen Interpretierbarkeit**, der einzigen Wohlgeformtheitsbedingung im MP. Voll interpretierbar ist eine syntaktische Struktur also dann, wenn alle grammatischen Merkmale überprüft und anschließend eliminiert wurden.

Wie sieht nun die Gesamtstruktur des Satzes *Der Junge liest ein Buch aus*? Wie die Grafik in (13) zeigt, unterscheidet sich die minimalistische Strukturdarstellung im Resultat nur geringfügig von der X-bar-Struktur des Satzes.[41] Die Struktur ist aber komplexer, da zwei AgrPs auftreten. Die hierarchisch höher stehende AgrP resultiert aus dem oben erwähnten Infl-Splitting (in AgrP und TP), die tiefer stehende AgrP ist die Phrase, an der die Merkmalüberprüfung der Akkusativ-NP erfolgt. Die zentralen Unterschiede zwischen MP und GB betreffen nicht die Strukturdarstellung selbst, sondern andere Punkte: Zum einen unterscheiden sich die beiden Entwicklungsphasen darin, wie die Strukturen aufgebaut wurden (über X-bar-Regeln vs. »merge«-Operationen), zum anderen darin, wie die Strukturen

41 Allerdings geht Chomsky im MP nicht mehr länger von einer variablen Kopfstellung aus, sondern setzt den Kopf einer Phrase obligatorisch an die linke Peripherie. Ob diese Annahme plausibel ist, ist umstritten; ich gehe für das Deutsche weiter von einer tiefenstrukturellen SOV-Anordnung aus.

auf ihre Grammatikalität hin überprüft werden. In der GB-Theorie steht hierfür ein ganzer Apparat an Teiltheorien zur Verfügung, im MP letztendlich nur die ›Condition of Full Interpretation‹.

(13)

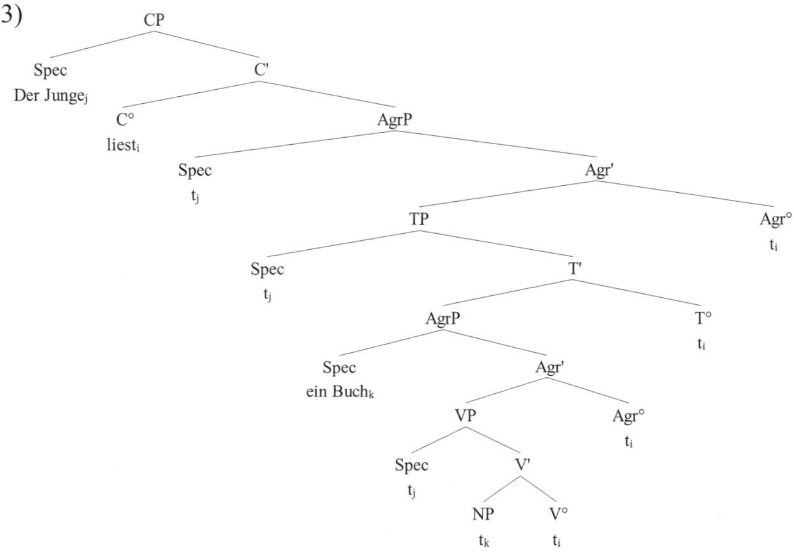

Wie wir in (13) sehen, wurde sowohl die Subjekt-NP (aus der SpecVP-Position) als auch die Objekt-NP (aus der Komplementposition in der VP) in eine SpecAgrP bewegt. An diesen Positionen können die NPs ihre abstrakten Flexionsmerkmale mit den Merkmalen der Agr°-Köpfe abgleichen. Alle Bewegungen, d.h. alle Instanzen der Transformation »move«, resultieren aus der Notwendigkeit dieses ›Feature-Checkings‹. Nach der Merkmalüberprüfung wird die Subjekt-NP noch weiter in die SpecCP bewegt, die Objekt-NP bleibt in der SpecAgrP. Die Kasusüberprüfung vollzieht sich also – und dies ist ein großer theoretischer Fortschritt – für alle Phrasen einheitlich: jeweils in einer Specifier-Kopf-Relation. Diese Relation entspricht der m-Kommando-Beziehung.

Über die Indizes *j* und *k* sind in (13) die Bewegungen der beiden NPs *der Junge* und *ein Buch* rekonstruierbar. Der Index *i* zeigt die Positionen an, die das Verb auf seinem Weg in die C° eingenommen hat. Auch das Verb überprüft seine Flexionsmerkmale, gleicht also am funktionalen Kopf T° die Tempusmerkmale und an den Agr°-Köpfen die Kongruenzmerkmale ab. Die Merkmalüberprüfung erfolgt auch hier über eine zweistellige Relation, eine Kopf-Kopf-Konfiguration. Das Verb besetzt also nicht die Agr°- bzw. T°-Positionen, sondern es wird an diese adjungiert. Um die Struktur nicht noch unübersichtlicher zu gestalten, wurde in (13) auf die Darstellung dieser Kopf-an-Kopf-Adjunktion verzichtet. Festzuhalten bleibt an dieser Stelle:

Die Merkmalüberprüfung erfolgt entweder (wie im Falle des Verbs) in einer Kopf-Kopf-Konfiguration oder (wie im Falle der in den Specifier von AgrPs bewegten NPs) in einer Spec-Kopf-Konfiguration.

Was die Flexionsmerkmale betrifft, die das Verb überprüfen muss, unterscheidet Chomsky (1993) **starke und schwache Merkmale**: Sind die verbalen Merkmale schwach, erfolgt die Merkmalüberprüfung erst auf der Ebene der Logischen Form, d.h. erst dann, wenn der Satz logisch-semantisch interpretiert wird. Zwar findet eine sukzessive Verbbewegung statt, das Verb überprüft an den Köpfen Agr° und T° seine Flexionsmerkmale, diese Bewegung ist aber an der Oberfläche nicht sichtbar. Anders ist es, wenn das Verb starke Merkmale überprüfen muss. Dies ist im Deutschen der Fall. Die Zielkategorien Agr° und T° tragen hier starke Merkmale. Wie (13) zeigt, bewegt sich das Verb über V°, Agr°, T°, Agr° nach C°. Diese Bewegung verläuft nicht verdeckt (covert), sondern ist overt, in der Satzstruktur daran ersichtlich, dass das Verb oberflächensyntaktisch an einer anderen Position, der Verbzweitposition, steht.

Sprachen unterscheiden sich darin, ob sie offene bzw. verdeckte Verbbewegung aufweisen. Das Deutsche erlaubt overte Verbbewegung, andere Sprachen lassen overte Verbbewegung nur bedingt zu. Diese Typisierung geht auf den bereits erwähnten Aufsatz von J.-Y. Pollock (1989) zurück. Er vergleicht das Englische mit dem Französischen: Im Französischen sei die Verbbewegung nach Agr° in der Struktur des Satzes sichtbar, im Englischen nicht. So erkenne man an der Struktur *Jean **embrasse**$_i$ souvent [_]$_i$ Marie*, dass das Verb in den Kopf einer über der VP angesiedelten AgrP bewegt wurde, denn es steht vor dem Adverb *souvent*, das als Grenzmarker für die VP dient. In der englischen Übersetzung *John often **kisses** Mary* steht das Verb rechts vom Adverb, es wurde also nicht (overt) nach AgrP bewegt. Da es aber auch im Englischen seine Merkmale überprüfen muss, folgert Pollock, dass die Agr°-Position im Englischen mit einem schwachen Merkmal versehen ist. Das Verb werde folglich erst auf der Ebene der Logischen Form zur Merkmalüberprüfung nach Agr° bewegt.

An dieser Stelle sei eine kritische Anmerkung erlaubt: Die Klassifikation in starke und schwache Merkmale übernimmt Chomsky von Pollock, er fundiert diese aber nicht. Fast hat man den Eindruck, dass die Unterscheidung im MP nur dazu dient, von der Theorie erzwungene, von den Wortstellungsdaten aber nicht belegte Strukturen zu motivieren. Es stellt sich auch die Frage, wie die Existenz von coverten Verbbewegungen nachgewiesen werden kann. Der direkten Beobachtung zugänglich sind sie ja nicht.

8.5.4 Die Ökonomieprinzipien

An dieser Stelle sollen zwei Prinzipien erläutert werden, die darüber entscheiden, ob eine Struktur als grammatisch gilt oder nicht: das **Zauderprinzip** (»procrastinate«) und das **Schmarotzerprinzip** (»greed«). Beide Prinzipien bauen auf der Überlegung auf, dass eine Transformation nur dann durchgeführt werden sollte, wenn sie unerlässlich ist (»last resort«, dt. ›letzte Rettung‹) und wenn sie möglichst kurze Schritte enthält (»shortest move«, dt. ›kürzeste Bewegung‹). Mit Letzterem ist gemeint, dass von Derivationsschritt zu Derivationsschritt zu fragen ist, ob es nicht eine andere, kürzere Bewegung gibt. So ist eine Bewegung von Agr° über T° nach C° einer Bewegung vorzuziehen, die direkt von Agr° nach C° geht, da dies die längere Bewegung wäre (vgl. hierzu nochmals die Strukturdarstellung in (13)). Bereits erzeugte Strukturen sind also daraufhin zu überprüfen, ob sie den Ökonomieforderungen genügen. Sind mehrere Derivationsmöglichkeiten vorhanden, so werden vom Verarbeitungssystem C_{HL} nur jene akzeptiert, die am ökonomischsten sind.

Nun zu den beiden Prinzipien, die die Ökonomieforderungen im minimalistischen Modell umsetzen: Wenn eine Bewegung nur dann legitim ist, wenn sie unerlässlich ist, dann folgt daraus, dass sie auf jeden Fall so spät wie möglich erfolgen sollte, dass die betreffenden Konstituenten so lange wie möglich ›zaudern‹ sollten. Nichts anderes besagt ›procrastinate‹, das minimalistische Zauderprinzip. Im Modell der GB-Theorie war eine Bewegung grundsätzlich möglich, wurde aber in ihrer Anwendbarkeit durch bestimmte Prinzipien restringiert.

Im MP darf eine Bewegung nur dann erfolgen, wenn sie erzwungen wird – und auch dann so spät wie möglich (»procrastinate«, Zauderprinzip).

Wie bereits erwähnt, ist das Feature-Checking der auslösende Faktor für die Umstellung von Konstituenten. Diese Umstellung sollte so spät wie möglich erfolgen, also nach Möglichkeit erst auf der Ebene der Logischen Form (LF). Der Normalfall ist also der, dass Bewegungen an der Oberfläche nicht sichtbar sind. Sind sie es doch, so wurde ihre Bewegung durch einen anderen Faktor ausgelöst, der im Widerspruch zum Zauderprinzip steht. Es ist dies ›greed‹, das Schmarotzerprinzip. Dieses besagt, dass eine Bewegung dann erfolgen kann, wenn die Konstituente, die bewegt werden soll, (metaphorisch gesprochen) einen Vorteil davon hat. Es gilt also:

Eine Konstituente wird nur bewegt, wenn sie ihre **eigenen** Merkmale überprüfen kann (»greed«, Schmarotzerprinzip).

Trägt das Verb starke Merkmale, muss es bereits vor der LF-Ebene in die Positionen Agr° und T° bewegt werden, um seine Merkmale zu überprüfen – auch wenn dies dem ›Zauderprinzip‹ widerspricht. Es ist sozusagen die ›letzte Rettung‹. Die Konstituente wird bewegt, weil es in ihrem eigenen Interesse unerlässlich ist. Dieses Schmarotzerprinzip schließt im Übrigen nicht aus, dass es auch »altruistische Nebeneffekte« (Terminus von Wilder/Ćavar 1994:18) gibt, denn die Umstellung einer Konstituente führt im Allgemeinen dazu, dass die betreffende Konstituente an der jeweiligen Zielposition ihre Merkmale überprüfen kann.

Die beiden Ökonomieprinzipien, Zauder- und Schmarotzerprinzip, interagieren einzelsprachlich auf verschiedene Weise. Sie ermöglichen einen parametrisierten Strukturaufbau, der den beiden Ökonomieanforderungen (»last resort«, »shortest move«) genügen muss. Um festzustellen, ob die so erzeugten Strukturen diesen Anforderungen genügen, müssen alle Derivationsschritte miteinander abgeglichen werden. Dies freilich ist – der Eindruck drängt sich auf – ein recht unökonomisches Verfahren zur Ermittlung der ökonomischsten Derivation. Darauf weist Lenerz (1998) in seiner kritischen Rezension zum MP mit Recht hin. Die Kritik wird abschließend wiedergeben:

> Weitere Probleme ergeben sich bei der Berechnung der ›ökonomischsten‹ Derivation. Hier müssen z. T. recht aufwendige, ihrerseits kaum ›ökonomisch‹ zu nennende Vergleiche angestellt werden. So ist etwa die MLC (kürzeste Bewegung) nur durch recht komplexe Strukturbedingungen zu ermitteln. Auch die Annahme, die Derivation mit den wenigsten Arbeitsschritten sei vorzuziehen, erfordert m. E. die Berechnung <u>aller</u> qua Vergleichsmenge konkurrierenden Derivationen. Es muß nämlich 1.) festgestellt werden, welche Derivationen überhaupt konvergieren (d.h. grammatisch sind, C.D.) und 2.) welche der konvergierenden gegen <u>procrastinate</u> oder ein etwaiges anderes Prinzip verstoßen und 3.) welche der übrigbleibenden konvergierenden mit der geringsten Anzahl an Ableitungsschritten auskommt. J. Lenerz (1998:109)

8.5.5 Das Gesamtmodell

Das minimalistische Modell besteht, wie oben erläutert, nur noch aus den zwei Repräsentationsebenen Logische Form und Phonetische Form. Eine weitere syntaktische Ebene gibt es nicht, D-Struktur und S-Struktur wurden als theoretisch nicht notwendige Konstrukte eliminiert. Mit der Eliminierung von D-Struktur und S-Struktur werden auch alle Prinzipien, die im GB-Modell auf diesen beiden Repräsentationsebenen operieren, obsolet. Chomsky erwähnt in diesem Zusammenhang das Projektionsprinzip und das Theta-Kriterium, beide tragende Pfeiler der GB-Theorie. Sie haben dann keine theoretische Rechtfertigung mehr, wenn es, so Chomsky (1993), gelingt, die empirischen Konsequenzen dieser beiden Wohlgeformtheitsbedingungen unabhängig davon zu erklären:

> If the empirical consequences can be explained in some other way and D-structure eliminated, then the Projection Principle and the Theta Criterion can be dispensed with.
> N. Chomsky (1993:20)

Ob dies gelingen wird, scheint allerdings fraglich, wenn man in Betracht zieht, wie gering der Beitrag des MP zu der Frage der Verknüpfung von syntaktischer und semantischer Struktur ist.

Auch der strukturelle Begriff der Rektion wird aus dem Modell eliminiert, alle in der GB-Theorie über Rektion erklärbaren syntaktischen Prinzipien sollen im MP ohne Rekurs auf Rektion beschrieben werden. Lediglich eine strukturelle Beziehung, m-Kommando, bleibt erhalten, da nur das m-Kommando für die Kasusüberprüfung relevant ist.

Die Ebene, auf der die beiden Interpretationssysteme, die Phonetische und die Logische Form, ›auseinanderdriften‹, wird von Chomsky (1993) als **Spell-Out** bezeichnet. In einführenden Darstellungen wird diese Stufe der Derivation häufig mit der ›alten‹ S-Struktur verglichen, da zu diesem Zeitpunkt die lineare Wortfolge der Struktur bereits festliegt (vgl. Wilder/Ćavar 1994:13). Alle syntaktischen Operationen, die nach Spell-Out durchgeführt werden, sind Teil der Logischen Form und damit in der von der Phonetischen Form bereits interpretierten Oberflächensyntax nicht mehr sichtbar. Ob eine Bewegung offen oder verdeckt ist, ob sie also vor oder nach Spell-Out erfolgt, hängt, wie bereits weiter oben dargelegt, von der Art der funktionalen Merkmale ab, die den Bewegungsprozess motivieren: Sind sie schwach, ist die Bewegung covert (nach Spell-Out), sind sie stark, ist die Bewegung overt.

Insgesamt ergibt sich für die Gesamtorganisation des minimalistischen Modells das folgende Bild:

(14)

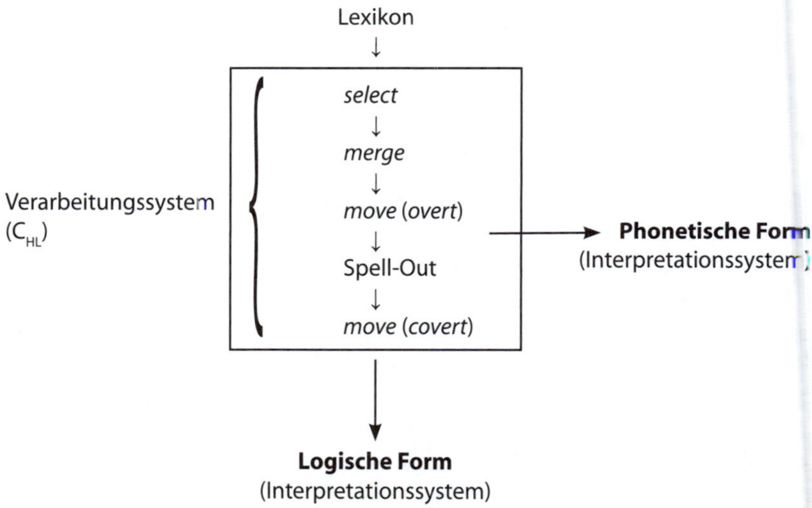

Um das Ganze abschließend nochmals Revue passieren zu lassen: Bereits flektierte Elemente werden für den Strukturaufbau aus dem Lexikon entnommen (»select«) und im Verarbeitungssystem (»computation of human language«, C_{HL}) zu komplexen Ausdrücken zusammengesetzt (»merge«). Auf den so gebildeten Strukturen operieren Umstellungstransformationen (»move«), die entweder overt (vor Spell-Out) oder covert (nach Spell-Out) erfolgen. Vollziehen sie sich nach Spell-Out, so stehen sie nur für die logisch-semantische Interpretation bereit, nicht für die artikulatorische. Sie sind also der empirischen Beobachtung nicht zugänglich. Alle Bewegungen unterliegen »procrastinate« und »greed«, dem Zauder- und dem Schmarotzerprinzip, diese wiederum unterliegen den Ökonomieanforderungen »last resort« und »shortest move«. Ausgelöst werden Bewegungen allein durch die

Notwendigkeit, abstrakte funktionale Merkmale zu überprüfen und anschließend zu eliminieren. Nur wenn dies geschehen ist, ist die Struktur voll interpretierbar.

Über dem gesamten Verarbeitungsmodell steht der Anspruch, dass konzeptuell nur das minimal Notwendige einbezogen werden darf. Dass damit eine Streichung zentraler Konzepte aus früheren Versionen der Generativen Grammatik einhergeht, wurde weiter oben bereits erläutert. Offen bleibt beim derzeitigen Stand der Forschungsdiskussion, ob es gelingen wird, die Daten auch ohne Rückgriff auf die in der GB erarbeiteten Teiltheorien zu erfassen. Es darf mit Recht bezweifelt werden, dass es möglich ist, alle Wohlgeformtheitsbedingungen unter dem Prinzip der vollen Interpretierbarkeit zu subsumieren.

8.6 Schlussbemerkung

Wie wir in den vorangehenden Abschnitten gesehen haben, hat die Generative Grammatik in den vergangenen vier Jahrzehnten eine beachtliche Entwicklung genommen. So verwundert es nicht, dass viele der generativen Untersuchungen heute nur noch wissenschaftsgeschichtlichen Wert haben. Wichtig ist, dass man sich bei der Lektüre stets klar macht, welcher theoretische Rahmen den Arbeiten zugrunde liegt. Oft genug wird nämlich nur ein Theoriestand referiert, und es wird nicht deutlich, wie dieser einzuordnen ist.[42] Meist genügt aber ein Blick auf die Strukturbäume, um sich Klarheit zu verschaffen: Werden Sätze als NP/VP-Strukturen dargestellt, so liegt der ältere Theoriestand zugrunde. Erfolgt eine CP/IP-Analyse bzw. CP/AgrP/TP-Analyse, so ist dies der neuere Theoriestand. Es ist dann noch weiter zu überprüfen, wie die Strukturen restringiert werden: über eine Vielzahl von Einzelprinzipien wie in der GB-Theorie oder über einige wenige abstrakte Mechanismen wie im MP.

In allen generativen Theorievarianten stellt sich aber dasselbe Problem: Wie kann verhindert werden, dass ungrammatische Strukturen entstehen (Standardtheorie) bzw. wie können diese wieder ›ausgemustert‹ werden (GB-Theorie, MP)? Zieht man in Betracht, dass die Generative Grammatik alle natürlichen Sprachen erfassen möchte, so ist schnell einzusehen, dass es schier unmöglich ist, ein Modell zu entwickeln, das alle grammatischen von allen ungrammatischen Strukturen trennt. Doch gibt es hierzu eine Alternative, wenn das Ziel beibehalten werden soll, die universalen Eigenschaften aller Sprachen zu beschreiben? In einigen generativen Arbeiten wird in der Tat ein anderer Weg eingeschlagen. Es sind dies die Arbeiten, die der Optimalitätstheorie verpflichtet sind. Im folgenden Kapitel werden die Grundannahmen dieser Theorie vorgestellt und die Unterschiede zur ›klassischen‹ Generativen Grammatik herausgearbeitet.

42 Das ist z. B. in der Einführung von A. Radford et al. (1999) der Fall. Hier wird im Syntaxteil der Theoriestand des MP zugrunde gelegt (gemischt mit Elementen aus der GB-Theorie), ohne dass dies deutlich gesagt würde.

Zur Vertiefung

D. Adger 2004 (gute Einführung in die minimalistische Syntax, mit Übungen)
N. Chomsky 2004 (Interviews mit N. Chomsky zu Grundfragen der Sprachwissenschaft)
G. Fanselow/S. Felix 1993, Bd. 1 (konzeptuelle Grundlagen der Generativen Grammatik)
G. Fanselow/S. Felix 1993, Bd. 2 (Überblick über alle Teiltheorien der GB-Theorie)
G. Grewendorf 2002 (umfassende Einführung in das MP)
W. Huber/W. Kummer 1974 (Analyse des Deutschen im Rahmen der Standardtheorie, nur noch wissenschaftsgeschichtlich relevant)
A. Marantz 1995 (knappe, gut verständliche Abgrenzung des MP von der GB-Theorie)

9 Optimalitätstheorie

Von Martin Businger

The true prediction of an OT analysis is typically not the data of a language: it is a universal typology. P. Smolensky/G. Legendre (2006:527)

9.1 Vorbemerkungen

Die Optimalitätstheorie (engl. *Optimality Theory,* abgekürzt: OT) ist eine linguistische Theorie, die in den letzten Jahren unter den Generativen Grammatikern, aber auch bei Vertretern anderer grammatiktheoretischer Schulen und Linguisten, die nicht in erster Linie auf dem Gebiet der Grammatik tätig sind, Beachtung gefunden hat. Wissenschaftsgeschichtlich hat die OT ihre Wurzeln in der Phonologie. 1993 gelangte ein Manuskript der Phonologen Alan Prince und Paul Smolensky mit dem Titel *Optimality Theory: Constraint Interaction in Generative Grammar* in Umlauf, das großen Einfluss auf die phonologische Theoriebildung ausübte, aber erst über ein Jahrzehnt später, im Jahr 2004, als Buch veröffentlicht wurde (vgl. Prince/Smolensky [1993]/2004). Bei der OT handelt es sich aber nicht, wie man vermuten könnte, um eine phonologische Theorie, sondern um ein Modell, das beschreibt, wie Entscheidungsprozesse in Systemen ablaufen, die miteinander unvereinbare, aber nach Wichtigkeit geordnete Anforderungen enthalten (vgl. Müller 2000:5). Dieser ›Meta-Charakter‹ der OT erlaubt es, sie mit bestehenden Theorieansätzen zu verbinden und in den verschiedensten linguistischen Bereichen, so auch in der Syntaxtheorie, fruchtbar zu machen.

Zur Einordnung der Optimalitätstheorie im weiten Feld der gegenwärtigen Syntaxforschung ist grundsätzlich Folgendes festzuhalten: Die OT steht einerseits in enger Verbindung zur Generativen Grammatik. Sie teilt mit ihr das Bemühen, Prinzipien der Universalgrammatik aufzudecken und die Ergebnisse mit einem hohen Maß an formaler Präzision zu erfassen (vgl. Kager 1999:xi; Blutner/Zeevat 2004:2). Andererseits wird die OT von Grammatikern ganz unterschiedlicher Schulen – von Generativisten bis hin zu Vertretern funktionaler Theorien (vgl. Kap. 10) – aufgegriffen und in das eigene Grammatikmodell integriert (vgl. Newmeyer 2002:44 f.). So ist es im aktuellen Forschungsumfeld möglich, dass ein Syntaktiker seine Forschungen im Rahmen der Government-Binding-Theorie mit OT-Orientierung betreibt, während sein Kollege seine Daten in einem optimalitätstheoretisch-funktionalen Rahmen interpretiert.[43]

43 Daneben gibt es natürlich noch weiterhin die nicht-optimalitätstheoretisch ausgerichteten Varianten der einzelnen Theorien.

In diesem Kapitel sollen die Grundzüge der Optimalitätstheorie vorgestellt und anhand von Anwendungen aus dem Bereich der Syntax illustriert werden. Zu diesem Zweck werde ich in Abschn. 9.2 an Grimshaw/Samek-Lodovici (1998) anknüpfen und darauf aufbauend zeigen, wie eine optimalitätstheoretische Analyse von syntaktischen Phänomenen durchgeführt werden kann. Dabei sollen auch die sprachvergleichende Ausrichtung der OT und die Architektur des Gesamtmodells anschaulich gemacht werden. In Abschn. 9.3 steht die einflussreiche Arbeit von Jane Grimshaw (1997) im Zentrum, und es wird eine neuere Anwendung von Grimshaws Analyse auf eine wenig beachtete Konstruktion im Deutschen (vgl. *Tanzen tue ich gern*) vorgestellt. Abschn. 9.4 erweitert die Perspektive mit Bezug auf die Interaktion von Syntax und Semantik einerseits und Syntax und Phonologie andererseits. Hier wird gezeigt, wie die OT an diesen ›Grenzbereichen‹ fruchtbar eingesetzt werden kann. In Abschn. 9.5 werden grundsätzliche, noch weitgehend ungeklärte Fragen im Zusammenhang mit dem optimalitätstheoretischen Grammatikmodell aufgegriffen. Abschn. 9.6 beschließt die Ausführungen mit einer knappen Schlussbemerkung.

9.2 Grundzüge der OT-Syntax

Die Autoren des Buches *Optimal Communication* weisen in ihrem einleitenden Kapitel auf ein wesentliches Charakteristikum der menschlichen Sprache hin (vgl. Blutner et al. 2006:3): Zwar ist es möglich, allgemeine Regularitäten in der Sprache zu entdecken, doch diese kennen immer Ausnahmen. Die Regularitäten stellen also (bestenfalls starke) *Tendenzen* dar, keinesfalls absolute Gesetze. Blutner et al. (2006) nennen als Beispiele Regularitäten, die sich auf das Subjekt beziehen: *Sätze haben ein Subjekt* oder *Das Subjekt ist ein Agens*. Leicht sind Gegenbeispiele zu diesen Aussagen zu finden. Die erste Regularität etwa wird im Deutschen in einem Satz wie *Mich friert* verletzt. Durch Sprachvergleich lassen sich weitere Verstöße gegen diese Regularität dokumentieren. So heißt es im Italienischen __ *Ha cantato,* ›sie/er hat gesungen‹, das Subjekt wird hier also syntaktisch nicht realisiert. Blutner et al. (2006:16) gehen sogar so weit zu sagen, dass es nicht möglich sei, unverletzbare Prinzipien für syntaktische Strukturen zu formulieren: Es finden sich immer Ausnahmen und Restriktionen.

In der OT wird nun der Versuch unternommen, Generalisierungen zu treffen, die sich im Sinne deskriptiver Tendenzen als sinnvoll erwiesen haben, und dabei die Tatsache der Verletzbarkeit von Regeln systematisch zu berücksichtigen.[44] Betrachten wir dazu eine optimalitätstheoretische Analyse zur Subjektrealisierung im Italienischen im Vergleich mit Sprachen wie dem Englischen oder Deutschen (vgl. Grimshaw/Samek-Lodovici 1998). Die relevanten Daten sind in (1) zusammengestellt:

44 Siehe John McCarthy (2002:40) für diese Sichtweise; vgl. aber auch die kritische Diskussion in Abschn. 9.5.

(1) (a) Er hat gesungen.
(b) *Hat gesungen.
(c) Ha cantato (›hat gesungen‹)

(1a) illustriert die allgemeine Tendenz, dass Sätze ein Subjekt benötigen. Fehlt das Subjekt, ist die Struktur ungrammatisch (vgl. 1b). Diese Struktur ist im Italienischen aber grammatisch, d. h. (1c) stellt eine ›Ausnahme‹ zu der Tendenzregel dar, dass Sätze ein Subjekt benötigen.[45] Man kann es aber auch anders sehen: Wir fassen (1c) als Beispiel eines anderen, ebenfalls gültigen Musters auf: Das Topik – also dasjenige, worüber aktuell gesprochen wird – braucht nicht immer wieder explizit genannt zu werden.[46] Die Auslassung des Subjekts ist im Italienischen – annäherungsweise formuliert – nämlich nur dann möglich, wenn dieses aus dem Gesprächs- oder Textzusammenhang rekonstruierbar, d. h. wenn es ein Topik ist (Grimshaw/Samek-Lodovici 1998:195). Wir können somit die folgenden zwei ›Tendenzen‹ formulieren (vereinfacht nach Grimshaw/Samek-Lodovici 1998:194):

SUBJEKT: Sätze haben ein Subjekt.

TOPIKTILGUNG: Topiks werden nicht realisiert.

Formulierungen von ›Tendenzregeln‹ haben in der Optimalitätstheorie, wie die beiden Beispiele zeigen, die Form von allgemeinen Aussagen oder Forderungen und werden **Constraints** oder **Beschränkungen** genannt. In der deutschsprachigen OT-Literatur sind beide Bezeichnungen anzutreffen; sie werden in diesem Kapitel daher als Synonyme verwendet. Die Kurzbezeichnungen der einzelnen Constraints werden gewöhnlich, wie oben geschehen, in KAPITÄLCHEN geschrieben.

Es ist unmittelbar klar, dass in ein und demselben Satz nicht beiden Tendenzen gleichzeitig Rechnung getragen werden kann, sofern das Subjekt des Satzes zugleich ein Topik ist: SUBJEKT verlangt die Realisierung, TOPIKTILGUNG in diesem Fall die Nicht-Realisierung des Subjekts. Diesen Konflikt lösen das Deutsche und das Italienische je unterschiedlich.

Deutsch: ☞ Er hat gesungen. / *Hat gesungen.

SUBJEKT >> TOPIKTILGUNG

Für das Deutsche ist offensichtlich die Beschränkung SUBJEKT höher gewichtet als die Beschränkung TOPIKTILGUNG (was durch das Symbol »>>« zum Ausdruck gebracht wird). Von den beiden oben betrachteten Sätzen ist daher derjenige grammatisch, der den Constraint SUBJEKT erfüllt. Er ist der **optimale Kandidat** oder der Gewinner und wird mit dem Symbol »☞« ausgezeichnet.[47] Die in der OT-Literatur

45 Einen anderen Zugang bietet das Konzept der sprachspezifisch variierenden Valenzrealisierungsformen, das in Abschn. 7.5 vorgestellt wurde. Danach wird ein Subjekt im Italienischen unter bestimmten Bedingungen nur auf der Mikroebene, d. h. morphologisch am finiten Verb, nicht aber als syntaktische Konstituente realisiert.

46 Zum Topikbegriff vgl. die Abschnitte 2.2, 10.4.2 und 10.4.3.

47 In der OT nennt man Strukturen, die miteinander im Wettbewerb stehen, Kandidaten.

gängige Darstellung eines solchen Abgleichens der Constraints hat die Form eines Tableaus. Die Darstellung für unseren Beispielsatz sieht also folgendermaßen aus (dabei zeigen die Sternsymbole (*) an, dass eine Beschränkungsverletzung durch den jeweiligen Kandidaten vorliegt):

(2)

Kandidaten:	SUBJEKT	TOPIKTILGUNG
☞ Er hat gesungen		*
Hat gesungen	*!	

Die Kandidaten werden im Tableau miteinander verglichen. Kriterium dieses Vergleichs sind die einzelnen Constraints und – ganz entscheidend – ihre relative Gewichtung zueinander (das **Ranking** der Constraints). Es gilt: Je weiter links ein Constraint im Tableau notiert ist, umso stärker ist er gewichtet. Der im Deutschen hoch geordnete Constraint SUBJEKT wird durch den zweiten Kandidaten *Hat gesungen* verletzt. Weil sein Konkurrent *Er hat gesungen* die Beschränkung SUBJEKT nicht verletzt, ist die Verletzung von SUBJEKT durch den zweiten Kandidaten **fatal**, d.h. dieser scheidet aufgrund der Constraint-Verletzung aus dem Wettbewerb aus. Im Tableau ist dies angedeutet durch das Ausrufezeichen hinter dem Stern. Charakteristisch ist, dass auch der optimale Kandidat eine Beschränkung verletzt. Die Verletzung von TOPIKTILGUNG ist aber nicht fatal, da TOPIKTILGUNG im Deutschen tiefer ›gerankt‹ ist als SUBJEKT. Mit anderen Worten: Der optimale Kandidat nimmt die Verletzung eines Constraints in Kauf, um damit den Verstoß gegen einen höher geordneten Constraint zu vermeiden. Zentral ist hierbei – v.a. im Hinblick auf komplexere Wettbewerbe – das Prinzip »Strict domination« (s. Kager 1999:22). Dieses besagt, dass die Verletzung einer hoch geordneten Beschränkung (in unserem Beispiel SUBJEKT) durch die Erfüllung von tiefer geordneten Beschränkungen nicht kompensiert werden kann. Es ist also beispielsweise möglich, dass der optimale Kandidat einen tiefer geordneten Constraints mehrfach verletzt oder mehrere tiefer geordnete Constraints verletzt.

Aufgrund des Gesagten lassen sich nun auch die Daten im Italienischen mittels eines Tableaus darstellen. Hier gilt die umgekehrte Beschränkungsordnung TOPIKTILGUNG >> SUBJEKT, d.h. der ›subjektlose‹ Kandidat ist optimal:

(3)[48]

Kandidaten:	TOPIKTILGUNG	SUBJEKT
Lui$_{Topik}$ ha cantato ›er$_{Topik}$ hat gesungen‹	*!	
☞ Ha cantato ›hat gesungen‹		*

Vergleicht man die Tableaus (2) und (3), so wird deutlich: Sowohl das Italienische als auch das Deutsche weisen dieselben Beschränkungen auf. Verallgemeinernd lässt sich festhalten, dass die Optimalitätstheorie sich zum Ziel setzt, universell gültige Beschränkungen zu formulieren. Die sprachspezifischen Unterschiede (im obigen Beispiel zwischen Deutsch und Italienisch) ergeben sich allein aus dem unterschiedlichen Ranking der Beschränkungen in den Einzelsprachen. Wie wir bereits hieran sehen, handelt es sich bei der OT um eine genuin sprachvergleichende Theorie.

Im Folgenden werden die zentralen Annahmen der OT, die anhand der obigen Beispieldiskussion vorgestellt wurden, noch einmal zusammengefasst:

Beschränkungen: Generalisierungen werden als Beschränkungen/Constraints formuliert.
Universalität: Die Beschränkungen sind für alle Sprachen dieselben.
Verletzbarkeit: Die Beschränkungen sind verletzbar.
Ranking: Die Beschränkungen sind relativ zueinander geordnet (= hierarchisiert), und zwar je nach Sprache unterschiedlich.
Wettbewerb: Die (Un)Grammatikalität eines Kandidaten (z. B. eines Satzes) ergibt sich aus dem Wettstreit mit anderen Kandidaten.

Mit dem letzten Punkt wird ausgesagt, dass in der OT der Status eines Kandidaten (d. h. grammatisch oder ungrammatisch) nicht aus den Eigenschaften des Kandidaten selbst resultiert, sondern nur im Vergleich mit den anderen Kandidaten nach Maßgabe des Constraint-Rankings in der betrachteten Sprache ermittelt werden kann.

Zum Schluss dieses Abschnitts sei das optimalitätstheoretische Gesamtmodell skizziert. Das Modell besteht im Wesentlichen aus zwei Komponenten: dem **Generator** (abgekürzt *Gen*) einerseits und dem **Evaluator** (*Eval*) andererseits. Der Generator erzeugt eine Menge von Kandidaten (auch **Output** genannt). Diese Generierung geschieht auf der Grundlage eines **Inputs**. Während in der Phonologie

48 Mit der Indizierung *Topik* soll hier angedeutet werden, dass die pronominale Realisierung eines Subjekts im Italienischen nicht generell zu Ungrammatikalität führt. So ist die Setzung eines Subjekts auch im Italienischen möglich, wenn dieses hervorgehoben werden soll.

der Input eine zugrunde liegende Wortform aus dem mentalen Lexikon darstellt, herrscht über die Natur des Inputs in der optimalitätstheoretischen Syntax Uneinigkeit. Auf dieses Problem werde ich in Abschn. 9.5 kurz eingehen; für die weitere Lektüre dieses Kapitels stelle man sich der Einfachheit halber unter dem Input die intendierte Bedeutung des zu bildenden Satzes vor.

Die Erzeugung der Kandidaten durch den Generator geschieht weitgehend unrestringiert (vgl. Müller 2000:13); entsprechend groß ist die resultierende Kandidatenmenge (vgl. dazu Abschn. 9.5). Dass verhältnismäßig wenig über die anzunehmenden Eigenschaften des Generators bekannt ist, hängt vor allem damit zusammen, dass das Hauptaugenmerk der Optimalitätstheoretiker auf der zweiten Komponente, dem Evaluator, liegt. Eval versammelt die universellen, aber einzelsprachlich unterschiedlich hierarchisierten Beschränkungen. Aufgrund der Beschränkungsordnung geschieht die Harmonie-Evaluation, d. h. die Bestimmung desjenigen Kandidaten aus dem Output, der in größtmöglicher ›Harmonie‹ mit der gegebenen Beschränkungsordnung steht: Dies ist der optimale Kandidat bzw. der Gewinner des Wettbewerbs.

9.3 Constraint-Interaktion und Constraint-Familien

In diesem Abschnitt wenden wir uns einigen weiteren Daten und ihrer optimalitätstheoretischen Modellierung zu. Hierzu soll ein Phänomen betrachtet werden, das bereits in den Anfängen der Generativen Grammatik die Aufmerksamkeit der Forscher gefunden hat: die *do-/tun*-Einsetzung. Damit ist die Tatsache gemeint, dass im Englischen in bestimmten syntaktischen Kontexten *do* als Hilfsverb eingesetzt werden muss, dies sonst aber verboten ist. Hier einige Beispiele:

(4) (a) What did she say?
›Was sagte sie?‹
(b) *What said she?
(c) What will she say?
›Was wird sie sagen?‹
(d) *What will she do say?

In Fragesätzen ist die Verwendung von *do* als Hilfsverb obligatorisch (vgl. 4a/b), allerdings nur, wenn nicht bereits ein anderes Hilfsverb (vgl. *will* in (4c/d)) im Satz zur Verfügung steht. Auch das Deutsche kennt Beispiele von *tun*-Einsetzung, wie Beispiel (5) zeigt. Die Bedingungen für das Auftreten von *tun* als Hilfsverb sind allerdings noch restriktiver als im Englischen (vgl. Bader/Schmid 2006, Abschn. 2.2):

(5) Tanzen tue ich gern.

Nur wenn das Hauptverb des Satzes (hier *tanzen*) als Infinitiv im Vorfeld steht und kein im Satz bereits vorhandenes Hilfsverb die linke Satzklammer besetzen könnte, kann die Funktion des Hilfsverbs durch eine finite Form von *tun* übernommen werden. Tatsächlich ist die *tun*-Einsetzung in diesem Fall – parallel zur englischen *do*-Einsetzung – sogar obligatorisch, vgl.: **Tanzen ich gern.* In beiden Sprachen erfolgt die Einsetzung von *do* aber gleichsam nur als ›letzter Ausweg‹ zur Abwendung von drohender Ungrammatikalität, weshalb in solchen Fällen auch von »Last Resort« gesprochen wird. Die OT bietet die Möglichkeit, Last-Resort-Phänomene elegant zu erfassen: Der ›letzte Ausweg‹ stellt die Verletzung eines Constraints dar, um den Verstoß gegen höher geordnete Constraints zu umgehen. Die Verletzbarkeit der Constraints erweist sich hier als ein entscheidendes Merkmal der Theorie.

Grimshaw (1997) setzt für ihre viel beachtete Analyse der *do*-Einsetzung im Englischen u. a. die unten stehenden Constraints an. Diese beanspruchen wie üblich in der OT universelle Gültigkeit. Die eingedeutschten Constraint-Bezeichnungen sowie die von Grimshaw (1997) teilweise abweichenden Formulierungen sind Müller (2000:22) entnommen:

Voll-Int (»Vollständige Interpretation«)[49]: Expletiveinsetzung ist verboten.
Lex-Ökon (»Bewegungsökonomie für lexikalische Köpfe«): Bewegung von lexikalischen Köpfen ist verboten.
Ob-Kopf (»Obligatorische Köpfe«): Eine Projektion hat einen (nicht-leeren) Kopf.

Bei Voll-Int handelt es sich um eine Beschränkung, die das Vorkommen von expletiven Elementen, also sprachlichen Ausdrücken ohne semantischen Gehalt, verbietet. Die Einsetzung von *do/tun* in den Beispielen (4a) und (5) stellt eine Verletzung dieses Constraints dar, denn *do/tun* tragen in den betrachteten Strukturen nichts zur Satzbedeutung bei. Es sind hier Wörter mit rein grammatischer Funktion.

Lex-Ökon kann als Spezialfall eines allgemeineren Beschränkungstypus verstanden werden, der syntaktische Bewegung blockiert. Lex-Ökon verbietet speziell die Bewegung von lexikalischen Köpfen. Ein Verb beispielsweise ist ein solch lexikalischer Kopf, also der Kern einer Phrase, der nicht bloß grammatische Funktion hat, sondern eine lexikalische Bedeutung transportiert.

Der Constraint Ob-Kopf fordert, dass syntaktische Strukturbäume dem X-bar-Schema entsprechen (vgl. dazu Abschn. 8.4.1), und zwar in der Hinsicht, dass eine XP einen Kopf X aufweist.

Das folgende Tableau illustriert den Wettbewerb, aus dem Satz (4a) als Gewinner hervorgeht (vgl. Grimshaw 1997):[50]

---

49 Diese Beschränkung ist nicht zu verwechseln mit dem minimalistischen ›Prinzip der vollen Interpretierbarkeit‹ (s. Abschn. 8.5.3), obwohl beide in der Literatur unter der Bezeichnung *Full Interpretation* firmieren. Im Minimalismus handelt es dabei um eine Art Metaprinzip, dem alle Strukturen unterliegen. Demgegenüber ist in der OT damit eine verletzbare Beschränkung neben anderen gemeint.

50 Zu den Bezeichnungen CP und VP vgl. Abschn. 8.4.3. Die Problematik der Satzstruktur in der Analyse Grimshaws sowie die Bewegung des Fragepronomens *what* werden im Folgenden nicht thematisiert.

(6)

Kandidaten:	LEX-ÖKON	OB-KOPF	VOLL-INT
☞ (a) [$_{CP}$ What did [$_{VP}$ she say]] (= (4a))			*
(b) [$_{CP}$ What said$_i$ [$_{VP}$ she t_i]] (= (4b))	*!		
(c) [$_{CP}$ What – [$_{VP}$ she said]]		*!	

Kandidat (a) ist optimal, da er nur den tief geordneten Constraint VOLL-INT verletzt. Bei (b) wird das Hauptverb *said* aus der VP in die Verbzweitposition bewegt, was zu einer (fatalen) Verletzung von LEX-ÖKON führt, denn *said* stellt einen lexikalischen Kopf im Sinne dieses Constraints dar. Die Optimalität von (a) gegenüber (b) ergibt sich aus dem Ranking LEX-ÖKON >> VOLL-INT.

An dieser Stelle ist zu bedenken, dass die Komponente Eval nicht bloß zwei, sondern eine ganze Reihe durch Gen erzeugte, aber ungrammatische Kandidaten auszufiltern hat (vgl. zur Frage der Anzahl der zu betrachtenden Kandidaten Abschn. 9.5). Beispielhaft sei Kandidat (c) in Tableau (6) betrachtet. Dieser Satz erfüllt sowohl VOLL-INT (da er kein Expletivum enthält) als auch LEX-ÖKON (da sich das Hauptverb *say* nicht aus seiner Basisposition in der VP herausbewegt und somit keine Bewegung eines lexikalischen Kopfes stattfindet). Geht man nur von diesen zwei Beschränkungen aus, sollte (c) optimal werden. Da (c) aber ungrammatisch ist, muss die Beschränkungshierarchie so ergänzt werden, dass (c) gegenüber (a) im Wettbewerb ein schlechteres Profil aufweist. Genau dies leistet OB-KOPF, wenn es über VOLL-INT ›gerankt‹ wird. Satz (c) enthält nämlich einen leeren Kopf, und zwar den Kopf der Projektion, in deren Spezifikator *what* steht (angedeutet durch »–«), und verletzt deshalb die Beschränkung OB-KOPF fatal.

Dass die Beschränkung LEX-ÖKON höher als OB-KOPF geordnet ist, wird allerdings aus den hier betrachteten Daten nicht ersichtlich. Relevant ist für die vorliegende Analyse nur, dass beide höher als VOLL-INT positioniert sind. Grundsätzlich gilt: Eine optimalitätstheoretische Modellierung muss immer alle denkbaren, aber ungrammatischen Strukturen ausschließen. So wären auch im hier diskutierten Beispiel weitere Constraints zu formulieren, damit das Modell korrekte Voraussagen leistet.

Ein Blick auf das (Standard)Deutsche zeigt, dass die Entsprechung des ungrammatischen Kandidaten (b) in Tableau (6) im Deutschen optimal sein muss:

(7) (a) *Was tat sie sagen? (entspricht Kandidat (a))
(b) Was sagte sie? (entspricht Kandidat (b))

Optimalitätstheoretisch lässt sich dem Umstand leicht Rechnung tragen. Im Deutschen sind die Beschränkungen LEX-ÖKON und VOLL-INT umgekehrt zueinander geordnet als im Englischen, es gilt also: OB-KOPF >> VOLL-INT >> LEX-ÖKON.

Diese Ausführungen zu Grimshaw (1997) sollen an der Stelle genügen (eine ausführlichere Darstellung findet sich in Müller 2000:22–26 und 93–118). Nun sei noch kurz dargestellt, wie sich nach Bader/Schmid (2006) die *tun*-Einsetzung im Deutschen, oben illustriert an Beispielsatz (5), im Lichte der Grimshaw'schen Analyse interpretieren lässt:

Das Constraint-Ranking VOLL-INT >> LEX-ÖKON ließe vermuten, dass im Deutschen ein Kandidat mit *tun*-Einsetzung nie optimal werden kann: Wird zur Besetzung der Verbzweitposition das Hauptverb in diese Position bewegt, so resultiert daraus zwar eine Verletzung von LEX-ÖKON, doch die Alternative dazu, die Einsetzung von *tun* an dieser Position, hat ihrerseits eine Verletzung der höher geordneten Beschränkung VOLL-INT zur Folge. Eine Verletzung von VOLL-INT ist nur dann nicht fatal, wenn auf diese Weise der Verstoß gegen eine noch höher geordnete Beschränkung verhindert werden kann. Genau dies ist laut Bader/Schmid (2006) bei Sätzen wie (5) der Fall: Die Autoren argumentieren, dass *tanzen* in (5) ein Topik darstellt (vgl. dazu Abschn. 9.2). Mit anderen Worten: Satz (5) stellt genau dann eine angemessene Äußerung dar, wenn *tanzen* den Gegenstand der Aussage (= das Topik) bildet und der Rest des Satzes die Aussage selbst (= den Kommentar).[51] Entscheidend ist nun folgende deskriptive Verallgemeinerung: *Tun* kann im Deutschen nur dann als Hilfsverb eingesetzt werden, wenn ein Infinitiv im Vorfeld steht und dieser ein Topik darstellt. Bader/Schmid (2006) übersetzen diese Generalisierung in den Constraint TOPIK und notieren diesen folgermaßen:

TOPIK: Topiks stehen am Satzanfang.

Im Weiteren formulieren sie die folgende Constraint-Hierarchie. Hieraus resultiert die Optimalität von Satz (5) gegenüber seinen Output-Konkurrenten (s. dazu die Übungsaufgabe (45)).

TOPIK >> OB-KOPF >> VOLL-INT >> LEX-ÖKON

Abschließend seien zu den Analysen von Grimshaw (1997) und Bader/Schmid (2006) noch die folgenden Bemerkungen gemacht (vgl. Müller 2000:29–32):

VOLL-INT gehört zur Familie der Treuebeschränkungen (engl. *faithfulness constraints*). Allen Treuebeschränkungen ist gemeinsam, dass sie sich auf das Verhältnis von Input zu Output beziehen, wobei gilt, dass jede Abweichung des Outputs vom Input zu einer Verletzung einer Treuebeschränkung führt. Solche Abweichungen stellen insbesondere Tilgungen von Inputelementen oder Hinzufügungen von Elementen, die nicht im Input enthalten sind, dar. Der Constraint VOLL-INT betrifft eine solche Hinzufügung, denn er verbietet das Einsetzen von semantisch leeren Elementen. Auch Beschränkungen wie LEX-ÖKON, die Bewegung verbieten,

51 Allerdings bieten Bader/Schmid keine Definition von Topik; die hier gegebene Bestimmung dürfte aber für unsere Zwecke genügen (vgl. dazu genauer die Abschnitte 10.4.2 und 10.4.3).

können zu den Treuebeschränkungen gezählt werden, denn syntaktische Bewegungen dürften in aller Regel zu Veränderungen gegenüber dem Input führen.[52]

Gehörten alle Constraints zu den Treuebeschränkungen, wäre der optimale Output immer mit dem Input identisch. Faktisch ist dem aber nicht so. Daher wird in der OT von einem zweiten, antagonistischen Beschränkungstypus ausgegangen: den Markiertheitsbeschränkungen (engl. *markedness constraints*). Sie beziehen sich allein auf den Output und fordern für diesen die Erfüllung bestimmter Wohlgeformtheitsbedingungen. Zu diesen Markiertheitsbeschränkungen gehört die oben erläuterte Beschränkung OB-KOPF, die ›kopflose‹ Projektionen verbietet.

Zusammenfassend können wir festhalten: Die Einsetzung von semantisch ›leerem‹ Material findet nur statt, wenn eine sonst unvermeidliche Verletzung einer hoch ›gerankten‹ Beschränkung (z. B. OB-KOPF) anders nicht verhindert werden kann. Im Englischen darf *do* bei Präsenz eines anderen Hilfsverbs nicht eingesetzt werden (vgl. Satz 4c/d): Dies verhindert der Constraint VOLL-INT, dessen Verletzung in diesem Fall nicht erkauft werden kann, um eine Verletzung von OB-KOPF zu vermeiden, denn OB-KOPF ist im Hinblick auf die Besetzung der Verbzweitposition durch die Präsenz des Hilfsverbs *will* bereits erfüllt. An diesem Beispiel lässt sich erkennen, wie eine tief geordnete Beschränkung (hier VOLL-INT) für den Wettbewerb relevant werden kann: VOLL-INT zeigt für Fragesätze wie (4a) keinen Effekt, blockiert aber im Normalfall die Einsetzung von *do* als Hilfsverb. Dieses Phänomen wird »emergence of the unmarked« genannt (vgl. dazu McCarthy 2002:129–134): Unmarkiert oder ›normal‹ sind Strukturen ohne *do*-Einsetzung, Strukturen mit *do*-Hilfsverb stellen den speziellen oder eben markierten Fall dar.

Ein weiteres Beispiel für das Konzept des ›unmarkierten Falls‹ lässt sich aus dem Bereich der Kasustheorie heranziehen. Im Deutschen tragen NPs den Nominativ – es sei denn, dass ihnen aufgrund anderer Bedingungen, wie z. B. der Kasusrektion durch ein Verb oder eine Präposition, ein anderer Kasus zugewiesen wird (s. Müller 2000:59 f.). Dies kann mit folgendem Beispiel aus dem Grammatik-Duden (2005:988) verdeutlicht werden:

(8) Die Presse meldete seine Entlarvung als <u>der eigentliche Drahtzieher</u> des Aufstandes (/*als den/dem/des eigentlichen …).

Der Nominativ der NP *der eigentliche Drahtzieher* könnte auf eine Beschränkung der folgenden Art zurückzuführen sein:

UNMARKIERT-NOM: Eine NP trägt Nominativ (vgl. Müller 2000:60).

Diese Forderung wird in vielen Fällen offenkundig verletzt, weshalb es sich bei UNMARKIERT-NOM um eine tief geordnete Beschränkung handeln muss. Falls aber höher geordnete Beschränkungen zu keiner Kasuszuweisung führen, entfaltet

52 Es wurde oben noch nicht festgelegt, woraus der Input in der OT-Syntax genau besteht (s. dazu Abschn. 9.5). Die in diesem Abschnitt gemachten Bemerkungen zielen daher auf ein rein intuitives Verständnis von Input-Output-Korrespondenz.

UNMARKIERT-NOM, wie in Satz (8) geschehen, seine Wirkung und weist den Nominativ zu.

Im Theorievergleich lässt sich an den zwei Beispielen ein wesentlicher Unterschied zwischen der OT mit ihren geordneten und verletzbaren Beschränkungen einerseits und dem Prinzipien-und-Parameter-Modell (vgl. Abschn. 8.2) verdeutlichen: Während ein im Laufe des Spracherwerbs ›ausgeschalteter‹ Parameter in der Grammatik der erworbenen Sprache nicht mehr aktiv ist, prägt ein tief geordneter und daher oft verletzter Constraint in einem OT-Modell die Grammatik der Sprache durchaus: Sein Wirken wird am unmarkierten Fall erkennbar.

9.4 OT und die Schnittstellen zur Syntax

Die Optimalitätstheorie ist, wie eingangs schon festgehalten wurde, keine genuine Syntaxtheorie, sie muss nicht einmal notwendigerweise (nur) als Grammatiktheorie aufgefasst werden. Vielmehr stellt sie eine Architektur mit bestimmten Komponenten (Generator, Evaluator) und Arbeitsprinzipien (Harmonie-Evaluation) bereit, die ›inhaltliche Füllung‹ aber, insbesondere die Begrifflichkeit, auf die die Constraint-Formulierungen zurückgreifen, ist nicht festgelegt. So lässt sich eine Straßenverkehrsordnung genauso optimalitätstheoretisch implementieren (vgl. Müller 2000:5–8) wie die ethischen Prinzipien für Roboter im Werk des Science-Fiction-Autors Isaac Asimov (vgl. Blutner 2005:10). Im Bereich der Sprachwissenschaft eignet sich die OT besonders gut für die Modellierung von Interaktionen zwischen verschiedenen linguistischen Ebenen wie z. B. der Phonologie, der Morphologie oder der Syntax. Die Interaktionsbereiche zweier solcher Ebenen nennt man Schnittstellen. Im folgenden Abschnitt zur Bidirektionalen OT soll beispielhaft die Syntax-Semantik-Schnittstelle in den Blick genommen und dabei anschaulich gemacht werden, wie das Zusammenspiel von Syntax und Semantik optimalitätstheoretisch erfasst werden kann. Im Anschluss daran (Abschn. 9.4.2) folgen – mit Bezug auf eine Analyse von Vogel (2006) – Überlegungen zur Syntax-Phonologie-Schnittstelle. Abschnitt 9.4.3 beschließt die Diskussion zu Schnittstellenproblematik mit einem knappen Fazit.

9.4.1 Syntax-Semantik-Schnittstelle und Bidirektionale OT

Gegenstand der Semantikforschung ist die Bedeutung sprachlicher Ausdrücke, genauer: die Beziehung zwischen der Form von Wörtern und Sätzen einerseits sowie ihrer Bedeutung, ihrer Interpretation andererseits. Die These der OT-Semantik ist es nun, dass auch die Interpretation sprachlicher Ausdrücke einen Optimierungsprozess im Sinne der OT darstellt. In ihrem Buch *Optimal Communication* stellen Blutner et al. (2006:19 f.) den Gegenstandsbereich der Semantik der Syntax wie folgt gegenüber: In der OT-Syntax wird der Standpunkt des Sprechers eingenommen, die Leitfrage lautet hier: Was ist – ausgehend von einer intendierten, zu vermittelnden Bedeutung – die optimale (syntaktische) Form?[53] In Umkehrung dazu lautet die Leitfrage in der OT-Semantik: Was ist – ausgehend von einer gegebenen Form, also beispielsweise einem Satz – die optimale Interpretation dieser Formeinheit? Dabei wird also der Standpunkt des Hörers eingenommen. Eine Weiterentwicklung dieser Fragen stellt die Integration des Sprecher- und des Hörerstandpunktes in ein komplexes Modell dar. Solche Modelle gehen von einem bidirektionalen Optimierungsprozess aus: Der eine Optimierungsprozess verläuft von der Formseite der sprachlichen Ausdrücke hin zu ihrer Interpretation, der zweite Optimierungsprozess geht in die umgekehrte Richtung von der Bedeutung zur Form (vgl. Blutner et al. 2006:22–28). Die im Folgenden diskutierte Analyse von de Swart (2006) soll zeigen, wie syntaktische Variation zwischen Einzelsprachen mit einem bidrektionalen Ansatz beschrieben werden kann:

De Swart geht in ihrem Aufsatz von der Beobachtung aus, dass sich Sprachen in der syntaktischen Verwendung von Negationselementen unterscheiden. So steht das Verfahren der Negation, wie es sich beispielsweise durch das Standarddeutsche (9a) oder das Englische (9b) illustrieren lässt, einem andern Typus gegenüber, den etwa das Bairische (10a) oder das Spanische (10b) vertreten:

(9) (a) Es kam niemand.
(b) Nobody came.

(10) (a) Koa Mensch is ned kema. (Weiß 1998:167)
›Kein Mensch ist nicht gekommen.‹
(b) No vino nadie. (de Swart 2006:203)
›Nicht kam niemand.‹

Alle vier Sätze vermitteln dieselbe Bedeutung: ›Niemand kam‹ oder, prädikatenlogisch gesprochen: ›Es gibt kein (menschliches) x, für das gilt: x kam.‹ Auf der semantischen Ebene enthalten alle vier Äußerungen somit genau eine Negation (›kein x‹). Auf der Ebene der Syntax allerdings enthalten die Sätze in (9) ein einziges Negationselement (*niemand* bzw. *nobody*), die Sätze in (10) dagegen deren zwei (*koa Mensch* und *ned* bzw. *no* und *nadie*). Im Standarddeutschen entspräche eine solch doppelte Negation in der syntaktischen Struktur auch einer zweifachen (sich aufhebenden) Verneinung in der Satzbedeutung: So ist der Satz *Niemand hat nicht hart gearbeitet* zu verstehen im Sinne von ›Alle haben hart gearbeitet‹. Obgleich Verneinung ein universelles sprachliches Phänomen ist, unterscheiden sich Sprachen in ihrem Ausdruck der Negation also auf eine Weise, die es problematisch erscheinen lässt, ein universell gültiges ›Prinzip der Satznegation‹ zu formulieren. Mit dem theoretischen Apparat der OT kann aber, wie de Swart (2006) zeigt, die oben illustrierte ›Typologie der Negation‹ elegant erfasst werden.[54]

53 Der Input für die syntaktische Optimierung besteht hier somit aus einer intendierten Bedeutung. Zur Inputproblematik vgl. Abschn. 9.3 und Abschn. 9.5.

54 Die folgende Darstellung ist gegenüber dem Argumentationsgang von de Swart verein-

Welche Beschränkungen müssen hierzu formuliert werden? Zu Beginn kann festgehalten werden, dass verneinte sprachliche Äußerungen universell als markierter zu gelten haben als nicht verneinte. Dies ist schon daran zu sehen, dass negierte Sätze immer ein Formelement enthalten müssen, das die Verneinung zum Ausdruck bringt, während affirmative Sätze im Gegenzug meist kein affirmierendes Element zu enthalten brauchen. Aufgrund dieser Beobachtung formuliert de Swart den folgenden Constraint:

*Neg: Vermeide Negation im Output.

Dass es sich bei *Neg um eine Markiertheitsbeschränkung handelt, ist daran zu erkennen, dass sich diese Beschränkung nur auf den Output bezieht. Wie unten deutlich wird, kann ›Output‹ in de Swarts bidirektionalem Ansatz zweierlei bedeuten: Aus der Sicht der OT-Syntax, die ja gleichsam nach dem optimal geformten Satz sucht, besteht der Output, also die Kandidatenmenge, aus syntaktischen Strukturen. Aus der Sicht der OT-Semantik dagegen, die ihrerseits die optimale Bedeutung für eine gegebene Form (einen Satz) sucht, beinhaltet der Output eine Reihe von möglichen Interpretationen oder Bedeutungsstrukturen.

Es ist offensichtlich, dass die Beschränkung *Neg verletzbar sein muss, sonst würden die natürlichen Sprachen keine Verneinung kennen. Zur Formulierung eines weiteren Constraints, der mit *Neg in Konkurrenz steht, soll noch einmal das bairische Beispiel (10a) herangezogen werden. In diesem durch *ned* negierten Satz scheint *koa* keine weitere Negation hinzufügen, sondern vielmehr anzuzeigen, dass das Substantiv *Mensch* im Skopus der Negation steht (d. h., dass sich dieses Substantiv im ›Einflussbereich‹ der Negation befindet, also negiert zu interpretieren ist). Hier ist ein Prinzip wirksam, das wie folgt formuliert werden kann:

MaxNeg: Markiere formal alle Argumente, die negativ interpretiert werden sollen.

Die ›eigentliche‹ Negation stellt also die Partikel *ned* dar, das Indefinitpronomen *koa* ist dem Constraint MaxNeg geschuldet. MaxNeg und *Neg stehen aber im Widerspruch zueinander: Die Beschränkung MaxNeg fördert tendenziell formale Markierungen von Negation in der Syntax, *Neg verbietet sie. In Sprachen wie dem Bairischen oder Spanischen ist MaxNeg offenkundig höher geordnet als *Neg, woraus die mehrfache Markierung der Negation im Satz folgt:

(11)

Bedeutung	Form	MaxNeg	*Neg
›kein x‹	☞ neg + neg		**
	neg	*!	*

facht. Außerdem werden bei de Swart keine bairischen Beispiele, sondern typologisch entsprechende aus den romanischen Sprachen herangezogen.

Der Gewinner *koa ... ned* verletzt die Beschränkung *NEG gleich zweifach, da der Satz zwei Negationselemente enthält. Dies ist aber irrelevant, da ein Konkurrent mit nur einem Negationselement die höher geordnete Beschränkung MAXNEG verletzt: Hier wäre das Substantiv *Mensch* nicht eigens als negiert markiert, obwohl es im Skopus der Negation steht. Vergleichen wir dieses Tableau zum Bairischen nun mit dem Standarddeutschen, dann stellen wir fest, dass die zwei betrachteten Beschränkungen umgekehrt hierarchisiert sind:

(12)

Bedeutung	Form	*NEG	MAXNEG
›kein x‹	neg + neg	**!	
	☞ neg	*	*

Da jedes negierende Formelement eine Verletzung des in Tableau (12) höher ›gerankten‹ Constraints *NEG mit sich bringt, gewinnt der Kandidat mit Einfachmarkierung der Negation. Das Ausrufezeichen verdeutlicht wiederum diejenige Constraint-Verletzung, die sich fatal für einen Kandidaten auswirkt: Es ist dies für den ersten Kandidaten der zweifache Verstoß gegen *NEG.

Damit ist die Syntax der hier zur Diskussion stehenden negierten Sätze optimalitätstheoretisch modelliert. Eine interessante Frage ist jedoch, wie gewährleistet werden kann, dass die syntaktischen Strukturen auch jeweils die korrekte Interpretation erfahren. Bei diesem zweiten Optimierungsprozess wird aus einer Menge von Kandidaten, die verschiedene denkbare Interpretationen darstellen, die optimale Interpretation für eine gegebene syntaktische Struktur bestimmt. Auch hierfür ist die Beschränkung *NEG bedeutsam. Während diese Beschränkung in der ersten, ›syntax-generierenden‹ Optimierung syntaktische Negationselemente verbietet, blockiert sie in der zweiten, interpretativen Optimierung Verneinungen auf der Bedeutungsebene. Eine Beschränkung, die dagegen erst in der zweiten Optimierung aktiv wird, ist INTNEG. Diese stellt das interpretative Gegenstück zum ›generierenden‹ Constraint MAXNEG dar.

INTNEG: Interpretiere alle ›Neg‹-Ausdrücke im Input als negativ.

INTNEG gehört damit einer Constraint-Familie an, die vom Hörer fordert: »Interpretiere alles, was du vom Sprecher hörst!« (de Swart 2006:207). Zur Illustration der interpretativen Optimierung sei noch einmal das Bairische mit Satz (10a) herangezogen. Damit die im Bairischen korrekte Interpretation dieses Satzes erfolgt, muss *NEG über INTNEG geordnet sein. Mit anderen Worten: Die ›logische‹, d.h. doppelte Interpretation der zwei Negationselemente wiegt schwerer als die Verletzung der Beschränkung INTNEG, die fordert, bei der Interpretation Negationselemente in der Syntax ›wörtlich‹ zu nehmen.

(13)

Form	Bedeutung	*Neg	IntNeg
neg + neg	☞ ›nicht‹	*	*
	›nicht nicht‹	**!	

Für Sprachen wie das Standarddeutsche ist das Ranking der beiden Constraints umgekehrt anzusetzen: IntNeg >> *Neg. Führt man die Generierungs- und die Interpretationsperspektive zusammen, so ergeben sich damit folgende Beschränkungshierarchien:

Bairisch, Spanisch: MaxNeg >> *Neg >> IntNeg

Standarddeutsch, Englisch: IntNeg >> *Neg >> MaxNeg

Halten wir abschließend fest: Wenn man von der Annahme universeller, aber einzelsprachlich unterschiedlich gewichteter Beschränkungen ausgeht und neben der ›generierenden‹ auch die interpretative Perspektive einbezieht, dann ist es möglich, Negationsphänomene adäquat zu beschreiben. Es bleibt zu hoffen, dass auf diese Weise ein Grundstein für eine Sprachtypologie der Negation gelegt wird.

9.4.2 Syntax-Phonologie-Schnittstelle

In diesem Abschnitt wird Bezug auf die Abfolge der Personalpronomen im Satz genommen. Diese Abfolge ist für unsere Fragestellung besonders interessant, weil sich Personalpronomen – als eine Untergruppe der NPs – in ihren Stellungseigenschaften anders verhalten, als dies aufgrund rein syntaktischer Regularitäten für NPs eigentlich zu erwarten wäre (vgl. dazu Lenerz 1977). Eine Lösung des Problems rückt aber näher, wenn auch die phonologische (genauer: die prosodische) Ebene in die Betrachtung einbezogen wird. Für einen solchen Ansatz, der die syntaktische und die phonologische Perspektive integriert, eignet sich – wie hier plausibel gemacht werden soll – die OT als Erklärungsmodell in besonderer Weise.

Im Stellungsfeldermodell lässt sich die Stellung der Pronomen im deutschen Mittelfeld beschreibend erfassen; vgl. Kap. 6.3.2. Dort wurde unter Verweis auf das Gesetz der wachsenden Glieder festgehalten, dass kürzere Satzglieder tendenziell links von längeren stehen. Folgendes Beispiel aus Vogel (2006) soll dies illustrieren:

(14) (a) Warum liest Peter (das Buch) nie (das Buch)?
(b) Warum liest Peter (es) nie (*es)?

Beispiel (14a) zeigt, dass die Objekt-NP *das Buch* entweder vor oder nach dem Adverbial *nie* platziert werden kann. Dagegen kann das Objektpronomen *es* nur vor, aber nicht hinter dem Adverbial stehen (s. (14b)). Es fällt nicht leicht, für die Stellungsbeschränkungen der Personalpronomen (wie des Objektpronomens in (14b)) gegenüber der größeren Stellungsfreiheit einer ›vollen‹ NP (wie in (14a)) eine rein syntaktische Begründung zu finden. Eine Erklärung unter Bezug auf Merkmale wie Kasus oder Definitheit etwa scheint kaum möglich, denn hinsichtlich dieser Merkmale unterscheiden sich das *Buch* und *es* in (14a) bzw. (14b) nicht. Mit dem optimalitätstheoretischen Ansatz von Vogel (2006) ergibt sich jedoch eine Lösungsmöglichkeit:

Nach Vogel liegt das für die Wortstellung entscheidende Merkmal des Pronomens *es* in (14b) gegenüber der NP *das Buch* in (14a) in der ›phonologischen Leichtigkeit‹ des Pronomens. Das ist u. a. daran zu erkennen, dass das Wörtchen *es* einsilbig und unbetont ist. Diesen Eigenschaften entsprechen freilich keine morphosyntaktischen Merkmale, weshalb sich aus einer rein syntaxorientierten Betrachtung keine Erklärung ergeben kann. Im Folgenden kann die Analyse in Vogel (2006) nicht im Einzelnen nachvollzogen, aber im Grundsatz angedeutet werden. Vogels Beobachtungen aus verschiedenen germanischen Sprachen lassen folgende (hier informell formulierte) Generalisierung zu:

Unbetonte Pronomen (und andere Wortformen, die Vogel unter der Bezeichnung »weak function words« zusammenfasst) haben die Tendenz, nicht am Rand von größeren prosodischen Einheiten des Satzes zu stehen. Hier liegt also eine Beschränkung der Wortstellungsmöglichkeiten vor, die phonologisch begründet ist. Andererseits unterliegt die Wortstellung auch syntaktischen Erfordernissen, wie wir z. B. an der Definitheitsbedingung oder der Agensbedingung in Abschnitt 6.3.2 gesehen haben. Die Daten in (14) legen nun nahe, dass phonologische Restriktionen einerseits und syntaktische Restriktionen andererseits in Konflikt miteinander stehen (können) und die Abfolge aller Satzglieder das Ergebnis der Interaktion dieser konfligierenden Erfordernisse ist. Grundbedingungen für die Konfliktauflösung sind die prinzipielle Verletzbarkeit und Geordnetheit der Restriktionen. Legt man diese Grundannahmen der OT zugrunde, ist es möglich, die Stellungseigenschaften von (unbetonten) Pronomen zu modellieren. Hierzu integriert Vogel syntaktische und phonologische Beschränkungen in einer einzigen Beschränkungshierarchie. Diese Hierarchie bildet, wie in den obigen Abschnitten illustriert, den Maßstab für die Evaluation der Kandidatenmenge. Die Kandidatenmenge wiederum kann man sich vereinfacht als die Anzahl aller möglichen Abfolgen der Wörter einer gegebenen Satzstruktur, die ihrerseits als Input dient, vorstellen.

Auf diese Weise können die prosodischen und syntaktischen Bedingungen, die bei der Wortstellung eine Rolle spielen, in einem Modell zusammengefasst werden. Vogel favorisiert denn auch den OT-Ansatz. So stellt er fest: »[T]he interleaving of prosodic and syntactic well-formedness constraints [...] is presumably much easier to model within optimality theory than in most other formal frameworks« (Vogel 2006:1088).

9.4.3 Die Schnittstellenfrage: Fazit

An dieser Stelle lässt sich ein charakteristischer Unterschied zwischen der Optimalitätstheorie und den ›klassischen‹ generativen Ansätzen festhalten: In der von Chomsky dominierten Traditionslinie der Generativen Grammatik wird die Auffassung vertreten, dass die Syntax einen in sich geschlossenen, ›modularen‹ Bereich bildet, der insbesondere von der Phonologie und der Semantik unabhängig ist und autonom, d.h. nach eigenen Gesetzmäßigkeiten, funktioniert. Diese Sichtweise stößt aber, wie die hier vorgestellten Analysen gezeigt haben, an ihre Grenzen. Daher folgen manche Vertreter der OT der generativen Modularitätshypothese nicht. So halten etwa Blutner et al. (2006) hinsichtlich der Interpretation syntaktischer Strukturen fest:

> [...] constraints on interpretation involve different types of linguistic knowledge: pragmatic knowledge, syntactic knowledge, semantic knowledge, etcetera. Nothing in the architecture of OT requires constraint interaction to be modular.
>
> Blutner et al. (2006:21 f.)

Entsprechend vertreten die Autoren eine OT-Semantik, die sie mit dem Begriff »cross-modular constraint interaction« charakterisieren. Ähnliches gilt auch für die Analyse Vogels und andere optimalitätstheoretische Arbeiten, in denen ein stärkeres Zusammenspiel der Module Syntax und Phonologie angenommen wird, als dies in anderen Grammatiktheorien der Fall ist. Ralf Vogel kommt in seiner Rezension des Sammelbandes von Legendre et al. (2001) denn auch zum Schluss, dass sprachliche Phänomene, in denen einzelne Faktoren aus verschiedenen Teilbereichen der Grammatik (wie Syntax, Morphologie, Phonologie oder Semantik) interagieren, sich besonders gewinnbringend in einem optimalitätstheoretischen Rahmen modellieren lassen (vgl. Vogel 2003:177). Hierbei könnten sich wiederum Unterschiede zwischen den Einzelsprachen zeigen: Während in einer Sprache die Interdependenz der Teilbereiche groß ist, mag in einer anderen Sprache die Syntax tatsächlich weitgehend modular funktionieren (vgl. Vogel 2003:175).

9.5 Offene Fragen

In den bisherigen Ausführungen dürften einige Vorzüge der Optimalitätstheorie deutlich geworden sein. Es soll aber nicht verschwiegen werden, dass von verschiedener Seite auch grundsätzliche Vorbehalte gegenüber diesem Ansatz geäußert werden (vgl. z.B. die knappe Übersicht zur konzeptuellen Gegenevidenz in Müller 2000:74–81) und dass hinsichtlich mancher, gerade auch zentraler Fragen durchaus keine Einigkeit unter den Vertretern der OT herrscht. In diesem letzten Abschnitt sollen drei Problemfelder kurz angesprochen werden: 1) die dem OT-Modell eigene Komplexität; 2) das Problem des Inputs, das insbesondere in der optimalitätstheoretischen Syntax kontrovers diskutiert wird; 3) die Natur der Constraints.

1) Ein grundsätzlicher und häufig geäußerter Kritikpunkt betrifft die Komplexität, die sich durch die charakteristische Architektur der OT zwangsläufig ergibt. Wie wir gesehen haben, errechnen optimalitätstheoretische Modelle die Grammatikalität von Strukturen durch den Vergleich mehrerer Kandidaten. Die Notwendigkeit, jeden Kandidaten mit jedem anderen zu vergleichen, bringt ein höheres Maß an Komplexität mit sich, als es in Modellen der Fall ist, in denen die Grammatikalität eines Kandidaten allein aufgrund der ihm eigenen Merkmale bestimmt werden kann (vgl. Müller 2000:74).

Eine weitere, in diesem Zusammenhang nahe liegende Frage ist: Wie viele Kandidaten befinden sich jeweils in einem Wettbewerb? Für viele optimalitätstheoretische Analysen lautet die – möglicherweise auf den ersten Blick verblüffende – Antwort: unendlich viele. Dies kann man sich an den in Abschnitt 9.3 skizzierten Wettbewerben in Grimshaws Modell aber leicht klar machen: Zu jedem gegebenen Kandidaten muss man sich beispielsweise einen weiteren Kandidaten im Wettbewerb denken, der gegenüber dem ersten eine zusätzliche XP mit einem leeren Kopf beinhaltet (wodurch er OB-KOPF verletzt); zu diesem tritt ein weiterer Kandidat mit noch einem weiteren leeren Kopf etc. Der Ausschluss all dieser Kandidaten ist zwar trivial, da sie durch die zusätzlichen Verletzungen von OB-KOPF nie optimal sein können, jedoch eine unendliche Prozedur (vgl. Müller 2000:115 f.). Auf diesen Einwand wird von Seiten der Optimalitätstheoretiker mit dem Verweis auf die auf Chomsky zurückgehende Unterscheidung zwischen Kompetenz und Performanz reagiert (vgl. Abschn. 8.2): Die OT – verstanden als Kompetenzmodell – braucht nicht die aktuelle Verarbeitung durch das Gehirn zu modellieren und ist daher frei in der Wahl der theoretischen Mittel (vgl. Prince/Smolensky [1993]/2004:233).

2) Das zweite Problem betrifft die Definition des Inputs, also die Frage, was dem Generator als ›Ausgangsmaterial‹ dient (vgl. die Diskussion in Müller 2000). Die Festlegung des Inputs ist für die Syntax problematisch, scheint aber wichtig, da es möglicherweise vom Input abhängt, welche Kandidaten (d. h. Output-Elemente) am selben Wettbewerb teilnehmen können. Außerdem bezieht sich die Klasse der Treuebeschränkungen auf die Relation von Input und Output (s. Abschn. 9.3), weshalb auch hier der Inputbegriff eine wichtige Rolle spielt. Sieht man die OT-Literatur daraufhin durch, was jeweils als Input für den Wettbewerb angesehen wird, dann findet man u. a. die folgenden Hinweise: Für Grimshaw (1997) (vgl. Abschn. 9.3) stehen Kandidaten dann miteinander im Wettbewerb, wenn sie dieselbe Bedeutungsstruktur aufweisen.[55] Nach de Swart (2006) bildet in der OT-Syntax die intendierte Bedeutung den Input. Daraus werden Sätze, also Formeinheiten, als Output generiert. In der OT-Semantik dagegen bildet die syntaktische Form den Input und mögliche Bedeutungen den Output (vgl. Abschn. 9.4.1). In Vogels (2006) Modell zur Syntax-Phonologie-Interaktion besteht der Input aus syntaktischen Strukturen (vgl. Abschn. 9.4.2).

55 Genauer gesagt: wenn sie dieselbe Argument-Struktur (d. h. dieselbe valenzielle Struktur, vgl. Kap.7) und dieselbe Logische Form (vgl. Abschn. 8.4.5) besitzen.

Zahlreiche weitere Inputdefinitionen wurden vorgeschlagen. Heck et al. (2002) argumentieren dafür, in der optimalitätstheoretischen Syntax auf das Konzept des Inputs gänzlich zu verzichten. Sie versuchen zu zeigen, dass die syntaktischen Treue-Constraints prinzipiell ohne Substanzverlust so umformuliert werden können, dass sie keinen Bezug auf den Input zu nehmen brauchen. Den tieferen Grund dafür sehen die Autoren in einem prinzipiellen Unterschied zwischen der Phonologie einerseits, in der der Inputbegriff unverzichtbar erscheint, und der Syntax andererseits: In einer syntaktischen Struktur kann – im Gegensatz zu einer phonologischen Repräsentation – leicht die ›Geschichte‹ ihrer Derivation gespeichert werden (z. B. bei Bewegungstransformationen mittels Spuren, vgl. Abschn. 8.4). Auf diese Weise gehen vom Anfang einer Derivation bis zur Outputstruktur keine Informationen verloren (Heck et al. 2002:371–374) und alle ›Inputinformationen‹ können auch im Output abgelesen werden.

Trifft diese Annahme zu, dann ergibt sich ein für die Syntax spezifisches OT-Modell, da im Vergleich zum Standard-OT-Modell eine Komponente – eben der Input – komplett wegfällt. Ist nun daraus zu schließen, dass die optimalitätstheoretische Architektur nicht auf alle linguistischen Teilgebiete einheitlich übertragen werden kann, dass also (möglicherweise substanzielle) Anpassungen an den untersuchten Gegenstandsbereich vorgenommen werden müssen? Eine solche Lösung wäre unbefriedigend, denn sie würde dazu führen, dass die eingangs konstatierte Unabhängigkeit vom modellierten Gegenstand im optimalitätstheoretischen Rahmen doch nicht gegeben ist.

3) Kommen wir zum dritten Punkt, zur Natur der optimalitätstheoretischen Beschränkungen. In Abschn 9.2 haben wir die Formulierung von Constraints mit allgemeinen sprachlichen Tendenzen zu motivieren gesucht. Die Ansicht, dass dies ein angemessenes Vorgehen bei der Constraint-Formulierung sei, findet nicht uneingeschränkt Zustimmung. Vielmehr ist es eine offene und viel diskutierte Frage, welcher Natur die optimalitätstheoretischen Beschränkungen sind und welchen Kriterien die Formulierung von Beschränkungen unterliegen soll.

Viele, insbesondere generativ arbeitende OT-Grammatiker gehen von der Annahme aus, die Constraints seien Teil der angeborenen Universalgrammatik. Andere, funktionalgrammatisch orientierte Optimalitätstheoretiker vertreten die Auffassung, dass sich Constraints funktional verankern lassen müssen. Dies bedeutet, dass die in einem Constraint formulierte Forderung einem Nutzen aus Sicht des Sprachbenutzers (d. h. aus Sprecher- oder Hörersicht) entsprechen muss. Mit anderen Worten: Nach dieser Auffassung sind Constraints Ausdruck des Strebens nach ›Nutzer-Optimalität‹ (Haspelmath 1999). ›Höreroptimal‹ ist etwa möglichst große Deutlichkeit, ›sprecheroptimal‹ dagegen Ökonomie des Ausdrucks. So ließe sich die aus Abschnitt 9.3 bekannte Beschränkung Lex-Ökon oder andere bewegungsblockierende Constraints funktional so erklären, dass sie sowohl dem Sprecher als auch dem Hörer Verarbeitungsaufwand ersparen: dem Sprecher, weil er weniger Bewegungstransformation durchführen muss; dem Hörer, weil es bei Sätzen mit tendenziell weniger Bewegungsumstellungen leichter fällt, die ›ursprünglichen‹ Bezüge herzustellen.[56]

Dem tritt Müller (1999:232) mit dem Hinweis entgegen, dass sich wohl für jeden beliebigen Constraint eine funktionale ›Begründung‹ konstruieren lasse. Bresnan und Aissen (2002:85) kontern hierauf, dass es im Gegenteil viel anspruchsvoller sei, in einem Modell nur solche Beschränkungen zuzulassen, die sich auch funktional rechtfertigen lassen, als in einem Theorierahmen zu arbeiten, in dem sich ein Grammatiker bei Bedarf den Rückgriff auf beliebige formale Konstrukte erlauben könne. Newmeyer (2002:60) wiederum, der wie Müller der Position von Haspelmath sehr kritisch gegenübersteht, vertritt die Auffassung, dass übereinzelsprachliche Tendenzen zwar funktional motiviert sein können, jedoch Abstrahierungen darstellen, die nicht Teil der Grammatik einer Einzelsprache sind.

9.6 Schlussbemerkung

Die Optimalitätstheorie hat, gut 15 Jahre nach ihrem Entstehen, bereits in vielen sprachwissenschaftlichen Disziplinen Anwendung gefunden: In der Phonologie beherrscht sie gegenwärtig das Feld; in der Syntax ist sie eine Kraft, die neben anderen Theorien an Bedeutung gewinnt; besonders fruchtbar kann sie zur Analyse von Schnittstellenphänomenen eingesetzt werden. Angewandt wurde und wird sie auch in linguistischen Gebieten, die hier nicht zur Sprache kommen konnten, z. B. in der Morphologie, der Orthographie, der Pragmatik oder in der Spracherwerbsforschung. In ihrem zweibändigen Werk *The harmonic mind* unternehmen Paul Smolensky und Géraldine Legendre zudem den Versuch, die OT in ein kognitionswissenschaftliches Gesamtmodell der menschlichen Sprachfähigkeit zu integrieren. Als Fazit bleibt festzuhalten, dass die OT eine Meta-Theorie ist, die über verschiedene Einzeldisziplinen hinweg als Grundlage dienen kann.

Zur Vertiefung

R. Blutner et al. 2006 (Darstellung der Optimalitätstheorie mit Bezug auf die Interpretation sprachlicher Ausdrücke)
G. Fanselow 2002 (grundsätzliche Überlegungen zur Optimalitätstheorie)
R. Kager 1999 (Einführung in die Optimalitätstheorie mit Schwerpunkt auf der Phonologie)
G. Müller 2000 (fundierte Diskussion von Fragen der optimalitätstheoretischen Syntax)

56 Vgl. Haspelmath (1999:185), wo in diesem Sinne bezüglich eines allgemeinen Constraints Stay, der Bewegung jeglicher Art verbietet, argumentiert wird.

10 Die Funktionale Grammatik

> It has been the aim of this book to show that syntactic and nonsyntactic factors interact, and that both bear on the acceptability of certain structures.
>
> S. Kuno (1987:271)

10.1 Grundsätzliche Überlegungen

Zum Schluss dieses Buches wird ein Forschungsansatz vorgestellt, der sich mit dem Zusammenhang zwischen syntaktischer Struktur und kommunikativen Eigenschaften befasst. Ausgangspunkt ist die Annahme, dass es syntaktische Strukturen gibt, die nur dann erklärbar sind, wenn sie auf zugrunde liegende kommunikative Prinzipien zurückgeführt werden. Diese Auffassung verbindet alle Vertreter der Funktionalen Grammatik. Dabei handelt es sich nicht um eine bestimmte linguistische Schule; vielmehr umfasst dieser Sammelbegriff verschiedene Ansätze, in denen versucht wird, formbezogene Analysen mit funktional-pragmatischen Aspekten zu verbinden. Hierzu zählen die niederländische, von Simon Dik begründete ›Functional Grammar‹, die eben diesen Namen trägt, die ›Scenes-and-frames-Semantik‹ von Charles Fillmore, der amerikanische Funktionalismus und die ›Prager Schule‹, die mit ihren Arbeiten in den 1920er-Jahren die Funktionale Grammatik begründete. Erwähnt sei auch, dass am Institut für deutsche Sprache in Mannheim eine dreibändige *Grammatik der deutschen Sprache* erarbeitet wurde, die, so ist im Vorwort vermerkt, einen »möglichst großen Ausschnitt des Deutschen formbezogen wie funktional-semantisch und funktional-pragmatisch analysieren« möchte (vgl. Zifonun et al. 1997:2). Die IDS-Grammatik zeigt in eindrucksvoller Weise, wie sich syntaktische Phänomene unter Einbezug funktionaler Aspekte beschreiben lassen. So werden Relativsätze sowohl im Zusammenhang mit dem Aufbau der Nominalphrase behandelt als auch unter kommunikativem Gesichtspunkt als Mittel der Themafortführung bzw. der Etablierung eines Nebenthemas. Um den Untersuchungsgegenstand, die deutsche Standardsprache, vollständig zu erfassen, wird in der IDS-Grammatik konsequent eine Doppelperspektive eingenommen: Ausgegangen wird einerseits von den Funktionen, die sprachliche Mittel im Text bzw. Diskurs einnehmen, andererseits von den Mitteln selbst und ihrem formalen Aufbau.

Gemeinsam haben alle funktional ausgerichteten Ansätze, dass versucht wird, die Akzeptabilität syntaktischer Strukturen aus dem Zusammenspiel von syntaktischen *und* nicht-syntaktischen Faktoren zu erklären. Das vorangestellte Zitat aus dem Buch von S Kuno, *Functional Syntax,* bringt eben dies zum Ausdruck. Kuno stellt sich damit gegen die von den generativen Grammatikern vertretenen **Autono-**

miethese, die besagt, dass syntaktische Strukturen nur syntaktisch erklärbar seien (vgl. die Argumentation in Fanselow/Felix 1993, Bd. 1, S. 65–67).

An dieser Stelle kann die wissenschaftstheoretische Auseinandersetzung zwischen Funktionalisten und Autonomisten nicht reflektiert werden. Es soll nur an einem Beispiel gezeigt werden, welche Argumente die Vertreter der beiden Richtungen ins Feld führen. Betrachten wir dazu zwei Sätze, die sich nur darin unterscheiden, wie sie den Sachverhalt präsentieren. Es sind dies solche Sätze, die funktionale Grammatiker häufig zur Unterstützung ihrer Argumentation heranziehen (vgl. K. Welke 1994:16, siehe auch K. Welke 2005:70–91):

(1) (a) Die Post ist neben der Sparkasse.
    (b) Die Sparkasse ist neben der Post.

In Satz (1a) wird die räumliche Beziehung zwischen den beiden Gebäuden von der Post aus betrachtet, in Satz (1b) von der Sparkasse aus. Beide Äußerungen sind diskursfunktional nicht äquivalent. Dies sieht man daran, dass nur Satz (1a) eine kommunikativ angemessene Antwort auf die Frage *Wo ist die Post?* ist, nicht aber Satz (1b). Offensichtlich liegt hier ein Perspektivewechsel vor, und offensichtlich hängt dieser Perspektivewechsel mit der Besetzung der Subjektposition zusammen. Welche Konstituente zum Subjekt wird, ist also nicht rein syntaktisch, sondern funktional-pragmatisch zu erklären: Die Subjektwahl hängt davon ab, wie der Sprecher den Sachverhalt perspektivisch präsentieren möchte.

In einer strukturorientierten Analyse würde die Frage, warum im Beispiel (1) jeweils eine andere Konstituente im Subjekt steht, gar nicht gestellt. Die Frage, welche Intentionen der Sprecher mit dieser Äußerung verbindet und inwieweit der Satz kommunikativ angemessen ist, bliebe ausgeklammert. Alle Faktoren, die den Sprecher dazu veranlassen, die eine oder die andere Konstruktion zu wählen, liegen in einem solchen Ansatz außerhalb des Untersuchungsrahmens.[57] Als Argument wird angeführt, dass wesentliche syntaktische Eigenschaften nicht funktional, sondern nur syntaktisch erklärbar seien. In der Argumentation wird häufig auf die grammatikalisierte Stellung des finiten Verbs hingewiesen: Der Sprecher habe gar nicht die Möglichkeit, aufgrund kommunikativer Erwägungen das Verb an eine andere Position zu stellen. Dies zeigt das folgende Beispiel, das J. Lenerz in seinem Plädoyer für eine autonome Syntax konstruiert (vgl. Lenerz 1986:316):

(2) (a) Wer hat denn nun was bestellt?
    (b) *Ich das Wiener Schnitzel habe bestellt.

Mit diesem Beispiel macht Lenerz deutlich, dass die Verbzweitstellung im Deutschen syntaktisch determiniert ist. Denn obwohl in dem Antwortsatz **Ich das Wiener Schnitzel habe bestellt* die Elemente vor dem finiten Verb eine kommunikative Einheit bilden, da sie gemeinsam die neue Information repräsentieren,

57 So schreibt Chomsky (1995:237): »Recall that we are concerned here only with mechanisms, not with choices and intentions of speakers.«

ist der Satz ungrammatisch. Der Sprecher kann also, so die Argumentation, nur in dem von der Grammatik vorgegebenen Rahmen seine Entscheidungen treffen. Mit anderen Worten: Die Syntax ist der kommunikativ-funktionalen Ebene vorgeordnet. G. Grewendorf führt in seiner Auseinandersetzung mit L. Jäger eine Reihe solcher Beispiele an, die deutlich machen sollen, dass es zahlreiche sprachliche Phänomene gibt, für die ein funktionsorientierter Grammatiker keine Erklärung findet (vgl. 1993:117 f.). Dem kann aber entgegengehalten werden, dass solche Beispiele eine funktionale Betrachtungsweise nicht grundsätzlich in Frage stellen. So argumentiert Klaus Welke, wenn er schreibt:

> Vom Standpunkt einer funktionalen Grammatik aus ist es möglich oder sollte es möglich sein, daß einzelne Strukturen (bzw. Strukturtypen) nicht funktional begründbar sind. Allerdings liegt es nahe, daß der Beschäftigungsanlaß die Hypothese ist, daß eine funktionale Begründung entscheidendes zu klären hat. K. Welke (1992:16)

Wie Welke (1992:15) in diesem Zusammenhang kritisch vermerkt, wird von den Vertretern der Autonomiethese selbst dann, wenn eine funktionsbezogene Erklärung möglich ist, lediglich zugestanden, dass die Struktur a posteriori funktional ausgenutzt wird. Die Diskussion kann an dieser Stelle nicht fortgeführt werden; wichtig ist festzuhalten, dass es zwei Positionen gibt, die sich grundsätzlich darin unterscheiden, welchen Stellenwert sie kommunikativ-funktionalen Aspekten einräumen.

Im Folgenden sollen drei Faktoren vorgestellt werden, die bei der Bildung komplexer sprachlicher Ausdrücke eine Rolle spielen: die Thema-Rhema-Gliederung, die Figur-Grund-Relation und die Sprecherperspektive (vgl. die Abschnitte 10.3 bis 10.5). Im Anschluss daran stehen die Grundannahmen der niederländischen ›Functional Grammar‹ im Mittelpunkt der Betrachtung (Abschn. 10.6). Zunächst aber wird noch ein Blick auf das Bühler'sche Organonmodell geworfen (Abschn. 10.2), da dieses Modell eine wichtige sprachtheoretische Grundlage für funktionale Ansätze darstellt. Jede funktionale Analyse sollte einen Ausschnitt aus einer solchen Sprachtheorie darstellen, die von ihrem Ansatz her funktional ausgerichtet ist.

10.2 Das Organonmodell

10.2.1 Ausdrucks-, Appell- und Darstellungsfunktion

Das Organonmodell des Wiener Sprachpsychologen Karl Bühler ist, wie P. Eisenberg (2004a:9) es formuliert, »das wohl einflußreichste funktionale Sprachmodell«. Bühler entwickelte es in seinem berühmten Werk *Sprachtheorie. Die Darstellungsfunktion der Sprache* von 1934. Die Sprache wird in diesem Modell in Anlehnung an Platon als ›Organon‹, als ein Werkzeug aufgefasst, das dem Zweck dient, »dem anderen etwas mitzuteilen über die Dinge« (Bühler 1934:24).

Bühler unterscheidet drei Funktionen des sprachlichen Zeichens: Es hat eine **Ausdrucksfunktion**, insofern es die innere Befindlichkeit des Sprechers zum Ausdruck bringt, es hat eine **Appellfunktion**, insofern es auf den Empfänger bezogen ist, und es hat eine **Darstellungsfunktion**, insofern sich der Sprecher mit seiner Äußerung auf Sachverhalte in der Welt bezieht. Von besonderer Relevanz ist die Darstellungsfunktion, denn diese ist es, die entscheidend die sprachliche Form bestimmt. P. Eisenberg erläutert dies in der ersten Auflage seiner Grammatik folgendermaßen:

> Jede Sprache verfügt über Möglichkeiten, dem Urteil Ausdruck zu verleihen und Sachverhalte darzustellen, aber jede tut es auf ihre Weise. Das ist sicher keine tiefschürfende Erkenntnis, führt uns aber noch einmal vor Augen, was mit der Darstellungsfunktion der Sprache gemeint ist. Die sprachliche Form gibt dem auf die Welt gerichteten Gedanken Gestalt, ist ihm ›materielle Hülle‹ und verhilft ihm dazu, das Licht der Welt außerhalb des denkenden Kopfes zu erblicken. P. Eisenberg (1994:29)

Wenn die Sprachstruktur von der Darstellungsfunktion bestimmt wird, dann, so die Schlussfolgerung, darf die Struktur nicht losgelöst von dieser Funktion betrachtet werden. Eben dies ist das Gemeinsame aller sprachfunktionalen Ansätze. Einige Funktionalisten nehmen explizit auf K. Bühler Bezug, so z. B. Roman Jakobson, der zur ›Prager Schule‹ gehört, andere entwickeln unabhängig von Bühler einen eigenen, funktionsorientierten Standpunkt.

Um die Funktionsweise sprachlicher Ausdrücke genauer bestimmen zu können, unterscheidet Bühler zwei sprachliche Felder: das Symbolfeld und das Zeigfeld. Die Überlegungen, die sich bei Bühler (1934) zum Zeigfeld finden, spielen eine wichtige Rolle in der funktionalen Grammatik; sie sollen daher noch kurz erläutert werden.

10.2.2 Das Zeigfeld

Sprachliche Handlungen haben eine eigene Origo, einen Nullpunkt, von dem aus das Geschehen dargestellt wird (vgl. Bühler 1934:102). Dieser Nullpunkt leitet sich her aus den Ich-Hier-Jetzt-Koordinaten des Sprechers. Der Sprecher verweist in einer Äußerungssituation von seiner Position aus, seinem Ich-Hier-Jetzt, auf Situationselemente, er ›zeigt‹ mittels Sprache. Mit anderen Worten: Er verwendet **deiktische Ausdrücke**, Ausdrücke also, die ihre Bedeutung nur durch den situativen Kontext, durch die Äußerungssituation, erhalten. Es sind dies temporaldeiktische Ausdrücke wie *gestern, heute,* lokaldeiktische wie *dort* oder *hier* und personaldeiktische wie *ich* oder *du.*

Neben diesem ›Auf-etwas-Verweisen‹ im konkreten Wahrnehmungsraum, dieser »demonstratio ad oculos«, gibt es noch zwei weitere »Modi des Zeigens«, auf die Bühler (1934:80) in seinen Ausführungen zum Zeigfeld eingeht: das anaphorische Zeigen und die »Deixis am Phantasma«: So kann der Sprecher innerhalb eines Textes auf andere Zeichen Bezug nehmen. Dies geschieht in der Regel über

Personalpronomina der dritten Person und Adverbien (z. B. ***Die Kinder** spielen **im Garten**. **Sie** haben **dort** viel Spaß*.). Die Zeigwörter werden hier **anaphorisch** verwendet. Die Untersuchung solch anaphorischer Bezüge ist Gegenstand der Textlinguistik, aber sie spielt auch in der Syntax eine wichtige Rolle. So werden in der Government-Binding-Theorie die anaphorischen Beziehungen innerhalb von Sätzen (z. B. ***Peter** rasiert **sich**, **Sie** treffen **einander***) in der so genannten Bindungstheorie beschrieben, d. h. es werden die syntaktischen Bedingungen herausgearbeitet, unter denen eine solche Bindung zulässig ist.

Auch die ›Deixis am Phantasma‹ ist losgelöst von der konkreten Wahrnehmungssituation. Vielmehr überträgt der Sprecher, so Bühler, sein »Koordinatensystem der subjektiven Orientierung«, seine Origo auf einen Punkt, von dem aus er das Geschehen darstellt. Als Beispiel seien Äußerungen wie *Paul fuhr nach Paris. Hier gefiel es ihm gut* genannt. Der Sprecher kann das Lokalisationsadverb *hier* verwenden, weil er sich in seiner Vorstellung an den Ort versetzt, von dem in der Äußerung die Rede ist. Bühler erläutert dies sehr anschaulich:

> [...] man hat das Vorgestellte vor dem geistigen Auge von einem bestimmten Aufnahmestandpunkt aus, den man angeben kann und an dem man sich selbst befindet in der Vorstellung. K. Bühler (1934:135)

Alle syntaktisch-funktionalen Ansätze, die sich mit dem Thema Perspektivierung, Perspektivesetzung, Sprecherperspektive etc. befassen, nehmen – explizit oder auch nur implizit – auf Bühlers »Deixis am Phantasma« Bezug. In der IDS-Grammatik beispielsweise wird dem Thema »Deixis und situative Orientierung« ein ganzes Kapitel gewidmet (vgl. G. Zifonun et al. 1997: 310–359). Weiter unten werden wir sehen, auf welche Weise die Perspektivierung eines Sachverhalts (i. e. die Funktion) zur syntaktischen Realisierung (i. e. zur Form) in Beziehung gesetzt werden kann. An dieser Stelle bleibt zunächst festzuhalten, dass Bühlers sprachtheoretischer Ansatz die Geschichte der funktionalen Grammatik entscheidend geprägt hat.

10.3 Die Thema-Rhema-Gliederung

10.3.1 Der klassische Ansatz

Den theoretischen Ausgangspunkt zur Thema-Rhema-Diskussion stellen die Arbeiten der Prager Schule dar. Dieser Linguistenkreis wurde 1926 von V. Mathesius gegründet. Die Prager Schule ist zwar dem Strukturalismus Ferdinand de Saussures verpflichtet, doch gibt es einen wesentlichen Unterschied zu anderen strukturalistischen Richtungen: Die Sprache wird von den Pragern nicht primär strukturbezogen, sondern als ein Kommunikationsmittel betrachtet, das nur dann vollständig beschrieben ist, wenn sowohl die Struktur als auch die kommunikative Funktion der Äußerungen in Betracht gezogen wird. Es genügt also nicht, so die Auffassung, wenn in Beispielsätzen wie den folgenden nur die syntaktischen Unterschiede benannt werden. Ebenso wichtig ist die Frage, was den Sprecher dazu veranlasst, den einen oder den anderen Satz zu äußern:

(3) (a) Peter tötet den Löwen.
(b) Den Löwen tötet Peter.

Nehmen wir einmal an, dass in Satz (3a) das Subjekt, in Satz (3b) das vorangestellte Objekt die neue Information darstellt. Was sich im Übergang von Satz (3a) zu Satz (3b) ändert, ist die Informationsgliederung der Äußerung. Diese wird von den Prager Funktionalisten als **Thema-Rhema-Gliederung (TRG)** oder als **Funktionale Satzperspektive** bezeichnet. Mittlerweile gibt es zahlreiche Begriffsfassungen von Thema und Rhema und andere damit konkurrierende Begriffspaare (so z.B. die Unterscheidung in Hintergrund und Fokus, vgl. J. Jacobs 1991/92). Eine klassische Definition von Thema und Rhema ist die folgende:

Das Thema bezeichnet die alte, dem Hörer bereits aus dem Kontext oder aus der Situation bekannte Information, das Rhema die neue Information.

Da eine solch polare Zweiteilung in Alt/Neu bzw. Bekannt/Nicht-Bekannt nicht immer unproblematisch ist, wird in neueren Arbeiten der Prager Schule ein gradueller Unterschied zwischen Elementen mit geringerem und solchen mit höherem Mitteilungswert gemacht, und es wird angenommen, dass alle Satzelemente nach ihrer **kommunikativen Dynamik** (vgl. J. Firbas 1964), ihrem Mitteilungswert, bestimmt werden können.

Legen wir hier die klassische Thema-Rhema-Definition zugrunde. Diese nimmt Bezug auf den Kontext, satzintern ist eine Bestimmung dessen, was alte und was neue Information ist, nicht möglich. Das hat Konsequenzen für die Analyse: Sie muss textbezogen, nicht satzbezogen erfolgen. Um über einen Kontext zu verfügen, wird folgendermaßen vorgegangen: Durch das Voranstellen einer Frage wird ein Minimalkontext konstruiert, über den im (Antwort-)Satz die Thema-Rhema-Gliederung bestimmt werden kann. So ist in Satz (3a) das Subjekt dann das Rhema, wenn der Satz als Antwort auf die Frage *Wer tötet den Löwen?* geäußert wird. Lautet hingegen die Frage *Wen tötet Peter?,* stellt die Objekt-NP *den Löwen* das Rhema dar. Das Rhema kann an den Satzanfang gestellt werden, wie in Satz (3b) der Fall; es kann aber auch im Mittelfeld bleiben. Letzteres entspricht der typischen Thema-vor-Rhema-Abfolge. An dieser Stelle sei aber nochmals betont, dass auch eine rhematische Konstituente vorangestellt werden kann.

Wie J. Lenerz (1977) zeigt, hat die Thema-Rhema-Abfolge einen entscheidenden Einfluss auf die Abfolge der nominalen Satzglieder. Dieser diskursbezogene Faktor kommt insbesondere dann ins Spiel, wenn im Satz eine markierte Abfolge vorliegt. Diese unterliegt – im Gegensatz zur normalen Satzgliedstellung – bestimmten Bedingungen. Eine solche Bedingung lautet, dass die markierte Abfolge nur dann akzeptabel ist, wenn das Thema vor dem Rhema steht. Aus diesem Grund ist Satz (4b), in dem das Akkusativobjekt dem Dativobjekt vorausgeht, inakzeptabel. Aus dem vorangestellten Fragesatz ergibt sich, dass in diesem Satz die Akkusativ-

NP *das Geld* das Rhema ist. Dieses aber steht vor dem Thema. Ist die Akkusativ-NP hingegen das Thema, so ist die Abfolge grammatisch. Dies zeigt Beispiel (5b) (alle Beispiele aus Lenerz 1977:45):

(4) (a) Was hast du dem Kassierer gegeben?
(b) *Ich habe das Geld$_{\text{[Rhema]}}$ dem Kassierer$_{\text{[Thema]}}$ gegeben.

(5) (a) Wem hast du das Geld gegeben?
(b) Ich habe das Geld$_{\text{[Thema]}}$ dem Kassierer$_{\text{[Rhema]}}$ gegeben.

Daraus folgt, dass die Positionierung Akkusativ > Dativ dann akzeptabel ist, wenn das Thema vor dem Rhema steht. Bestimmte Satzgliedabfolgen sind also nur dann möglich, wenn die Thema-vor-Rhema-Bedingung eingehalten wurde. Anders liegt der Fall indes bei der Abfolge Dativ > Akkusativ. Wie der Leser hier selbst testen kann, unterliegt diese Abfolge nicht der Thema-vor-Rhema-Bedingung (vgl. auch Abschn. 6.3.2).

10.3.2 Informationsgliederung und Generative Grammatik

Dass die Informationsgliederung von Sätzen einen großen Einfluss auf die Akzeptabilität der Wort- und Satzgliedstellung hat, betont auch Susumu Kuno in seinen Arbeiten zur funktionalen Syntax. In diesen setzt er sich kritisch mit den Theoremen der Generativen Grammatik auseinander. Sein Ziel ist nachzuweisen, dass bestimmte syntaktische Phänomene nicht autonom-syntaktisch zu erklären sind. Betrachten wir dazu die folgenden Sätze aus Kunos Buch *Functional Syntax* (1987:12 f.):

(6) (a) This is the story that I haven't been able to get Mary's version of.
(b) *Yesterday, I met the actress who I had bought Mary's portrait of.

Satz (6b) ist ungrammatisch, obwohl in diesem Satz dieselbe Umstellungstransformation wie in Satz (6a) vorgenommen wurde: Eine NP wurde aus einer anderen NP extrahiert und vorangestellt. In (6a) ist dies die NP *the story* aus der NP *Mary's version of the story*, in (6b) die NP *the actress* aus der NP *Mary's portrait of the actress.* Der hier auftretende Grammatikalitätsunterschied kann, so Kuno, im Rahmen der Generativen Grammatik nicht erklärt werden. Beide Sätze müssten ungrammatisch sein, würde man sie generativ-syntaktisch analysieren. Als generative Erklärung für die Ungrammatikalität von Sätzen wie (6b) würde die »Specified Subject Condition« geltend gemacht, die – informell gesprochen – besagt, dass es nicht möglich ist, eine Phrase aus einer anderen Phrase herauszubewegen, wenn diese Phrase ein Subjekt hat. Da sowohl in (6a) als auch in (6b) die komplexe NP im generativen Sinne über ein Subjekt (vgl. auch die lateinische Bezeichnung ›genitivus subiectivus‹) verfügt, liegt in beiden Sätzen ein Verstoß gegen diese »Specified Subject Condition« vor. Warum aber ist Satz (6a) dann grammatisch? Kuno gibt hierzu eine interessante Erklärung:

> Functional syntacticians soon arrive at the following two observations. First, the expression *Mary's version of the story*, even without any prior context, immediately suggests that there are others people's versions of the same story. In other words, the lexical item *version* makes it possible, or rather forces one, to interpret *Mary's* contrastively. In contrast, the expression *Mary's picture of Marilyn Monroe,* out of context, does not imply that there are other people's portraits of Marilyn Monroe.
>
> S. Kuno (1987:13)

Wie Kuno hier feststellt, legt Satz (6a) auch ohne weiteren Kontext eine kontrastive Lesart nahe (»Mary's version« – »other people's version«). In Satz (6b) ist eine solche Lesart nicht impliziert. Die NP *Mary's version* in (6a) ist also kontrastiv hervorgehoben, die NP *Mary's portrait* in (6b) nicht. Aus der Diskussion dieser Daten leitet Kuno die Hypothese ab, dass eine Konstituente nur dann aus einer komplexen NPs extrahierbar ist, wenn die Possessiv-NP in dieser NP kontrastiv hervorgehoben werden kann, also das Rhema darstellt. Die Hypothese wird an weiteren Daten überprüft, und im Anschluss daran formuliert Kuno die »Topichood Condition for Extraction«, die angibt, unter welchen funktionalen Bedingungen Extraktionen zulässig sind (vgl. S. Kuno 1987:22).

Angemerkt sei an dieser Stelle, dass in der 1999 erschienenen Festschrift für S. Kuno einer seiner Schüler, K.-I. Takami, ebenfalls versucht, Wortstellungsdaten funktional zu erklären. Takami befasst sich mit der Extraposition von NPs, d. h. mit solchen Wortstellungsvarianten, in denen eine NP aus ihrer Basisposition an den rechten Satzrand versetzt wird. Er führt die folgenden Beispiele an (vgl. K.-I. Takami 1999:24):

(7) (a) John drove a car in London with a sunroof.
(b) *John drove a car carefully with a sunroof.

In (7a) kann die Attribut-PP *with a sunroof* getrennt von der Bezugs-NP *a car* stehen, in (7b) ist dies nicht möglich. Takami führt den Unterschied auf den Informationswert der involvierten Konstituenten zurück: Nur wenn die extraponierte PP einen höheren Informationswert als das intervenierende Adverbial habe, ist die Extraposition akzeptabel. Dies sei nur in (7a) der Fall, das Lokaladverbial *in London* habe – im Gegensatz zum Modaladverbial *carefully* in (7b) – einen geringeren Informationswert als die PP *with a sunroof.* Natürlich kann auch das Lokaladverbial einen höheren Informationswert tragen (= rhematisch sein), doch nur, wenn es gleichzeitig über den Satzakzent hervorgehoben wird. In der Tat ist die Extraposition ausgeschlossen, wenn die PP über den Satzakzent *in London* hervorgehoben wird (vgl. K.-I. Takami 1999:25):

(8) *John drove a car in LONDON with a sunroof.

K.-I. Takami leitet aus diesem Befund eine Diskursbedingung für Extraposition ab. Diese formuliert er wie folgt:

> More/Less Important Information Condition for Extraposition from NP: Extraposition from NP is allowed only when the element extraposed to sentence-final position is interpreted as being more important than the rest of the sentence.
>
> K.-I. Takami (1999:27)

Die (Un-)Grammatikalität der Struktur wird hier auf funktionale, nicht auf syntaktische Gründe zurückgeführt. Dies ist eine Sichtweise, die der generativ-syntaktischen Analyse des Phänomens diametral entgegengesetzt ist. Zwar gibt es auch im Rahmen der Generativen Grammatik funktionsbezogene Analysen, so z. B. zur Topik- und Fokusmarkierung, diese werden aber auf strukturelle Gesetzmäßigkeiten bezogen.

Wenn man die Extraposition an eine diskursfunktionale Bedingung knüpft, tritt allerdings ein Problem auf, auf das K.-I. Takami in seinem Aufsatz nicht eingeht. Ohne vorgegebenen Kontext lässt sich der Informationswert einer Konstituente nicht eindeutig bestimmen. Mit anderen Worten: Ist die Konstituente nicht über den Akzent hervorgehoben, so kann ihr Informationswert im Prinzip nur angegeben werden, wenn der Satz in einem Minimalkontext steht. Die »More/Less Important Condition« kann satzintern also nur dann angewandt werden, wenn der Informationswert der Konstituente ohne Kontext erschließbar ist. Angemerkt sei auch, dass die »More/Less Important Condition« an ein altes, bereits von Otto Behaghel formuliertes Gesetz erinnert. Dieses besagt, dass »das Wichtigere später steht als das Unwichtige, dasjenige, was zuletzt noch im Ohr klingen soll« (Behaghel 1932:4). Es ist eines der drei Behaghel'schen Gesetze, die als »Grundprinzipien der Wort- und Satzgliedstellung« (vgl. Bußmann 2002:119) gelten.

10.4 Figur-Grund-Relationen

10.4.1 Figur und Grund

Wir kommen nun zu einem zweiten strukturbestimmenden Faktor, zur Figur-Grund-Anordnung. Im Folgenden betrachten wir nur eine Instanz der Figur-Grund-Anordnung, die Topik-Kommentar-Gliederung. An dieser Stelle sei aber betont, dass die Figur-Grund-Strukturierung auf allen sprachlichen Ebenen nachweisbar ist. Es ist ein konstitutives Ordnungsprinzip, das die Anordnung der Zeichen auf Wort-, Satz- und Textebene bestimmt. Auch graphisch wird es genutzt: Die Groß- und Kleinschreibung ist ein Figur-Grund-Gefüge. Wortintern ist eine solche Schreibung mittlerweile zu einem beliebten graphostilistischen Mittel geworden. Dies zeigen Schreibungen wie *InterCity, SchnellBahn, GlücksSpirale* und *CompuServe.* Hier wird ein Buchstabe im Wortinnern als Figur von seiner unmittelbaren Umgebung, dem Grund, abgesetzt.

Die Unterscheidung in Figur und Grund stammt aus der Gestalttheorie (vgl. C. Wertheimer 1925). Dabei handelt es sich um ein wahrnehmungspsychologisches Prinzip. Dieses beschreibt den Tatbestand, dass »eine Gestalt immer dann gut identifizierbar ist, wenn sie sich klar von dem absetzt, was nicht zu ihr gehört« (Köller 1988:327). Dass Figur-Grund-Anordnungen satzintern eine wichtige Rolle spielen, hat der amerikanische Sprachwissenschaftler L. Talmy gezeigt, der in einem Aufsatz von 1978 mit dem Titel *Figure and Ground in complex sentences* das in (9) gegebene, in der Literatur häufig diskutierte Beispiel anführt. Die Sätze in (9) haben denselben Wahrheitswert, sie sind denotativ gleich, unterscheiden sich aber darin, dass jeweils ein anderes Objekt sprachlich in den Vordergrund gerückt, zur Figur gemacht wird.

(9) (a) The bike$_{\text{[Figur]}}$ is near the house$_{\text{[Grund]}}$.
(b) The house$_{\text{[Figur]}}$ is near the bike$_{\text{[Grund]}}$. L. Talmy (1978:629)

L. Talmy kennzeichnet in diesen Sätzen das Subjekt als Figur. Es setzt sich vom Rest des Satzes, vom Grund, ab. Allerdings besteht zwischen den Sätzen ein deutlicher Akzeptabilitätsunterschied, auf den Talmy nicht aufmerksam macht: Satz (9b) ist weniger akzeptabel, da ein mobiler Gegenstand (das Fahrrad) als Bezugspunkt genannt wird.

Dass die Sätze nicht gleichermaßen akzeptabel sind, wird auch in der IDS-Grammatik betont, in der die Figur-Grund-Unterscheidung mit Bezug auf das quasi-analoge Beispiel *Das Fahrrad befand sich unmittelbar bei dem Haus* und *?Das Haus befand sich unmittelbar bei dem Fahrrad* diskutiert wird (vgl. Zifonun et al. 1997:1335): Da zwischen den beiden Ereignisbeteiligten (Haus bzw. Fahrrad) ein »Aktivitätsgefälle« bestehe, könnten sie nicht gleichermaßen zum Subjekt gemacht werden. Ein geeigneteres Beispiel, das in der deutschsprachigen Literatur immer wieder genannt wird, ist zweifellos das Satzpaar *Die Post ist neben der Sparkasse* und *Die Sparkasse ist neben der Post* (vgl. K. Welke 1994:16). In beiden Sätzen referieren die Nominalphrasen auf Objekte, die immobil sind.

Festzuhalten bleibt, dass die wahrnehmungspsychologisch motivierte Figur-Grund-Relation ein wichtiges Ordnungsprinzip auf syntaktischer Ebene ist. Sie korrespondiert, wie wir im folgenden Abschnitt sehen werden, mit der Unterscheidung in Subjekt und Prädikat, Topik und Kommentar.

10.4.2 Subjekt und Prädikat, Topik und Kommentar

Das Subjekt ist im aristotelischen Sinne das ›Zugrundeliegende‹, das Prädikat das ›Darüber-Ausgesagte‹. Nur bedingt treffen diese aus der Logik stammenden Begriffsfassungen auf die grammatische Subjekt-/Prädikatunterscheidung zu. Hermann Paul (1880) trennt denn auch in seinem für die Sprachwissenschaft bedeutenden Werk das grammatische vom psychologischen Subjekt. Beide Subjektbegriffe entsprechen sich nicht, sie liegen auf verschiedenen Ebenen. So enthält der Satz *Mich friert* nach H. Paul ein psychologisches, aber kein grammatisches Subjekt. Das psychologische Subjekt wird folgendermaßen definiert:

> Jeder Satz besteht demnach aus mindestens zwei Einheiten. Diese Elemente verhalten sich nicht gleich, sondern sind ihrer Funktion nach differenziert. Man bezeichne sie als

> Subjekt und Prädikat [...] Das psychologische Subjekt ist die zuerst in dem Bewusstsein des Sprechenden, Denkenden vorhandene Vorstellungsmasse, an die sich eine zweite, das psychologische Prädikat anschließt. H. Paul (1880:124)

Pauls Unterscheidung in **psychologisches Subjekt** und **grammatisches Subjekt** ist zwar intuitiv einleuchtend, diese Unterscheidung birgt aber ein Problem. Sie führt dazu, dass man in einem Satz wie *Es regnet* den Nominativ gleichzeitig als Subjekt (da grammatisches Subjekt) und Nicht-Subjekt (da nicht das psychologische Subjekt) kategorisieren muss.

Das freilich ist nur ein terminologisches Problem. Wichtiger ist die hinter diesem Begriff stehende Überlegung, dass es in einem Satz ein Element gibt, das »die zuerst in dem Bewusstsein des Sprechenden, Denkenden vorhandene Vorstellungsmasse« bezeichnet, und ein Element, »an die sich eine zweite, das psychologische Prädikat anschließt.« An diese Überlegung knüpfen funktionale Grammatiker mit der Unterscheidung in Topik und Kommentar an. Das **Topik** ist dasjenige, über das man spricht; der **Kommentar** das, was darüber ausgesagt wird. In sprachtypologischen Arbeiten wird auf der Basis dieser Topikdefinition ein Unterschied gemacht zwischen **topikprominenten** und **subjektprominenten Sprachen** (vgl. den Sammelband von Ch. Li/S. Thompson, *Subject and Topic*). Peter Schlobinski charakterisiert die Auffassung, die hinter dieser Klassifikation steht, folgendermaßen:

> Dieser Klassifizierung liegt die Annahme zugrunde, daß es gegenüber dem gewohnten Konzept der Satzanalyse in Subjekt-Prädikat-Struktur aus der lateinischen Grammatiktradition Sprachen gibt, für die es sinnvoller ist, eine Topik-Comment-Struktur als Folie für die Analyse anzusetzen. P. Schlobinski (1992:49)

Zu den Sprachen, für die es sinnvoll zu sein scheint, in der syntaktischen Analyse von einer Topik-Kommentar-Struktur auszugehen, zählt das Chinesische, zu den Sprachen, die Merkmale von Subjekt- und Topikprominenz aufweisen, gehören das Koreanische und das Japanische.[58] Ein Beispiel aus dem Koreanischen wird im Folgenden gegeben (Bsp. aus Lee 1992:249):

(10)	haraboji-nun	i-ka	ap'u-se(shio)-yo.
	Großvater-P (Top)	Zahn-P (Nom)	wehtun
	»Der Großvater hat Zahnschmerzen.«		

In (10) setzt die mit *-nun* markierte Topikkonstituente *haraboji* (*Großvater*) den Rahmen, über den im Folgenden etwas ausgesagt wird. Die mit der Nominativpartikel *-ka* markierte Konstituente *i* (*Zahn*) ist das Subjekt. In der deutschen Übersetzung steht das Topik, *der Großvater*, im Subjekt. Es ist nicht morphologisch als

58 Dass eine solche Unterscheidung in subjekt- und topikprominente Sprachen sinnvoll ist, wird allerdings von Schlobinski (1992:124–138) in seiner funktionalgrammatischen Untersuchung zum Deutschen und Chinesischen bestritten.

Topik markiert. Das Deutsche ist dieser Klassifikation zufolge eine subjektprominente Sprache (vgl. hierzu ausführlich Chafe 1976).

Als Charakteristika von topikprominenten Sprachen wird in der sprachtypologischen Literatur angeführt, dass es in der Regel jeweils eine Konstituente gibt, die über eine bestimmte Partikel als Topik ausgezeichnet ist (z. B. die Partikel *-wa* im Japanischen oder die Partikel *-nun* im Koreanischen), und dass diese als Topik markierte Konstituente für syntaktische Prozesse eine zentrale Rolle spielt – im Gegensatz zu subjektprominenten Sprachen, in denen das Subjekt die Konstituente ist, auf die syntaktische Operationen (z. B. die Passivierung) Bezug nehmen.

10.4.3 Topik/Kommentar vs. Thema/Rhema

An dieser Stelle ist wichtig zu betonen, dass die Topik-Kommentar-Gliederung nicht mit der weiter oben erläuterten Thema-Rhema-Gliederung verwechselt werden darf. Was Topik, was Kommentar ist, lässt sich satzintern bestimmen, die Thema-Rhema-Gliederung hingegen verweist auf die Textebene. Natürlich besteht zwischen dem Topik (in der Topik-Kommentar-Gliederung) und dem Thema (in der Thema-Rhema-Gliederung) eine enge Beziehung, insofern als der Gegenstand der Aussage in der Regel die Satzkonstituente ist, die dem Hörer bereits bekannt ist. Doch es gibt keine Eins-zu-Eins-Entsprechung. Dies soll an folgender Frage-Antwort-Sequenz veranschaulicht werden (wiederholt aus Abschn. 6.3.1):

(11) (a) Welche Tagung findet Anfang März statt?
(b) Anfang März findet die DGfS-Tagung$_{\text{[Rhema]}}$ statt.

Die Subjektkonstituente *die DGfS-Tagung* in (11b) ist das Topik, über das eine Aussage gemacht wird, sie ist aber, wie der Fragekontext zeigt, nicht vorerwähnt. Sie stellt das Rhema, die neue Information dar.

Zwischen der Thema-Rhema-Gliederung einer Aussage und ihrer Topik-Kommentar-Gliederung muss also unterschieden werden. Während der Informationswert einer Satzkonstituente immer über den Kontext ermittelt werden kann, muss auf die vom Sprecher gewählte Topik-Kommentar-Gliederung satzintern geschlossen werden. Es gilt: Das, worüber etwas mitgeteilt wird, korreliert zwar in den meisten, aber eben nicht in allen Fällen mit Faktoren wie Bekanntheit bzw. Vorerwähntheit. Dies betont auch F. Daneš, einer der wichtigsten Vertreter der Prager Schule. Er macht einen Unterschied zwischen der »Perspektivisierung auf der Satzebene« und der »Mitteilungsperspektive der Aussage« (vgl. F. Daneš 1976:115) und stellt fest:

> Die wechselseitigen Beziehungen zwischen den zwei genannten Ebenen sind nicht in allen Fällen so einfach und in verschiedenen Sprachen unterschiedlich.
>
> F. Daneš (1976:115)

Um eine Satzkonstituente als Topik zu kennzeichnen, wird der Sprecher in der Regel eine Konstruktion wählen, in der diese im Subjekt steht. Möglich ist aber auch, dass er das Topik durch eine Formel vom Typ *Was* [...] *betrifft* zum Ausdruck bringt. Ein Beispiel führt J. Jacobs (1984) an.[59] In (12) ist *Was nun Sigi betrifft* das Topik, das, so Jakobs (1984:42), »den Rahmen für die Interpretation des Restsatzes absteckt«:

(12) Was nun Sigi betrifft, so war er es doch, der für den Bau des Kanals votiert hat.

Zwei weitere Möglichkeiten der Topikmarkierung seien an dieser Stelle noch erwähnt. Es ist die Linksversetzung, die Herausstellung eines Satzgliedes aus dem Satzrahmen, und das so genannte »hanging topic«, das Freie Thema (vgl. Altmann 1981). Beispiele dafür werden in (13) gegeben:

(13) (a) Dieses Buch, das habe ich noch nicht gelesen.
(b) Dieses Buch da, ich kenne es nicht.

Auch wenn alle bisher genannten Beispiele dies vermuten lassen: Der hier diskutierte funktionale Topikbegriff darf nicht mit dem generativ-syntaktischen Topikbegriff gleichgesetzt werden. In der Generativen Grammatik wird das Topik rein strukturell definiert als diejenige Konstituente, die am Satzanfang steht. So schreibt Chomsky (1965:221, Fn 32.), das Topik sei »the leftmost NP«, das Comment »the rest of the string«. Unter **Topikalisierung** wird demzufolge in der Generativen Grammatik die Bewegung einer Konstituente in die Vorfeldposition verstanden – und zwar unabhängig davon, wie diese Konstituente funktional zu klassifizieren ist.

Halten wir an dieser Stelle fest: Die Topik-Kommentar-Gliederung ist satzintern zu bestimmen. Für das Deutsche gilt, dass das Topik im prototypischen Fall im Subjekt steht. Es ist die Konstituente, die als Figur vom Rest des Satzes, dem Grund, abgesetzt wird.

10.5 Die Perspektive

10.5.1 Egozentriertheit

In diesem Abschnitt wird ein dritter Aspekt diskutiert, der Einfluss auf die syntaktische Struktur hat. Es ist ein Faktor, der weder satzintern (wie die Topik-Kommentar-Gliederung) noch kontextabhängig (wie die Thema-Rhema-Gliederung) zu bestimmen ist. Vielmehr geht es um die Art und Weise, wie der Sprecher den Sachverhalt darstellt, welche Perspektive er hierzu einnimmt.[60] Im Vordergrund

59 Jacobs befasst sich in mehreren Arbeiten mit dem Verhältnis von kommunikativer Funktion und syntaktischer Struktur (siehe z.B. das von ihm herausgegebene Sonderheft der Linguistischen Berichte von 1991/1992 mit dem Titel *Informationsstruktur und Grammatik*).

60 Zum Perspektivitätsbegriff seien die Arbeiten von Wilhelm Köller empfohlen. Köller legt dar, dass »das Phänomen Perspektivität als anthropologisches Urphänomen angesehen

steht jetzt also das Sprecher-Welt-Verhältnis bzw. – im Bühler'schen Sinne – die Darstellungsfunktion der sprachlichen Zeichen. Als Ausgangspunkt dient die Überlegung, dass sich der Sprecher mit einem der am Geschehen beteiligten Referenten identifiziert. Dies bezeichnet S. Kuno als »empathy«:

> Empathy is the speaker's identification, which may vary in degree, with a person/thing that participates in the event or state that he describes in a sentence.
>
> S. Kuno (1987:206)

Der Sprecher hat im Prinzip gar keine andere Wahl: Er muss, um mit Wilhelm Köller zu sprechen, aus dem »Perspektivierungspotenzial sprachlicher Formen« (Köller 2004:310) eine Auswahl treffen, er muss den Sachverhalt von einem der Referenten aus darstellen, sein »Koordinatensystem der subjektiven Orientierung« (Bühler 1934:137) auf einen der Referenten richten. Von diesem Punkt aus wird er die anderen Geschehensbeteiligten in eine Ordnungsstruktur bringen. Klaus Welke spricht, Kunos Überlegungen weiterführend, gar von einem »Zwang zur Perspektivierung«. Er beschreibt dies sehr anschaulich:

> Wenn wir einen Satz nicht als Aussage/Urteil über einen Gegenstand fassen, sondern als Wiedergabe/Beschreibung einer Handlung oder eines Zustandes, dann ist als eine universelle Bedingung dieser Beschreibung zu konstatieren, daß diese eo ipso aus der Perspektive eines der Handlungsbeteiligten erfolgt. Der Sprecher muß sich auf den Standpunkt eines der Handlungsbeteiligten stellen, sich gewissermaßen in ihn einfühlen (Empathy). Er kann nur sagen: »A ist größer als B.« oder: »B ist kleiner als A.« Ein Drittes gibt es nicht.
>
> K. Welke (1992:201)

Wovon hängt es nun ab, welche Perspektive der Sprecher in der Situationsbeschreibung einnimmt? In der Regel wird er dem egozentrischen Prinzip folgen, d. h. er wird seine Empathie nach dem Prinzip der größtmöglichen Ich-Nähe festlegen. Kuno (1987:212) erläutert dies an einem Beispiel:

(14) (a) I met John at the party last night.
(b) ?? John met me at the party last night.

Die Akzeptabilität von Satz (14b) erscheint fragwürdig, auch wenn dieser Satz grammatisch korrekt ist: Der Sprecher beschreibt hier das Geschehen aus der Perspektive einer anderen Person, obwohl er in der Äußerung auf sich selbst Bezug nimmt. Er verstößt damit gegen die **Empathie-Hierarchie**. Diese besagt, dass der Sprecher mit niemandem anderen als mit sich selbst die größte Empathie haben kann (vgl. Kuno 1987:212). Sie zeigt sich auch bei der lokaldeiktischen Verwendung von Lokaladverbien wie *vorne, hinten, oben* und *unten*. Dabei ist es jeweils

werden kann, das menschliche Wahrnehmungsprozesse aller Art grundlegend prägt« (vgl. Köller 2004:133). Sein Buch »Perspektivität und Sprache«, das über 900 Seiten umfasst, ist eine Gesamtschau dieses Phänomens im visuellen, kognitiven und sprachlichen Bereich.

die Kopf-Fuß-Achse und die Blickrichtung des Sprechers, die als Referenzpunkt dient (vgl. *Da vorne steht ein Auto.*) In der Äußerungssituation verwendet der Sprecher – um mit den Worten von K. Bühler zu sprechen – diese Zeigwörter *ad oculus*, er legt eine, seine, Blickrichtung zugrunde.

10.5.2 Perspektive und syntaktische Struktur

Referiert der Sprecher mit seiner Äußerung weder auf sich selbst noch auf den Hörer, dann muss er sich entscheiden, welchem der Diskursreferenten seine Empathie gilt. Diesen wird er in der Regel ins Subjekt setzen. Das Subjekt kann also sowohl als Topik (im Sinne der oben erläuterten Topik-Kommentar-Gliederung) als auch als Empathie-Zentrum dienen. Dieses **Empathie-Zentrum** – sit mihi venia verbi – wird in der einschlägigen Literatur als ›focus of interest‹, als ›Interessenschwerpunkt‹ bezeichnet. Den Terminus verwendet beispielsweise der amerikanische Sprachwissenschaftler D. A. Zubin, der in Bezug auf das Deutsche die folgende Hypothese aufstellt:

> The system, as a hypothesis about the grammar of German, makes the claim that the speaker uses the nominative case to indicate an entity that is his »focus of interest« in an event and the dative or the accusative cases for entities that are not the focus of his interest.
>
> D. A. Zubin (1979:474)

Ob die Kasusverteilung allerdings auf diese Weise erklärt werden kann, ist umstritten (zur Kritik vgl. Wegener 1995:124–126). Für Sätze mit semantisch leerem Nominativsubjekt (z. B. *Es regnet*) gilt dies zweifellos nicht. Für die prototypischen Fälle, d. h. für transitive Handlungsverben im Aktiv, trifft sie aber sicherlich zu. Daher halten wir fest:

Die Sachverhaltspräsentation hängt davon ab, welche Perspektive der Sprecher einnimmt. Den Referenten, dem seine größte Empathie gilt, wird er ins Subjekt setzen. Die Verteilung der ontologischen Rollen (= Situationsbeteiligten) im Satz ist somit nicht rein syntaktisch zu erklären, sondern auf ein diskursfunktionales Prinzip zurückzuführen. Dieses formuliert Kuno wie folgt:

> Syntactic Prominence Principle: Give syntactic prominence to a person/object that you are emphatizing with. S. Kuno (1987:232)

Dass mit diesem *Syntactic Prominence Principle* das Nebeneinander syntaktischer Konstruktionen erklärt werden kann, soll nun an Beispielen aus dem Deutschen gezeigt werden. Die im Folgenden angeführten syntaktischen Konstruktionen unterscheiden sich darin, wie der Sachverhalt perspektiviert wird, auf welchen der Referenten der Sprecher seine Empathie richtet. Dieser ist jeweils im Subjekt kodiert. Dass mit dieser Umperspektivierung möglicherweise auch Unterschiede in der semantischen Interpretation der Sätze verbunden sind, bleibt an dieser Stelle unberücksichtigt (siehe hierzu Welke 2005). Worum es hier geht, ist, dass sich die Perspektivesetzung ändert.

(15) (a) Ich wasche den Wagen.
(b) Der Wagen wird von mir gewaschen.

(16) (a) Peter ähnelt Paul.
(b) Paul ähnelt Peter.

(17) (a) Der Freund meiner Nachbarin besitzt einen Mercedes.
(b) Der Mercedes gehört dem Freund meiner Nachbarin.

(18) (a) Ich fürchte das Gewitter.
(b) Das Gewitter ängstigt mich.

In Satz (15) wird der Perspektivewechsel durch die geänderte syntaktische Konstruktion (Aktiv vs. Passiv) zum Ausdruck gebracht, in den Sätzen (16) bis (18) hängt diese Umperspektivierung ausschließlich vom Verb ab. Der Umstand, dass Verben eine zentrale Rolle für die Perspektivierung eines Sachverhalts spielen, wird auch als **pragmatische Valenz** bezeichnet und in neueren Ansätzen der Valenztheorie einem syntaktischen und semantischen Valenzbegriff zur Seite gestellt (vgl. G. Helbig 1992).

Dass die Entscheidung für ein bestimmtes Verb, für eine bestimmte syntaktische Konstruktion davon abhängt, wie der Sprecher den Sachverhalt darstellen möchte, wurde in zahlreichen funktionsorientierten Arbeiten hervorgehoben. So betont Ch. Fillmore (1977) in seiner ›Scenes-and-frames-Semantik‹, dass der Satz eine Szene umsetze, in der der Sprecher die am Geschehen Beteiligten in eine bestimmte Perspektive bringe. Als Beispiel nennt er die mit den Verben *buy* bzw. *sell* beschriebene ›Kaufszene‹. Dabei werde das Geschehen jeweils von einem anderen Punkt aus dargestellt (vgl. *Peter kauft das Buch von Mary/Mary verkauft das Buch an Peter*). Heringer (1984) knüpft in einem Aufsatz mit dem Titel *Neues von der Verbszene* an diese Überlegungen an und hebt die Rolle des Verbs sehr anschaulich hervor: »[...] ein Verb, das ist so, wie wenn man in einem dunklen Raum ein Licht ankipst. Mit einem Schlag ist eine Szene da« (1984:49). Storrer (1992) entwickelt ein Konzept für ein Wörterbuch, das dem Benutzer Informationen darüber geben soll, welches Verb das für die jeweilige Situationsbeschreibung angemessene ist. Ein Verb wie *belügen* z.B. ist nur dann für die Situationsbeschreibung geeignet, wenn der Sprecher den Angelogenen benennen möchte (vgl. Storrer 1992:314). Will er diesen ausblenden, wird er das Verb *lügen* wählen (vgl. *Peter lügt* vs. *Peter belügt Maria*). Das Konzept der Perspektivierung geht hier nicht nur in die linguistische Theoriebildung ein, sondern wird auch für die Wörterbuchschreibung nutzbar gemacht.

Noch eine Anmerkung zu Beispiel (17). In (17a) steht eine indefinite Nominalphrase im Objekt (*einen Mercedes*). In (17b) wird diese ontologische Rolle als definite Nominalphrase im Subjekt realisiert (*der Mercedes*). Der Grund für den Wechsel von Indefinitheit zu Definitheit liegt auf der Hand: Der Referent, von dem aus das Geschehen dargestellt wird, ist bereits in den Diskurs eingeführt worden, oder er ist durch den situativen Kontext bekannt. Aus diesem Grund wählt der Sprecher den bestimmten Artikel. Das Subjekt stellt hier also das Thema **und** das

Topik dar, **und** es ist die privilegierte Position zur Markierung des Interessenschwerpunktes. Gerade weil alle drei funktionalen Charakterisierungen in dieser syntaktischen Funktion zusammentreffen, muss man sich vergegenwärtigen, dass sie auf verschiedenen Ebenen liegen.

Das Konzept der Empathie-Perspektive stellt, neben der Thema-Rhema- und der Topik-Kommentar-Gliederung, aus funktionaler Sicht eine Erklärung für zahlreiche syntaktische Phänomene dar. Nach S. Kuno können auch die folgenden Akzeptabilitätsunterschiede darauf zurückgeführt werden (Beispiele aus Kuno 1987:230 f.):

(19) (a) Then John hit his brother.
(b) ?? Then John's brother was hit by him.

(20) (a) John and his sister went to Paris.
(b) *His sister and John went to Paris.

Beispiel (19b) verstößt gegen das Prinzip, dass in einer Struktur, in der x von y abhängt, die Empathie des Sprechers mit x größer als mit y ist (vgl. Kuno 1987:207). Die NP *John* steht in (19) für *x,* die NP *John's brother* für y. Dieses Empathie-Prinzip gilt analog für das Deutsche und zweifellos für viele andere Sprachen.

Was Beispiel (20b) betrifft, so lässt sich die Ungrammatikalität darauf zurückführen, dass der Sprecher in der koordinierten Struktur den abhängigen Referenten an erster Stelle nennt. Dies führt zu einem Konflikt mit der *Word Order Empathy Hierarchy.*

> *Word Order Empathy Hierarchy:* It is easier for the speaker to emphatize with the referent of a left-hand NP in a coordinate structure than with that of a right-hand NP.
> S. Kuno (1987:232)

Halten wir abschließend fest: Der Sprecher muss seine Empathie auf einen der Diskursreferenten festlegen. Von der Empathiesetzung hängt es ab, wie der Satz konstruiert wird. Dies wurde am Beispiel der Subjektbesetzung, aber auch an der linearen Abfolge von Konstituenten in koordinierten Strukturen gezeigt.

10.6 Die niederländische Functional Grammar

10.6.1 Syntaktische und semantische Funktionen

In diesem Abschnitt wird ein Ansatz vorgestellt, der auf der Basis funktionaler Überlegungen ein umfassendes Sprachproduktionsmodell entwickelt: die ›Functional Grammar‹ von Simon Dik, dessen Arbeiten eine eigene Richtung innerhalb der funktionalen Sprachbetrachtung begründeten. Als Startpunkt gilt sein Buch von 1978, *Functional Grammar,* in dem er die Grundlagen des Modells entwickelt. In einem Beitrag von 1993 für das internationale Syntax-Handbuch fasst er seine Grundannahmen knapp zusammen. Auf diesen Beitrag werde ich mich im Folgenden vorrangig stützen.

Wie andere funktionale Grammatiker, so betont auch Dik, dass denotativ gleiche Sätze sich darin unterscheiden können, wie sie den Sachverhalt darstellen (vgl. Dik 1978:71, 1993:381). Das Subjekt nehme dabei jeweils eine andere Funktion ein. Es wird von Dik klassifiziert als »primary vantage point, from which the state of affairs is to be presented« (1993:381). Das Objekt wird darauf bezogen, es ist der »secondary vantage point« (1993:381). Subjekt und Objekt seien gar keine syntaktischen, sondern Perspektivierungsfunktionen:

> Although we use the term ›syntactic function‹ for Subject and Object, these functions are given a clear communicative interpretation. ›Perspectivising‹ functions might be a better label.
> S. Dik (1993: 81)

Dik erläutert dies an folgendem Beispielpaar, das sich lediglich darin unterscheidet, welche semantische Funktion dem Subjekt zugeordnet ist: das Agens oder das Patiens. Die formale Notation dieser **Prädikationen** ist in (22) notiert.

(21) (a) The girl kissed the boy.
(b) The boy was kissed by the girl.

(22) (a) $kiss_V\ (d1x_i\text{: } girl_N\ (x_i))_{AgSubj}$
$(d1x_j\text{: } boy_N\ (x_j))_{Pat}$
(b) $kiss_V\ (d1x_i\text{: } girl_N\ (x_i))_{Ag}$
$(d1x_j\text{: } boy_N\ (x_j))_{PatSub}$

Mit den Indices *V* resp. *N* wird die Wortart angezeigt. Die Klammern beinhalten »predicate frames«, d.h. prädikatenlogische Strukturen, in die Argumente eingesetzt werden. Die Argumentstellen sind mit den Variablen x_i bzw. x_j gekennzeichnet. Jeder Argumentstelle wird ein Term zugeordnet, d.h. ein sprachlicher Ausdruck, mit dem auf ein Objekt in der Welt referiert wird (*boy, girl*). Da es sich sowohl bei *boy* als auch bei *girl* um definite Terme im Singular handelt, wird als Term-Operator *d* (für definit) und *1* (für Singular) notiert. Mit der Indizierung *Ag* bzw. *Pat* wird angezeigt, welche semantische Funktion mit dem Argument verknüpft ist.

Der Unterschied zwischen beiden Prädikationen besteht darin, welche semantische Funktion jeweils im Subjekt kodiert wird. In (22a) trägt das Subjekt die Agensfunktion (daher *AgSub*), in (22b) die Patiensfunktion (daher *PatSub*). Das Subjekt fungiert hier als »pointer«, als »something like a little arrow symbolising ›this is the primary vantage point from which the state of affairs is to be presented‹« (Dik 1993:381).

Die Frage stellt sich natürlich, wie solche Prädikationen in eine vollständig spezifizierte syntaktische Struktur überführt werden können. Immerhin muss gewährleistet sein, dass z.B. in (22b) die Patiensfunktion als Subjekt, die Agensfunktion als Präpositionalphrase realisiert wird, dass das Verb *kiss* im Passiv steht und dass der ganze Satz die gewünschte Satzgliedstellung aufweist. Dies alles sind Aspekte, die in einem strukturorientierten Grammatikmodell eine zentrale Rolle spielen.

Dik geht auf solche Fragen nur knapp ein. Er schlägt vor, dass »expression rules« die voll spezifizierten Prädikationen wie (22) in »linguistic expressions« überführen. Genauer befasst sich Dik mit der Frage, wie die Zuordnung von semantischen zu syntaktischen Funktionen vonstatten geht. Er setzt eine semantische Hierarchie an, wie sie ähnlich auch in der Kasusgrammatik (vgl. Ch. Fillmore 1971:252) und in der Generativen Grammatik (vgl. R. Jackendoff 1990:250) vertreten wird.

Bei dieser Hierarchie handelt es sich gewissermaßen um ›Vorfahrtsregeln‹ für die Besetzung des Subjekts bzw. des Objekts. Sie sind folgendermaßen zu lesen: Je weiter rechts eine semantische Funktion steht, desto unwahrscheinlicher ist ihre Realisierung als Subjekt oder Objekt.

(23)

	Arg[1]		Pat		Rec		Ben		Instr		Loc		Time
Subj	+	>	+	>	+	>	+	>	+	>	+	>	+
Obj		>	+	>	+	>	+	>	+	>	+	>	+

S. Dik (1993:382)

Die Abkürzungen in der Horizontalen stehen für: erstes Argument (Arg[1]), Patiens (Pat), Rezipient (Rec), Benefaktiv (Ben), Instrumental (Instr) und Lokativ (Loc). Als Rezipient wird der Empfänger bzw. Verlierer einer im Verb ausgedrückten Transaktion bezeichnet, als Benefaktiv der Nutznießer bzw. der Geschädigte des mit dem Verb bezeichneten Geschehens. Beispiele für alle in (23) genannten semantischen Funktionen (resp. semantische Rollen) werden in (24) gegeben.

(24) (a) Peter küsst $[\text{Petra}]_{\text{Pat}}$.
(b) Peter gibt/stiehlt $[\text{Petra}]_{\text{Rec}}$ fünf Mark.
(c) Peter repariert/zerreißt $[\text{Petra}]_{\text{Ben}}$ die neue Hose.
(d) Peter schreibt ein Buch $[\text{mit dem Computer}]_{\text{Instr}}$.
(e) Peter wohnt $[\text{in Stuttgart}]_{\text{Loc}}$.
(f) Die Sitzung dauert $[\text{drei Stunden}]_{\text{Time}}$.

Das erste Argument in der Hierarchie von (23) ist dasjenige, das der bevorzugte Kandidat für die Subjektposition ist. Es wird von Dik nicht auf eine bestimmte semantische Funktion festgelegt. Allerdings ist anzumerken, dass Dik nur die Hierarchie von solchen semantischen Funktionen im Blick hat, die mit Handlungsverben auftreten. Es ist also in der Regel das Agens, das als Arg[1] auftritt und die ranghöchste Position besetzt.

Die semantische Hierarchie gilt nicht nur einzelsprachlich, sondern nach Dik (1993:382) auch sprachübergreifend. Sie ist folgendermaßen zu lesen: In Sprachen, in denen die Realisierung einer rangniedrigen Rolle im Subjekt möglich ist, können auch alle vorgeordneten Rollen in dieser Funktion auftreten. Dik führt als

Beispiel das Englische an, in dem es möglich ist, ein Instrumental in Subjektfunktion zu realisieren. In der Tat können im Englischen alle dem Instrumental vorgeordneten semantischen Funktionen subjektiviert werden. Im Folgenden werden zwei Beispiele aus dem Deutschen gegeben. Diese zeigen, dass auch im Deutschen – allerdings mit weitaus mehr Einschränkungen als im Englischen – die Subjektbesetzung nachgeordneter semantischer Funktionen möglich ist:

(25) (a) [Der Sack]$_{\text{Loc}}$ enthält Kartoffeln.
(b) [Der Schlüssel]$_{\text{Instr}}$ öffnet die Tür.

Dass die Zuordnung von semantischer und syntaktischer Struktur in Diks Grammatikmodell eine zentrale Rolle spielt, verwundert nicht: Es geht in seinem Modell ja darum – wie in der Generativen Grammatik auch –, semantisch und syntaktisch voll spezifizierte komplexe Ausdrücke aufzubauen. Es kann also nicht nur eine Ebene der grammatischen Beschreibung betrachtet werden, sondern es muss die Frage nach der Interaktion dieser Ebenen gestellt werden.

10.6.2 Das Gesamtmodell

Es soll nun das Gesamtmodell der ›Functional Grammar‹, wie Dik (1993:373) es in einem Schema präsentiert, in modifizierter Form wiedergegeben werden. Die folgende Darstellung ist auf das Wesentliche reduziert, die englischen Bezeichnungen wurden beibehalten:

(26)

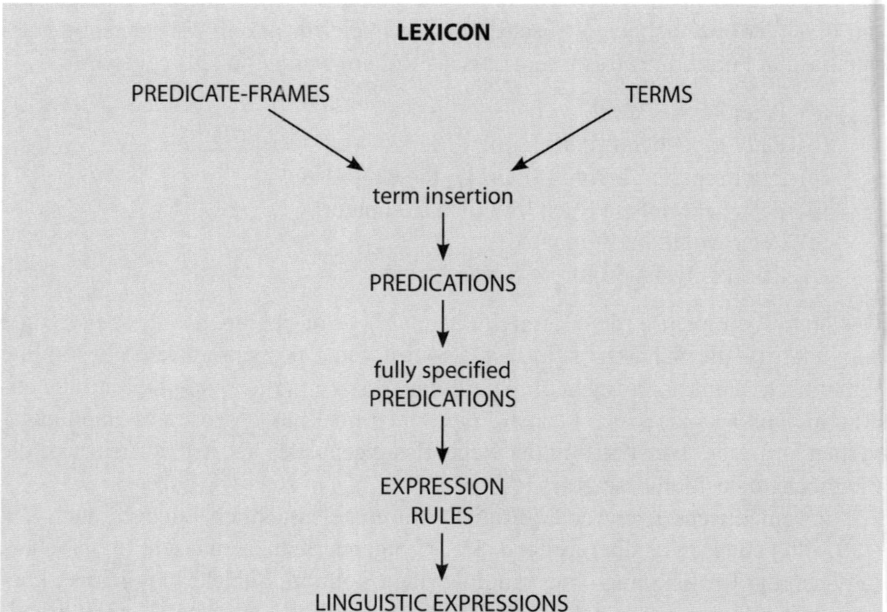

Als Startpunkt dient das Lexikon. In diesem werden Predicate-Frames aufgebaut, die Argumentstellen vorsehen (vgl. das obige Beispiel *kiss*). Im Frame ist bereits festgelegt, mit welchen semantischen Funktionen diese Argumente assoziiert sind. Die so gekennzeichneten Argumentstellen werden mit Termen besetzt. Nach der Einfügung der Terme erhalten wir zugrunde liegende Prädikationen, die aber noch nicht weiter spezifiziert sind. Die Zuweisung der Terme zu Subjekt und Objekt erfolgt gemäß der semantischen Hierarchie. Subjekt und Objekt werden zwar als Perspektivierungsfunktionen angesehen, sind aber auch mit syntaktischen Funktionen assoziiert.

Nach der Semantik-Syntax-Zuordnung erfolgt die Markierung der pragmatischen Funktionen. Dabei geht es um die Informationsgliederung der Äußerung, z. B. um die Frage, welche Konstituente als Fokus-Konstituente markiert wird.[61] Im Modell überlagern sich also zwei funktionale Ebenen: die Ebene, auf der satzintern der »primary vantage point«, das Subjekt, gesetzt wird, und die Ebene, auf der diskursabhängig die Markierung des Informationswertes erfolgt. Dik setzt hier das um, wofür weiter oben plädiert wurde: die Trennung der funktionalen Ebenen Thema-Rhema und Topik-Kommentar.

Nachdem die syntaktische und pragmatische Spezifizierung innerhalb der Prädikation erfolgt ist, ist der abstrakt-komplexe Ausdruck voll spezifiziert und kann nun über »expression rules« in die konkrete sprachliche Form überführt werden. Diese Regeln legen fest, in welcher Reihenfolge die Konstituenten auftreten, wie sie morphologisch realisiert und wie sie artikuliert werden.

Anzumerken ist noch, dass Dik auch die Sprechakttheorie in sein Modell einbezieht. In der Sprechakttheorie wird untersucht, welche Sprechhandlungen mit einer Äußerung vollzogen werden, was der Sprecher mit einer Äußerung intendiert, welche kommunikative Funktion (≈ Illokution) die Äußerung hat (vgl. Searle 1969). Will der Sprecher den Hörer zu einer Handlung veranlassen, will er sich selbst zu einer Handlung verpflichten, will er lediglich eine Feststellung treffen, seine Gefühle zum Ausdruck bringen? Es muss also festgelegt werden, welche Illokution jeweils mit einer Äußerung verbunden ist. Dem trägt Dik in seinem Modell Rechnung, indem er die Prädikationen mit Operatoren versieht, die angeben, um welchen Sprechakt es sich handelt. Für den Satz *I will marry you*, der als Feststellung klassifiziert wird, ist dies der Operator *Decl* (Deklarativ). Die funktionale Struktur dieses Satzes wird wie folgt notiert (vgl. Dik 1993:388):

(27) Decl(Fut marry_{V} $(\text{I})_{\text{Ag}}$ $(\text{you})_{\text{Pat}}$)

Erst wenn jede Prädikation mit einem solchen Operator versehen ist, ist der Satz vollständig spezifiziert. Die Festlegung der kommunikativen Funktion ist dem Modell somit nicht nachgeordnet, sondern sie ist in die Strukturbildung integriert – auch dies ein wichtiger Unterschied zu nicht-funktionalen Ansätzen.

61 Vgl. Dik (1993:383): »Pragmatic functions have much to do with the informational coherence and relevance of the whole discourse.«

10.6.3 Schlussbemerkung

Abschließend bleibt festzuhalten: In Diks Modell werden drei Ebenen der grammatischen Beschreibung, die Semantik, Syntax und Pragmatik, integriert. Die semantischen, syntaktischen und pragmatischen Funktionen werden aufeinander bezogen. Im Output erhalten wir so eine sprachliche Form, die über mehrere funktionale Ebenen hergeleitet wurde. Allerdings sei hier mit P. Eisenberg kritisch angemerkt, dass der Zusammenhang zwischen Form und Funktion in der ›Functional Grammar‹ etwas aus dem Blick gerät, dass sich diese Grammatik »eher für die Darstellung bestimmter Sprachfunktionen an sich als für die Beziehung zwischen Form und Funktion« interessiert (Eisenberg 1994:24). »Die Funktion gilt Dik als Meister der Form«, so kritisiert Eisenberg.

Meines Erachtens führt weder eine ausschließlich struktur- noch eine ausschließlich funktionsorientierte Betrachtungsweise zu einer theoretisch adäquaten Analyse. Ich möchte daher mit L. Jäger (1993:98) dafür plädieren, »das die Einheit der philologischen Wissenschaften durch eine Theorie begründet [wird], die die strukturalen *und* funktionalen, die systematischen *und* medialen Eigenschaften der Sprache in einer genuinen Sprachidee entfaltet.« Oder, wie P. Schlobinski (1992:16) es in seiner Replik auf P. Eisenberg formuliert: »Eine befriedigende Beschreibung natürlicher Sprachen hat strukturelle und funktionale Aspekte gleichermaßen zu berücksichtigen, damit weder die Form zum Meister der Funktion noch die Funktion zum Meister der Form wird.«

Zur Vertiefung

W. L. Chafe 1976 (zu topik- und subjektprominenten Sprachen)
S. Dik 1997 (zu den Basisannahmen der Functional Grammar)
Ch. Dürscheid 2004 (Verbindung von struktur- und funktionsorientierter Analyse)
L. Hoffmann 2003 (Überblick über die Grundlagen der funktionalen Syntax)
R. Innis 1992 (zum Werk Karl Bühlers)
K. Welke 2005 (funktionalgrammatische Analyse zum Deutschen)

11 Zusammenfassung

> Wer nur etwas Neues sagt, sagt eigentlich nichts Neues, denn das, was er sagt, kann in diesem Fall nicht Fragen entsprechen, die sich die Menschen immer wieder gestellt haben. Eugenio Coseriu (1977:11)

11.1 Vorbemerkungen

In den vorangehenden Kapiteln wurden fünf Forschungsansätze vorgestellt, die mit der Beschreibung syntaktischer Strukturen befasst sind: das Stellungsfeldermodell, die Valenztheorie, die Generative Grammatik, die Optimalitätstheorie und die Funktionale Grammatik. Streng genommen stellt von diesen nur das Stellungsfeldermodell ein genuin syntaktisches Modell dar. In den anderen Ansätzen werden auch nicht-syntaktische Aspekte in die Analyse einbezogen. In der Valenztheorie und der Generativen Grammatik sind dies vorrangig semantische, in der Funktionalen Grammatik semantische und pragmatische Aspekte, in der Optimalitätstheorie können alle linguistischen Ebenen berücksichtigt werden.

Abschließend sollen die Theorien in formaler und konzeptueller Hinsicht verglichen werden. Betont sei bereits an dieser Stelle, dass natürlich nicht nur Unterschiede, sondern auch Gemeinsamkeiten bestehen. Leider bleiben diese Gemeinsamkeiten wegen der unterschiedlichen Terminologien oft unbemerkt. Unbemerkt bleiben sie vielleicht auch deshalb, weil viele Grammatiker in nur einem – ihrem – theoretischen Rahmen arbeiten, ohne die Untersuchungen der »Konkurrenzunternehmen« zur Kenntnis zu nehmen. Eine bessere Zusammenarbeit tut Not. Ich möchte mich hier Ludger Hoffmann anschließen, der im Vorwort zu dem Tagungsband *Deutsche Syntax. Ansichten und Aussichten* schreibt:

> Eher gibt es gute Gründe, sprachorientierte Forschung zusammenzuhalten, Konvergenzen und gemeinsame Beschreibungssprachen zu suchen und die Kooperation zu fördern, statt taktische Ausgrenzung und wissenschaftssoziale Desintegration zu betreiben, die in der Öffentlichkeit nicht verstanden und in der Wissenschaftsförderung letztlich auch nicht belohnt werden. L. Hoffmann (1992:7)

11.2 Strukturanalysen im Überblick

In diesem Abschnitt wird exemplarisch ein Satz im Rahmen des Stellungsfeldermodells, der Valenztheorie, der Generativen Grammatik, der Optimalitätstheorie und der Funktionalen Grammatik analysiert (siehe zu dieser Vorgehensweise auch Ch. Dürscheid 1991:75–78). Ich wähle für diesen Zweck einen einfach strukturierten, prototypischen deutschen Aussagesatz mit einem transitiven Verb im Aktiv

(*Der Mann kauft ein Auto*). Wie die Struktur dieses Satzes in den einzelnen Theorien dargestellt wird, ist Gegenstand der folgenden Übersicht. Im Anschluss daran werden die Strukturdarstellungen kommentiert.

(1) Stellungsfeldermodell

Der Mann	kauft	ein Auto.		
Vorfeld	linke SK	Mittelfeld	rechte SK	Nachfeld

(2) Valenztheorie

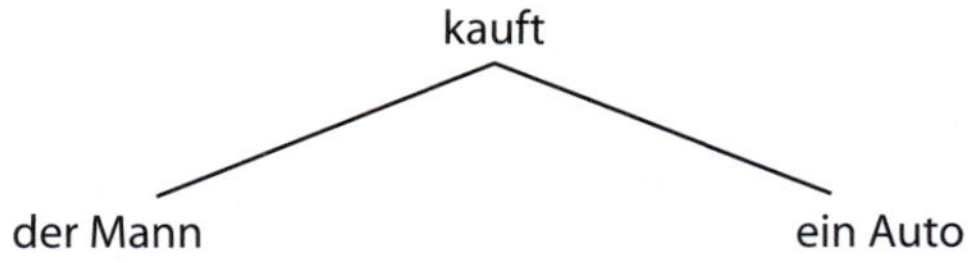

(3) Generative Grammatik

(a) CP/IP-Analyse

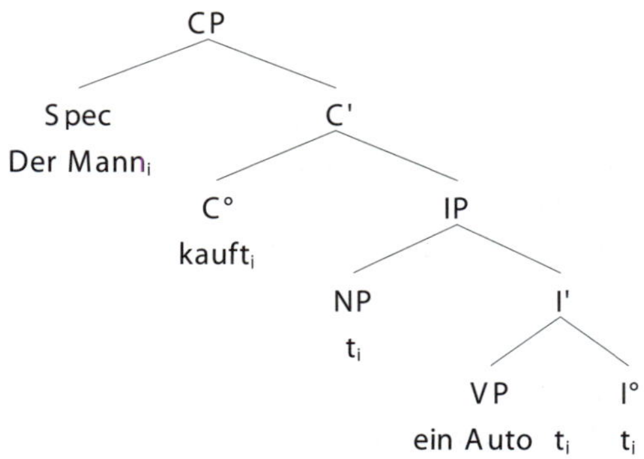

(b) CP/AgrP/TP-Analyse

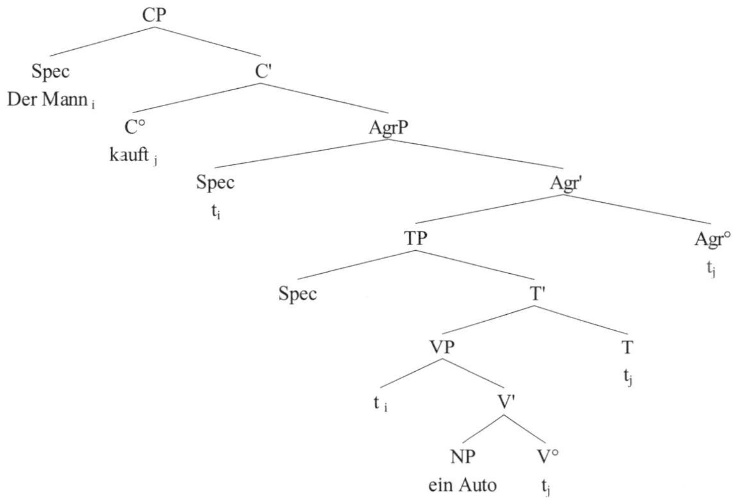

(4) Optimalitätstheorie

	SUBJEKT	TOPIKTILGUNG
☞ Der Mann kauft ein Auto		*
Kauft ein Auto	*!	

(5) Funktionale Grammatik (nach S. C. Dik 1993)

$$\text{kauf}_V\ (\text{d1x}_i\text{: Mann}_N\ (\text{x}_i))_{AgSubj}\ (\text{indef1x}_j\text{: Auto}_N\ (\text{x}_j))_{Pat}$$

Wie wir in (1) sehen, bleiben zwei topologische Abschnitte leer: die rechte Satzklammer und das Nachfeld. Beide sind zwar potentiell in jedem Satz vorhanden, sind aber in dem Mustersatz *Der Mann kauft ein Auto* nicht besetzt. In (2) wird die Valenzbeziehung zwischen dem Verb *kauft* und seinen Ergänzungen *der Mann* und *ein Auto* graphisch durch die Überordnung des Verbs zum Ausdruck gebracht. Eine Struktur wie (2) berücksichtigt – anders als das Stellungsfeldermodell – nicht, in welcher linearen Abfolge die Satzglieder stehen. Dieselbe valenztheoretische Analyse liegt sowohl dem Aussagesatz *Der Mann kauft ein Auto* als auch dem Aussagesatz *Ein Auto kauft der Mann* zugrunde. Ebenso lassen sich der Nebensatz *(dass) der Mann ein Auto kauft* und der Fragesatz *Kauft der Mann ein Auto?* damit darstellen.

(3a) und (3b) unterscheiden sich darin, welche X-bar-Struktur für den Satz und welche basisstrukturelle Position für das Subjekt angenommen wird. Geht man davon aus, dass der Satz eine Kombination der zwei funktionalen Projektionen CP und IP darstellt, wird man die Analyse (3a) wählen.[62] Folgt man der Argumentation, dass die IP weiter in (mindestens) eine AgrP und eine TP gesplittet werden müsse, wird man sich für die Strukturdarstellung (3b) entscheiden. In (3a) wird das Subjekt VP-extern, in der Specifier-Position der IP basisgeneriert (vgl. die Spur t_i). Von dort aus wird es direkt in die SpecCP bewegt. In (3b) hingegen steht das Subjekt basisstrukturell in der VP. Aus der SpecVP-Position wird es zunächst in die SpecAgr-Position, dann in die SpecCP-Position bewegt (vgl. die Spuren t_j). Gemeinsam ist beiden Baumdiagrammen, dass in **einer** Darstellung **zwei** Repräsentationsebenen, die Tiefenstruktur (D-Struktur) und die Oberflächenstruktur (S-Struktur), enthalten sind. Darin unterscheiden sie sich von allen anderen hier vorgestellten Strukturanalysen. Die lineare Abfolge *Der Mann kauft ein Auto* entspricht der S-Struktur, über die Spuren ist jeweils die D-Struktur konserviert.

Sowohl in (3a) als auch in (3b) finden sich abstrakte Beschreibungselemente: In (3a) sind dies die Kategoriesymbole CP und IP, in (3b) TP und AgrP. Es sind Bezeichnungen für Phrasenkategorien, deren Kern nicht lexikalisch ist, sondern ein Bündel grammatischer Merkmale enthält. In der Annahme von abstrakt-funktionalen Kategorien unterscheidet sich die Generative Grammatik in ihrer neueren Prägung sowohl vom Stellungsfeldermodell als auch von der Valenztheorie, die beide nur lexikalisches Material in ihre Analyse einbeziehen. Sie unterscheidet sich darin auch von der generativen Standardtheorie, in der zwar auch mit Kategorialsymbolen gearbeitet wird (NP, VP, PP etc.), diese aber ausschließlich lexikalische Kategorien als Kern haben (N, V, P etc.).

Hingewiesen sei an dieser Stelle auf eine Parallele zum Stellungsfeldermodell: Die topologischen Einheiten des Stellungsfeldermodells – Vorfeld, Mittelfeld und Nachfeld – und ihre Begrenzungen – die linke und die rechte Satzklammer – tauchen Abschnitt für Abschnitt in der generativen Satzanalyse wieder auf.[63] Der SpecCP-Position entspricht das Vorfeld, der C°-Position die linke, der I°-Position die rechte Satzklammer. Was zwischen C° und I° liegt, stellt das Mittelfeld dar, das Nachfeld ist der Abschnitt, der nach I° folgt. Besteht die rechte Satzklammer aus einem infiniten Verb oder einem Verbzusatz, dann trifft die Analogie aber nur zum Teil zu. Da in I° nur finite Verben stehen können, ist in diesem Fall nicht die I°-Position die rechte Satzklammer, sondern die rechte Peripherie der VP. Man betrachte die folgende Gegenüberstellung:

62 In (3a) wurde – anders als in (3b) – auf eine X-bar-theoretische Differenzierung der VP verzichtet.

63 Auf den Umstand, dass es Parallelen zwischen beiden Modellen gibt, hat erstmals S. Olsen (1982) in ihrem Aufsatz *On the Syntactic Description of German: Topological Fields vs. X-bar-Theory* aufmerksam gemacht. Seither wird auf diese Parallelen in vielen generativen Arbeiten hingewiesen (vgl. z. B. Grewendorf/Hamm/Sternefeld 1989, 217–223).

(6) (a) Verbzweitstruktur mit infinitem Verb:

[Der Junge]$_{SpecCP}$	[möchte$_j$]$_C$	[[ein Buch	lesen]$_{VP}$	[t$_j$]$_{I°}$]$_{IP}$
Vorfeld	linke SK	Mittelfeld	rechte SK	

(6) (b) Verbendstruktur mit finitem Verb:

SpecCP	[dass]$_{C°}$	[der Junge [ein Buch lesen]$_{VP}$]	[möchte]$_{I°}$]$_{IP}$
	linke SK	Mittelfeld	rechte SK

Vergleichen wir nun diese Strukturanalysen mit dem Tableau in (4). Auch in der Optimalitätstheorie werden, wie im Stellungsfeldermodell, lineare Strukturen dargestellt, diese werden aber in Beziehung gesetzt zu möglichen Beschränkungen. Außerdem wird der Aussagesatz *Der Mann kauft ein Auto* nicht, wie in den anderen Modellen, isoliert betrachtet, sondern im Wettbewerb mit weiteren Kandidaten. Im Tableau werden der Einfachheit halber nur zwei solche Kandidaten gegenübergestellt; selbstverständlich schickt der Generator noch weitere Strukturen für die Bildung eines Aussagesatzes ›in den Wettbewerb‹. Die Grammatikalität eines Satzes wird nämlich erst dann relevant – anders als in der Generativen Grammatik –, wenn über den Auswahlmechanismus Eval derjenige Kandidat ausgewählt wird, der dem Ranking der Beschränkungen in der jeweiligen Einzelsprache am besten entspricht. In (4) sind zwei solche Beschränkungen notiert, SUBJEKT und TOPIKTILGUNG. Im Resultat wird der Satz *Kauft ein Auto* als nicht-optimaler Kandidat ausgemustert, weil er gegen die im Ranking weit oben geordnete SUBJEKT-Regel verstößt, die besagt, dass Sätze ein Subjekt haben müssen.

Die Strukturdarstellung in (5) schließlich knüpft an das Grammatikmodell der niederländischen Functional Grammar an. Wie in generativen Strukturanalysen, so treten auch in (5) abstrakte Beschreibungselemente auf. Sie stammen aus der Formalen Logik. Es sind die Variablenbezeichnungen x_i und x_j und die Term-Operatoren *indef* (indefinit) und *1* (Singular). Dargestellt wird in (5) die logisch-semantische Struktur des Satzes, nicht die linear-syntaktische Struktur. In diesem Punkt zeigt die Analyse Entsprechungen zur valenztheoretischen Analyse in (2). Auch in (2) werden auf der obersten Hierarchie-Ebene die logisch-semantischen Beziehungen dargestellt.

11.3 Zielsetzungen im Überblick

Im **Stellungsfeldermodell** steht die systematische Beschreibung von Satzstrukturen im Vordergrund. Der Satz wird linear, Abschnitt für Abschnitt analysiert; eine Erklärung für syntaktische Abhängigkeiten wird nicht gegeben. Dies ist auch nicht das Ziel; es geht um die Beschreibung der Wortstellungsdaten – nicht mehr und nicht weniger. Insofern darf ein solches Modell nicht daran gemessen werden, ob es erklärungsadäquat ist. Das Stellungsfeldermodell stellt ein nützliches Begriffsinstrumentarium dar, das es ermöglicht, die einzelnen Abschnitte des Satzes präzise voneinander zu unterscheiden und die verschiedenen Verbstellungstypen zu charakterisieren. In der Analyse beschränkt es sich freilich nur auf das Deutsche. Dies folgt aus den Daten selbst. Wie wir gesehen haben, liegt dem deutschen Satz eine Klammerstruktur zugrunde, auf der die Feldereinteilung aufbaut. In der Valenztheorie, der Generativen Grammatik, der Optimalitätstheorie und der Funktionalen Grammatik gibt es keine einzelsprachlichen Beschränkungen, diese bauen auf grammatischen Eigenschaften auf, die übereinzelsprachlich gelten. Im Prinzip kann jede Einzelsprache valenztheoretisch, generativgrammatisch, optimalitätstheoretisch oder funktionalgrammatisch beschrieben werden, nicht aber jede Sprache im Rahmen des Stellungsfeldermodells.

In der **Valenztheorie** erfolgt die Analyse des Satzes von ›innen heraus‹, vom Verb aus. Es wird nicht die Struktur als Ganzes, sondern das Verb als Ausgangspunkt der Analyse genommen. Darin unterscheidet sich die Valenztheorie sowohl vom Stellungsfeldermodell als auch von der Generativen Grammatik und der Optimalitätstheorie. Zwar werden Valenzbeziehungen auch in der Generativen Grammatik beschrieben. Sie sind aber nicht konstitutiv für das Modell, sondern nur Gegenstand von Teiltheorien. In älteren generativen Ansätzen wurden Valenzeigenschaften im Rahmen der Subkategorisierung von Verben berücksichtigt, in neueren Arbeiten bei der Beschreibung der Argumentstruktur. Auch die valenztheoretische Unterscheidung in Ergänzung und Angabe tritt im generativen Paradigma mit der Unterscheidung in Komplement und Adjunkt wieder auf.

Die **Generative Grammatik** hat sich zum Ziel gesetzt, die einzelsprachlichen Regularitäten in einen universalgrammatischen Zusammenhang zu stellen. Sie will die Kenntnisse modellieren, die den Sprecher dazu befähigen, sprachliche Strukturen aufzubauen. Dies war von Anbeginn an das Forschungsprogramm. Was sich in der Entwicklung von der Standardtheorie zum Minimalistischen Programm ändert, ist u. a. die Modellierung der syntaktischen Struktur. In den 1970er-Jahren wurden die X-bar-Regeln in die Phrasensyntax eingeführt. Davon erhoffte man sich eine Vereinfachung im strukturaufbauenden Teil. Die X-bar-Analyse wurde zunächst nur auf nicht-satzförmige Phrasen, dann auch auf Sätze bezogen. In den 1980er-Jahren wurden eine Vielzahl von Wohlgeformtheitsbedingungen formuliert, die ungrammatische Strukturen ausfiltern sollten. In den 1990er-Jahren wurde wieder eine Kehrtwende vollzogen, die die vielen Einzeltheorien auf einige wenige Grundannahmen reduziert.

Anders in der **Optimalitätstheorie**: Hier hat man nie den Versuch unternommen, Prinzipien zu formulieren, die gewährleisten, dass ausschließlich grammatische Strukturen generiert werden. Dies sehen wir an dem Tableau zu dem Satz *Der Mann kauft ein Auto*. Die Struktur *Kauft ein Auto*, die mit diesem Satz konkurriert, ist ungrammatisch, und doch kann sie als möglicher Kandidat für einen Aussagesatz generiert werden. Erst nach dem Aufbau einer solchen Struktur (durch den Generator) wird anhand von Beschränkungen überprüft, ob es sich um einen optimalen Kandidaten handelt. Dieser zweite Schritt geschieht durch den Evaluator. Generierung der Struktur und Bestimmung der Grammatikalität sind also im OT-Modell auf zwei Komponenten verteilt. Die dabei zugrunde gelegten Beschränkungen sind, so wird in der OT angenommen, in allen Einzelsprachen dieselben. Die Variation zwischen den Sprachen, die offensichtlich im Widerspruch zur Annahme universaler Beschränkungen steht, versucht die OT damit zu erklären, dass sie die Beschränkungen als verletzbar und – je nach Einzelsprache – unterschiedlich gewichtet auffasst. Universal gültige Prinzipien werden zwar auch in der Generativen Grammatik formuliert, es wird aber angenommen, dass diese bereits in der Sprachproduktion, beim Aufbau der Struktur (so im X-bar-Schema), wirksam werden.

Genau darin wiederum besteht eine Gemeinsamkeit zwischen der Generativen Grammatik und Diks **Functional Grammar**. Auch Diks Modell ist konzipiert als Sprachproduktionsmodell. Es baut auf drei funktionalen Ebenen auf, auf syntaktischen, semantischen und pragmatischen Funktionen. Die Unterscheidung in Ergänzungen und Angaben vs. Komplemente und Adjunkte findet sich auch in diesem Modell wieder: in der Unterscheidung von Argumenten und Satelliten. Die Annahme, dass das Verb seine Umgebung vorstrukturiert, ist wie auch in der Valenztheorie zentraler Bestandteil der Functional Grammar. Dem wird durch die Notation von prädikatenlogischen Strukturen Rechnung getragen. Allen funktionalen Grammatikern ist gemein, dass sie versuchen, die Abfolge der Satzglieder auf zugrunde liegende kommunikative Faktoren zurückzuführen. Es wird angenommen, dass diese maßgeblich am Strukturaufbau beteiligt sind. Sie haben also nicht nur interpretativen Wert.

11.4 Schlussbemerkung

In den vorangehenden Kapiteln wurde ein vertiefter Einblick in die syntaktische Theoriebildung gegeben. Die verschiedenen »Theoriefäden« wurden, um ein Bild von W. Köller (1988:17) aufzugreifen, an einem Gegenstandsbereich, an den syntaktischen Strukturen des Deutschen, angeknüpft. Jetzt kann der Leser die Theoriefäden weiter spinnen, sich genauer über die eine oder andere syntaktische Theorie informieren oder die hier erworbenen Kenntnisse direkt in der syntaktischen Analyse umsetzen. Sicher werden dabei Fragen auftreten, die zeigen, wo die Theoriebildung an ihre Grenzen stößt. Vielleicht aber wird es eines Tages möglich sein, durch die Zusammenarbeit der verschiedenen sprachwissenschaftlichen Schulen diese Grenzen zu überwinden.

Zur Vertiefung

G. Helbig 2000 (zu den Zielsetzungen von Grammatiktheorien)
J. Jacobs et al. 1993/1995 (Übersicht über zeitgenössische syntaktische Theorien)
G. Müller/W.Sternefeld 2001 (zur Idee des Wettbewerbs in der Generativen Grammatik und in der Optimalitätstheorie)

J. E. Schmidt 1993, 7–45 (zu Gemeinsamkeiten von GB-Theorie und Dependenzgrammatik)

H. Wegener 1990 (Vergleich von Dependenzgrammatik und Generativer Grammatik)

12 Wiederholungsfragen

Fragen zu Kap. 0

1. a) Erläutern Sie die drei Grammatikbegriffe, die den folgenden Sätzen zugrunde liegen.
   b) Zeigen Sie am Beispiel von Satz (1) den Unterschied zwischen Grammatik und Syntax auf.

   (1) Die Grammatik des Lateinischen ist schwer. Vor allem die Syntax bereitet Schwierigkeiten.

   (2) Der Duden ist eine gute Grammatik.

   (3) Der Begründer der Dependenzgrammatik ist Lucien Tesnière.

Fragen zu Kap. 1

2. Zerlegen Sie den folgenden Satz in Wortarten.

   (4) Sie gab ihm das neue Buch von Chomsky, aber er zeigte kein Interesse daran.

3. Diskutieren Sie, ob es sich bei dem Wort *gerne* in (5) um ein Adverb oder ein Adjektiv handelt.

   (5) Er spielt gerne Schach.

4. Um welche Wortart handelt es sich bei dem Lexem *gut* im folgenden Satz? Diskutieren Sie die Probleme, die hier bei der Wortartenbestimmung auftreten.

   (6) Er spielt gut Schach.

5. Erläutern Sie am Beispiel des Wortes *Verloren* im folgenden Satz den Unterschied zwischen Konstituente und Phrase.

   (7) Verloren hat er seinen Schlüsselbund zwar noch nie, aber oft genug verlegt.

Fragen zu Kap. 2

6. Erläutern Sie an folgendem Beispielsatz den Unterschied zwischen Adverb und Adverbial.

   (8) Paul schwimmt sehr gut.

7. Bestimmen Sie in folgendem Satz, ob es sich bei der Präpositionalphrase um ein präpositionales Objekt oder um ein Adverbial handelt. Begründen Sie Ihre Entscheidung.

   (9) Peter verlässt sich immer gerne auf andere.

8. Inwiefern bereitet die NP *ein Fehler* im folgenden Satz Schwierigkeiten für die Anwendung der gängigen Identifikationskriterien von Subjekt?

   (10) Dem Lehrer ist schon wieder ein Fehler unterlaufen.

9. Ein spannend zu lesendes Buch über Versprecher trägt den Titel *Reden ist Schweigen – Silber ist Gold.* Dieser Titel ist ein Beispiel für einen Versprecher. Beschreiben Sie die Fehlleistung mit den Termini der traditionellen Satzgliedanalyse.

10. Satz (11) ist ambig (doppeldeutig). Worin besteht die Ambiguität? Erläutern Sie diese mit den Termini der traditionellen Satzanalyse.

    (11) Er tötet den Mann mit der roten Krawatte.

11. Handelt es sich bei der Genitiv-NP in folgendem Satz um ein direktes Objekt? Bitte begründen!

    (12) Ich freue mich darüber, dass man ihn endlich des Diebstahls überführt hat.

12. Erläutern Sie die Doppeldeutigkeit von (13), indem Sie die syntaktische Funktion der Präpositionalphrase *zum Glück* kommentieren.

    (13) Ein Junggeselle ist ein Mann, dem zum Glück eine Frau fehlt.

13. Vergleichen Sie den deutschen Satz (14a) mit dem englischen Äquivalent. Wie wird das indirekte Objekt im Englischen, wie wird es im Deutschen kodiert?

    (14) (a) Ich gebe dem Jungen das Buch.
    (b) I give the book to the boy.

14. Analysieren Sie die folgende komplexe NP. Welche Attributtypen treten auf?

    (15) Die lang ersehnte Fahrt der Klasse 5 b nach Paris, die sich aus irgendeinem Grunde immer wieder verzögert hatte, findet nun endlich statt.

Fragen zu Kap. 3

15. Zerlegen Sie den folgenden Satz in seine Konstituenten. Stellen Sie die Konstituentenstruktur mit einem Kastendiagramm dar:

    (16) Die Kunst des Ausruhens ist ein Teil der Kunst des Arbeitens.

16. Zeigen Sie mit dem Permutations- und dem Substitutionstest, dass es sich in Satz (17) bei der Wortverbindung *nur mit einem Schritt* um eine Konstituente handelt.

    (17) Eine Reise von tausend Meilen beginnt auch nur mit einem Schritt.

17. Zeigen Sie anhand folgender Beispiele, dass der Permutationstest nur bedingt geeignet ist, Satzglieder zu ermitteln.

    (18) (a) Ich möchte gerne im Lotto gewinnen, aber […].
    (b) Gewinnen möchte ich gerne im Lotto, aber […].

Fragen zu Kap. 4

18. Klassifizieren Sie in (19) die Nebensätze nach syntaktischen, semantischen und formalen Gesichtspunkten:

    (19) Als sie aus der Kneipe kam, putzte er die Fenster, damit sie endlich einmal keinen Grund zum Nörgeln hatte.

19. Ordnen Sie die Sätze (20)–(26) jeweils einer Satzart zu. Begründen Sie Ihre Entscheidung.

    (20) Komm bloß her.

    (21) Komm mal her.

    (22) Komm doch her.

    (23) Käme er doch her!

    (24) Komm bitte her.

    (25) Ich bitte dich herzukommen.

    (26) Kommst du her?

20. Betrachten Sie die folgenden Beispielsätze. Um welche Satzart handelt es sich? Begründen Sie Ihre Entscheidung.

    (27) Ich befehle, dass sofort alle Kriegshandlungen eingestellt werden.

(28) Wo ist das Flugticket?

(29) Ich habe dich gefragt, wo das Flugticket ist.

21. Bestimmen Sie für jede Zeile des folgenden Gedichts, ob eine Verberst-, Verb-zweit- oder Verbendstruktur vorliegt. Können Sie auch zweifelsfrei angeben, um welche Satzart es sich jeweils handelt?

(30)

man muß was tun
muß man was tun
was muß man tun
tun muß man was
man hätte was getan
hätte man was getan
was hätte man getan
hätte man was getan
tun was man muß
was man tun muß
tun muß man was
was muß man tun

(Franz Mon)

Fragen zu Kap. 5

22. Informieren Sie sich in einer Grammatik Ihrer Wahl über die Deklinationstypen des Substantivs. Geben Sie Beispiele für die drei Haupttypen.

23. Mark Twain beklagt sich bitter über die Adjektivdeklination im Deutschen. Er stellt fest:

> Wenn ein Deutscher ein Adjektiv in die Hände kriegt, dekliniert er es und dekliniert es immer weiter, bis der gesunde Menschenverstand ganz und gar herausdekliniert ist.
>
> M. Twain (1880, 1999:19

Stellen Sie sich vor, Sie wollten einem ausländischen Deutschlerner plausibel machen, dass die Adjektivdeklination keine reine Willkür ist. Wählen Sie zur Illustration *das alte Bier* und *altes Bier,* und deklinieren Sie diese Nominalphrasen in allen vier Kasus. Auf welche Gesetzmäßigkeiten würden Sie hinweisen?

24. Nach welchem Deklinationsmuster wurde in den folgenden Beispielen das Adjektiv dekliniert?

(31) Du blöder Kerl, du dumme Gans, du albernes Huhn

Fragen zu Kap. 6

25. Zerlegen Sie Satz (32) in Satzklammern und Stellungsfelder. Analysieren Sie sowohl den Haupt- als auch den Nebensatz auf diese Weise.

    (32) Der kleine Junge hat heute das Buch gelesen, das ihm sein Vater zu Weihnachten schenkte.

26. Erläutern Sie, warum die folgenden Sätze nur bedingt akzeptabel sind:

    (33) ?Ich weiß, dass Peter auf den Tisch die Lampe stellt.

    (34) ?Ich weiß, dass Peter 100 Rosen seiner Freundin geschenkt hat.

    (35) ?Ich weiß, dass Peter ihr sie geschenkt hat.

    (36) ?Ich weiß, dass Peter immer zu spät halt kommt.

27. Vergleichen Sie die folgenden Beispielsätze. Wie erklären Sie die unterschiedliche Akzeptabilität dieser Sätze?

    (37) *Peter gesungen hat ein Lied.

    (38) Ein Lied gesungen hat Peter.

28. Nennen Sie eine Konstruktion mit Verbendstellung, die nicht als eingebetteter Satz, sondern selbständig vorkommt.

29. Der Nebensatz in (39) ist durch eine Konjunktion eingeleitet, der Nebensatz in (40) ist ohne Einleitewort. Leiten Sie daraus eine Regularität zur Stellung des finiten Verbs im Nebensatz ab.

    (39) Peter sagt, er habe kein Geld.

    (40) Peter sagt, dass er kein Geld habe.

30. Zeigen Sie, dass keine Eins-zu-Eins-Entsprechung zwischen Satzart und Verbstellungstyp vorliegt, indem Sie 1. für einen Verbstellungstyp zwei Satzarten und 2. für eine Satzart zwei Verbstellungstypen angeben.

Fragen zu Kap. 7

31. Zeigen Sie an folgendem Satz den Unterschied zwischen Valenz und Dependenz auf:

    (41) Peter schläft gerne im Zelt.

32. Diskutieren Sie die Problematik der Unterscheidung von Ergänzungen und Angaben mit Bezug auf die folgenden Sätze:

(42) (a) Peter steigt auf das Pferd.
(b) Peter besteigt das Pferd.
(c) Peter reitet das Pferd.

33. Stellen Sie die Struktur des folgenden Imperativs im Ágel'schen Valenzrealisierungsmodell dar:

(43) Gib mir das Buch!

34. Konsultieren Sie das Buch *Kontra Valenz* von Joachim Jacobs. Informieren Sie sich über die sieben Valenzbeziehungen, die er ansetzt. Fassen Sie die Charakteristika einer Valenzbeziehung schriftlich zusammen.

35. Stellen Sie den folgenden Satz im Dependenzmodell dar.

(44) Die neue Kollegin fährt mit der S-Bahn zu ihrem neuen Arbeitsplatz.

36. Betrachten Sie nochmals Satz (44). Diskutieren Sie, ob in diesem Satz alle vom Verb abhängigen Satzglieder Ergänzungen sind. Welche Tests können Sie anführen, um Ihren Standpunkt zu begründen?

37. In seinem Buch *Eléments de syntaxe structurale* schreibt Lucien Tesnière:

> Daraus folgt, daß ein Satz vom Typ *Alfred spricht* nicht aus zwei Elementen – nämlich erstens *Alfred* und zweitens *spricht* – besteht, sondern aus drei Elementen: erstens *Alfred,* zweitens *spricht* und drittens der Konnexion, die sie verbindet und ohne die kein Satz bestünde. Wer sagt, daß ein Satz wie *Alfred spricht* nur zwei Elemente enthalte, der hat oberflächlich und rein morphologisch analysiert und das Wesentliche – die syntaktische Verbindung – übersehen! L. Tesnière (1959:26)

Zeigen Sie, von welcher Art die Verbindung ist, die Tesnière hier meint.

Fragen zu Kap. 8

38. a) Wie lautet die Tiefenstruktur von Satz (45)?
b) Stellen Sie die Tiefenstruktur im Rahmen der Standardtheorie dar (die interne Struktur der NPs und der PP brauchen Sie nicht darzustellen).

(45) Peter schenkt Petra zum Geburtstag rote Rosen.

39. a) Stellen Sie die Tiefenstruktur des folgenden Satzes im X-bar-Schema dar (die interne Struktur der NPs und der VP brauchen Sie nicht darzustellen). Wählen Sie dazu die CP/IP-Analyse.
b) Erläutern Sie, welche Umstellungen erforderlich sind, um aus der Tiefenstruktur 1. einen Verberstsatz und 2. einen Verbzweitsatz abzuleiten.

c) Stellen Sie nun die Verbzweitstruktur im X-bar-Schema dar. Vergessen Sie dabei nicht, die Spuren einzuzeichnen!

(46) Peter hilft seinem Vater.

40. a) Stellen Sie die Tiefenstruktur des Satzes (47) im X-bar-Schema dar (als CP/IP-Analyse).

b) Wie viele Bewegungen werden benötigt, um die Oberflächenstruktur *Peter schläft* aus der Tiefenstruktur abzuleiten?

(47) Peter schläft.

41. a) An welcher Position steht der eingebettete *dass*-Satz in der Tiefenstruktur von Satz (48)?

b) Muss dieser *dass*-Satz zur Herleitung der S-Struktur bewegt werden (z. B. in eine AgrP)?

(48) Er sagt, dass er das Geld nicht gestohlen habe.

42. a) Bauen Sie mit den bereits flektierten Lexikonelementen *den, Computer, kauft* eine VP auf, indem Sie sie unter Anwendung der generalisierten Transformation ›merge‹ zu komplexen Ausdrücken verbinden.

b) Betten Sie die VP in eine AgrP ein und erläutern Sie, wie die Komplement-NP/DP *den Computer* in dieser AgrP ihren Kasus überprüfen kann. Stellen Sie die AgrP/VP-Struktur graphisch dar.

c) Was geschieht, wenn in der VP zwei kasusmarkierte NP/DPs auftreten (z. B. *dem Kind einen Computer kaufen*)? Diskutieren Sie die dabei auftretenden Probleme.

43. Erläutern Sie, wie die Generierung des ungrammatischen Satzes **Mir kaufe einen Computer* im Minimalistischen Programm verhindert werden kann.

Fragen zu Kap. 9

44. Erstellen Sie, ausgehend von der Diskussion in Abschnitt 9.3, ein Tableau zum Wettbewerb der Kandidaten *Was sagte sie?*, **Was tat sie sagen?* und **Was sie sagte?*

45. Erstellen Sie, ausgehend von der Diskussion in Abschnitt 9.3, ein Tableau zum Wettbewerb, aus dem *Tanzen tue ich gern* als Gewinner hervorgeht. Beziehen Sie mindestens zwei weitere Kandidaten in die Darstellung mit ein.

46. Handelt es sich bei der in Abschn. 9.4.1 vorgestellten Beschränkung MaxNeg um eine Treue- oder um eine Markiertheitsbeschränkung?

47. Erklären Sie folgenden Unterschied zwischen der Syntax des Deutschen und der des Italienischen optimalitätstheoretisch. Wählen Sie hierzu Beschränkungen aus Kap. 9, die Ihnen geeignet erscheinen.

    (49) Es regnet. / *Regnet

    (50) Piove. (Ital. ›Es regnet‹)

Fragen zu Kap. 10

48. Die folgenden Äußerungen enthalten deiktische Ausdrücke. Welche sind dies? Bitte begründen!

    (51) Ich habe Hunger.

    (52) In Moskau ist es mir zu kalt.

    (53) Heute scheint die Sonne.

49. Konstruieren Sie einen Satz, in dem das Rhema am Satzanfang steht. Stellen Sie diesen Satz in einen Minimalkontext, um nachzuweisen, dass das satzeinleitende Glied in der Tat rhematisch ist.

50. Nehmen Sie ein linguistisches Nachschlagewerk zur Hand. Informieren Sie sich darin über den Begriff ›Fokus‹. Notieren Sie die wichtigsten Punkte.

51. Erläutern Sie, welche kommunikativ-funktionalen Unterschiede zwischen den folgenden beiden Sätzen bestehen.

    (54) (a) Hausmeister Meier ruft die Feuerwehr an.
    (b) Die Feuerwehr wird von Hausmeister Meier angerufen.

52. Vergleichen Sie die beiden Sätze in (55):

    (55) (a) Peter zerreißt Paul die Hose.
    (b) Die Hose zerreißt.

    a) Wie kann im Rahmen von Diks Functional Grammar erklärt werden, dass hier im Subjekt jeweils eine andere semantische Funktion/Rolle steht?

    b) Stellen Sie die prädikatenlogische Struktur von Satz (55) dar (nach S. Dik 1993).

Fragen zu Kap. 11

53. Stellen Sie den Satz *Oma wohnt in Köln* sowohl im Stellungsfeldermodell als auch im Rahmen der Dependenzgrammatik und der Generativen Grammatik (als CP/IP-Struktur) dar.

54. Nennen Sie stichwortartig Gemeinsamkeiten zwischen

    a) Stellungsfeldermodell und Generativer Grammatik

    b) Valenztheorie und Funktionaler Grammatik

    c) Generativer Grammatik und Optimalitätstheorie

13 Lösungsvorschläge

Lösungsvorschläge zu Kap. 0

1. a) In (1) bezieht sich der Terminus ›Grammatik‹ auf das Regelsystem, in (2) auf ein Buch, in dem die Grammatik niedergeschrieben ist, in (3) auf eine Theorie zur Beschreibung grammatischer Regularitäten.

   b) Unter Grammatik wird das Regelsystem verstanden, das die phonologischen, morphologischen und syntaktischen Gesetzmäßigkeiten umfasst. Die Syntax stellt daraus den Teilbereich dar, der sich auf die syntaktischen Regularitäten bezieht.

Lösungsvorschläge zu Kap. 1

2.

Sie	gab	ihm	das	neue	Buch	von	Chomsky,
Pron.	Verb	Pron.	Art.	Adj.	Nomen	Präp.	Nomen

aber	er	zeigte	kein	Interesse	daran.
Konj.	Pron.	Verb	Indef.pron.	Nomen	Pron.adverb

3. Bei dem Wort *gerne* handelt es sich um ein Adverb. Es ist nicht-flektierbar, es fungiert als Satzglied (als Adverbial), und es bezeichnet die näheren Umstände des im Verb ausgedrückten Geschehens.

4. Das Wort *gut* gehört zur Klasse der Adjektive. Das Wort ist potentiell flektierbar. Andererseits tritt dieses Wort in der syntaktischen Funktion eines Adverbials auf. Dies könnte zu der Vermutung Anlass geben, dass es sich um ein Adverb handelt, wenn man Adverbien nicht morphologisch, sondern semantisch charakterisiert (als Wortart, die der Modifizierung des Verbalgeschehens dient).

5. Das Partizip *Verloren* in Satz (7) ist eine Konstituente, aber keine Phrase. Es gehört zu einer komplexen VP. Aus dieser wurde es extrahiert und ins Vorfeld gestellt. Die gesamte VP umfasst die Konstituenten *seinen Schlüsselbund zwar noch nie verloren haben.*

Lösungsvorschläge zu Kap. 2

6. In Satz (8) stellt die Wortgruppe *sehr gut* ein Modaladverbial dar. Dieses Adverbial wird als Adjektivphrase realisiert. Innerhalb der Adjektivphrase tritt ein Adverb auf, das Wort *sehr*. Das Wort teilt mit anderen Wörtern derselben Klasse formale Eigenschaften. Die Bezeichnung ›Adverbial‹ gibt die Satzgliedfunktion an. Diese lässt sich immer nur im konkreten Satz bestimmen.

7. In Satz (9) handelt es sich um ein präpositionales Objekt. Die Präposition trägt keine Eigensemantik; sie ist nicht austauschbar, sondern wird vom Verb *verlassen* gefordert (vgl. *sich auf jemanden verlassen* vs. **sich unter jemanden verlassen*).

8. Im Verbendsatz steht die NP *ein Fehler* in der linearen Abfolge hinter dem Objekt (vgl. *dass dem Lehrer schon wieder ein Fehler unterlaufen ist* vs. ?*dass ein Fehler schon wieder dem Lehrer unterlaufen ist*). Diese Satzgliedstellung steht in Widerspruch dazu, dass das nominale Subjekt im Mittelfeld dem Objekt vorangeht. Semantisch trägt die NP mehr Patiens- als Agenseigenschaften, belegt also eine semantische Rolle, die in Aktivsätzen in der Regel dem Objekt zugesprochen wird. In pragmatischer Hinsicht ist die NP *ein Fehler* ebenfalls kein prototypisches Subjekt: Sie steht nicht für das Topik, d. h. nicht für das, worüber etwas gesagt wird. Andererseits kongruiert das Verb *unterlaufen* mit dieser NP. Außerdem steht sie im Nominativ, trägt also genau den Kasus, der prototypisch für das Subjekt ist.

9. Die Fehlleistung besteht in der Vertauschung von Wörtern: Das Wort *Silber*, das in dem Satz *Reden ist Silber* als Prädikativum fungiert, wird ersetzt durch das Wort *Schweigen*. Daraus resultiert die Fehlkonstruktion *Reden ist Schweigen*. Das Wort *Silber* wird aber nicht getilgt, vielmehr übernimmt es im zweiten Satz die Subjektfunktion, die *Schweigen* inne hatte. Dadurch kommt es zu der zweiten Fehlleistung, zu der Äußerung *Silber ist Gold* (statt *Schweigen ist Gold*).

10. Aus der Oberflächensyntax ist nicht ersichtlich, welche syntaktische Funktion die PP *mit der roten Krawatte* einnimmt. Handelt es um ein Adverbial oder um ein Attribut? Ist Ersteres der Fall, modifiziert die PP die im Verb ausgedrückte Tätigkeit. Im zweiten Fall stellt die PP eine Beifügung zum Substantiv dar.

11. Legt man das topologische Kriterium zugrunde, ist die Genitiv-NP *des Diebstahls* ein direktes Objekt: Sie steht in unmittelbarer Nachbarschaft zum Verb; eine Distanzstellung ist nur bedingt möglich (vgl. ?*Ich freue mich darüber, dass man ihn des Diebstahls endlich überführt hat*). Die anderen Kriterien (Passivierbarkeit, Kasusmarkierung etc.) sprechen indes gegen die Klassifikation als direktes Objekt. Dies zeigt, wie problematisch die Bezeichnung ›direktes Objekt‹ ist.

12. Die PP *zum Glück* ist entweder ein Satz- oder ein VP-Adverbial. Als Satzadverbial ist sie syntaktisch-semantisch auf den ganzen Satz bezogen, als VP-Adverbial auf das Verb.

13. Im Englischen wird das indirekte Objekt präpositional angeschlossen, im Deutschen ist es kasusmarkiert.

14. Attributtypen:

    lang ersehnte: Adjektivattribut
    der Klasse 5 b: Genitivattribut
    nach Paris: präpositionales Attribut
    die sich aus irgendeinem Grunde immer wieder verzögert hatte: attributiver Relativsatz

Lösungsvorschläge zu Kap. 3

15.

<table>
<tr><td>Die</td><td>Kunst</td><td>des</td><td>Ausruhens</td></tr>
<tr><td colspan="2">Die Kunst</td><td colspan="2">des Ausruhens</td></tr>
<tr><td colspan="4">Die Kunst des Ausruhens</td></tr>
</table>

<table>
<tr><td>ist</td><td>ein</td><td>Teil</td><td>der</td><td>Kunst</td><td>des</td><td>Arbeitens</td></tr>
<tr><td>ist</td><td colspan="2">ein Teil</td><td colspan="2">der Kunst</td><td colspan="2">des Arbeitens</td></tr>
<tr><td>ist</td><td colspan="2">ein Teil</td><td colspan="4">der Kunst des Arbeitens</td></tr>
<tr><td>ist</td><td colspan="6">ein Teil der Kunst des Arbeitens</td></tr>
<tr><td colspan="7">ist ein Teil der Kunst des Arbeitens</td></tr>
</table>

16. Die Wortgruppe *nur mit einem Schritt* ist nur geschlossen permutierbar. Dies sieht man an den folgenden Umstellungsproben, die ungrammatische bzw. nur sehr bedingt akzeptable Strukturen ergeben:

    (a) *Nur beginnt eine Reise von tausend Meilen auch mit einem Schritt.

    (b) ??Mit einem Schritt beginnt eine Reise von tausend Meilen auch nur.

    (c) *Nur mit beginnt eine Reise von tausend Meilen auch einem Schritt.

17. Der Permutationstest erlaubt es, auch nicht-satzgliedwertige Elemente ins Vorfeld zu verschieben. Dies zeigt Satz (18b). Der Infinitiv *gewinnen* wurde hier ins

Vorfeld gestellt. Dabei handelt es sich nicht um ein Satzglied. Nur zusammen mit dem finiten Verb *möchte,* das in der linken Satzklammer steht, stellt *gewinnen* ein Satzglied, das Prädikat, dar.

Lösungsvorschläge zu Kap. 4

18. Subklassifikation der Nebensätze

	syntaktisch	semantisch	formal
als sie aus der Kneipe kam	Adverbialsatz	Temporalsatz	Konjunktionalsatz Nebensatz 1. Grades Vordersatz
damit sie endlich einmal keinen Grund zum Nörgeln hatte	Adverbialsatz	Finalsatz	Konjunktionalsatz Nebensatz 1. Grades Nachsatz

19. Bestimmung der Satzarten:

(20) Komm bloß her.	Aufforderungssatz
(21) Komm mal her.	Aufforderungssatz
(22) Komm doch her.	Aufforderungssatz
(23) Käme er doch her!	Wunschsatz
(24) Komm bitte her.	Aufforderungssatz
(25) Ich bitte dich herzukommen.	Aussagesatz
(26) Kommst du her?	Fragesatz

Dass es sich in (20) bis (22) und (24) um Aufforderungssätze handelt, ist aus der Verbstellung (V/1) und dem Modus (Imperativ) ersichtlich. Dass (23) ein Wunschsatz ist, wird über den Modus (Konjunktiv II) und die Partikel *doch* angezeigt. In (25) lassen die Verbstellung (V/2), der Modus (Indikativ) und das Satzschlusszeichen (Punkt) einen Aussagesatz vermuten. (26) ist ein Entscheidungsfragesatz. Formale Kennzeichen dafür sind die Verbstellung (V/1), der Modus (Indikativ), die am Satzende steigende Intonation und das Satzschlusszeichen (Fragezeichen).

20. In (27) handelt es sich in grammatisch-funktionaler Hinsicht um einen Aussagesatz (auch wenn die Äußerung kommunikativ eine Aufforderung ist!). Erkennbar ist dies an der Verbstellung (V/2), am Modus (Indikativ) und am Satzschluss-

zeichen (Punkt). Satz (28) ist ein Ergänzungsfragesatz (erkennbar am Fragepronomen, an der steigenden Intonation und am Fragezeichen). Hier entsprechen sich die Satzart und die kommunikative Handlung der Frage. In (29) lassen die formalen Kennzeichen auf einen Aussagesatz schließen (Verbzweitstellung, Indikativ, Satzschlusszeichen).

21.

(a)	man muß was tun	V/2
(b)	muß man was tun	V/1
(c)	was muß man tun	V/2
(d)	tun muß man was	V/2
(e)	man hätte was getan	V/2
(f)	hätte man was getan	V/1
(g)	was hätte man getan	V/2
(h)	hätte man was getan	V/1
(i)	tun was man muß	V/E
(j)	was man tun muß	V/E
(k)	tun muß man was	V/2
(l)	was muß man tun	V/2

In (i) tritt das finite Verb in einem pronominal eingeleiteten Nebensatz auf (*was man muß*). Der Hauptsatz ist elliptisch; er besteht nur aus dem Infinitiv *tun.* Auch der Nebensatz in der folgenden Verszeile, *was man tun muß*, hängt von diesem Hauptsatz ab. Das vollständige Satzgefüge würde lauten *man muß tun, was man muß – man muß tun, was man tun muß.*

In den Zeilen (f) und (h) lässt sich die Satzart nicht zweifelsfrei angeben. Hier ist nicht klar, ob es sich um selbständige Fragesätze handelt (*Hätte man was getan?*) oder um Nebensätze, die von (e) bzw. (g) abhängen (*Was hätte man getan, hätte man was getan* bzw. *Was hätte man getan, hätte man was getan?*). Ist Letzteres der Fall, lässt sich die Satzart nicht bestimmen, da nur selbständig vorkommende Sätze nach Satzarten klassifiziert werden können.

Lösungsvorschläge zu Kap. 5

22. In der Dudengrammatik werden 10 Deklinationstypen unterschieden (vgl. Duden 2005:226). Die drei Haupttypen sind die starke, gemischte und die schwache Deklination. Das Kennzeichen der starken Deklination ist, dass der Genitiv Singular auf *-s* oder *-es* endet, der Dativ Plural auf *-n* bzw. *-en*. Bei der schwachen Deklination tritt – außer im Nominativ Singular – die Flexionsendung *-n* bzw. *-en* auf. Die gemischte Deklination zeichnet sich dadurch aus, dass der Singular der starken Deklination folgt (d.h. im Genitiv Singular auf *-e* bzw. *-es* endet), der Plural der schwachen (d.h. in allen Pluralformen auf *-e* bzw. *-en* endet).

Beispiele für die drei Haupttypen:

	starke Deklination	**schwache Deklination**	**gemischte Deklination**
Nominativ	das Buch die Bücher	der Student die Studenten	der Staat die Staaten
Genitiv	des Buchs der Bücher	des Studenten der Studenten	des Staates der Staaten
Dativ	dem Buch(e) den Büchern	dem Studenten den Studenten	dem Staat(e) den Staaten
Akkusativ	das Buch die Bücher	den Studenten die Studenten	den Staat die Staaten

23. Deklination von *altes Bier* und *das alte Bier*:

	Nominativ	Genitiv	Dativ	Akkusativ
starke Deklination	altes Bier	alten Biers	altem Bier	altes Bier
schwache Deklination	das alte Bier	des alten Biers	dem alten Bier	das alte Bier

Das Genus des Adjektivs richtet sich nach dem Substantiv. Für die Deklination ist hier relevant, ob das Adjektiv mit einem bestimmten Artikel auftritt oder nicht. Fehlt der Artikel, nimmt das Adjektiv die Endungen des Artikels an. In der schwachen Deklination übernimmt der Artikel selbst die Genus- und einen Teil der Kasusmarkierung. Das Adjektiv tritt dann nur noch in zwei Formen auf: ohne Endung oder mit der Endung *-n*.

24. In Verbindung mit einem Personalpronomen der 1. oder 2. Person Singular wird das Adjektiv stark dekliniert (vgl. *du blöde**r** Kerl, dir blöde**m** Kerl*). Das mag daran liegen, dass die Personalpronomina keine Genusmerkmale realisieren. Das Adjektiv muss also – wie auch beim Fehlen des bestimmten Artikels – die Genusmarkierung übernehmen (vgl. zu dieser Analyse H. Wegener 1995:153 f.).

Lösungsvorschläge zu Kap. 6

25.

Der kleine Junge	hat	heute das Buch	gelesen,
Vorfeld	linke SK	Mittelfeld	rechte SK

<table>
<tr><td>das</td><td>ihm sein Vater zu Weihnachten</td><td>schenkte.</td></tr>
<tr><td colspan="3">Nachfeld</td></tr>
<tr><td>linke SK</td><td>Mittelfeld</td><td>rechte SK</td></tr>
</table>

26. Satz (33) ist nur bedingt akzeptabel, da präpositionale Objekte in Verbendsätzen in der Regel unmittelbar vor dem finiten Verb stehen. In (34) wäre die unmarkierte Abfolge ›Subjekt vor Dativobjekt vor Akkusativobjekt‹. Die hier auftretende Abfolge ist möglich, aber nur dann, wenn bestimmte Bedingungen erfüllt sind (Thema-Rhema-Bedingung, Definitheitsbedingung, Agensbedingung, Gesetz der wachsenden Glieder). In Satz (35) liegt ein Verstoß gegen eine Abfolgeregularität vor, die Personalpronomina betrifft. Diese ist normalerweise ›Subjekt vor Akkusativobjekt vor Dativobjekt‹ und nicht wie in (35) ›Subjekt vor Dativobjekt vor Akkusativobjekt‹. In (36) steht die Modalpartikel *halt* unmittelbar vor dem finiten Verb. Auch diese Stellung ist markiert. Im unmarkierten Fall steht *halt* nicht an der rechten, sondern an der linken Peripherie des Mittelfelds, in der Wackernagel-Position.

27. In beiden Sätzen wird ein Satzglied zusammen mit dem Partizip *gesungen* ins Vorfeld gestellt (*Peter gesungen/ein Lied gesungen*). Eine solche Konstituentenverbindung im Vorfeld ist dann nicht akzeptabel, wenn es sich bei diesem Satzglied um das Subjekt des Satzes handelt. Dies lässt darauf schließen, dass zwar das Objekt, nicht aber das Subjekt zusammen mit dem infiniten Verb eine übergeordnete Konstituente bilden kann. Diese übergeordnete Konstituente ist die VP.

28. *Ob Peter heute wohl kommt?* (Beispiel für einen selbständig vorkommenden Verbendsatz)

29. Wenn der Nebensatz durch eine Konjunktion eingeleitet wird, dann steht diese in der linken Satzklammer. Fehlt die Konjunktion, wird die linke Satzklammer durch das finite Verb besetzt. Bleibt die Klammerposition leer, ist der Satz ungrammatisch (vgl. **Peter sagt, _ er kein Geld habe*). Die linke Satzklammer muss in Nebensätzen also immer lexikalisch gefüllt sein: entweder durch eine Konjunktion (oder ein Relativ- bzw. Interrogativpronomen) oder ein finites Verb.

30. Ein Verbstellungstyp – zwei Satzarten:

    (a) Kannst du mir bei den Hausaufgaben helfen? (V/1, Fragesatz)
    (b) Hilf mir bei den Hausaufgaben! (V/1, Aufforderungssatz)

    Eine Satzart – zwei Verbstellungstypen:

    (a) Wann endet das Sommersemester? (Fragesatz, V/2)
    (b) Kommst du mit ins Kino? (Fragesatz, V/1)

Lösungsvorschläge zu Kap. 7

31. In (41) hängen sowohl das Subjekt *Peter* als auch das Modaladverbial *gerne* und das Lokaladverbial *im Zelt* vom Verb *schlafen* ab, sind also Dependentien des Verbs. Doch nur das Subjekt gehört zur Valenz von *schlafen*. Die Valenz bezieht sich auf die Verbindungsfähigkeit von relationalen Wörtern (Verben, Adjektiven, Substantiven), Dependenz fasst Abhängigkeitsbeziehungen verschiedener Art zusammen.

32. Wenn man den Weglassbarkeitstest zur Unterscheidung von Ergänzungen und Angaben heranzieht, so müsste es sich bei der NP *das Pferd* in (42c) um eine Angabe handeln, in (42b) und in (42a) um Ergänzungen. Geht man andererseits davon aus, dass präpositional angeschlossene Glieder Angaben, nominal angeschlossene Ergänzungen sind, so ist nur die PP in (42a) eine Angabe. Folgt man der Annahme, dass alle Adverbiale Angaben sind, alle Objekte Ergänzungen, kommt man zum selben Ergebnis. Dann nimmt man aber in Kauf, dass ein obligatorisch zu realisierendes Adverbial eine Angabe darstellt. Wendet man den *geschehen*-Test an, ergibt sich, dass in allen drei Sätzen die NP *das Pferd* bzw. die PP *auf das Pferd* keine Angabe sein können, da jeweils ungrammatische Konstruktionen entstehen:

    (a) *Peter steigt, und das geschieht auf das Pferd.
    (b) *Peter besteigt, und das geschieht auf das Pferd.
    (c) *Peter reitet, und das geschieht das Pferd.

    Fasst man die vier genannten Kriterien zur Identifizierung von Angaben in einer Übersicht zusammen, sieht man, wo es zu widersprüchlichen Ergebnissen kommt.

	weglassbar	PP	Adverbial	mit *geschehen*-Satz aufnehmbar
Peter steigt **auf das Pferd**	–	+	+	–
Peter besteigt **das Pferd**	–	–	–	–
Peter reitet **das Pferd**	+	–	–	–

33. (a_1, 0, 0) Mikroebene

| | |

0, A_2, A_3 Makroebene

Gib mir das Buch!

34. Eine der sieben Valenzbeziehungen, die J. Jacobs definiert, ist die der Betroffenheit (BET). Danach gilt für alle Sätze S und alle Konstituenten X und Y von S, dass die Beziehung BET (X, Y) genau dann vorliegt, wenn »X in S eine Entität bezeichnet, die an dem Vorgang oder Zustand, der von Y ausgehend in S dargestellt wird, beteiligt ist« (J. Jacobs 1994:16). Valenzgebunden ist ein Glied also dann, wenn es an dem im Verb ausgedrückten Vorgang oder Zustand beteiligt ist. Diese Definition erinnert an die Tesnière'sche Charakterisierung von Aktanten: Aktanten sind die »Wesen oder Dinge, die auf irgendeine Art […] am Geschehen teilhaben« (1959:93).

35.

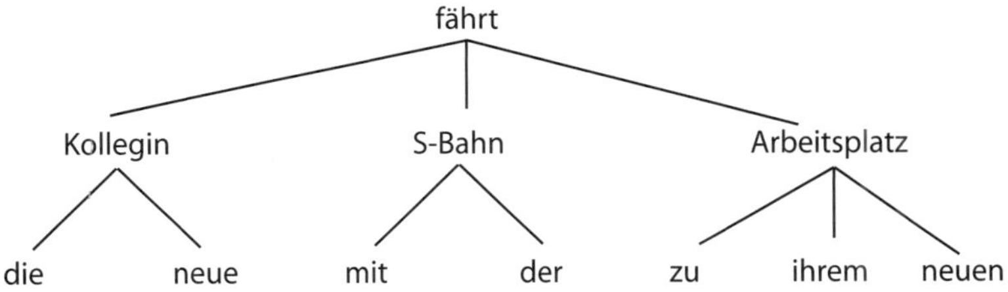

36. In (44) sind nicht alle vom Verb abhängigen Satzglieder Ergänzungen. Die PP *mit der S-Bahn* stellt eine Angabe dar. Dies zeigt zum einen der Weglassbarkeitstest (vgl. a), zum anderen der *geschehen*-Test (vgl. b):

(a) Die neue Kollegin fährt zu ihrem neuen Arbeitsplatz.
(b) Die neue Kollegin fährt zu ihrem neuen Arbeitsplatz, und das geschieht mit der S-Bahn.

37. Wesentlich für die syntaktische Analyse ist die interne Beziehung zwischen den Satzgliedern, die Konnexion. Die Art von Konnexion, auf die sich Tesnière hier bezieht, ist die Dependenz: Das Subjekt *Alfred* hängt vom Verb *spricht* ab.

Lösungsvorschläge zu Kap. 8

38. a) Die Tiefenstruktur von (45) lautet *Peter Petra zum Geburtstag rote Rosen schenkt.*

b) Strukturdarstellung:

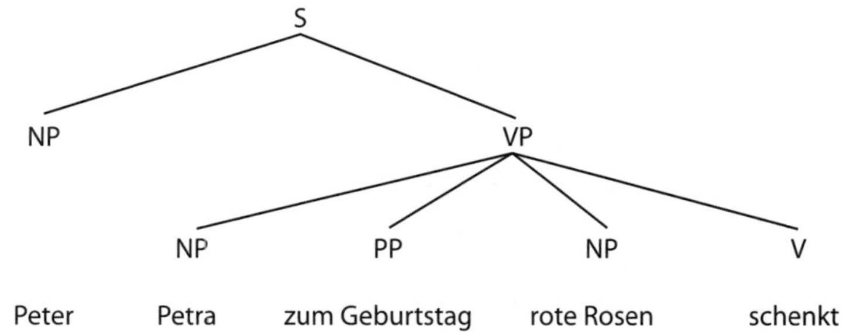

39. a)

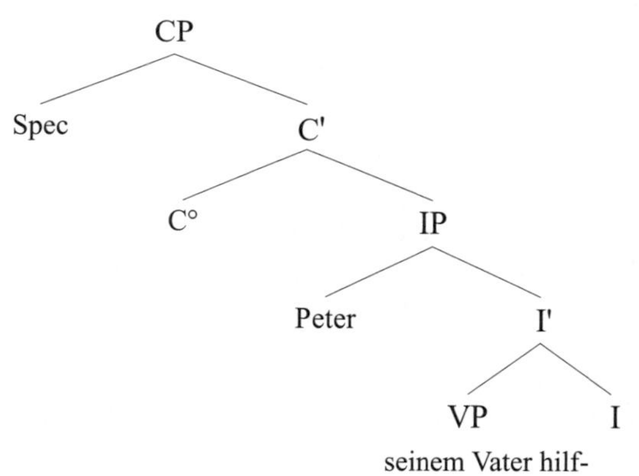

b) Die Verbwurzel *hilf-* steht basisstrukturell in der VP. Sie wird nach I° bewegt und hinterlässt an ihrer Ausgangsposition eine Spur. In I° erhält das Verb die benötigten Flexionsmerkmale (3. Pers. Sing.). Um den Verberstsatz abzuleiten, muss die so flektierte Verbform *hilft* weiter an die C°-Position bewegt werden. Sie hinterlässt wiederum eine Spur, diesmal in I°.

Zur Ableitung eines Verbzweitsatzes ist noch eine weitere Umstellung erforderlich. Eine XP muss topikalisiert werden, d. h. nach SpecCP bewegt werden. Ist es die Subjekt-NP *Peter,* so hinterlässt diese an der Basisposition SpecIP eine Spur. Ist es die Objekt-NP *seinem Vater*, so bleibt in der VP eine Spur zurück.

c)

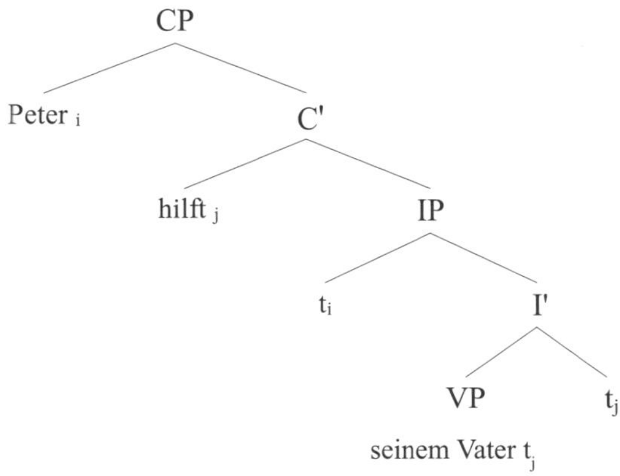

40. a)

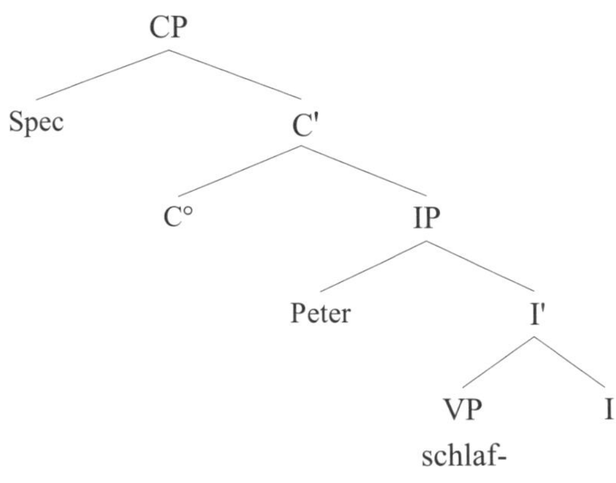

b) Um den Satz *Peter schläft* aus der Tiefenstruktur abzuleiten, sind drei Bewegungen erforderlich: Die Verbwurzel *schlaf-* muss von V° nach I° und weiter nach C° bewegt werden, die Subjekt-NP *Peter* von SpecIP nach SpecCP. Die Bewegungen werden vom System erzwungen, obwohl die tiefenstrukturelle Abfolge der Konstituenten hier bereits der oberflächenstrukturellen Abfolge entspricht.

41. a) Der eingebettete *dass*-Satz ist ein Objektsatz. Er besetzt die Komplementposition von V°. Diese befindet sich tiefenstrukturell links von V°.

b) Der *dass*-Satz muss zur Herleitung der S-Struktur **nicht** bewegt werden. Sätze sind nicht kasusmarkiert; sie unterliegen also nicht dem Kasusfilter.

Anders als bei NPs ist es also nicht erforderlich, den Satz in eine Position zu bewegen, an der der Kasus zugewiesen bzw. überprüft werden kann.

42. a) Zunächst werden Artikel und Nomen zu einer Phrase, einer NP/DP, zusammengefügt. Im Anschluss daran wird aus dieser NP/DP *den Computer* und dem bereits flektierten Verb *kauft* eine VP aufgebaut.

b) Die AgrP/VP-Struktur der Konstituente *den Computer kauft*, die insgesamt in eine komplexe CP/IP eingebettet ist, sieht folgendermaßen aus:

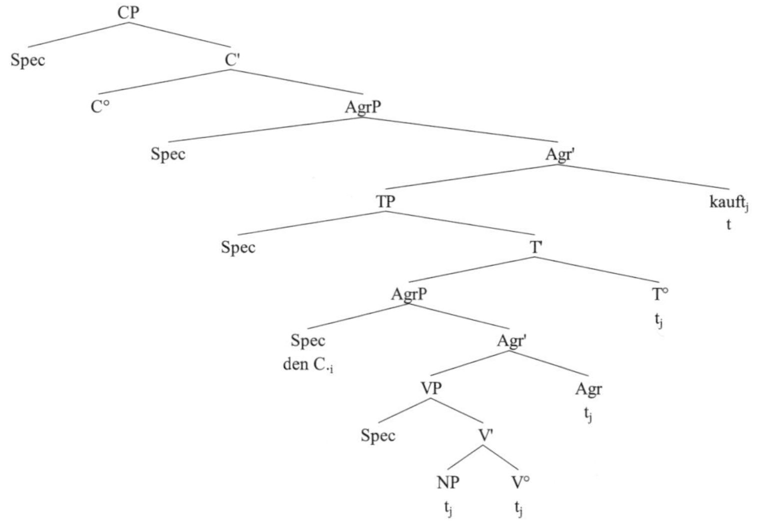

Die Komplement-NP/DP *den Computer* wurde aus der VP heraus in die SpecAgrP bewegt. An dieser Position kann sie, so die Annahme im MP, ihren Kasus überprüfen.

c) Wenn VP-intern zwei kasusmarkierte NP/DPs auftreten, müssen beide in der VP basisgeneriert werden. Handelt es sich um Komplemente (wie in dem Beispiel *dem Kind einen Computer kaufen*), stellt sich die Frage, welche VP-Positionen für diese Komplemente zur Verfügung stehen. Wird eine zweite VP angesetzt, die über der ersten steht und eine weitere Komplementposition bereitstellt? Oder kann das zweite Komplement in der SpecVP-Position basisgeneriert werden? Eine weitere Frage betrifft die Kasusmarkierung dieser NP/DPs. Nimmt man an, dass der Kasus in einer AgrP zugewiesen wird, so benötigt man unmittelbar über der VP zwei AgrPs. Im Specifier der einen AgrP würde dann der Akkusativ, im Specifier der anderen AgrP der Dativ zugewiesen. Die Struktur wäre also noch komplexer, als in b) dargestellt.

43. Im MP wird das Personalpronomen *mir* an die SpecAgrP-Position bewegt, an der die Nominativmerkmale überprüft werden. Da es aber Dativmerkmale trägt,

korrespondieren die Merkmale nicht. Die Konstruktion wird als ungrammatisch ausgefiltert.

Lösungsvorschläge zu Kap. 9

44.

Kandidaten:	OB-KOPF	VOLL-INT	LEX-ÖKON
☞ a. $[_{CP}$ Was sagte$_i$ $[_{VP}$ sie t$_i$]]			*
b. $[_{CP}$ Was tat $[_{VP}$ sie sagen]]		*!	
c. $[_{CP}$ Was – $[_{VP}$ sie sagte]]	*!		

45.

Kandidaten:	TOPIK	OB-KOPF	VOLL-INT	LEX-ÖKON
☞ a. $[_{CP}$ Tanzen tu $[_{VP}$ ich gern]]			*	
b. $[_{CP}$ Tanzen – $[_{VP}$ ich gern]]		!*		
c. $[_{CP}$ Ich tanze$_i$ $[_{VP}$ gern t$_i$]]	*!			*

Die Bewegung von *tanzen* ins Vorfeld (bei den Kandidaten (a) und (b)) verletzt LEX-ÖKON nicht, da sich diese Beschränkung nur auf *Kopf*-Bewegung bezieht. Ins Vorfeld bewegte Elemente sind aber Phrasen (XPs), keine Köpfe. Kandidat (c) ist ein wohlgeformter Satz des Deutschen, scheidet aber trotzdem aus dem Wettbewerb aus, da hier nicht diejenige Phrase, die das Topik-Merkmal trägt, am Satzanfang steht. Der wohlgeformte Satz *Ich tanze gern* ist dagegen der Gewinner eines anderen Wettbewerbs.

46. Bei MAXNEG handelt es sich um eine Treuebeschränkung. Sie fordert – im Modell de Swarts als rein syntaktischer, nicht interpretativer Constraint –, dass alle im Input negativen Argumente auch im Output, d.h. in der syntaktischen Struktur eine entsprechende formale Markierung der Negation tragen. Die Beschränkung MAXNEG ist somit eine typische Treuebeschränkung, da sie eine möglichst genaue Korrespondenz zwischen In- und Output verlangt. – Parallel dazu lässt sich argumentieren, dass INTNEG ebenfalls eine Treuebeschränkung darstellt.

47. Die zwei relevanten Beschränkungen sind SUBJEKT (aus Abschn. 9.2) und VOLL-INT (aus Abschn. 9.3). Da das Pronomen *es* in dem Satz *Es schneit* nichts zur Semantik des Satzes beiträgt, stellt die Präsenz von *es* in diesem Fall eine Verletzung von VOLL-INT dar. Diese Verletzung ist gerechtfertigt, weil dadurch der

Verstoß der höher geordneten Beschränkung SUBJEKT vermieden werden kann. Die Beschränkungsordnung ist im Deutschen somit SUBJEKT >> VOLL-INT. Im Italienischen sind die beiden Beschränkungen dagegen umgekehrt geordnet, weshalb SUBJEKT verletzt werden darf.

Lösungsvorschläge zu Kap. 10

48. Das Subjektpronomen *ich* in (51), das Objektpronomen *mir* in (52) und das Temporaladverb *heute* in (53) werden deiktisch gebraucht. Diese Wörter nehmen Bezug auf die Sprechsituation (*ich/mir* = Person des Sprechers, *heute* = Bezug auf die zeitliche Dimension der Sprecheräußerung)

49. *Wer sitzt auf dem Tisch?*

    Ein Affe$_{[Rhema]}$ *sitzt auf dem Tisch.*

50. **Fokus** (nach Bußmann 2002:218): Bezeichnung für das »Informationszentrum« des Satzes, auf den das Mitteilungsinteresse des Sprechers gerichtet ist. Grammatische Mittel zur Kennzeichnung des Fokus sind vor allem Wort- und Satzgliedstellung und Akzent. Im Fragesatz entspricht der Fokus in der natürlichen Antwort dem Skopus der Wort-Frage, d. h. er besteht fast ausschließlich aus kontextuell ungebundenen Elementen.

51. In den Sätzen (54a) und (54b) wird derselbe Sachverhalt geschildert, das Anrufen des Hausmeisters bei der Feuerwehr. Die Sätze unterscheiden sich darin, auf welchen der Beteiligten der Sprecher seine Empathie richtet, wie er den Sachverhalt perspektiviert.

52. a) Nach der semantischen Hierarchie Ag > Pat > Rec > Ben > Instr > Loc > Time ist das Agens der bevorzugte Kandidat zur Realisierung im Subjekt (vgl. Satz (55a)). Ist kein Agens vorhanden, rückt eine rangniedrigere Rolle in die Subjektfunktion nach. Diese ist in Beispiel (55b) das Patiens.

    b) zerreiß$_V$ (d1x$_i$: Hose$_N$ (x$_i$))$_{PatSubj}$

Lösungsvorschläge zu Kap. 11

53. (a) Stellungsfeldermodell

Oma	wohnt	in Köln.		
Vorfeld	linke SK	Mittelfeld	rechte SK	Nachfeld

(b) Dependenzstruktur

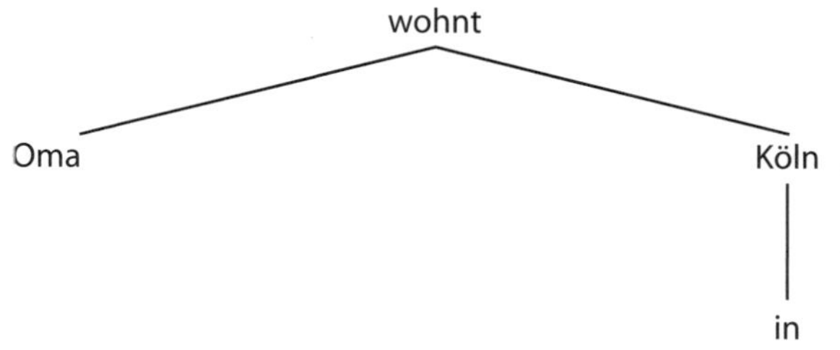

(c) CP/IP-Struktur

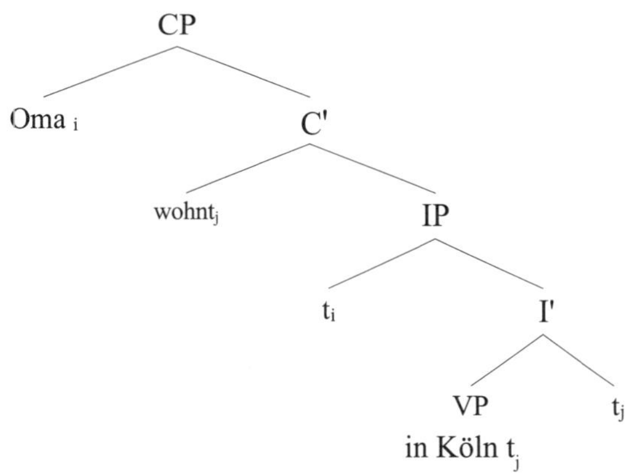

Die PP *in Köln* ist hier ein Komplement zum Verb *wohnen*. Die VP-interne Struktur wurde nicht weiter differenziert.

54. a) Gemeinsamkeiten zwischen Stellungsfeldermodell und Generativer Grammatik:

   - Zerlegung des Ganzen in seine Teile (linear im Stellungsfeldermodell, hierarchisch in der Generativen Grammatik)
   - Kennzeichnung der einzelnen Abschnitte (Vorfeld = SpecCP, linke SK = C°, Mittelfeld = Abschnitt zwischen C° und I°, rechte Satzklammer = I° (wenn mit finitem Verb besetzt), Nachfeld = Adjunkt
   - Beschreibung von Wortstellungsregularitäten

b) Gemeinsamkeiten zwischen Valenztheorie und Funktionaler Grammatik:

   - Beschreibung der logisch-semantischen Beziehungen von relationalen sprachlichen Ausdrücken
   - Berücksichtigung von pragmatischen Aspekten (pragmatische Valenz vs. Perspektive)

- Kennzeichnung der semantischen Rollen (semantische Valenz) bzw. semantischen Funktionen
- anwendbar auf jede Einzelsprache

c) Gemeinsamkeiten zwischen Generativer Grammatik und Optimalitätstheorie:

- formale Theorie
- anwendbar auf jede Einzelsprache
- Formulierung von Universalien (universal geltende Prinzipien bzw. universale Beschränkungen)
- Aufbau von sprachlichen Strukturen über einen Generierungsmechanismus

Glossar

abstrakter Kasus: zentrales Konzept der →Government-Binding-Theorie: Jede →Nominalphrase trägt einen (abstrakten) Kasus, der entweder morphologisch (über die →Flexion) oder über andere Mittel (z. B. über eine Präposition) angezeigt wird.

Acht-Wortarten-Lehre: Klassifizierung der Wortarten in →Nomen, Verb, Partizip, Artikel, Pronomen, Präposition, →Adverb und Konjunktion (nach dem griechischen Grammatiker D. Thrax).

Adhortativ: (lat.: ermahnend) Aufforderung, die an die erste Person Plural gerichtet ist (*Lasst uns gehen!*).

Adjektiv: →deklinier- und →komparierbares Wort, das als →Attribut (*der **kleine** Junge*), als →Prädikativum (*der Junge ist **klein***) oder als →Adverbial (*Er singt **laut***) auftritt.

Adjunkt: →Satzglied, das nicht →valenzgebunden ist.

Adjunktion: syntaktischer Prozess, bei dem eine →Konstituente β an eine Konstituente α angefügt wird.

Adverb: nicht flektierbares Wort, das der semantischen Modifizierung von Sätzen, Verben und Adjektiven dient (***Wahrscheinlich** regnet es. Er weint **sehr.** Er ist **sehr** nett*).

Adverbial: →Satzglied, das die näheren Umstände des im Verb ausgedrückten Geschehens bezeichnet oder sich auf die Aussage des ganzen Satzes bezieht.

Agens: →semantische Rolle, die den Verursacher des im Verb ausgedrückten Geschehens bezeichnet.

Agensbedingung: besagt, dass ein Satzglied, das →die semantische Rolle → Agens trägt, in der Satzgliedfolge dem Nicht-Agens vorangeht.

Agreement-Phrase: (auch AgrP) →Phrase, deren Kopf eine →funktionale Kategorie ist, die Kasus- und →Kongruenzmerkmale trägt (→Generative Grammatik).

Aktant: →Ergänzung.

anaphorischer Ausdruck: sprachlicher Ausdruck, der auf einen im Kontext vorangehenden Ausdruck Bezug nimmt.

Angabe: →Satzglied, das nicht →valenzgebunden ist.

Apposition: (lat.: Zusatz) →Attribut, das syntaktisch und →referentiell mit dem substantivischen Bezugswort übereinstimmt.

Argument-Bewegung: Umstellung einer Konstituente aus einer →Argumentposition α in eine Argumentposition β (→Generative Grammatik).

Argument: a) Bezeichnung der →Generativen Grammatik für einen sprachlichen Ausdruck, der →referentiell gebraucht werden kann, b) Bezeichnung in der → Functional Grammar für →Ergänzung.

Attribut: Beifügung zum →Substantiv (*der **kleine** Junge*) oder zum →Adjektiv (*Es ist **schön** warm hier*).

Aufforderungssatz: (auch: Imperativsatz) Satz, der in der Regel zum Vollzug von Aufforderungen dient und bestimmte formale Kennzeichen aufweist: Verberststellung, Verb im Imperativmodus, fallende Intonation, Punkt oder Ausrufezeichen als Satzschlusszeichen.

Ausklammerung: Positionierung eines →Mittelfeldelements im →Nachfeld (*Ich fahre nach Paris **an Weihnachten***).

Aussagesatz: (auch: Deklarativsatz) Satz, der in der Regel eine Feststellung zum Ausdruck bringt und bestimmte formale Kennzeichen aufweist: Verbzweitstellung, fallende Intonation, Punkt als Satzschlusszeichen.

Autonomiethese: in der →Generativen Grammatik vertretene Annahme, dass syntaktische Strukturen nicht mit Bezug auf außersyntaktische Faktoren erklärbar seien.

Baumdiagramm: →Stemma.

Beschränkung: verletzbares Prinzip der Grammatik (→Optimalitätstheorie).

Beschränkungsordnung: →Ranking.

Bewegung: (auch: move α) Umstellung von →Konstituenten (→Generative Grammatik).

Bindung: syntaktische Beziehung zwischen zwei sprachlichen Ausdrücken, die in der →Government-Binding-Theorie über →c-Kommando beschrieben wird.

c-Kommando: strukturelle Beziehung zwischen zwei →Konstituenten: Eine Konstituente α c-kommandiert eine Konstituente β, wenn der →Knoten, der α unmittelbar dominiert, auch β dominiert.

Checking: Mechanismus im →Minimalistischen Programm, der die Flexionsmerkmale eines →Lexems innerhalb der syntaktischen Struktur überprüft (→Feature-Checking).

Constraint: →Beschränkung.

Definitheitsbedingung: besagt, dass im →Mittelfeld eine definite →Nominalphrase einer indefiniten in der Satzgliedabfolge vorangeht.

deiktischer Ausdruck: sprachlicher Ausdruck, der auf die Äußerungssituation Bezug nimmt.

Deklarativsatz: →Aussagesatz.

Deklination: Beugung von →Substantiv, Artikel, Pronomen und →Adjektiv.

denotativ: auf eine außersprachliche →Entität bezogen.

Dependens: untergeordnetes Element β, das von einem übergeordneten Element α abhängt (→Dependenz, →Dependenzgrammatik).

Dependenz: strukturelle Beziehung zwischen zwei →Konstituenten, die auf Abhängigkeit beruht: Eine Konstituente β hängt von einer Konstituente α ab, wenn β ohne α nicht stehen kann.

Dependenzgrammatik: grammatisches Modell, das die Abhängigkeitsrelationen zwischen sprachlichen Elementen beschreibt.

Dependenzstruktur: Analyse eines Satzes als Menge von Abhängigkeitsrelationen.

derivationell: in der →Generativen Grammatik vertretene Annahme, dass grammatische Strukturen über ein System von Regeln herleitbar sind.

deskriptive Grammatik: →Grammatik, die die Regularitäten einer Sprache auf der Basis von Sprachdaten beschreibt.

Determinansphrase: (auch DP) →Nominalphrase.

Diachronie: Untersuchung der Entwicklung von Sprache in unterschiedlichen Zeiträumen.

Diskursreferent: →Entität, auf die der Sprecher in der Äußerung Bezug nimmt.

Distribution: (lat.: Verteilung) Summe aller syntaktischen Umgebungen, in denen ein sprachliches Element auftreten kann.

Distributionalismus: Schule des amerikanischen →Strukturalismus, die die Frage nach der →Distribution von →Konstituenten in den Mittelpunkt stellt.

Dominanz: strukturelle Beziehung zwischen zwei →Konstituenten, die auf einer Teil-Ganzes-Beziehung beruht: Die Konstituente α dominiert die Konstituente β, wenn β eine Teilkonstituente von α ist.

D-Struktur: →Tiefenstruktur.

Eliminierungstest: Tilgung von Wörtern, um zu ermitteln, welche Satzelemente syntaktisch notwendig sind.

Ellipse: Auslassung von strukturell notwendigen Elementen.

Empathie-Hierarchie: Rangfolge, nach der der Sprecher seine →Empathie festlegt.

Empathie-Zentrum: →Entität, auf die der Sprecher seine →Empathie richtet.

Empathie: (griech.: Einfühlung) Identifizierung des Sprechers mit einem der →Diskursreferenten.

Entität: hier als Oberbegriff für sprachliches/außersprachliches Element.

Entscheidungsfragesatz: (auch: *Ja/Nein*-Frage) →Fragesatz, der bestimmte formale Kennzeichen aufweist: Verberststellung, steigende Intonation, Fragezeichen als Satzschlusszeichen.

Ergänzung: →Satzglied, das →valenzgebunden ist.

Ergänzungsfragesatz: Fragesatz, der bestimmte formale Kennzeichen aufweist: Fragewort, Verbzweitstellung, steigende Intonation, Fragezeichen als Satzschlusszeichen.

Evaluator: (Eval) Komponente des optimalitätstheoretischen Modells, das denjenigen Kandidaten auswählt, der dem →Ranking der →Beschränkungen am besten entspricht (= den Gewinner).

explanative Grammatik: →Grammatik, die die Regularitäten einer Sprache aus allgemeinen Prinzipien herleitet.

expletives *es*: (lat.: ergänzend) obligatorisch auftretendes Pronomen, das nicht →referentiell ist und keine Eigenbedeutung trägt (*Ich freue mich, dass* ***es*** *schneit*).

Extraposition: Umstellung eines →Mittelfeldelements ins →Nachfeld unter Beibehaltung eines →Korrelats im Mittelfeld (*Ich habe* ***es*** *nicht verstanden,* ***was du gesagt hast***).

fatale Verletzung: Verstoß gegen eine optimalitätstheoretische →Beschränkung, der zum Ausscheiden des →Kandidaten aus dem Wettbewerb führt.

Feature-Checking: (Merkmalüberprüfung) syntaktische Operation, die die Flexionsmerkmale eines →Lexems mit den Flexionsmerkmalen einer →funktionalen Kategorie vergleicht und die Merkmale bei Merkmalübereinstimmung aus der Struktur eliminiert (→Minimalistisches Programm).

Figur-Grund-Relation: wahrnehmungspsychologisches Prinzip der Gestalttheorie, das besagt, dass ein Objekt immer dann gut erkennbar ist, wenn es sich deutlich von anderen Objekten absetzt.

Flexion: (lat.: Formenlehre) Bildung von verschiedenen Formen eines Wortes (→Konjugation, →Deklination, →Komparation).

Flexionskategorisierung: Klasse von grammatischen Eigenschaften (z. B. Numerus, Genus, Kasus, →Modus).

Fokus: (lat.: Herd, Zentrum) Informationszentrum des Satzes, →Rhema.

Fragesatz: (auch: Interrogativsatz) Satz, der in der Regel eine Frage zum Ausdruck bringt und bestimmte formale Kennzeichen aufweist: Verberststellung (bei →Entscheidungsfragesätzen), Verbzweitstellung (bei →Ergänzungsfragesätzen), steigende Intonation, Fragezeichen als Satzschlusszeichen.

freier Dativ: →Satzglied im Dativ, wobei der Kasus nicht durch das Verb bestimmt ist (*Komm* ***mir*** *nicht zu spät!*).

Functional Grammar: von S. Dik konzipiertes, funktionales Grammatikmodell.

funktionale Kategorie: Klasse von Elementen, die gemeinsame grammatische Eigenschaften aufweisen und den →Kopf einer →Phrase bilden.

Funktionale Satzperspektive: in der →Prager Schule durchgeführte Gliederung des Satzes nach kommunikativen Gesichtspunkten.

GB: →Government-Binding-Theorie.

Generative Grammatik: von N. Chomsky begründete Grammatiktheorie, deren Ziel es ist, durch das Aufdecken allgemeiner Gesetzmäßigkeiten das dem Sprachgebrauch zugrunde liegende Kenntnissystem zu beschreiben.

Generator: (Gen) Komponente des optimalitätstheoretischen Modells, das – auf der Grundlage eines gegebenen →Inputs – eine Menge von →Kandidaten (= Output) erzeugt und dem →Evaluator vorgelagert ist.

Generalized Transformation: (Generelle Transformation) syntaktische Operation im →Minimalistischen Programm, die dem Strukturaufbau dient.

Genus Verbi: →Verbdiathese.

Gesetz der wachsenden Glieder: von Otto Behaghel beschriebene Tendenz, dass längere, komplexere sprachliche Ausdrücke kürzeren folgen.

Gliedsatz: Nebensatz, der die syntaktische Funktion eines →Satzglieds einnimmt.

Gliedteilsatz: Nebensatz, der die syntaktische Funktion eines →Attributs einnimmt.

Government-Binding-Theorie: (auch: GB-Theorie, Rektions-Bindungstheorie) Entwicklungsphase der →Generativen Grammatik.

Grammatik: a) theoretische Beschreibung der formbezogenen Regularitäten einer Sprache, b) Wissen des Sprechers um die Regularitäten, c) die Regularitäten selbst, d) Regelbuch.

Greed: (auch: Schmarotzerprinzip) →Ökonomieprinzip im →Minimalistischen Programm, das besagt, dass eine Konstituente nur bewegt werden darf, wenn sie ihre eigenen Merkmale überprüft (→Feature-Checking).

Hauptsatz: (auch: Matrixsatz) übergeordneter Teilsatz eines →Satzgefüges.

Herausstellung: syntaktische Konstruktion, in der ein Satzelement links (→Linksversetzung) oder rechts (→Rechtsversetzung) der Satzklammer positioniert wird (*Ich fahre nach Paris* ***an Weihnachten***) oder aus dem ganzen Satzrahmen herausgenommen wird (*Ich werde nach Paris fahren,* ***an Weihnachten***).

Hypotaxe: Unterordnung von Teilsätzen in einem →Satzgefüge.

Imperativsatz: →Aufforderungssatz.

Infl: (auch: Inflection) →funktionale Kategorie, die die Tempus- und →Kongruenzmerkmale des Verbs trägt.

Input: zugrundeliegende sprachliche Struktur, aufgrund derer der →Generator die Menge der →Kandidaten erzeugt (→Optimalitätstheorie).

Interrogativsatz: →Fragesatz.

Kandidat: sprachliche Struktur, die mit anderen in einem optimalitätstheoretischen Wettbewerb steht. Der optimale Kandidat (= der Gewinner) ist die resultierende grammatische Struktur.

Kasusfilter: in der →Government-Binding-Theorie formuliertes Prinzip, das besagt, dass eine →Nominalphrase ungrammatisch ist, wenn sie keinen Kasus trägt.

Kasusüberprüfung: Mechanismus im →Minimalistischen Programm, der dazu dient festzustellen, ob die auftretenden Kasusmerkmale korrekt sind.

Kasuszuweisung: im Rahmen der →Government-Binding-Theorie entwickeltes Konzept, das festlegt, unter welchen Bedingungen eine →Nominalphrase Kasus erhalten kann.

Kategorie: Menge von sprachlichen Einheiten, die bestimmte formale Eigenschaften gemeinsam haben.

Kernsatz: →Verbzweitsatz.

Knoten: Verzweigungspunkt in einem →Stemma.

kommunikative Dynamik: Klassifikation der Satzelemente nach ihrem Mitteilungswert: Das →Thema ist das Element mit dem geringsten, das →Rhema das Element mit dem höchsten Grad an kommunikativer Dynamik (→Prager Schule).

Komparation: Steigerung von →Adjektiven.

Kompetenz: Sprachfähigkeit (→Generative Grammatik).
Komplement: (lat.: Ergänzung) →valenznotwendiges Glied.
Kongruenz: formale Übereinstimmung von Satzgliedern in Person, Numerus, Genus und Kasus.
Konjugation: Beugung des Verbs.
Konstituente: sprachliche Einheit, die Teil einer größeren Einheit ist.
Konstituentenstruktur: Analyse eines Satzes als Teil-Ganzes-Struktur.
Konstituententest: experimentelles Verfahren, mit dem ermittelt werden kann, ob sprachliche Elemente eine →Konstituente bilden (→Permutationstest, →Substitutionstest, →Eliminierungstest).
Kopf: (auch Kern) lexikalische oder →funktionale Kategorie, die die Eigenschaften der gesamten →Phrase bestimmt.
Kopulaverb: Verb, das nur über eine geringe Eigenbedeutung verfügt und die Beziehung zwischen →Subjekt und →Prädikativum herstellt (*Er **ist** krank*).
Korrelat: sprachliches Element, dessen Funktion es ist, leere syntaktische Positionen auszufüllen (*Mich hat **es** geärgert, **dass du kamst***).
Lexem: Element des →Lexikons.
lexikalischer Kasus: Kasus, der festgelegt ist und sich nicht ändert, wenn die →Nominalphrase eine andere Position besetzt.
Lexikon: a) Wortspeicher, der neben lexikalischen und grammatischen Einträgen auch Wortbildungs- und →Flexionsregeln enthält, b) Wörterbuch.
Logische Form: (auch: LF) syntaktische Repräsentationsebene der →Generativen Grammatik, auf der Oberflächenstrukturen semantisch interpretiert werden.
m-Kommando: strukturelle Beziehung zwischen zwei →Konstituenten: Eine Konstituente α m-kommandiert eine Konstituente β, wenn die →maximale Projektion, die α dominiert, auch β dominiert.
Matrixsatz: →Hauptsatz.
maximale Projektion: höchste Komplexitätsebene einer →Phrase.
Merge: Mechanismus im →Minimalistischen Programm, der eine Kategorie α und eine Kategorie β zu einer Kategorie γ zusammenfügt.
Minimalistisches Programm: (auch: MP) Entwicklungsphase der →Generativen Grammatik.
Mittelfeld: Abschnitt des Satzes zwischen linker und rechter →Satzklammer.
Modifikator: sprachliches Element, das zur semantischen Differenzierung dient und seinem Bezugswort vorangestellt ist (*eine **schöne** Feier*).
Modus: →Flexionskategorie des Verbs, die die Stellungnahme des Sprechers zum Ausdruck bringt (Indikativ, Imperativ, Konjunktiv).
Morphem: kleinste bedeutungstragende Einheit.
Move α: →Bewegung.
MP: →Minimalistisches Programm.
Nachfeld: Abschnitt des Satzes nach der rechten →Satzklammer.
Nebensatz: untergeordneter Teilsatz eines →Satzgefüges.
Nomen: hier synonym zu →Substantiv gebraucht.

Nominalphrase: (auch: Determinansphrase) →Phrase, die als Kopf ein Nomen hat. In neueren generativen Arbeiten wird die Nominalphrase (NP) als Determinansphrase (DP) reanalysiert.

NP: →Nominalphrase.

Nukleus: syntaktisches Element, das als →Knoten in einer →Dependenzstruktur auftritt.

Oberflächenstruktur: die der unmittelbaren Beobachtung zugängliche Satzstruktur.

Objekt: →Satzglied, das den Zielpunkt des verbalen Geschehens bezeichnet und im Kasus durch das Verb bestimmt ist.

Ökonomieprinzip: im →Minimalistischen Programm formuliertes Prinzip, das besagt, dass der Aufbau syntaktischer Strukturen über möglichst wenig Arbeitsschritte erfolgen sollte.

optimaler Kandidat: →Kandidat.

Optimalitätstheorie: (auch: OT) neuerer Forschungsansatz in der Linguistik, in dem Prinzipien herausgearbeitet werden, nach denen grammatische von nichtgrammatischen Strukturen zu trennen sind. Dabei sind die Universalität, die Verletzbarkeit und die Geordnetheit der grammatischen Prinzipien die wesentlichen Charakteristika der OT.

Organonmodell: funktionsorientiertes Sprachmodell von Karl Bühler.

OT: →Optimalitätstheorie

Output: vom →Generator erzeugte Menge von →Kandidaten (→Optimalitätstheorie).

Paradigma: Klasse von sprachlichen Elementen, die an einer Stelle austauschbar sind und sich gegenseitig ausschließen.

Parataxe: Nebenordnung von Sätzen in einer →Satzreihe.

Partikel: hier als Oberbegriff für unflektierbare Wörter gebraucht.

Patiens: →semantische Rolle, die die vom Verbalgeschehen direkt betroffene →Entität bezeichnet.

Performanz: Sprachgebrauch (→Generative Grammatik).

Permutationstest: Umstellung von Wörtern, um zu ermitteln, ob es sich um eine →Konstituente handelt.

Perspektive: Position, von der aus ein Sachverhalt dargestellt wird.

Perspektivierung: Präsentation eines Sachverhalts aus einer bestimmten →Perspektive.

Phonetische Form: (auch: PF) Repräsentationsebene der →Generativen Grammatik, auf der die →Oberflächenstrukturen in Lautstrukturen überführt werden.

Phrase: syntaktisch zusammengehörige Wortgruppe, die aus 1–n-Elementen besteht.

Phrasenstrukturregel: (auch: PS-Regel) strukturaufbauende syntaktische Regel (→Generative Grammatik).

PPT: →Prinzipien- und Parametertheorie.

Prädikat: verbales Satzglied, das mit dem →Subjekt →kongruiert.

Prädikation: Beziehung zwischen →Subjekt und →Prädikat bzw. zwischen →Argument und Prädikat.

Prädikativum: →Adjektiv oder →Substantiv, das zusammen mit dem →Kopulaverb das →Prädikat bildet (z. B. *Er ist **krank**. Sie ist **Lehrerin***).

Präfigierung: Bildung eines neuen Wortes durch Voranstellen eines gebundenen →Morphems (*liefern – **be**liefern*).

Prager Schule: Richtung des europäischen →Strukturalismus, in der Sprache unter kommunikativ-funktionalen Gesichtspunkten analysiert wird.

präpositionales Objekt: mit einer Präposition angeschlossenes Satzglied, wobei die Präposition im Unterschied zum präpositionalen →Adverbial keine Eigenbedeutung trägt (*sich **auf jemanden** verlassen*).

präskriptive Grammatik: →Grammatik, die Regeln für den Sprachgebrauch vorschreibt.

Prinzip der vollen Interpretierbarkeit: (Condition of Full Interpretation) im →Minimalistischen Programm formuliertes Prinzip, das besagt, dass eine syntaktische Struktur dann grammatisch ist, wenn in der Struktur keine abstrakten Merkmale mehr vorhanden sind.

Prinzipien-und Parametertheorie: (auch: PPT) Spracherwerbstheorie der →Generativen Grammatik, in der davon ausgegangen wird, dass jede Sprache aus universal gültigen Prinzipien und sprachspezifischen Parametern besteht.

Pro-Drop-Parameter: Parameter, der angibt, ob in einer Sprache die Subjektposition unter bestimmten Bedingungen regelhaft unbesetzt bleiben kann.

Procrastinate: (auch: Zauderprinzip) →Ökonomieprinzip im →Minimalistischen Programm, das besagt, dass die Umstellung einer →Konstituente, sofern sie überhaupt erfolgen muss, so spät wie möglich erfolgen sollte.

Projektionsprinzip: in der →Government-Binding-Theorie formuliertes Prinzip, das besagt, dass die lexikalischen Eigenschaften eines Elements auf allen syntaktischen Strukturebenen erhalten bleiben.

PS-Regel: →Phrasenstrukturregel.

psychologisches Subjekt: Terminus aus der traditionellen Grammatik zur Kennzeichnung des →Satzglieds, das als →Topik fungiert.

Rahmenkonstruktion: Distanzstellung von syntaktisch zusammengehörenden Teilen (→Satzklammer).

Ranking: einzelsprachlich unterschiedliche Ordnung der →Beschränkungen (→Optimalitätstheorie).

referentiell: Bezug eines sprachlichen Ausdrucks auf ein außersprachl. Objekt.

Regens: übergeordnetes Element α, von dem ein Element β abhängt (→Dependenzgrammatik).

Rektion: Eigenschaft von Verben, →Adjektiven und Präpositionen, den Kasus abhängiger Elemente zu bestimmen.

repräsentationell: in der →Generativen Grammatik vertretene Annahme, dass Strukturen durch ein System von Prinzipien auf ihre Grammatikalität hin überprüft werden.

restriktiv: Einschränkung eines Sachverhalts.

Rezipient: semantische Rolle, die die vom Verbalgeschehen nur mittelbar betroffene →Entität bezeichnet.

Rhema: neue, nicht-vorerwähnte Information (→Prager Schule).

S-Struktur: Terminus der →Government-Binding-Theorie für →Oberflächenstruktur.

Satellit: in der →Functional Grammar für →Angabe.

Satz: sprachliche Einheit, die relativ selbstständig und abgeschlossen ist und normalerweise in eine größere sprachliche Einheit, einen Text, eingebettet ist.

Satzarten: grammatisch-funktionale Klassifikation von Sätzen in →Aussagesatz, →Fragesatz, →Aufforderungssatz, Wunschsatz, Ausrufesatz.

Satzbauplan: syntaktisches Grundmuster, das abhängig vom Verb und der Anzahl seiner →Ergänzungen ist.

Satzgefüge: zusammengesetzter →Satz, bestehend aus einem →Hauptsatz und mindestens einem →Nebensatz.

Satzglied: strukturelles Grundelement des Satzes, das geschlossen verschiebbar und ersetzbar ist (→Subjekt, →Prädikat, →Objekt, →Adverbial, →präpositionales Objekt).

Satzklammer: resultiert aus den Stellungseigenschaften des finiten Verbs. Die linke Satzklammer wird entweder durch ein finites Verb (in →Verberst- und →Verbzweitsätzen) oder eine nebensatzeinleitende →Partikel besetzt, die rechte Satzklammer durch ein finites Verb (in →Verbendsätzen), einen Verbzusatz oder den infiniten Verbalkomplex (in →Verberst- und →Verbzweitsätzen).

Satzmodus: →Satzart.

Satzreihe: zusammengesetzter →Satz, der aus mindestens zwei selbstständig vorkommenden Teilsätzen besteht.

Scrambling: →Transformation, die der Umordnung von →Konstituenten im →Mittelfeld dient (→Generative Grammatik).

semantische Funktion: →semantische Rolle.

semantische Hierarchie: Rangordnung, die die Präferenz einer →semantischen Rolle für die Realisierung als Subjekt bzw. Objekt angibt.

semantische Rolle: (auch: semantische Funktion, thematische Rolle, θ-Rolle) semantische Relation, in die ein sprachliches Element zu einem anderen tritt (→Agens, →Patiens, →Rezipient).

Serialisierung: Wort- und Satzgliedstellung.

SOV-Struktur: Subjekt-Objekt-Verb-Abfolge im Satz.

Spannsatz: →Verbendsatz.

Specifier: (auch Spezifizierer) Strukturposition einer →Phrase, an der Elemente mit bestimmten grammatischen Eigenschaften stehen.

Spell-Out: Stufe der →Derivation, von der aus die Merkmale der syntaktischen Struktur auf verschiedenen Ebenen (→Phonetische Form, →Logische Form) weiterverarbeitet werden (→Generative Grammatik).

Split-Infl-Hypothese: Annahme, dass die →funktionale Kategorie →Infl ihrerseits aus funktionalen Kategorien besteht, die selbst →Phrasen bilden (→Generative Grammatik).

Sprachtypologie: Klassifikation von Sprachen nach grammatischen Eigenschaften.

Spur: (auch: trace, t) leere Kategorie, die an der Position zurückbleibt, an der vormals eine →Konstituente stand (→Generative Grammatik).

S-Struktur: →Oberflächenstruktur.

Standardtheorie: Entwicklungsphase der →Generativen Grammatik.

starkes Merkmal/schwaches Merkmal: Klassifikation der →Flexionsmerkmale im →Minimalistischen Programm: Ein starkes Merkmal kann eine an der Oberfläche sichtbare Bewegung auslösen, ein schwaches Merkmal nicht.

Stellungsfeldermodell: Einteilung des Satzes in →Vorfeld, →Mittelfeld und →Nachfeld. Die Stellungsfelder werden durch die linke und rechte →Satzklammer voneinander abgegrenzt.

Stemma: (auch: Baumdiagramm) graphische Darstellung von sprachlichen Strukturen.

Stirnsatz: →Verberstsatz.

Strukturalismus: (auch: strukturelle Linguistik) sprachwissenschaftliche Schulen, die auf dem *Cours de linguistique générale* von Ferdinand de Saussure aufbauen.

struktureller Kasus: Kasus, der abhängig von der Strukturposition ist und sich ändert, wenn die →Nominalphrase eine andere Position besetzt (→Generative Grammatik).

Subjekt-in-der-VP-Hypothese: Annahme, dass das →Subjekt als →Specifier einer Verbalphrase fungiert und in dieser Position basisgeneriert wird (→Generative Grammatik).

Subjekt: →Satzglied, das morphologisch (über den Nominativ), syntaktisch-formal (→kongruenzauslösend), semantisch (mit *wer oder was* erfragbar) und pragmatisch (als →Topik) gekennzeichnet ist.

Subjektprominente Sprache: Sprache, in der das →Subjekt eine zentrale Rolle für die Beschreibung syntaktischer Prozesse spielt.

Substantiv: deklinierbares, durch einen Artikel, ein →Adjektiv oder ein Zahlwort erweiterbares Wort, das den Kern einer →Nominalphrase darstellt.

Substitutionstest: Austausch von sprachlichen Elementen, um zu ermitteln, ob es sich dabei um eine →Konstituente handelt.

Synchronie: Untersuchung einer Sprache bezogen auf einen bestimmten Zeitraum.

Syntagma: Klasse von sprachlichen Elementen, die miteinander vorkommen.

Term: Ausdruck, mit dem auf eine außersprachliche →Entität Bezug genommen wird (→Functional Grammar).

Thema-Rhema-Bedingung: besagt, dass von zwei Satzgliedern im →Mittelfeld das vorangehende nicht →Rhema sein darf.

Thema: die bekannte, bereits vorerwähnte Information (→Prager Schule).

Thematische Rolle: (auch: θ-Rolle) →semantische Rolle.

Theta-Kriterium: in der →Government-Binding-Theorie formuliertes Prinzip, das besagt, dass jeder →thematischen Rolle genau ein →Argument entsprechen muss und jedem Argument genau eine thematische Rolle.

Tiefenstruktur: (auch: D-Struktur) zugrunde liegende, abstrakte Struktur.

Topik: Gegenstand der Aussage

Topik-*es*: Pronomen, das nur im →Vorfeld auftritt und den folgenden Sachverhalt hervorhebt (***Es** ritten drei Reiter zum Tor hinaus*).

Topik-Kommentar-Gliederung: Gliederung von Sätzen in Topik (= dasjenige, über das man spricht) und Kommentar (= was darüber ausgesagt wird).

Topikalisierung: Umstellung einer →Konstituente ins →Vorfeld (→Generative Grammatik).

Topikprominente Sprache: Sprache, in der das →Topik eine zentrale Rolle für die Beschreibung syntaktischer Prozesse spielt.

topologisches Modell: →Stellungsfeldermodell.

Transformation: syntaktische Operation, die eine Struktur α in eine Struktur β überführt (→Generative Grammatik).

Transformationsregel: strukturverändernde syntaktische Regel (→Generative Grammatik).

UG: →Universale Grammatik.

Universale Grammatik: (auch: UG) Eigenschaften, die allen natürlichen Sprachen zugrunde liegen.

Valenz: Eigenschaft eines sprachlichen Elements, seine syntaktische Umgebung vorzustrukturieren.

Valenzpotenz: →Valenz.

Valenzrealisierung: Umsetzung der →Valenz in der grammatischen Struktur.

Verbdiathese: grammatische Kategorie des Verbs (Aktiv/Passiv).

Verbendsatz: (auch: Spannsatz) Satz, in dem das finite Verb in Endposition steht.

Verberstsatz: (auch: Stirnsatz) Satz, in dem das finite Verb in Erstposition steht.

Verbzweitsatz: (auch: Kernsatz) Satz, in dem das finite Verb in Zweitposition steht.

Vorfeld: Abschnitt des Satzes vor der →linken Satzklammer.

Vor-Vorfeld: Abschnitt vor dem →Vorfeld (***Aber** was wollen wir jetzt tun?*).

Wertigkeit: Zahl von →Ergänzungen, die ein sprachliches Element an sich binden kann.

X-bar-Theorie: (auch: X'-Theorie) generatives Konzept zur universalen Beschreibung der Struktur von →Phrasen. Die Grundannahmen sind: a) Alle Phrasen sind gleich aufgebaut. b) Zwischen der untersten Ebene X° und der maximal komplexen Ebene (XP) gibt es eine weitere Ebene, die mit X' notiert wird.

Zirkumstant: →Angabe.

Literatur

Abney, Steven (1987): *The English Noun Phrase in its Sentential Aspect.* Ph. D. Diss. MIT.

Abraham, Werner (1988): *Terminologie zur neueren Linguistik.* 2., völlig neu bearbeitete und erweiterte Auflage. Tübingen: Niemeyer.

— (1997): The base structure of the German clause under discourse functional weight: contentful functional categories vs. derivative ones. In: Abraham, Werner/van Gelderen, Elly (Hrsg.) (1997): 11–42.

Abraham, Werner/van Gelderen, Elly (Hrsg.) (1997): *German: Syntactic Problems – Problematic Syntax.* Tübingen: Niemeyer (= *Linguistische Arbeiten* 374).

Adamzik, Kirsten (1992): Ergänzungen zu Ergänzungen und Angaben. In: *Deutsche Sprache* 20, 289–313.

Adger, David (2004): *Core syntax: a minimalist approach.* Oxford: Oxford University Press.

Ágel, Vilmos (1991): Lexikalische Ellipsen. Fragen und Vorschläge. In: *Zeitschrift für Germanistische Linguistik* 19, 24–48.

— (1993a): Ist die Dependenzgrammatik wirklich am Ende? Valenzrealisierungsebenen, Kongruenz, Subjekt und die Grenzen des syntaktischen Valenzmodells. In: *Zeitschrift für Germanistische Linguistik* 21, 21–71.

— (1993b): *Valenzrealisierung, Finites Substantiv und Dependenz in der deutschen Nominalphrase.* Hürth: Gabel Verlag (= *KLAGE* 29).

— (1995): Valenzrealisierung, Grammatik und Valenz. In: *Zeitschrift für Germanistische Linguistik* 23, 2–32.

— (2000): *Valenztheorie.* Tübingen: Narr (= *narr studienbücher*).

— (2004): Prinzipien der Valenztheorie(n). In: Stănescu, Speranța (Hrsg.) (2004): *Die Valenztheorie. Bestandaufnahme und Perspektiven. Dokumentation einer wissenschaftlichen Tagung in Sibiu/Hermannstadt im Februar 2002.* Frankfurt a.M. u. a.: Lang, 11–30.

Ágel, Vilmos/Brdar-Szabó, Rita (Hrsg.) (1995): *Grammatik und deutsche Grammatiken. Budapester Grammatiktagung 1993.* Tübingen: Niemeyer (= *Linguistische Arbeiten* 330).

Ágel, Vilmos/Eichinger, Ludwig M./Eroms, Hans-Werner/Hellwig, Peter/Heringer, Hans Jürgen/Lobin, Henning (Hrsg.) (2003/2006): *Dependenz und Valenz. Ein internationales Handbuch der zeitgenössischen Forschung.* 2 Bde. Berlin/New York: Mouton de Gruyter (= *Handbücher zur Sprach- und Kommunikationswissenschaft* 25).

Altmann, Hans (1981): *Formen der »Herausstellung« im Deutschen. Rechtsversetzung, Linksversetzung, Freies Thema und verwandte Konstruktionen.* Tübingen: Niemeyer (= *Linguistische Arbeiten* 106).

Altmann, Hans/Hahnemann, Suzan (2005): *Syntax fürs Examen. Studien- und Arbeitsbuch.* 2., überarb. und erw. Aufl. Wiesbaden: Verlag für Sozialwissenschaften (= *Linguistik fürs Examen* 1).

Altmann, Hans/Hofmann, Ute (2004): *Topologie fürs Examen. Verbstellung, Klammerstruktur, Stellungsfelder, Satzglied- und Wortstellung.* Wiesbaden: Verlag für Sozialwissenschaften.

Archangeli, Diana (1997): Optimality Theory: An Introduction to Linguistics in the 1990s. In: Archangeli, Diana/Langendoen, Terence (Hrsg.) (1998): 1–32.

Archangeli, Diana/Langendoen, Terence (Hrsg.) (1997): *Optimality Theory. An Overview*. Oxford: Blackwell.

Bader, Markus/Schmid, Tanja (2006): An OT-Analysis of *do*-support in Modern German. http://roa.rutgers.edu/view.php3?id=1161 [16.06.2009].

Bauer, Gerhard (1986, 1992[3]): *Einführung in die diachrone Sprachwissenschaft: ein Lehr-, Studien- und Übungsbuch für Germanisten*. 3., verb., erw. u. vollst. überarb. Auflage. Göppingen: Kümmerle.

Baumgärtner, Klaus (1970): Konstituenz und Dependenz. In: Steger, Hugo (Hrsg.) (1970): *Vorschläge für eine strukturale Grammatik des Deutschen*. Darmstadt: Wissenschaftliche Buchgesellschaft, 52–77.

Bausewein, Karin (1990): *Akkusativobjekt, Akkusativobjektsätze und Objektsprädikate im Deutschen. Untersuchungen zu ihrer Syntax und Semantik*. Tübingen: Niemeyer (= *Linguistische Arbeiten* 251).

Bech, Gunnar (1955-57): *Studien über das deutsche Verbum Infinitum*. Bd. 1 (Historisk-filologiske Meddelelser 35). Bd. 2 (Historisk-filologiske Meddelelser 36). 2., unveränd. Auflage. Kopenhagen: Munksgaard. Mit einem Vorwort von Catherine Fabricius-Hansen. Tübingen: Niemeyer 1983 (= *Linguistische Arbeiten* 139).

Becker, Karl F. (1827): *Organism der Sprache als Einleitung zur Grammatik*. Frankfurt a. M.

Behaghel, Otto (1932): *Deutsche Syntax. Eine geschichtliche Darstellung*. Bd. IV. Heidelberg (= *Germanistische Bibliothek* 1, Reihe 10).

Beneš, E. (1971): Die Besetzung der ersten Position im deutschen Aussagesatz. In: Moser, Hans (Hrsg.) (1971): *Fragen der strukturellen Syntax und kontrastiven Grammatik*. Düsseldorf: Schwann (= *Sprache der Gegenwart* 17), 160–182.

Bergenholtz, Henning/Schaeder, Burkhard (1977): *Die Wortarten des Deutschen*. Stuttgart: Kohlhammer.

Bhatt, Christa (1990): *Die syntaktische Struktur der Nominalphrase im Deutschen*. Tübingen: Narr (= *Studien zur deutschen Grammatik* 38).

Bierwisch, Manfred (1993): Ludwig Jägers Kampf mit den Windmühlen – Anmerkungen zu einer merkwürdigen Sprach(wissenschafts)verwirrung. In: *Zeitschrift für Sprachwissenschaft* 12. 1, 107–112.

Bloomfield, Leonhard (1933): *Language*. Reproduktion der Ausgabe v. 1933. London: Allen Unwin 1969.

Blutner, Reinhard (2005): Neural Networks, Penalty Logic and Optimality Theory. Unveröffentlichter Artikel. *http://www.blutner.de/* [16.06.2009].

Blutner, Reinhard/de Hoop, Helen/Hendriks, Petra (2006): *Optimal Communication*. Stanford: CSLI Publications (= CSLI Lecture Notes Number 177).

Blutner, Reinhard/Zeevat, Henk (2004): Editors' Introduction: Pragmatics in Optimality Theory. In: Blutner, Reinhard/Zeevat, Henk (Hrsg.) (2004): *Optimality Theory and Pragmatics*. Houndmills u. a.: Palgrave Macmillan, 1–24.

Bresnan, Joan/Judith Aissen (2002): Optimality and Functionality: Objections and Refutations. In: *Natural Language & Linguistic Theory* 20, 81–95.

Breindl, Eva (1989): *Präpositionalobjekte und Präpositionalobjektsätze im Deutschen*. Tübingen: Niemeyer (= *Linguistische Arbeiten* 220).

Brommer, Sarah (2005): Wenn der Ritter gut mit dem Mägdlein schön im Grase tief … Postnominale Adjektive in der Lyrik des Neuhochdeutschen. In: *Muttersprache* 115, 119–141.

Bühler, Karl (1934): *Sprachtheorie. Die Darstellungsfunktion der Sprache.* Jena. 2., unveränderte Auflage. Stuttgart: Gustav Fischer Verlag 1965.

Busse, Dietrich (1997): Wortarten und semantische Typen. In: Dürscheid, Christa/Ramers, Karl Heinz/Schwarz, Monika (Hrsg.) (1997), 219–240.

Bußmann, Hadumod (Hrsg.) (2002³): *Lexikon der Sprachwissenschaft.* 3., aktualisierte und erweiterte Auflage. Stuttgart: Kröner.

Chafe, Wallace L. (1976): Givenness, Contrastiveness, Definiteness, Subjects, Topics, and Point of View. In: Li, Charles N. (Hrsg.) (1976), 25–55.

Chomsky, Noam (1965): *Aspects of the Theory of Syntax.* Cambridge, Mass.: The MIT Press.

— (1968): *Language and Mind.* New York: Harcourt, Brace & World.

— (1977): On wh-movement. In: Cullicover, Peter/Wasow, Thomas/Akmajian, Adrian (Hrsg.) (1977): *Formal Syntax*. New York: Academic Press, 71–132.

— (1981): *Lectures on Government and Binding. The Pisa Lectures.* Dordrecht: Foris Publications (= *Studies in Generative Grammar* 1).

— (1986): *Barriers*. Cambidge, Mass.: MIT Press (= *Linguistic Inquiry Monographs* 13).

— (1988): *Language and the Problems of Knowledge: the Managua Lectures.* Cambridge, Mass.: MIT Press.

— (1989): Some Notes on Economy of Derivation and Representation. In: Laka, I./Mahajan, A. (Hrsg.) (1989): *Functional Heads and Clause Structure*. Cambridge, Mass.: MIT Press (= *MIT Working Papers in Linguistics* 10), 43–74.

— (1993): *A Minimalist Program for Linguistic Theory.* In: Hale, K./Keyser, S. J. (Hrsg.) (1993): *The View from Building 20: Essays in Linguistics in Honour to Sylvian Bromberger.* Cambridge, Mass.: MIT Press (= *Current Studies in Linguistics* 24), 1–52.

— (1994): Bare phrase structure. In: Campos, Hector/Kempchinsky, Paula (Hrsg.) (1994): *Evolution and Revolution in Linguistic Theory: Essays in Honour of Carlos Otero*. Washington, D. C.: Georgetown University Press, 51–109.

— (1995, 1997³): *The Minimalist Program*. Cambridge, Mass.: MIT Press (= *Current Studies in Linguistics* 28).

— (2004): *The Generative Enterprise Revisited. Discussions with Riny Huybregts, Henk van Riemsdijk, Naoki Fukui and Mihoko Zushi.* Berlin/New York: Mouton de Gruyter.

Chomsky, Noam/Lasnik, Howard (1993): The Theory of Principles and Parameters. In: Jacobs, J. et al. (Hrsg.) (1993/1995), 506–569.

Coseriu, Eugenio (1977): *Leistung und Grenzen der Transformationellen Grammatik.* Vorlesung gehalten im Sommer-Semester 1971 an der Universität Tübingen. Hrsg. und bearbeitet von Gunter Narr. Tübingen: Narr.

Daneš, František (1976): Semantische Struktur des Verbs und das indirekte Passiv im Tschechischen und Deutschen. In: Lötzsch, Ronald/Ruzicka, Rudolf (Hrsg.) (1976): *Satzstruktur und Genus verbi.* Berlin: Akademie-Verlag (= *studia grammatica XIII*), 113–124.

Dik, Simon C. (1978): *Functional Grammar*. Amsterdam: North-Holland Publishing Company.

— (1993): Functional Grammar. In: Jacobs, J. et al. (Hrsg.) (1993/1995), 368–394.

— (1997): *The Theory of Functional Grammar.* Hg. v. K. Hengeveld. 2. revised edition. Berlin: Mouton de Gruyter (= *Functional grammar series* 20–21).

Drach, Erich (1937, 1963⁴): *Grundgedanken der deutschen Satzlehre.* Frankfurt a. M.: Diesterweg.

Droop, Helmut Günter (1977): *Das präpositionale Attribut. Grammatische Darstellung und Korpusanalyse*. Tübingen: Narr (= *Forschungsberichte des Instituts für deutsche Sprache Mannheim* 34).

Dryer, Matthew S. (1988): Object-verb order and adjective-noun order: Dispelling a myth. In: *Lingua* 74, 185–217.

Duden. Grammatik der deutschen Gegenwartssprache (1998). 6., neu bearbeitete Auflage. Band 4. Mannheim/Leipzig/Wien/Zürich: Dudenverlag.

Duden. Die Grammatik. (2005). 7., völlig neu bearbeitete und erweiterte Auflage. Band 4. Mannheim/Leipzig/Wien/Zürich: Dudenverlag.

Dürscheid, Christa (1989). *Zur Vorfeldbesetzung in deutschen Verbzweit-Strukturen*. Trier: Wissenschaftlicher Verlag (= *FOKUS* 1).

— (1991): *Modelle der Satzanalyse. Überblick und Vergleich*. Hürth: Gabel Verlag (= *KLAGE 26*).

— (1994a): Zur Positionierung der adverbalen Kasus im Deutschen. In: Haftka, Brigitte (Hrsg.) (1994), 123–137.

— (1994b): Einführung in die germanistische Linguistik. In: Dürscheid, Christa/Kircher, Hartmut/Sowinski, Bernhard (1994): *Germanistik. Eine Einführung*. Köln, Weimar, Wien: Böhlau, 19–134.

— (1997): Perspektivierte Syntax. In: Dürscheid, Christa/Ramers, Karl Heinz/Schwarz, Monika (Hrsg.) (1997), 241–258.

— (1999): *Die verbalen Kasus des Deutschen. Untersuchungen zur Syntax, Semantik und Perspektive*. Berlin/New York: de Gruyter (= *Studia Linguistica Germanica* 53).

— (2002): »Polemik satt und Wahlkampf pur« – Das postnominale Adjektiv im Deutschen. In: *Zeitschrift für Sprachwissenschaft* 21.1, 57–81.

— (2004): Überlegungen zum Modell einer funktionalen Syntax. In: Pittner, Karin/Pittner, Robert J./Schütte, Jan (Hrsg.) (2004): *Beiträge zu Sprache & Sprachen. 4. Vorträge der Bochumer Linguistik-Tage*. München: Lincom Europa (= *Edition Linguistik* 48), 115–124.

Dürscheid, Christa/Ramers, Karl Heinz/Schwarz, Monika (Hrsg.) (1997): *Sprache im Fokus. Festschrift für Heinz Vater zum 65. Geburtstag*. Tübingen: Niemeyer.

Eisenberg, Peter (1994): *Grundriß der deutschen Grammatik*. 3., überarbeitete und erweiterte Auflage. Stuttgart/Weimar: Metzlersche Verlagsbuchhandlung.

— (2004a): *Grundriß der deutschen Grammatik. Bd. 1. Das Wort*. 2., überarbeitete und aktualisierte Auflage. Stuttgart/Weimar: Metzler.

— (2004b): *Grundriß der deutschen Grammatik. Band 2: Der Satz*. 2., überarbeitete und aktualisierte Auflage. Stuttgart/Weimar: Metzler.

Engel, Ulrich (1970): Regeln zur Wortstellung. In: Engel, Ulrich (Hrsg.) (1970): *Forschungsberichte des Instituts für deutsche Sprache Mannheim*. 5. Tübingen: Narr, 7–148.

— (1972): Regeln zur Satzgliedfolge. Zur Stellung der Elemente im einfachen Verbalsatz. In: *Linguistische Studien I*. Düsseldorf: Schwann (= *Sprache der Gegenwart* 19), 17–75.

— (2004): *Deutsche Grammatik. Neubearbeitung*. München: Iudicum.

Engelen, Bernhard (1986): *Einführung in die Syntax der deutschen Sprache*. 2 Bde. Baltmannsweiler: Pädagogischer Verlag Burgbücherei Schneider.

Erben, Johannes (1980[12]): *Deutsche Grammatik. Ein Abriß*. Erste Auflage 1972. München: Hueber..

Eroms, Hans-Werner (2000): *Syntax der deutschen Sprache*. Berlin: de Gruyter (= *De-Gruyter-Studienbuch*).

Eroms, Hans-Werner (2003): Die Wegbereiter einer deutschen Valenzgrammatik. In: Ágel, Vilmos et al. (Hrsg.) (2003/2006), 1. Halbbd., 159–169.

Fanselow, Gisbert/Felix, Sascha (1993³): *Sprachtheorie. Eine Einführung in die Generative Grammatik.* 2 Bde. Tübingen: Francke (= *UTB* 1441, 1442).

Fanselow, Gisbert (2002): Wie ihr Gebrauch die Sprache prägt. In: Krämer, Sybille/König, Ekkehard (Hrsg.) (2002), 229–261.

Fillmore, Charles (1971): *Some problems of Case Grammar.* In: Fillmore, Charles (Hrsg.) (1971): *Working Papers in Linguistics 10.* The Ohio State University, 245–265.

Fillmore, Charles (1977): The Case for Case reopened. In: Cole, P./Sadock, J. M. (Hrsg.) (1977): *Syntax and Semantics 8: Grammatical Relations.* New York: Academic Press, 59–82.

Finke, Peter (1974): *Theoretische Probleme der Kasusgrammatik.* Kronberg/Ts.: Scriptor.

Firbas, Jan (1964): On Defining the Theme in Functional Sentence Analysis. In: *Travaux Linguistique de Prague* 1, 267–280.

Fischer, Klaus/Stefanowitsch, Anatol (2006): Konstruktionsgrammatik. Ein Überblick. In: dies. (Hrsg.) (2006): *Konstruktionsgrammatik. Von der Anwendung zur Theorie.* Tübingen: Stauffenburg (= *Stauffenburg Linguistik* 40).

Freidin, Robert (1997): Rezension zu: Chomsky, N. (1995): The Minimalist Program. Cambridge, Mass.: The MIT Press. In: *Language* 73.3, 571–582.

Frey, Stefan (2003): *Ergänzungen – Komplemente und Adjunkte – Angaben. Zwei Begriffspaare im Vergleich.* Dreitägige Hausarbeit Universität Zürich. Unveröff. Manuskript (Online unter http://www.ds.unizh.ch/lehrstuhlduerscheid/docs/semarb/frey-ergaenz-03.pdf).

Gallmann, Peter/Sitta, Horst (1992): Satzglieder in der wissenschaftlichen Diskussion und in Resultatsgrammatiken. In: *Zeitschrift für Germanistische Linguistik* 20, 137–181.

Glück, Helmut (Hrsg.) (2005): *Metzler Lexikon Sprache.* Unter Mitarbeit von Friederike Schmöe. 3., neubearbeitete Auflage. Stuttgart/Weimar: Metzler.

Greenberg, Joseph H. (1966): Some universals of grammar with particular reference to the order of meaningful elements. In: Greenberg, Joseph H. (Hrsg.) (1966): *Universals of Language.* Cambridge, Mass.: The MIT Press, 13–113.

Grewendorf, Günther (1989): *Ergativity in German.* Dordrecht: Foris (= *Studies in Generative Grammar* 35).

— (1991²): *Aspekte der deutschen Syntax. Eine Rektions-Bindungsanalyse.* Tübingen: Narr (= *Studien zur deutschen Grammatik* 33).

— (1992): Parametrisierung der Syntax. In: Hoffmann, Ludger (Hrsg.) (1992): *Ansichten und Aussichten. Jahrbuch des Instituts für Deutsche Sprache 1991.* Berlin/New York: de Gruyter, 11–73.

— (1993): Der Sprache auf der Spur: Anmerkungen zu einer Linguistik nach Jäger Art. In: *Zeitschrift für Sprachwissenschaft* 12. 1, 113–132.

— (2002): *Minimalistische Syntax.* Tübingen: Francke.

Grewendorf, Günther/Hamm, Fritz/Sternefeld, Wolfgang (1989³): *Sprachliches Wissen. Eine Einführung in moderne Theorien der grammatischen Beschreibung.* Frankfurt a. M.: Suhrkamp.

Griesbach, Hans (1960): Neue Grundlagen für den fortgeschrittenen Deutschunterricht. In: *Deutschunterricht für Ausländer 10.* München: Hueber, 97–109.

Grimshaw, Jane (1997): Projections, Heads, and Optimality. In: *Linguistic Inquiry* 28, 373–422.

Grimshaw, Jane/Samek-Lodovici, Vieri (1998): Optimal Subjects and Subject Universals. In: Barbosa, Pilar et al. (Hrsg.) (1998): *Is the Best Good Enough? Optimality and Competition in Syntax*. Cambridge, Mass./London: MIT Press, 193–219.

Grundzüge einer deutschen Grammatik (1981). Von einem Autorenkollektiv unter der Leitung von K. H. Heidolph et al. Berlin: Akademie-Verlag.

Haftka, Brigitta (Hrsg.) (1994): *Was determiniert Wortstellungsvariation? Studien zu einem Interaktionsfeld von Grammatik, Pragmatik und Sprachtypologie*. Opladen: Westdeutscher Verlag.

Haider, Hubert (1988): Die Struktur der deutschen NP. In: *Zeitschrift für Sprachwissenschaft* 7, 32–59.

— (1993): *Deutsche Syntax – generativ. Vorstudien zur Theorie einer projektiven Grammatik*. Tübingen: Narr (= *Tübinger Beiträge zur Linguistik* 325).

Halliday, Michael/Matthiessen, Christian (2004[3]): *An Introduction to Functional Grammar*. London: Arnold.

Harris, Zellig S. (1951): *Methods in Structural Linguistics* (Spätere Auflagen unter dem Titel: *Structural Linguistics*). Chicago: University Press.

Haspelmath, Martin (1999): Optimality and diachronic adaptation. In: *Zeitschrift für Sprachwissenschaft* 18.2, 180–205.

Heck, Fabian et al. (2002): On the nature of the input in optimality theory. In: *The Linguistic Review* 19 (2002), 345–376.

Helbig, Gerhard (1991): Entwicklungen und Kontroversen in der Valenztheorie. In: Iwasaki, E./Shichijii, Y. (Hrsg.) (1991): *Internationaler Germanistenkongreß in Tokyo. Ansprachen, Plenarvorträge, Berichte*. München: iudicum verlag, 44–61.

— (1992): *Probleme der Valenz- und Kasustheorie*. Tübingen: Niemeyer (= *Konzepte der Sprach- und Literaturwissenschaft* 51).

— (2000): Quo vadis, Grammatik? In: Bayer, Josef/Römer, Christine (Hrsg.) (2000): *Von der Philologie zur Grammatiktheorie*. Tübingen: Niemeyer, 3–13.

Helbig, Gerhard/Schenkel, Wolfgang (1971): *Wörterbuch zur Valenz und Distribution deutscher Verben*. 2., überarbeitete und erweiterte Auflage. Leipzig: VEB Bibliographisches Institut.

Heringer, Hans Jürgen (1984): Neues von der Verbszene. In: Stickel, Gerhard (Hrsg.) (1984): *Pragmatik in der Grammatik. Jahrbuch 1983 des Instituts für deutsche Sprache*. Düsseldorf: Schwann (= *Sprache der Gegenwart* 60), 34–64.

Hentschel, Elke/Weydt, Harald (1995): Die Wortarten des Deutschen. In: Ágel, Vilmos/Brdar-Szabó, Rita (Hrsg.) (1995), 39–60.

— (2003): *Handbuch der deutschen Grammatik*. 3., völlig neu bearbeitete Auflage. Berlin/New York: de Gruyter (= *de Gruyter Studienbuch*).

Höhle, Tilmann (1982): Explikation für »normale Betonung« und »normale Wortstellung«. In: Abraham, Werner (Hrsg.) (1982): *Satzglieder im Deutschen*. Tübingen: Narr (= *Studien zur deutschen Grammatik* 15), 75–153.

— (1986): Der Begriff »Mittelfeld«. Anmerkungen über die Theorie der topologischen Felder. In: Weiss, Walter/Wiegand, Herbert E./Reis, Marga (Hrsg.) (1986): *Akten des VII. Kongresses der Internationalen Vereinigung für germanische Sprach- und Literaturwissenschaft*. Bd. 3. Tübingen: Niemeyer, 329–340.

Hoffmann, Ludger (1992): Einleitung. In: Hoffmann, Ludger (Hrsg.) (1992): *Deutsche Syntax. Ansichten und Aussichten. Institut für deutsche Sprache. Jahrbuch 1991*. Berlin: de Gruyter, 6–10.

Hoffmann, Ludger (2003): Funktionale Syntax. Prinzipien und Prozeduren. In: Hoffmann, Ludger (Hrsg.) (2003): *Funktionale Syntax. Die pragmatische Perspektive.* Berlin/New York: de Gruyter, 18–121.

Huber, Walter/Kummer, Werner (1974): *Transformationelle Syntax des Deutschen I.* München: Wilhelm Fink Verlag.

Innis, Robert E. (1992): Karl Bühler (1879–1963). In: Dascal, Marcelo (Hrsg.) (1992/1996): *Sprachphilosophie. Ein internationales Handbuch zeitgenössischer Forschung.* 2 Bände. Bd. 7.1. Berlin/New York: Mouton de Gruyter (= *Handbücher zur Sprach- und Kommunikationswissenschaft* 7), 550–562.

Jackendoff, Ray (1983): *Semantics and Cognition.* Cambridge, Mass.: The MIT Press.

— (1991²): *Semantic Structures.* Cambridge, Mass.: The MIT Press (= *Current Studies in Linguistics* 18).

Jacobs, Joachim (1984): Funktionale Satzperspektive und Illokutionssemantik. In: *Linguistische Berichte.* 91, 25–58.

— (1991/92): Einleitung. In: Jacobs, Joachim (Hrsg.) (1991/92): *Informationsstruktur und Grammatik.* Sonderheft 4. Linguistische Berichte, 7–16.

— (1994a): *Kontra Valenz.* Trier: WVT (= *FOKUS* 12).

— (1994b): Das lexikalische Fundament der Unterscheidung von obligatorischen und fakultativen Ergänzungen. In: *Zeitschrift für germanistische Linguistik* 22, 284–319.

— (2008): Wozu Konstruktionen? In: *Linguistische Berichte* 213, 3–44.

Jacobs, Joachim/von Stechow, Arnim/Sternefeld, Wolfgang/Vennemann, Theo (Hrsg.) (1993/1995): *Syntax. Ein internationales Handbuch der zeitgenössischen Forschung.* 2 Bände. Berlin/New York: Mouton de Gruyter (= *Handbücher zur Sprach- und Kommunikationswissenschaft* 9).

Jäger, Ludwig (1993): »Language, what ever that may be.« Die Geschichte der Sprachwissenschaft als Erosionsgeschichte ihres Gegenstandes. In: *Zeitschrift für Sprachwissenschaft* 12.1, 77–106.

Kager, René (1999): *Optimality Theory.* Cambridge: Cambridge University Press.

Kayne, Richard S. (1994): *The Antisymmetry of Syntax.* Cambridge, Mass.: The MIT Press (= *Linguistic Inquiry Monographs* 25).

Keenan, Edward (1976): Towards a Universal Definition of »Subject«. In: Li, Charles N. (Hrsg.) (1976), 303–333.

Kniffka, Gabriele (1986): Zur Distanzstellung von Quantoren und Qualifikatoren. In: Vater, Heinz (Hrsg.) (1986): *Zur Syntax der Determinantien.* Tübingen: Narr (= *Studien zur deutschen Grammatik* 31), 57–82.

Knobloch, Clemens (1986): Wortarten in der Schulgrammatik? Probleme und Vorschläge. In: *Der Deutschunterricht* 38. 2, 37–49.

Knobloch, Clemens/Schaeder, Burkhard (2000): Klassifikation der Wortarten. In: Booij, Geert/Lehmann, Christian/Mugdan, Joachim (Hrsg.) (2000/2004): *Morphologie. Ein internationales Handbuch zur Flexion und Wortbildung.* 2 Bände. Berlin/New York: Mouton de Gruyter (= *Handbücher zur Sprach- und Kommunikationswissenschaft* 17), 1. Halbbd., 674–692.

Köller, Wilhelm (1988): *Philosophie der Grammatik. Vom Sinn grammatischen Wissens.* Stuttgart: Metzler.

Köller, Wilhelm (1997): *Funktionaler Grammatikunterricht: Tempus, Genus, Modus: Wozu wurde das erfunden?* 4., neu bearbeitete und ergänzte Auflage. Hohengehren: Schneider Verlag.

— (2004): *Perspektivität und Sprache. Zur Struktur von Objektivierungsformen in Bildern, im Denken und in der Sprache*. Berlin/New York: de Gruyter.

— (2006): *Narrative Formen der Sprachreflexion. Interpretationen zu Geschichten über Sprache von der Antike bis zur Gegenwart.* Berlin/New York: de Gruyter (= *Studia Linguistica Germanica* 79).

Krämer, Sybille/König, Ekkehard (Hrsg.) (2002): *Gibt es eine Sprache hinter dem Sprechen?* Frankfurt a. M.: Suhrkamp (= *suhrkamp taschenbuch wissenschaft* 1592).

Kuno, Susumo (1987): *Functional Syntax. Anaphora, Discourse and Empathy.* Chicago: The University of Chicago Press.

Larson, Richard K. (1988): On the Double Object Construction. In: *Linguistic Inquiry* 19, 335–391.

— (1990): Double Objects Revisited: Reply to Jackendoff. In: *Linguistic Inquiry* 21, 589–632.

László, Sarolta (1988): Mikroebene. In: Mrazović, Pavica/Teubert, Wolfgang (Hrsg.) (1988): *Valenzen im Kontrast. Ulrich Engel zum 60. Geburtstag*. Heidelberg: Groos, 218–233.

Lee, Heeja (1992): *Thema-Rhema-Strukturen im Deutschen und Koreanischen. Ein neuer Ansatz zur Beschreibung der Thema-Rhema-Strukturen als kommunikativ und textlinguistisch betrachtetes Phänomen.* Dissertation. Freie Universität Berlin (unveröff.).

Legendre, Géraldine (2001a): Introduction to Optimality Theory in Syntax. In: Legendre, Géraldine/Grimshaw, Jane/Vikner, Sten (Hrsg.) (2001), 1–27.

— (2001b): Masked Second-Position Effects and the Linearization of Functional Features. In: Legendre, Géraldine/Grimshaw, Jane/Vikner, Sten (Hrsg.) (2001), 241–277.

Legendre, Géraldine/Grimshaw, Jane/Vikner, Sten (Hrsg.) (2001): *Optimality-Theoretic Syntax.* Cambridge, Mass.: MIT Press.

Lenerz, Jürgen (1977): *Zur Abfolge nominaler Satzglieder im Deutschen*. Tübingen: Narr (= *Studien zur deutschen Grammatik* 5).

— (1984): *Syntaktischer Wandel und Grammatiktheorie*. Tübingen: Niemeyer (= *Linguistische Arbeiten* 141).

— (1986): Korreferat zu Kurt Braunmüllers Vortrag ›Prinzipien der deutschen Wortstellung: Typologisch festgelegte Muster oder kontextabhängige Strategien?‹ In: Weiss, Walter/Wiegand, Herbert E./Reis, Marga (Hrsg.) (1986): *Akten des VII. Kongresses der Internationalen Vereinigung für germanische Sprach- und Literaturwissenschaft*. Bd. 3. Tübingen: Niemeyer, 314–319.

— (1998): Rezension zu: Chomsky, N. (1995): The Minimalist Program. Cambridge, Mass.: The MIT Press. In: *Beiträge zur Geschichte der deutschen Sprache und Literatur*, 120. 1, 103–111.

Levinson, Stephen C. (1994²): *Pragmatics.* Cambridge: CUP.

Li, Charles N. (Hrsg.) (1976): *Subject and Topic.* New York, San Francisco, London: Academic Press.

Li, Charles N./Thompson, Sandra A. (1976): Subject and Topic: A New Typology of Language. In: Li, Charles N. (Hrsg.) (1976), 457–489.

Linke, Angelika/Nussbaumer, Markus/Portmann, Paul (2004): *Studienbuch Linguistik.* 5., erweiterte Auflage. Tübingen: Niemeyer. (= *Reihe Germanistische Linguistik* 121).

Lötscher, Andreas (1984): Satzgliedstellung und funktionale Satzperspektive. In: Stickel, Gerhard (Hrsg.) (1984): *Pragmatik in der Grammatik. Jahrbuch 1983 des Instituts für deutsche Sprache.* Düsseldorf: Schwann (= *Sprache der Gegenwart 60*), 118–151.

Maas, Utz (2006[2]): *Phonologie. Einführung in die funktionale Phonetik des Deutschen.* Göttingen: Vandenhoeck & Ruprecht (= *Studienbücher zur Linguistik* 2).

Macheiner, Judith (1998[2]): *Das grammatische Varieté oder Die Kunst und das Vergnügen, deutsche Sätze zu bilden.* Frankfurt a. M.: Eichborn Verlag.

Marantz, Alec (1995): The Minimalist Program. In: Webelhuth, Gert (Hrsg.) (1995): *Government and Binding Theory and the Minimalist Program. Principles and Parameters in Syntactic Theory.* Blackwell: Oxford (= *Generative Syntax* 1), 349–382.

McCarthy, John (2002): *A Thematic Guide to Optimality Theory.* Cambridge: Cambridge University Press.

Meibauer, Jörg (1987) (Hrsg.): *Satzmodus zwischen Grammatik und Pragmatik.* Tübingen: Niemeyer (= *Linguistische Arbeiten* 180).

Meibauer, Jörg (2006): *Pragmatik. Eine Einführung.* 3., verbesserte Auflage. Tübingen: Stauffenburg-Verlag.

Müller, Gereon (1999): Optimality, markedness and word order. In: *Linguistics* 37. 5, 777–818.

— (2000): *Elemente der optimalitätstheoretischen Syntax*. Tübingen: Stauffenburg-Verlag.

— (2002): On Common-Sense Justifications of Optimality-theoretic Constraints. In: *Zeitschrift für Sprachwissenschaft* 18.2, 230–234.

Müller, Gereon/Sternefeld, Wolfgang (Hrsg.) (2001): *Competition in Syntax*. Berlin/New York: Mouton de Gruyter.

Müller, Gereon/Sternefeld, Wolfgang (2001): The Rise of Competition in Syntax. In: Müller, Gereon/Sternefeld, Wolfgang (Hrsg.) (2001), 1–68.

Newmeyer, Frederick J. (2002): Optimality and Functionality: A Critique of Functionally-based Optimality-theoretic Syntax. In: *Natural Language & Linguistic Theory* 20, 43–80.

Öhl, Peter (2002): *Economical computation of structural descriptions in natural language. A generative inquiry based on a corpus of 17 spoken languages and several of their ancestors.* Dissertation Universität Stuttgart (unveröff.).

Olsen, Susan (1982): On the Syntactic Description of German: Topological Fields vs. X-bar-Theory. In: Welte, Werner (Hrsg.) (1982): *Sprachtheorie und angewandte Linguistik. Festschrift für A. Wollmann*. Tübingen: Narr, 29–45

— (1991): Die deutsche Nominalphrase als ›Determinansphrase‹. In: Olsen, Susan/ Fanselow, Gisbert (Hrsg.) (1991): *Det, COMP und INFL. Zur Syntax funktionaler Kategorien und grammatischer Funktionen.* Tübingen: Niemeyer (= *Linguistische Arbeiten* 263), 35–56.

Oppenrieder, Wilhelm (1991): *Von Subjekten, Sätzen und Subjektsätzen. Untersuchungen zur Syntax des Deutschen*. Tübingen: Niemeyer (= *Linguistische Arbeiten* 241).

Paul, Hermann (1880, 1920[5]): *Prinzipien der Sprachgeschichte.* Halle: Niemeyer.

Piattelli-Palmarini, Massimo (Hrsg.) (1980): *Language and Learning: The Debate between Jean Piaget and Noam Chomsky.* Cambridge, Mass.: Harvard University Press.

Pittner, Karin (1999): *Adverbiale im Deutschen. Untersuchungen zu ihrer Stellung und Interpretation.* Tübingen: Stauffenburg Verlag (= *Studien zur deutschen Grammatik* 60).

Prince, Alan/Smolensky, Paul ([1993]/2004): *Optimality Theory: Constraint Interaction in Generative Grammar.* Technical Report, Rutgers University and University of Colorado at Boulder, 1993. Revised version published by Blackwell, 2004. Malden, Mass.: Blackwell.

Pollock, Jean-Yves (1989): Verb Movement, Universal Grammar, and the Structure of IP. In: *Linguistc Inquiry* 20, 365–424.

Radford, Andrew (1997a): *Syntax. A Minimalist Introduction.* Cambridge: Cambridge University Press.

Radford, Andrew (1997b): *Syntactic Theory and the Structure of English: A Minimalist Approach.* Cambridge: Cambridge University Press.

Radford, Andrew et al. (1999): *Linguistics. An Introduction.* Cambridge: Cambridge University Press.

Radford, Andrew (2004): *Minimalist Syntax. Exploring the structure of English.* Cambridge Cambridge University Press.

Ramers, Karl Heinz (2001²): *Einführung in die Phonologie.* München: Fink (= *UTB* 2008).

Reis, Marga (1980): On Justifying Topological Fields: ›Positional Field‹ and the Order of Nonverbal Constituents in German. In: *DRLAV, Revue de linguistique* 22/23, 59–85.

— (1982): Zum Subjektbegriff im Deutschen. In: Abraham, Werner (Hrsg.) (1982): *Satzglieder im Deutschen. Vorschläge zu ihrer syntaktischen, semantischen und pragmatischen Fundierung.* Tübingen: Narr (= *Studien zur deutschen Grammatik* 15), 171–211.

— (1986): Subjektfragen in der Schulgrammatik? In: *Der Deutschunterricht.* 38. 2, 64–84.

Ries, John (1931): *Was ist ein Satz?* Prag: Taussig & Taussig.

Sasse, Hans-Jürgen (1978): Subjekt und Ergativ: Zur pragmatischen Grundlage primärer grammatischer Relationen. In: *Folia Linguistica* XII. 3/4, 219–252.

de Saussure, Ferdinand (1916, 1969³): *Cours de Linguistique Générale.* Paris: Payot. Dt. Übersetzung: *Grundfragen der allgemeinen Sprachwissenschaft.* Berlin: de Gruyter.

Scherpenisse, Wim (1986): *The connection between base structure and linearization restrictions in German and Dutch.* Frankfurt a. M. u. a. : Peter Lang (= *Europäische Hochschulschriften* 47).

Schlobinski, Peter (1992): *Funktionale Grammatik und Sprachbeschreibung. Eine Untersuchung zum gesprochenen Deutsch sowie zum Chinesischen.* Opladen: Westdeutscher Verlag.

Schmidt, Claudia Maria (1994): Zur syntaktischen Position indirekter Objekte im Deutschen: Pollockische Sätze oder Larsonische VPs? In: Haftka, Brigitta (Hrsg.) (1994), 197–218.

— (1995): *Satzstruktur und Verbbewegung. Eine minimalistische Analyse zur internen Syntax der IP (Inflection-Phrase) im Deutschen.* Tübingen: Niemeyer (= *Linguistische Arbeiten* 327).

Schmidt, Jürgen Erich (1993): *Die deutsche Substantivgruppe und die Attribuierungskomplikation.* Tübingen: Niemeyer (= *Reihe Germanistische Linguistik* 138).

Schwarz, Monika/Chur, Jeannette (2004): *Semantik. Ein Arbeitsbuch.* 4., aktualisierte Auflage. Tübingen: Narr (= *narr studienbücher*).

Searle, John R. (1969): *Speech Acts: An Essay in the Philosophy of Language.* Cambridge: Cambridge University Press. Dt. Übersetzung: *Sprechakte.* Frankfurt a. M.: Suhrkamp 1971.

Smolensky, Paul/Legendre Géraldine (2006): *The Harmonic Mind. From Neural Computation to Optimality-Theoretic Grammar.* Vol. 1: Cognitive Architecture. Cambridge, Mass./London: MIT Press.

Smolensky, Paul/Legendre, Géraldine (2006a): *The Harmonic Mind. From Neural Computation to Optimality-Theoretic Grammar.* Vol.2: Linguistic and Philosophical Implications. Cambridge, Mass./London: MIT Press.

Sommerfeldt, Karl-Ernst (1968): *Struktur und Leistung der Substantivgruppe in der deutschen Sprache der Gegenwart.* Habilitationsschrift.

Sommerfeldt, Karl-Ernst/Starke, Günther (1988): *Einführung in die Grammatik der deutschen Gegenwartssprache.* Leipzig: VEB Bibliographisches Institut.

Sommerfeldt, Karl Ernst/Schreiber, K. (1983[3]): *Wörterbuch zur Valenz und Distribution deutscher Adjektive.* Leipzig: Bibliographisches Institut.

— (1983[3]): *Wörterbuch zur Valenz und Distribution deutscher Substantive.* Leipzig: Bibliographisches Institut.

Stechow, Arnim/Sternefeld, Wolfgang (1988): *Bausteine syntaktischen Wissens. Ein Lehrbuch der generativen Grammatik.* Opladen: Westdeutscher Verlag.

Storrer, Angelika (1992): *Verbvalenz. Theoretische und methodische Grundlagen ihrer Beschreibung in Grammatikographie und Lexikographie.* Tübingen: Niemeyer (= *Reihe Germanistische Linguistik* 126).

— (2003): Ergänzungen und Angaben. In: Ágel, Vilmos et al. (Hrsg.) (2003/2006), 1. Halbbd., 764–781.

de Swart, Henriëtte (2006): Marking and Interpretation of Negation: A bidirectional Optimality Theory Approach. In: Zanuttini, Raffaella/Campos, Héctor/Herburger, Elena/Portner, Paul (Hrsg.): *Crosslinguistic Research in Syntax and Semantics: Negation, Tense, and Clausal Architecture.* Washington D. C.: Georgetown University Press, 199–218.

Takami, Ken-ichi (1999): A functional constraint on extraposition from NP. In: Kamio, Akio/Takami, Ken-ichi (Hrsg.) (1999): *Function and Structure. In Honor of Susumo Kuno.* Amsterdam/Philadelphia: Benjamins, 23–56.

Talmy, Leonard (1978): *Figure and ground in complex sentences.* In: Greenberg, Joseph (Hrsg.) (1978): *Universal of human language. Bd. 4. Syntax.* Stanford: Stanford University Press, 625–649.

Tesnière, Lucien (1959): *Eléments de syntaxe structurale.* Paris: Klinksieck. Dt.: *Grundzüge der strukturalen Syntax.* Hrsg. und übersetzt von Ulrich Engel. Stuttgart: Klett 1980.

Twain, Mark (1880, 1999): *The Awful German Language.* Deutsche Übersetzung von Ana Maria Brock. Waltrop und Leipzig: Manuscriptum Verlagsbuchhandlung.

Vater, Heinz (1978): *Probleme der Verbvalenz.* Trier: L.A.U.T. (= *KLAGE* 1).

— (1986): Zur NP-Struktur im Deutschen. In: Vater, Heinz (Hrsg.) (1986): *Zur Syntax der Determinantien.* Tübingen: Narr (= *Studien zur deutschen Grammatik* 31), 123–145.

— (1995): Valenzpotenz und Valenzrealisierung. In: *Jahrbuch der ungarischen Germanistik.* Budapest/Bonn: GUG/DAAD, 143–165.

— (2002[4]): *Einführung in die Sprachwissenschaft.* München: Fink (= *UTB* 1799).

Vogel, Ralf (2003): The state of the art in OT syntax. Reviewing Géraldine Legendre, Jane Grimshaw, Sten Vikner's (eds) ›Optimality-Theoretic Syntax‹. In: *Glot International* Vol. 7, No. 6, 173–177.

Vogel, Ralf (2006): Weak Function Word Shift. In: *Linguistics* 44/5, 1059–1093.

Vuillaume, Marcel (Hrsg.) (1998). *Die Kasus im Deutschen. Form und Inhalt.* Tübingen: Stauffenburg Verlag (= *Eurogermanistik* 13).

Weber, Heinz Josef (1997): *Dependenzgrammatik. Ein interaktives Arbeitsbuch.* 2. überarb Aufl. Tübingen: Narr (= *narr studienbücher*).

Wegener, H. (1986): Gibt es im Deutschen ein indirektes Objekt? In: *Deutsche Sprache* 14 12–22.

— (1990): Komplemente in der Dependenzgrammatik und in der Rektions- und Bindungs-theorie. Die Verwendung der Kasus im Deutschen. In: *Zeitschrift für germanistische Linguistik* 18, 150–184.

— (1991): Der Dativ – ein struktureller Kasus? In: Fanselow, Gisbert/Felix, Sascha (Hrsg.) (1991): *Strukturen und Merkmale syntaktischer Kategorien.* Tübingen: Narr (= *Studien zur deutschen Grammatik* 39), 70–103.

— (1995): *Die Nominalflexion des Deutschen – verstanden als Lerngegenstand.* Tübingen Niemeyer.

Weiß, Helmut (1998): *Syntax des Bairischen. Studien zur Grammatik einer natürlichen Sprache.* Tübingen: Niemeyer (= *Linguistische Arbeiten* 391).

Welke, Klaus (1988): *Einführung in die Valenz- und Kasusgrammatik.* Leipzig: VEB Bibliographisches Institut.

— (1992): *Funktionale Satzperspektive. Ansätze und Probleme der funktionalen Grammatik.* Münster: Nodus Publikationen.

— (1994): Thematische Relationen. Sind thematische Relationen semantisch, syntaktisch oder/und pragmatisch zu definieren? In: *Deutsche Sprache* 22, 1–18.

— (2005): *Deutsche Syntax funktional. Perspektiviertheit syntaktischer Strukturen.* 2. bearb. Aufl. Tübingen: Stauffenburg-Verlag.

Wertheimer, Carl (1925): *Drei Abhandlungen zur Gestalttheorie.* Erlangen: Phil. Akademie

Wilder, Chris/Ćavar, Damir (1994): X°-Bewegung und Ökonomie. In: Haftka, Brigitte (Hrsg.) (1994), 11–32.

Wöllstein-Leisten, Angelika et al. (1997): *Deutsche Satzstruktur. Grundlagen der syntaktischen Analyse.* Tübingen: Stauffenburg-Verlag.

Wustmann, Gustav (1891, 1966[14]): *Allerlei Sprachdummheiten. Kleine deutsche Grammatik des Zweifelhaften, des Falschen und des Häßlichen.* Leipzig. Erneuerte 14. Auflage, hrsg. von Werner Schulze. Berlin: de Gruyter.

Zifonun, Gisela/Hoffmann, Ludger/Strecker, Bruno et al. (1997): *Grammatik der deutschen Sprache.* 3 Bde. Berlin/New York: de Gruyter (= *Schriften des Instituts für deutsche Sprache* 7).

Zifonun, Gisela (2003): Dem Vater sein Hut. Der Charme des Substandards und wie wir ihm gerecht werden. In: *Deutsche Sprache* 31, 97–126.

Zimmer, Dieter E. (1997): *Deutsch und anders. Die Sprache im Modernisierungsfieber.* Reinbek bei Hamburg: Rowohlt.

Zubin, David A. (1979): Discourse Function of Morphology: The Focus System in German. In: Givón, Talmy (Hrsg.) (1979): *Syntax and Semantics. Volume 12. Discourse and Syntax.* New York: Academic Press, 469–504.

Sachregister

G

H

I

K

L

M

N

O

P

R

S

T

U

V

W

X

Z